COLEÇÃO
ABERTURA
CULTURAL

Editor | Edson Manoel de Oliveira Filho

Produção editorial e projeto gráfico | É Realizações Editora

Preparação de texto | Mariana Cardoso

Revisão | Carolina Ferraz

Diagramação e capa | Mauricio Nisi Gonçalves

CIP-Brasil. Catalogação na Publicação
Sindicato Nacional dos Editores de Livros, RJ

P467

Pensamento e história : Michel Foucault, Paul Ricœur, Eric Weil / organizadores Marcelo Perine ... [et al.]. - 1. ed. - São Paulo : É Realizações, 2020.
416 p. ; 23 cm.

ISBN 978-65-86217-12-4

1. Filosofia francesa. 2. Foucault, Michel, 1926-1984. 3. Ricœur, Paul, 1913-2005. 4. Weil, Éric, 1904-1977. I. Perine, Marcelo.

20-64976 CDD: 194
CDU: 1(44)

Camila Donis Hartmann - Bibliotecária - CRB-7/6472
18/06/2020 23/06/2020

É Realizações Editora, Livraria e Distribuidora Ltda.
Rua França Pinto, 498 · São Paulo SP · 04016-002
Telefone: (5511) 5572 5363
atendimento@erealizacoes.com.br · www.erealizacoes.com.br

Este livro foi impresso pela Mundial Gráfica em setembro de 2020. Os tipos são da família Sabon Light Std e Frutiger Light. O papel do miolo é o Pólen Soft 80 g, e o da capa cartão Ningbo C2 250 g.

PENSAMENTO E HISTÓRIA

Michel Foucault, Paul Ricœur, Eric Weil

Organizadores:
Marcelo Perine, Francisco Valdério,
Alessandro Francisco e Henrique Borralho

Este livro foi impresso com recursos da FAPEMA,
Edital APUB - Sérgio Ferretti 16/2018.

É Realizações
Editora

Sumário

DOCUMENTOS

Apresentação

Em outubro de 2017 realizaram-se, na cidade de São Luís, o II Colóquio Internacional de Filosofia Francesa e Cultura e o IV Colóquio Internacional Eric Weil. Tais eventos contaram com a participação de vários pesquisadores vindos de muitos Estados brasileiros: São Paulo, Ceará, Tocantins, Bahia, Minas Gerais, e também de outros países: França, EUA, Portugal, Venezuela.

A primeira edição do evento de Filosofia Francesa e Cultura ocorreu em 2009 pela parceria das Universidades Federal e Estadual do Maranhão, por meio da iniciativa da Prof.ª Rita de Cássia Oliveira e do Prof. William de Jesus Costa Freitas. O evento aconteceu em setembro daquele ano no auditório da Faculdade de Arquitetura da Universidade Estadual do Maranhão (UEMA), e integrou o conjunto de atividades comemorativas do Ano da França no Brasil. Presente ao colóquio esteve o filósofo Olivier Abel, da Faculté Libre de Théologie Protestante de Paris (Institut Protestant de Théologie), então presidente do Conselho Científico do Fonds Ricœur.

Pretendendo dar continuidade ao evento ocorrido em 2009, o II Colóquio Internacional de Filosofia Francesa e Cultura, somado ao IV Colóquio Internacional Eric Weil, reafirma o papel da França como grande iniciadora da filosofia moderna. Nomes como os de René Descartes (1596-1650), Jean-Jacques Rousseau (1712-1778), Auguste Comte (1798-1857) entre outros, são expressões incontornáveis para todos que adentram não apenas no campo da filosofia, mas do pensamento ocidental como um todo, encontrando nessas filosofias a genialidade ininterrupta de criação e originalidade na qual se forjaram amplos aspectos de nossa cultura, seja enquanto alcance do desenvolvimento científico e tecnológico, seja por conta da voraz crítica à racionalidade atrelada a tais matrizes. Para o bem ou para o mal, nosso desenvolvimento civilizacional é inescapável da força gravitacional exercida por essas filosofias.

Porém a influência da filosofia francesa no Brasil não ocorre apenas respeitante a esse panorama geral da racionalidade que engendrou a partir de Descartes. Particularmente nós, no Brasil, possuímos estreitos laços com a vertente francesa no campo da investigação científica. Basta lembrar que a fundação da Universidade de São Paulo (USP), em 1934, muito deveu aos mestres pensadores que vieram de Paris: proeminentes nomes como os geógrafos Pierre Deffontaines (1894-1978) e Pierre Monbeig, o sociólogo Roger Bastide (1898-1974), o historiador Fernand Braudel (1902-1985), o filósofo Jean Maugüé (1904-1990) e o antropólogo, fundador do estruturalismo, Claude Lévi-Strauss (1908-2009); geração de pensadores responsáveis por definir e difundir novos padrões de ensino e pesquisa, por implantar rigorosas regras metodológicas nas áreas que compõem as ciências humanas. Posteriormente, muitos deles se consagraram como autores de clássicos das ciências sociais, destacamos, nesse sentido, uma vez mais Claude Lévy-Strauss com seu *Tristes trópicos*, obra de análise etnográfica que toma como base as sociedades indígenas brasileiras. Discípulos tardios dessa geração de pesquisadores franceses mais conhecidos foram Florestan Fernandes (1920-1995), Bento Prado Jr. (1937-2007), Oswaldo Porchat (1933-2017), dentre outros. O filósofo Paulo Arantes, destaca essa prodigiosa reflexão acerca da experiência "uspiana" enquanto departamento francês.[1]

[1] P. E. Arantes, *Um departamento francês de ultramar: estudos sobre a cultura filosófica uspiana (uma experiência nos anos 60)*. São Paulo, Paz e Terra, 1994.

Nessa tradição se inserem os Colóquios Internacionais Eric Weil. O primeiro foi organizado em 2011 por Evanildo Costeski na Universidade Federal do Ceará, em torno da temática *Lógica, moral e política*.[2]

No ano seguinte, Luís Manuel A. V. Bernardo, da Universidade Nova de Lisboa, em conjunto com Patrice Canivez, da Université de Lille III e diretor do Institut Eric Weil, e Evanildo Costeski realizaram o II Colóquio Internacional Eric Weil, exclusivamente dedicado ao conceito de *retomada* (*La reprise, les reprises*), conceito central na obra do weiliana e que constitui uma das contribuições mais fecundas e originais no âmbito da filosofia francesa contemporânea por ser um conceito e um procedimento metodológico que se articula com diferentes formações discursivas.[3]

Em 2014, também em Fortaleza, no mês de setembro, aconteceu o III Colóquio Internacional dedicado ao pensamento de Eric Weil com o tema *Violência, Educação e Globalização*, que teve suas atas publicadas em formato de livro, lançado durante o XVII Encontro Nacional da Associação Nacional de Pós-Graduação em Filosofia (ANPOF), na cidade de Aracaju em 2016, evento que contou também com a estreia do Grupo de Trabalho (GT) "Eric Weil e a compreensão do nosso tempo".[4]

Há que mencionar ainda que, em 2017, celebrou-se o quadragésimo aniversário de morte do filósofo Eric Weil (1904-1977). Portanto, ocasião fundamental para colocar seu pensamento em perspectiva

---

[2] As atas desse evento foram publicadas por E. Costeski; J. Castelo Branco; D. Benevides. *Revista Argumentos*, n. 11, 2014, vinculada ao Programa de Pós-Graduação em Filosofia da UFC.

[3] Os anais desse evento foram publicados por L. Bernardo; P. Canivez; E. Costeski (Org.). *Cultura – Revista de História e Teoria da Ideias* vol. 31, 2013, vinculada ao Centro de História da Cultura da Faculdade de Ciências Sociais e Humanas da Universidade Nova de Lisboa.

[4] Atas resultaram na publicação do volume M. Perine e E. Costeski (Org.), *Violência, educação e globalização*: *compreender nosso tempo com Eric Weil*. São Paulo, Loyola, 2016.

histórica diante dos acontecimentos dos últimos anos e avaliar sua atualidade diante de tais eventos de nossa história recente. Em acréscimo a essa intenção foi que se propôs o tema *Pensamento e história* em debate com os filósofos Michel Foucault e Paul Ricœur.

Ora, no panorama mundial contemporâneo, refletir sobre a relação cruzada entre *pensamento e história* constitui uma das tarefas mais urgentes do conjunto dos diversos domínios do saber, em especial, da filosofia. O breve e frenético século XX parece ter levado a experiência humana, em suas diversas dimensões, a uma grave extenuação. Os intensos eventos desencadeados naquele século produzem ainda seus efeitos neste novo, já em sua segunda década. Os debates acerca da *pós-história* ou fim da história – que tiveram vigoroso lugar outrora no âmbito acadêmico – cederam, definitivamente, às evidências em face dos acontecimentos que deixaram, hoje, de indicar qualquer caminho na história humana ou sequer a postulação de um sentido.

História sem proposição e pensamento exangue indicam, à primeira vista, uma ruptura insuperável aos olhos de um indivíduo desamparado diante do ambiente caótico e fragmentário deste início de século.

É desta forma que justificamos o título do presente volume por entender que as filosofias de matriz francesa de Michel Foucault (1926-1984), de Paul Ricœur (1913-2005) e de Eric Weil (1904-1977) apreenderam, de maneira seminal, o desenrolar factual da dinamicidade da experiência histórica. Estes três pensadores se apresentam a nós como grandes expoentes da compreensão da nossa própria atualidade, muito embora localizados em vertentes distintas. Foucault parte do que denomina de *arqueologia do(s) saber(s)*, desenvolvendo uma minuciosa análise das formações discursivas que nos permitem entender o processo de molde da conduta e das ações humanas no quadro de relações de poder. Ricœur se situa no âmbito de uma *hermenêutica filosófica*, vetora da tomada de consciência da existência por meio da decifração dos símbolos que constituem a cultura, revelando o sentido do fazer humano. Eric Weil, a seu turno, busca articular numa *Lógica da filosofia* a totalidade dos discursos determinados a partir das atitudes humanas na história, em que a diversidade se mostra como irredutível, mas não insuperável ao pensamento. Contudo, o ponto de interseção dos três pensadores está na concepção da história como o lugar de efetivação dos discursos.

Foi neste horizonte que se desenvolveram os debates nos Colóquios de São Luís em outubro de 2017, cujo tema *Pensamento e história*, se constitui, neste livro, a expressão mais clara da compreensão dos nossos conflitos atuais.

Os textos do presente volume expressam, cada um ao seu estilo, a intensão capital do desembaraçamento da história presente a partir do ponto de vista de cada um desses pensadores. Procuram, mediante particulares e acuradas abordagens temáticas, indicar o laço entre *Pensamento e história* de modo que o recurso a uma dessas dimensões seja conduzido à outra e reciprocamente. Os trabalhos dos autores se agrupam em dois eixos centrais articulados, *Epistemologia da história* cuja reflexão se volta para a compreensão da história enquanto disciplina e *Ação no tempo* que visa oferecer uma reflexão mais engajada no âmbito da própria história. Nesse sentido, cabe a ressalva de que se trata de um movimento de dupla face no qual compreensão e transformação não se divisam, antes, se articulam nos amplos territórios reflexivos da história.

Esse livro conta ainda com a publicação de dois capítulos que serviram como sustentação das teses defendidas durante os colóquios. Atividade singular, sobretudo pelo seu caráter histórico, uma vez que as últimas teses de doutorado em filosofia defendidas no Maranhão remontam à segunda escolástica do nosso período colonial, cujo principal expoente fora o Padre Antônio Vieira, por volta da metade do século XVIII, e a tradição por ele inaugurada quando do estabelecimento da Companhia de Jesus e do Colégio Máximo do Maranhão em São Luís, bem como dos seus sucessores, as figuras de proa como

Rodrigo Homem e Bento da Fonseca que lá ensinaram.[5] Devemos ao Instituto de Estudos Superiores do Maranhão (IESMA), na pessoa da professora Maria dos Milagres da Cruz Lopes, coordenadora do curso de Filosofia, a obtenção dessa importante informação nas vésperas dos colóquios, para grande alegria e entusiasmo dos presentes, ao nos colocar todos muito cientes o quanto de histórico se obtinha com as defesas de doutorados internacionais [cotutela Lille-Universidade Federal do Ceará (UFC)] durante os eventos de São Luís. Especialmente pelo fato de, até aquele momento, o Maranhão não contar com nenhum Programa de Pós-Graduação em Filosofia, situação modificada com a aprovação do mestrado acadêmico aprovado pela Coordenação de Aperfeiçoamento de Pessoal de Nível Superior (CAPES) e início de suas atividades em 2020. Assim sendo, a terceira parte do livro contará com a publicação dos textos mencionados, numa seção chamada de *Documentos*, como resgate importante de nossa memória filosófica e mesmo da educação superior no Brasil.

Agradecemos os apoios recebidos da UEMA, da Universidade Federal do Maranhão (UFMA), da Fundação de Amparo à Pesquisa e ao Desenvolvimento Científico e Tecnológico do Maranhão (FAPEMA) e da Secretaria Estadual de Ciência, Tecnologia e Inovação do Maranhão (SECTI/MA), sem as quais teria sido impossível a realização dos Colóquios de São Luís. É nesse sentido que se justifica a menção aos dirigentes dessas instituições que reconheceram a importância dos eventos, também estando conosco no início dos trabalhos; nosso mais sincero agradecimento a Gustavo Pereira, reitor da UEMA, a Nair Portela, então Reitora da UFMA, a Davi Telles, secretário de Ciência, Tecnologia e Inovação do Maranhão, e a Alex Oliveira, então Diretor-presidente da FAPEMA. Importante destacar

[5] Cf. L. A. Marques, *Philosophia brasiliensis*: *história, conhecimento e metafísica no Período Colonial*, Porto Alegre, Editora Fi, 2015 e também L. A. Marques, *A lógica da necessidade*: *o ensino de Rodrigo Homem (1720-1725) no Colégio do Maranhão*, Porto Alegre, Editora Fi, 2018.

a contribuição do Institut Eric Weil, da Universidade de Lille, na pessoa do seu diretor Patrice Canivez, o qual assina nesse volume um dos seus capítulos. Não podemos deixar de mencionar nossa gratidão ao Programa de Pós-Graduação em História, ao Curso de História e ao Curso de Filosofia da UEMA, bem como aos núcleos e grupos de pesquisa NEHISLIN, NEAFILOS e GEPFFC. Um agradecimento especial aos estudantes da graduação dos cursos de Filosofia e História da UEMA e Filosofia da UFMA que não mediram esforços na preparação, organização dos colóquios e recepção dos convidados, proporcionando um ambiente acolhedor e caloroso. Por fim, e não por isso menos admirável, à Editora É Realizações por acolher esse livro, tornando-o acessível a todos os pesquisadores/autores da presente coletânea e ao crescente público cultivado que, no Brasil, se interessa por filosofia.

Marcelo Perine
Francisco Valdério
Alessandro Francisco
Henrique Borralho

PARTE I

EPISTEMOLOGIA DA HISTÓRIA

Capítulo 1 | Como se chega a um discurso categorial: a Lógica da filosofia entre cultura, história e pensamento

Luís Manuel A. V. Bernardo[1]

"[...] o texto é um mecanismo preguiçoso (ou econômico) que vive da mais-valia de sentido que o destinatário lhe introduz. [...] *um texto é um produto cujo destino interpretativo deve fazer parte do seu próprio mecanismo generativo.*"[2]

INTRODUÇÃO

A sucessão de discursos categoriais, que constituem a *Lógica da filosofía* de Eric Weil, é usada pela maioria dos intérpretes como uma metalinguagem fechada e autossuficiente. As categorias e as correspondentes atitudes, aí mencionadas, acabam assim por funcionar como palavras-passe de uma esfera de evidência incontestada e incontestável, de modo que abundam os comentários que se oferecem como um desenvolvimento, uma explanação ou uma aplicação dos conteúdos veiculados, nos termos de uma leitura que busca o registo de uma suposta literalidade. Em tal procedimento de remissão intratextual, as

---

[1] Centro de Humanidades (CHAM) – Universidade Nova de Lisboa (UNL), Portugal.

[2] U. Eco, *Leitura do texto literário: lector in fabula*. Lisboa, Presença, 1992, p. 55; 57 (itálicos do autor).

categorias/atitudes são retidas como designações referenciais, quer de estados de coisas efetivamente existentes no mundo, em particular no que se concebe como a esfera da história, quer de um discurso tipificado, que, por delas emanar, vale em si e por si mesmo. Tal significa que, respondendo à própria solicitação do autor de que se a entenda como um todo sistemático, cuja ordem só pode ser plenamente justificável após o percurso completo, orientado pela busca da coerência, quer na exposição de cada discurso categorial, quer no alinhamento sequencial dos mesmos, quer na configuração do conjunto do percurso, se tende a ver na *Lógica da filosofia* a filosofia de Weil, isto é, o seu modo de conceitualizar a realidade, a sua mundividência. Às categorias/atitudes atribui-se, neste caso, uma função lógica idêntica à que Aristóteles ou Kant julgaram lhes caber, enquanto modos gerais de conhecer os entes e de discorrer objetivamente sobre eles, ou como figurações de uma ontologia dialética da história da Razão, na linha de Hegel.

Neste uso objetivo das categorias/atitudes, porém, cabe detectar, de imediato, um efeito excessivo, tanto da *enciclopédia* filosófica do leitor, tendente a inscrever a ideia de lógica na grande genealogia do *Organon*, e do peso que nela tem o *dicionário* sancionado pela tradição, nomeadamente no que cabe entender com por categoria, como de uma expectativa resolutória que se imputa à *Lógica da filosofia*, em grande parte, por se oferecer como textualidade ordenada, consequente e positiva, num tempo, como o nosso, em que o filosofar se propõe, sobretudo, como recusa de sistematicidade, ruptura e crise infindável. A obra de Weil resulta, em consequência, alinhada com um tipo de filosofia que se revê a si mesma como sabedoria, entendida como busca da verdade essencial, a qual se encontra dada no mundo e em cada ser que o integra.

Como já havíamos interrogado noutro lugar, na medida em que uma tal leitura pressupõe a coincidência entre exposição e doutrina, "a questão está em saber se esta tese ainda é sustentável numa lógica do discurso, que se apresenta simultaneamente como lógica dos discursos/atitudes. Poderá uma lógica do discurso não se desdobrar, a par e passo, numa clarificação dos limites que gera, dos limites a partir dos quais é gerada, do limite que inexoravelmente a cinde pelo enfoque numa das possibilidades da linguagem?".[3] Com efeito, com tal uso metafísico, não se atende, devidamente, (1) nem ao fato de, na Introdução à *Lógica da filosofia*, ocorrer uma sucessiva crítica das matrizes lógicas anteriores, seja da instrumental, seja da ontológica, seja da transcendental, seja da dialética, o que só pode querer assinalar um propósito de superação, para o qual a articulação entre categoria e atitude são fundamentais; (2) nem ao caráter filosófico das categorias/atitudes, ou seja, o de categorias/atitudes do filosofar em geral e não de uma filosofia em particular, as quais aparecem, por isso, com atributos como a pureza e a irredutibilidade, fazendo-se acompanhar de um discurso-tipo que, ao integrar a sua própria definição, torna, em boa parte, a diáfora a prioridade atribuída correntemente à referência ostensiva; (3) nem ao aspeto meramente formal das categorias do Sentido e da Sabedoria para poderem funcionar como actantes da dinâmica das categorias/atitudes materiais; (4) nem ao *modus operandi* que lhes compete na agonística intercategorial ou na respetiva transposição em diferentes retomadas, destinada à construção da história da efetividade; (5) nem ao que surge especificamente declarado como a novidade constituinte do projeto:

> lógica não no sentido da não contradição – pois ela trata de soluções contraditórias entre si e que se contradizem –, não lógica da ciência, pois para ela a ciência é apenas uma das possibilidades do homem e não necessariamente a primeira – se é que pode haver uma possibilidade primeira –, mas *logos* do discurso eterno em sua historicidade, compreendido por ele próprio e compreendido como possibilidade humana que se escolheu, mas que sabe também que ela se escolheu e que ela não seria se pudesse ser necessária.[4]

---

[3] L. Bernardo, *Linguagem e discurso: uma hipótese hermenêutica sobre a filosofia de Eric Weil*. Lisboa, Imprensa Nacional-Casa da Moeda, 2003, p. 155.

[4] E. Weil, *Lógica da filosofia*. São Paulo, É Realizações, 2012, p. 115.

Não só por se afigurar central na economia da Introdução, mas pelo modo denso como integra no seu fraseado o conjunto de considerações críticas de que foram alvo os outros modelos lógicos, esta passagem obsta por si só ao uso metafísico acima descrito. Em função do propósito, nela declarado, de suscitar a alternativa constituída pela ideia de uma lógica da lógica dos discursos, com o alcance, por conseguinte, de uma metalógica, ela força a passagem a um tipo diverso de abordagem. Esta deverá estar menos interessada em verificar a confiabilidade do produto, relativamente ao alinhamento com uma filosofia perene, do que em problematizar os processos e as formas que assume a produção desse conspecto, que se quer declaradamente renovador.

Em consequência, em vez de lhe impormos uma exigência antecipada de referencialidade, optamos por privilegiar os *passeios inferenciais*, na expressão consagrada de Umberto Eco,[5] para os quais o texto nos convida, na perspectiva de uma hermenêutica colaborativa que não se limita a restituir a literalidade do dito, mas se encontra igualmente comprometida com a tentativa de "preencher os espaços do não dito ou do já-dito".[6] Esperamos, assim, interrogá-lo adequadamente sobre os modos da sua constituição, e, muito em particular, sobre os parâmetros da textualização na origem dos discursos categoriais. Esta nossa proposta de leitura segue duas vias principais: uma orientada para a verificação do que é dito; outra para a reconstituição do que, não sendo enunciado ostensivamente, está latente como uma das condições possíveis da sua consistência enunciativa.

Este segundo momento, em que a *distanciação* tenderá a sobrepor-se à *apropriação*, deverá, por isso, pautar-se por uma perspectiva zetética, sem que se antecipe qualquer conciliação dos dois enfoques

[5] U. Eco, Op. cit., 1992. Para alguma terminologia como enciclopédia, dicionário, etc., cabe remeter, igualmente, para U. Eco, *Semiótica e filosofia da linguagem*. Lisboa, Piaget, 2001.

[6] Ibidem, p. 27.

interpretativos, sugeridos por Hans-Georg Gadamer,[7] outra que a do gizamento de uma hipótese. Trabalho praticado numa zona de hibridação hermenêutica, cujo exercício requer que se acompanhe a compreensão do locutório com a recomposição do ilocutório, tendo em vista comprovar a consistência da ideia alternativa de que as categorias sejam "ficções heurísticas", expressão que figura numa carta de Gilbert Kirscher a Marcel Conche, datada de 22 de julho de 1999, tal como lembra Francis Guibal.[8]

Trata-se, então, de retirar as devidas ilações do que o próprio Kirscher apontava, na sua aproximação de Weil a Fichte: "Duas vozes se misturam no discurso filosófico em curso: a do filosofante, a da filosofia, pelo menos enquanto o discurso não é o do *absoluto* (mesmo que a ideia do absoluto o oriente) e que permaneça ação, *praxis*, obra do pensar. [...] A voz do filósofo refletindo, escrevendo, arriscando o empreendimento de uma lógica da filosofia, dizendo impessoalmente 'nós' e a quem o leitor se substitui sem dificuldade, evoca essa outra voz que seria a da própria filosofia".[9] Só que, desta feita, diferentemente do habitual favorecimento da voz da filosofia, identificada com um processo de dedutibilidade transcendental das categorias/atitudes, procuramos honrar as duas vozes, convictos de que existe entre elas um diálogo vivo, em ação no próprio texto, que se traduz, para o intérprete, num potencial efeito de esclarecimento do que permanece opaco na densidade da obra. A combinação entre uma análise convencional no âmbito da interpretação filosófica e o recurso a um modelo hermenêutico, oriundo dos trabalhos semióticos de um autor que nunca deixou, aliás, de ser filósofo, decorre precisamente dessa dupla intenção de abrir espaço para as duas enunciações.

---

[7] H.-G. Gadamer, *Verdade e método*. Petrópolis, Vozes, 1998.

[8] F. Guibal, *Le sens de la réalité. Logique et existence selon Eric Weil*, Paris, Éditions du Félin, 2011, p. 46.

[9] G. Kirscher, *La philosophie d'Eric Weil*, Paris, PUF, 1989, p. 140 (itálicos do autor).

Dá-se corpo, desse modo, à suspeita de que um robusto exercício de composição, longe de subjetivar, relativizar ou enfraquecer a dimensão filosófica do propósito, se oferece como a condição primeira tanto da sua viabilidade, quanto da sua capacidade para recriar o tipo de evidência que é apanágio da dedução.

Esta direção afigura-se, outrossim, a mais conforme à diferença, estabelecida pelo intérprete francês, entre um discurso consciente do seu agir enunciativo, do seu "estado-de-ação" [*Tathandlung*], como Torres Filho traduz o neologismo de Fichte,[10] e um discurso que se esgota na sua enunciação, quando insistindo na proximidade matricial da *Lógica da filosofia* weiliana e da *Doutrina da ciência* fichteana, escrevia: "E compreende-se também que o tema da *Tathandlung* permita perceber a irredutibilidade de dois discursos filosóficos antagonistas, um consciente de ser a articulação discursiva que deriva da *Tathandlung*, o outro cego à liberdade que é a sua origem, desconhecendo-se a si mesmo e só se oferecendo como representação do que é".[11] Toda a questão consiste, por conseguinte, em saber como se articulam, na *Lógica da filosofia*, constituição e constituído, *Dichtung* e *Warheit*, "o que ela encontra" e "por qual via o encontra, de qual ponto ela parte".[12]

I – ANÁLISE

Desde logo, impõe-se reconhecer que a *Lógica da filosofia* se situa explicitamente sob o signo da liberdade e da possibilidade, não do determinismo e da necessidade. Este aspeto é absolutamente decisivo para um adequado entendimento do seu alcance, motivo pelo

---

[10] J. Fichte, *A Doutrina da ciência de 1794*. São Paulo, Abril Cultural, 1984.

[11] G. Kirscher, Op. cit., p. 143 (itálicos do autor).

[12] E. Weil, Op. cit., 2012, p. 125.

qual, aliás, o próprio autor nele insiste a cada passo. A *Lógica da filosofia* constitui a tentativa de explicitar uma escolha, aquela que deu origem à filosofia e que deverá, por isso, constituí-la intrinsecamente. Trata-se da escolha de uma possibilidade da linguagem, a de assumir a forma do discurso, quer para a compreensão da realidade, quer para as modalidades da expressão de tal visão, quer para moldar o agir, substituindo a predominância da violência, na multiplicidade das suas manifestações, incluindo as da própria linguagem, pelo que há de pacificador na interação verbal. Esta escolha, de acordo com a qual se procura falar seguindo padrões de razoabilidade, que tornam o discurso coerente, autossuficiente, argumentativo e suscetível de facultar um tipo de comprazimento, efetiva, sem dúvida, uma possibilidade do humano, enquanto este se define como falante, mas não chega para estabelecer uma necessidade.

A este respeito, importa não confundir a lógica que assiste à abertura constituída pela existência de diferentes possibilidades e o relativo fechamento que a escolha de uma delas provoca, tanto mais que essa escolha, não só não determina qualquer tipo de necessidade, salvo aquela que, *a posteriori* e reflexivamente, se encontrará como justificação para a sua ocorrência, como tem permanentemente de se fazer valer face às outras possibilidades que não desapareceram com o advento da filosofia. Como resume o próprio Weil, "a lógica da filosofia é, assim, a sucessão dos discursos coerentes do homem, sucessão cuja orientação é dada (para nós) pela ideia do discurso coerente, que se compreende a si mesmo".[13] Tal significa que a *Lógica* ensaia um nível de reflexão, que designámos em diferentes textos, de terceiro grau, enquanto nela se procura pensar o sentido de se escolher o(s) sentido(s), e, em consequência desse questionamento, surgem identificadas dezesseis maneiras discursivas de dar coerência ao mundo da vida, ao modo como se está nele e ao ideal de existência que é visado.

---

[13] Ibidem, p. 109.

Esta restrição não pode ser ignorada sob pena de se vir a confundir a *Lógica da filosofia* com uma epistemologia geral, como se poderá encontrar na *Crítica da razão pura* de Kant, julgando-a a chave para todo o conhecimento do real, ou uma *Fenomenologia do espírito*, na linha estrita de Hegel, como história da afirmação da razão em direção ao saber absoluto, na pluralidade das figuras que a determinam. Sendo óbvio que a *Lógica da filosofia* de Weil carrega muitas e significativas marcas da presença destes autores, a sua especificidade joga-se precisamente no facto de se propor, fundamentalmente, como reflexão sobre o(s) discurso(s) filosófico(s), as atitudes concomitantes, enquanto tais, bem como sobre a história que a sua escolha constrói. O seccionamento do sentido, tido por formal, e da sabedoria, também ela formal, em dezesseis possibilidades de se verem efetivados, constitui diferença bastante da unidade exclusiva das condições transcendentais, estabelecidas por Kant, cujo intento se encontra, por isso, compreendido em vários dos discursos categoriais incluídos na *Lógica da filosofia* (Condição, Consciência, etc.). Por sua vez, a dobra de vivido, que resulta introduzida com a correlação categoria/atitude, bem como a ideia de que "a oposição não é apenas entre os discursos – se assim fosse, o discurso absolutamente coerente teria razão absolutamente, e o homem, fosse quem fosse, sempre o realizaria, seja total, seja parcialmente –, é entre o discurso e a própria violência",[14] afasta o espectro de um idealismo redentor, o que se traduz, igualmente, no espraiamento da ideação hegeliana, tomada como perspectiva particular, por entre diferentes discursos categoriais (Absoluto, Ação, etc.). Como escreve Marcelo Perine, "a ordem da sucessão das categorias não é, portanto, a ordem imanente do autodesenvolvimento da razão, mas a das invenções da liberdade".[15]

---

[14] Ibidem, p. 87.

[15] M. Perine, "Sua queda é sua dignidade: Eric Weil e Agostinho sobre a 'Felix Culpa'". *Horizonte*, Belo Horizonte, vol. 17, n. 53, maio/ago. 2019, p. 1029-30.

Nesta linha de raciocínio, é de notar que Weil atribui à atitude uma antecedência existencial, relativamente à formulação categorial, que a converte em condição necessária desta, ainda que não suficiente: "Atitudes para o homem na vida, categorias para o filósofo, juntas, elas permitem compreender o homem, permitem ao homem compreender-se".[16] Esta tese, que se afigura uma das mais problemáticas da proposta do autor, como se verá mais adiante, define, todavia, uma das linhas de demarcação do legado hegeliano, com maior relevância. Com efeito, a *Lógica da filosofia* não trata do discurso racional, em si, por si e para si, mas dos discursos/atitudes dotados de uma espécie de razoabilidade, que pode ser reproduzida por cada "homem que escolhe livremente a razão",[17] e que deve fazer sentido para *nós*, ou seja, para os homens que fizeram essa escolha. É esse o motivo para que cada homem se possa satisfazer com um dos dezesseis discursos/atitudes, qualquer que ele seja, convertendo-o no centro orientador da sua vida e agregador de uma visão coerente sobre o conjunto do que passa, assim, a ser a sua realidade, isto é, a realidade que resulta configurada por essa totalização particular.

Claro que a *Lógica da filosofia* não é uma exposição neutra e descontínua dessas possibilidades. Ela encontra-se animada por uma dupla intenção, enquanto apologética do filosofar e justificação do caráter adequado da categoria/atitude da Ação à forma de sentido e de sabedoria procurados no nosso tempo. Contudo, não é menos verdade que essa propriedade lhe advém, em grande parte, pela forma como nela se "funda uma prática dialógica da compreensão",[18] honrando-se as outras possibilidades de coexistência, enunciadas

[16] E. Weil, Op. cit., 2012, p. 108.

[17] Ibidem, p. 32.

[18] P. Canivez, "La notion de reprise et ses applications"; L. Bernardo; P. Canivez; E. Costeski, "A Retomada na filosofia de Eric Weil". *Cultura – Revista de História e Teoria das Ideias*, série II, vol. 31, Lisboa, CHC/Húmus, 2013, p. 1. Disponível em: https://journals.openedition.org/cultura/1753.

nas categorias que são postas logicamente a precedê-la. Aliás, como mostramos num artigo recente, a própria eficácia do programa da Ação depende da sucessiva retomada de outros discursos categoriais, os quais, mantendo a sua identidade de base, devem ser compagináveis em sociedades democráticas.[19] Não obstante, mantém-se válido o raciocínio de base: se há uma manifesta idealização no propósito de determinar categorias/atitudes exemplares, essa concepção diz respeito ao alinhamento de possibilidades, não de inevitabilidades ontológicas ou metafísicas.

Por sua vez, a *Lógica da filosofia*, por se encontrar deliberadamente confinada à história da filosofia, entendida, ao mesmo tempo, como a história que a filosofia introduziu no mundo com o seu aparato discursivo e como a história das tentativas de recuperação da mesma espontaneidade no discurso, que ocorre, naturalmente, nos outros usos da linguagem, depois da cisão que representa essa opção pelo discurso, não redunda numa história da filosofia, na acepção que o historicismo tornou corrente. Ainda que haja uma indesmentível sequencialidade das categorias/atitudes, com uma variedade, algo surpreendente, de sugestões para a respetiva organização, algumas remetendo diretamente para a cronologia linear comum (categorias antigas, modernas, contemporâneas), e os autores da história da filosofia sejam regularmente convocados, de modo direto ou apelando a analogias inevitáveis por parte do leitor filosófico informado, para ilustrar esta ou aquela sequência discursiva, Weil é extremamente cuidadoso em evitar que se estabeleça um paralelo entre cada categoria/atitude e um determinado sistema filosófico, ou que se confunda a prioridade lógica com a factualidade histórica. Exemplo por excelência desta estratégia é a segunda nota da categoria da Ação, em que o termo "revolução" acaba relacionado

---

[19] L. Bernardo, "O que torna o mundo da ação tão vulnerável?". *In*: A. Correia et al., *Ceticismo, dialética e filosofia contemporânea*, Coleção XVII Encontro Anpof, Anpof, 2017, p. 288-304.

com o platonismo, o funcionalismo público, descrito por Hegel, ou a revolução bolchevique.[20]

Se esta inquietação surge claramente na quarta entrada da segunda categoria, a do *Não Sentido*, para obstar à aplicação da remissão genealógica que não aceita a completude lógica da categoria/atitude, quer por só conseguir reconhecê-la como produto de uma longa série de transformações e de antecedentes, quer por associá-la a uma etapa tida por ainda primitiva no desenvolvimento progressivo da consciência,[21] já dá lugar a uma primeira distinção nas páginas iniciais da Introdução, a propósito da atitude que recorre à lógica da não contradição como critério normalizador do diálogo: "Não se trata, para nós, de história, nem mesmo de uma história idealizada, de um esquema de evolução histórica. Por isso, não nos perguntaremos quando e onde o diálogo (ou, caso se prefira, a discussão) foi descoberto em sua importância, nem quais foram as condições reais que tornaram possível o estabelecimento de uma regra da discussão".[22] E é assertivo: "É tarefa do historiador mostrar o modo como esse estado de coisas se produziu aqui ou ali: o que nos interessa é a maneira como os homens que vivem sob essas condições tomam consciência desses fatos fundamentais".[23]

Aqui também é necessário interpretar corretamente o que é significado com essa tomada de consciência, para evitar uma outra confusão grosseira, a de julgar a *Lógica da filosofia* uma história das ideias, das mentalidades, das mundividências ou mesmo das mundivivências. Bastará, para o efeito, ter em mente o caráter abstrato, generalista e esquemático dos discursos categoriais, bem como o fechamento da ideação que anima cada um, o qual permite,

---

[20] E. Weil, Op. cit., 2012, p. 567.

[21] Ibidem, p. 145-46.

[22] Ibidem, p. 42.

[23] Ibidem, p. 43.

precisamente, isolar apenas um número bastante restrito e erguê-lo ao estatuto de isotopia de uma miríade de situações concretas, para se perceber que o exercício que originou a sua produção é o contrário da metodologia caraterística daquelas abordagens, as quais estão vocacionadas para fazer ressaltar a peculiaridade dos quadros que descrevem, em função dos valores específicos que circunscrevem cada um. Mas é o próprio Weil que o explicita ao circunscrever essas posturas interpretativas a uma atitude/categoria determinada, a da Inteligência, que acusa de particularidade, por tudo compreender, menos o que nela ocorre como parcial, o que lhe retira a capacidade para se alçar à perspectiva de uma : "a atitude do homem inteligente é impensável para ele próprio, precisamente porque ela é livre [i.e., em processo hermenêutico ilimitado]; sua categoria pensa e abarca tudo, exceto a si e à atitude que a produziu".[24]

Assim, o que cabe entender por essa maneira como os homens tomam consciência de fatos fundamentais não diz respeito a uma descrição de um processo espaciotemporal, nem à variedade de entendimentos e de práticas no decurso da história. Trata-se, antes, da fixação de uma certa possibilidade de adquirir uma determinada consciência em correlação com determinados fatos, e de, concomitantemente, agir e discorrer em coerência com essa identificação. Esta se torna, por isso, trans-histórica, no sentido de atualizável em contextos concretos outros que aquele que pode ter servido de referência, ou lógica, porquanto passa a integrar a constelação de discursos/atitudes totalmente coerentes, porque irrefutáveis de acordo com os seus próprios termos.

Torna-se, assim, patente o que constitui a característica mais óbvia da *Lógica da filosofia* de Eric Weil, mas cujo alcance nem sempre resulta suficientemente ponderado, a saber que a sequência exposta respeita a uma certa ordenação de categorias/atitudes filosóficas

[24] Ibidem, p. 396. (Parênteses nossos.)

ou puras, irredutíveis entre si. Esta irredutibilidade significa, ao mesmo tempo, que cada uma é bastante para satisfazer pelo menos um homem que se decidiu pelo sentido; que é só do ponto de vista de outra categoria/atitude que há lugar para o sentimento de superação, mesmo que os limites de cada categoria já estejam inscritos na sua particularidade; e que só o filósofo lógico, por aplicar critérios de coerência, relevância, complexificação, compreensibilidade, etc., pode projetar essas dezesseis histórias na unidade relativa de um todo coerente, "com vistas a uma compreensão compreensiva",[25] para o qual cada uma é chamada a contribuir, mas no qual nenhuma delas figura como única ou absoluta, todas se revelando superáveis, porque, para que a visada da *Lógica* se tenha tornado pertinente, já superadas.

Este jogo entre igual dignidade das categorias/atitudes lógicas, enquanto formas possíveis de coexistir seguindo padrões de razoabilidade, irredutibilidade constitutiva de cada uma delas e capacidade para serem revisitadas como mônadas de uma mesma ordem lógica, encontra-se também indicado pelo tratamento assaz uniforme de todas elas. Dessa feita, cada uma é apresentada com o seu discurso dialético tipo, cuja evolução define não só a expressão ideal do seu respetivo sentido, como os dois extremos genéticos, o do processo que originou esse nexo de atitude e discurso e o do limite dessa coesão. Este arco finaliza-se com as principais retomadas ou com uma consideração justificativa da sua ausência nos discursos mais indeterminados, o que, do ponto de vista formal, é equivalente. A exposição das retomadas, na sequência de um discurso categorial que se anuncia puro, assume uma dupla função.[26]

Por um lado, afigura-se como uma espécie de complemento, que pode ser assacado a uma ambição filosófica, destacada por vários

---

[25] M. Perine, *Filosofia e violência: sentido e intenção da filosofia de Eric Weil*. São Paulo, Loyola, 2013, p. 144.

[26] Uma ampla e plural discussão deste conceito encontra-se em L. Bernardo; P. Canivez; E. Costeski, Op. cit., 2013.

intérpretes, de levar a cabo um sistema filosófico sem pontas soltas. Ao fornecer vários modos exemplares de aplicação do discurso categorial à realidade histórica concreta, seja para condicioná-la nos termos do sentido visado pela categoria, seja para compreendê-la no que, nela, se torna mais entendível, pela remissão a um tal princípio de coerência, seja para justificar o discurso categorial face a outros discursos categoriais, num mundo em que, para se afirmar, tem, inevitavelmente, de se tornar impuro pela miscigenação do seu discurso-tipo com outros discursos congêneres, sob pena de se tornar tão hermético que acabe repudiado, Weil honra o que declara na Introdução: "A lógica da filosofia não esquecerá que o que ela deve explicar é o discurso histórico em sua totalidade, e não apenas o seu".[27]

Por outro lado, ao sermos constantemente recordados, por essa via, de que a *Lógica da filosofia*, tal como a *Crítica* de Kant ou a *Lógica* de Hegel, visa compreender a compreensão do real, mas não constitui, por si mesma, enquanto exposição de categorias/atitudes puras, essa compreensão e de que "essa pureza só assume importância a partir do momento em que um homem quer compreender e se compreender totalmente",[28] resulta acentuado o caráter abstrato e seletivo das várias categorias/atitudes retidas pelo filósofo. Por sua vez, na medida em que uma das principais explicações para a existência do processo das retomadas é o desacerto temporal entre o momento da emergência de um novo discurso categorial e a trama dos discursos/atitudes em circulação, o qual requer que a novidade se adapte tradicionalmente instituído, torna-se perceptível que todos os dezesseis discursos categoriais puros, incluindo o da Ação, tido por mais contemporâneo, já atingiram um nível de enunciação suficientemente completo para poderem ser expostos na sua pureza. Se assim não fosse, só teríamos acesso a enunciados mistos, ou seja, a um conjunto de retomadas e

[27] E. Weil, Op. cit., 2012, p. 118.

[28] Ibidem, p. 118.

de pseudorretomadas, em que o essencial da categoria/atitude surgiria vertido nas formas enunciativas disponíveis no mundo da vida.

O acabamento afigura-se, assim, como outro critério fundamental de seleção e, com ele, um certo tradicionalismo da escolha, na medida em que o lógico tem de se assegurar da completude do processo de categorização, em cada discurso/atitude, para que as categorias/atitudes que apresenta sejam lógicas. Esta triagem incide tanto nas atitudes, quanto nas categorias: porquanto o autor pretende que as categorias têm a sua origem concreta em atitudes, "embora qualquer indivíduo possa ser compreendido, embora um discurso sempre possa integrá-lo no mundo da coerência, os discursos dos homens são compreendidos apenas com relação a certas atitudes que chamaremos de *puras* ou *irredutíveis*", isto é, "aquelas que produzem discursos coerentes, que, se for permitido falar assim, se produzem em discursos", ou ainda, "que compreendem a si mesmas, porque querer compreender lhes é essencial".[29]

Esta ocorrência é referida por Weil como bastante limitada: "é só em caso extremo que essa supremacia da situação no discurso [...] conduz à categoria, isto é, ao conceito que permite construir um mundo coerente e que confere um sentido a tudo o que é e à vida do próprio homem que, nesse discurso, apreende e edifica ao mesmo tempo a si mesmo e a seu mundo".[30] Não se trata, por conseguinte, como aliás já indicáramos, de dar conta de todas as atitudes, reais ou possíveis, nem interessa reter todas as que são enunciáveis, mas tão só aquelas que suscitam um tipo de coerência maior, capaz de formar um modo de vida que se quer sensato em função de um sentido que é identificado como o centro axiológico em torno do qual se deve organizar toda a existência. Porém, esse nível de coerência, essa espécie de unificação dos vários atos e dos vários discursos, a partir de

---

[29] Ibidem, p. 107.

[30] Ibidem, p. 112.

uma visada orientadora tão específica que pode valer a pena viver nos termos por ela propostos, depende da formulação do discurso categorial correspondente, puro e irredutível, como pura e irredutível é a atitude. Assim, como escreve Weil, do ponto de vista da lógica, e é só nessa perspectiva que temos vindo a propor esta análise, "são as categorias que determinam as atitudes puras", de modo que "a pureza e a irredutibilidade das atitudes lhes vêm, portanto, de seus respetivos discursos: é pura uma atitude que desenvolve uma categoria pura".[31]

Ora, tal implica, uma vez mais, que o número de categorias seja, também ele, finito e o seu tipo, delimitado pela mesma exigência de uma coerência superior, de modo que a *Lógica* não acolhe toda e qualquer categoria, nem mesmo aquelas que, tendo em consideração a história da filosofia, seria expectável encontrar, mas só aquelas que merecem o estatuto de categorias filosóficas. Significativamente, na categoria do Objeto, aquela que detém uma óbvia relação com os grandes cultores da ontologia metafísica, Weil introduz uma extensa nota com o intento declarado de lembrar a diferença entre categorias metafísicas e categorias filosóficas, julgando "essencial que os dois sentidos da palavra sejam nitidamente distinguidos ao longo de todo esse trabalho [a *Lógica da filosofia*], que só se interessa pelas categorias *metafísicas* na medida em que elas revelam categorias *filosóficas*".[32] Aqui, Weil clarifica o essencial das definições que se encontram ao longo da obra: as primeiras são "as categorias desenvolvidas pela metafísica para uso das ciências particulares. [...] São metafísicas nesse sentido de que só a ciência primeira, a do Ser como tal, pode fornecê-las; mas são essencialmente científicas em seu emprego; em outras palavras, elaboradas pela metafísica, elas não guiam esta última"; já as segundas constituem-se como "centros de discurso a partir dos quais uma atitude se expressa de modo coerente (ou, no

---

[31] Ibidem, p. 108.

[32] Ibidem, p. 212.

caso de atitudes que recusam todo o discurso, pode ser apreendida pelo discurso da filosofia".[33]

Este raciocínio, que resulta deduzido da relação entre atitude pura e categoria pura, pode igualmente ser desenvolvido a partir da diferença de planos entre discursos lógicos e discursos concretos, pois, se as categorias puras fossem tidas por categorias metafísicas ou viessem a coincidir com a sua inclusão num determinado sistema filosófico, acabariam marcadas por uma tal dependência, não podendo ultrapassar a particularidade da sua origem e alçar-se a figurações universais do razoável. Tendo em vista que "o sentido da existência é ter um sentido",[34] esta correlação estruturante atitude/categoria tem na sua base uma tese maior da filosofia de Weil, que encontra a sua formulação definitiva num texto tardio, de 1975, sobre a natureza: "O homem pode falar do que é e falar sobre ele próprio, pois está no mundo, e nele se encontra com a sua liberdade num meio estruturado, que está orientado sem no entanto ser um simples resultado das condições que o orientam, nas quais e por entre as quais ele próprio se orienta".[35] Tal significa que o sentido já está sempre presente no mundo da vida, não constituindo um artifício de um pensamento que, desencarnado, viria, de cima, condicionar o real, apondo-lhe a sua lógica.

II – INTERPRETAÇÃO

Todavia, esta que se poderia afigurar uma solução, ainda que genérica, para a nossa pergunta sobre o modo como se constituem

---

[33] Ibidem, p. 212.

[34] Ibidem, p. 598.

[35] Idem, *Essai sur la nature, l'histoire et la politique*. Lille, Septentrion, 1999, p. 77.

os discursos categoriais, pelo menos no que, nessa interrogação, respeita à origem, na verdade não se sustém devidamente. A ser totalmente correta essa binariedade, resulta notória a opacidade decorrente da impossibilidade de se aceder à atitude pura por outra via que a da categoria pura, o que, fazendo do discurso o eterno mediador, não permite um controle da legitimidade ou da realidade do próprio discurso. A este propósito, convém ter presente a crítica de Michel Foucault às filosofias sistemáticas: "o tema da universal mediação é ainda uma maneira de elidir a realidade do discurso. Parece que a ideia do logos universal é uma forma de introduzir o discurso humano no centro da filosofia. Mas esse logos não é senão um discurso já emitido, são as próprias coisas e os acontecimentos que se tornam discurso. O discurso não é mais do que o espelhar de uma verdade nascente aos seus próprios olhos".[36] Será, então, esta a propriedade decisiva da *Lógica da filosofia* de Eric Weil, aquela que o intérprete estará compelido a identificar?

A observação de Foucault ganha particular relevância se combinarmos o problema da constituição das categorias e o da respetiva seleção, mormente pela suspeita, plenamente justificada com a afirmação de Weil, de que o conjunto de categorias poderia ser outro, de que o gesto lógico, subjacente à escolha, prevalece sobre o escolhido. Nesse caso, o modo como se geram mutuamente as categorias e as atitudes fica subsumido na questão maior sobre quem realizou a escolha, com que autoridade e de acordo com que critérios. É aqui que tem de entrar, inevitavelmente, a figura do filósofo filosofante, como o responsável pela seleção, pela ordenação sequencial e pela verificação do caráter lógico das categorias/atitudes. É o que decorre da seguinte passagem: "cabe à filosofia dizer quais são as categorias fundamentais [...] e cabe-lhe também insistir no fato de que essas categorias precedem, para ela, as atitudes que têm precedência na história; ela

[36] M. Foucault, *A ordem do discurso*. Lisboa, Relógio D'Água, 1997, p. 50-51.

organiza as categorias com vistas à coerência absoluta que compreende a si mesma como possibilidade do homem".[37]

É verdade que Weil se refere à filosofia e não ao filósofo, para sugerir um exercício objetivo, consolidado no decurso de uma tradição cultural, de que ele, como autor, seria um veículo, mais do que um iniciador. Esta reserva aparece de modo particularmente visível num dos esboços do texto de apresentação, a ser lido quando da defesa da tese. Aí, o "candidato" recorre a várias oposições, por exemplo, entre retraçar e construir, descobrir ou inventar e ordenar,[38] para sustentar que "foi assim, seguindo quase passivamente o discurso no seu desenvolvimento, que tentamos apreender a sua estrutura e o seu alcance para o homem, que não é apenas discurso".[39] Porém, o conjunto de gestos que descreve na passagem citado anteriormente, assim como neste texto (indicar, organizar, selecionar, ordenar) aponta inevitavelmente para uma intervenção autoral, tanto mais que a filosofia, entendida de modo tão abrangente, é mera hipóstase abstrata. Sendo facilmente compreensível que Weil procure pôr a sua obra ao abrigo da presunção de subjetivismo, que se lhe colaria se viesse a ser interpretada como "lógica do juízo",[40] não deixa de merecer ponderação que a passagem necessária da mera enunciação de "que um discurso *deve* existir que compreenda tudo o mais e ele próprio", que poderia circunscrever-se ao plano do constatável, ao intento de "elaborar esse discurso", na medida em que se crê que "só a realização pode, neste domínio, provar a possibilidade",[41] implica um exercício textual de outra ordem, no qual e para o qual, a função autoral surge indispensável.

---

[37] E. Weil, Op. cit., 2012, p. 118.

[38] Idem, *Philosophie et réalité II*. Paris, Beauchesne, 2003, p. 233.

[39] Ibidem, p. 238.

[40] Ibidem, p. 234.

[41] Ibidem, p. 233. (Itálico de Eric Weil).

Cabe, por conseguinte, equacionar alternativamente a *Lógica da filosofia*, como uma construção filosófico-narrativa e não como um tratado que intentasse propor-se como uma transliteração fiel de um acervo para cuja existência não tivesse sido chamado a contribuir. Nesta mesma linha, as várias distinções, introduzidas por Weil, que acompanhamos sugerem a necessidade de passar todas as referências, convencionadas para efeitos de objetividade, ao estatuto de pretextos, ou seja, de estâncias de um pensamento que delas necessita para dar corpo às diferentes textualidades categoriais, e que acaba por assimilá-las, tendo em vista a consolidação de uma visada que aspira a ultrapassá-las. Dito de outro modo, apesar de todos os esforços para negar a função autoral, Weil não compagina filosofias, utiliza-as intencionalmente para o seu filosofar.

Verificando-se esta circunstância, a *Lógica* não estaria confinada a uma enunciação regular sobre um Ser prévio, porque sempre presente, ou a uma explicitação de figuras verdadeiras resultantes do *logos* emanando de tal Ser, mas assumiria uma dobra de inventividade, cuja prática aproximaria os discursos categoriais, menos dos processos de compreensão em profundidade defendidos pelas hermenêuticas ontológicas, que, por exemplo, desses produtos arqueológicos, que são as *epistémai*, expostas por Foucault em *As Palavras e as coisas*.[42] À partida uma fronteira insuperável estaria desenhada entre as duas obras: a constante apologia da sistematicidade, determinando uma espécie de quadro normativo do filosofar, a pureza das categorias/atitudes, indiciando uma transcendentalidade suscetível de se sobrepor à sua ligação com a história, a inviabilidade de associá-las a um tempo histórico preciso, etc. Porém, no fato de que "nessa presença, o que está presente é o sentido",[43] não o Ser; na descontinuidade entre categorias/atitudes; na sua função unificadora, reconduzindo-as

[42] M. Foucault, *As palavras e as coisas*. Lisboa, Ed. 70, 2014.

[43] E. Weil, Op. cit., 2012, p. 596.

ao estatuto de meras "protagonistas", que "não chegam a fazer desaparecer os outros atores";[44] no jogo entre a autossuficiência de cada uma e as relações múltiplas e diversas que se estabelecem entre elas; no caráter fulcral das retomadas, tanto para ajudar ao entendimento das passagens entre categorias/atitudes, como para introduzir uma dimensão heurística, há, igualmente, sugestivas, ainda que tímidas, proximidades com um tipo de pensamento, para o qual "a *epistémè* não é *uma espécie de grande teoria subjacente*, é um espaço de *dispersão*, um *campo aberto e sem dúvida indefinidamente descritível de relações*",[45] visando fazer "proliferar *os* sistemas",[46] que, em vez de pretender levar a cabo uma história do espírito, quer "antes fazer uma história do discurso",[47] por muito que divirjam, como realmente acontece, as metodologias respetivas e o produto final.

Não trata, como é óbvio de comparar o incomparável, mas de avolumar, mediante tais abeiramentos,[48] a percepção da existência de pelo menos duas orientações na *Lógica da filosofia*, uma recolectora, outra prospetiva, uma dominada pelo intuito hermenêutico de dar a ver o real na sua complexidade, outra, didática, apostada em fornecer os esquemas pragmáticos para enunciações futuras. Este entendimento afigura-se fundamental, uma vez que, por um lado, retira parcialmente a obra da alçada da crítica de Foucault, tornando-a participante de outros contextos culturais, nos quais pode entretecer diferentes interações filosóficas, enquanto, por outro, introduz a necessidade de uma ponderação sobre o seu verdadeiro

---

[44] Ibidem, p. 605.

[45] M. Foucault, *Dits et écrits*. I, Paris, Gallimard, 2001, p. 704.

[46] Ibidem, p. 705.

[47] Ibidem, p. 708.

[48] O interesse deste tipo de leitura cruzada, a partir de um ponto de vista exterior, pode ser constatado em G. Strumiello, "Ripresa, a priori storico, sistemi di pensiero: tra Weil e Foucault"; L. Bernardo; P. Canivez; E. Costeski, Op. cit., 2013, p. 195-212.

intento. Em suma, diríamos que este exercício de contrabalanço hermenêutico força o reconhecimento do que há de composto e de arquivístico na constituição das textualidades categoriais, aventadas por Weil, o quanto estas dependem do trabalho de autor para figurarem como se nos deparam, bem como para servirem aquele propósito duplo que assiste a obra.

À afirmação de que "nada é mais aberto do que um texto fechado", Umberto Eco associava o "efeito de iniciativa externa, um modo de usar o texto, de se negar a ser docemente usado por ele".[49] Terá razão, atendendo a que um texto fechado quer ser tomado por tal, pressupondo que o leitor cooperante honre essa expectativa. Não obstante, do ponto de vista da sua construção, um texto com a complexidade da *Lógica da filosofia*, a qual decorre em boa parte do caráter de narrativa em abismo, para poder reclamar o seu fechamento, depende do recurso à panóplia de estratégias textuais que são habitualmente praticadas pelas obras abertas. Como Eco refere: "Neste caso, o texto científico não manifesta apenas uma 'organização discursiva', mas também uma 'organização narrativa' [...]. É a história da construção de um texto e da aplicação de uma estratégia a que não falta a vontade de persuasão e onde, afinal, o sujeito-agente procura apresentar-se como a própria personificação da ciência".[50] Nessa medida, a identificação de tais agenciamentos, longe de surgir como "uma violência que sobre ele se exerce",[51] determina a linha de demarcação entre uma pseudocooperação, a de um texto que se propõe dotado de uma intencionalidade unívoca e transparente com um leitor que se posiciona sempre num estatuto de minoridade, e uma cooperação efetiva entre duas estratégias textuais, direcionadas para processos densos de interação.

---

[49] U. Eco, Op. cit., p. 61.

[50] Ibidem, p. 117.

[51] Ibidem, p. 61.

É deste segundo modo que a *Lógica da filosofia* se revela como um mecanismo textual intencionado para se apropriar de diferentes textualidades, recolhidas da história cultural, sujeitando-as a uma estratégia textual própria. Em tal estratégia caberá identificar, não só circunstâncias de enunciação, como, também, estruturas ideológicas, a par de estruturas actanciais, narrativas e discursivas, tal como serão detectáveis modulações de códigos e subcódigos,[52] características da textualização filosófica. Uma análise detalhada destes processos está por fazer, ainda que só ela, ou outra equivalente, tenha o poder de patentear plenamente a eloquência da obra e a sua capacidade para dialogar com outras. Todavia, por se ver parcialmente obnubilada pela proverbial erudição do autor, permitindo-lhe locupletar o texto com sucessivos traços citatórios, gerando um efeito de pasticho que, várias vezes, tende a sugerir uma grande proximidade com o enunciado original ou, pelo menos, uma leitura global dos outros pensamentos filosóficos de insofismável fidelidade, esta evidência de uma utilização marcadamente orientada da cultura filosófica, tanto pela organização do pensado, como pela ordem da recriação narrativa, não deixa de o ser.

No decurso das nossas investigações, já houvéramos podido referenciá-lo em diferentes casos, como o da presença da leitura de Nietzsche, no discurso categorial sobre a Personalidade,[53] de Santo Agostinho, no discurso categorial sobre Deus[54] ou de Bergson e Jaspers, na ideação da categoria do *herói moral*, na terceira parte da sua *Filosofia moral*.[55] Em todos eles, acabam por sobressair os processos

---

[52] U. Eco, Op. cit., p. 76.

[53] L. Bernardo, "Inteligência, personalidade e obra: Eric Weil, Leitor de Nietzsche". *In*: A. Monteiro (org.), *Reencontro com Nietzsche*. Porto, Granito, 2001, p. 37-51.

[54] Idem, "Eric Weil, leitor de Santo Agostinho", *Actas do Congresso Internacional As confissões de Santo Agostinho, 1600 anos depois: presença e actualidade*, Lisboa, Universidade Católica, 2002, p. 523-35.

[55] Idem, "O herói moral na *Filosofia moral* de Eric Weil". *Argumentos-Revista de Filosofia*, Ano 6, n. 11, Fortaleza, jan./jun. 2014, p. 29-48.

de reapropriação, orientados por uma certa intencionalidade decorrente da narrativa particular daquele discurso categorial, de reconfiguração de segmentos textuais de obras dos autores cooptados de acordo com uma nova textualidade, de seleção léxico-conceptual do que se torna essencial, porque permite enunciar o que é tido pelo essencial da categoria/atitude, de redução das diferentes vertentes que compõem a complexidade desses autores à unicidade de um programa filosófico, nos quais avulta a intervenção do autor Eric Weil e a prevalência da narratividade peculiar da *Lógica da filosofia*.

Na análise que produzimos do modo como a visão agostiniana é convocada para a exposição do discurso categorial sobre Deus, pudemos verificar cabalmente este exercício sistemático de redução, que, no fundo, contamina quer a pureza da categoria, quer a fidelidade da apropriação e da consequente restituição do que é característico do pensamento do Hiponense, o que nos levou a concluir pelo "paradoxo de uma presença/ausência de Santo Agostinho na *Logique de la philosophie* de Eric Weil".[56] O resultado é um aparente híbrido textual, no qual os efeitos procurados de sentido predominam sobre as expectativas iniciais de referenciação e a própria associação categoria/atitude acaba questionada.

Esta desvinculação acaba igualmente ressaltada na categoria de Deus, na medida em que, aí, a relação entre categoria e atitude se afigura, à partida, mais direta. Num artigo germinal, Michel Renaud, situando-se no ponto de vista de um cristão, apontava precisamente a existência de um duplo desfasamento: por se querer lógica, a categoria não faz justiça à especificidade trinitária da fé cristã, nem acolhe a dimensão cristológica,[57] ao recusar "a afirmação de um Deus na forma de Ente ontologicamente distinto do homem".[58] A nossa

[56] Idem, Op. cit., 2002, p. 535.

[57] M. Renaud, "L'interprétation de la foi et du salut dans la philosophie de M. Eric Weil". *Revue théologique de Louvain*, 2ème année, 1971, fsc. 3, p. 342-43.

[58] Ibidem, p. 240.

leitura permitiu-nos alargar essa mesma apreciação: "Ao pretender universalizar o discurso da categoria, tornando-o aplicável quer ao cristianismo, quer ao judaísmo, quer ao islamismo, Weil acaba por preterir o que é próprio de cada uma destas religiões e essa perda é tanto mais grave quanto, ao converter a fé numa atitude genérica, cria uma oposição insuperável entre atitude e categoria que é oposta ao significado da confissão religiosa".[59]

Recentemente, Marcelo Perine, ao retomar a questão, identifica a mediação de três fontes principais no modo como a atitude da fé é apresentada na *Lógica da filosofia*: "Foi a antropologia agostiniana, na qual confluíram, segundo Lima Vaz, o neoplatonismo, com a ideia de homem interior; a antropologia paulina, de caráter soteriológico, e a antropologia da narração bíblica da criação, cujo centro é a afirmação do homem como imagem de Deus, que ofereceu ao lógico da filosofia o discurso adequado à tematação da atitude da fé na categoria de Deus como ponto de virada do discurso filosófico, no qual, pela primeira vez, o homem se encontra no centro".[60] Assim sendo, para além do contraste entre a particularidade da perspectiva que a escolha de tais influências induz, a de uma visão cristã europeísta, e a pretensão universalista de "captar a fé na sua pureza" que, segundo Perine assiste à *Lógica da filosofia*; da contradição entre a expectativa de dar conta do "*sentimento religioso* em estado puro, aquém da sua sistematização sob a forma de *teologia*"[61] e o recurso a modelos nos quais se reconhece facilmente o esforço de compreensão filosófico-teológica; da recondução da dimensão religiosa ao seu significado para a *Lógica da filosofia*, que aí identifica a emergência de uma antropologia filosófica a partir da "descoberta da liberdade no sentimento",[62] ressalta o fato de que está em causa apenas a

[59] L. Bernardo, Op. cit., 2002, p. 535.

[60] M. Perine, Op. cit., p. 1035.

[61] Ibidem, p. 1031 (itálicos do autor).

[62] E. Weil, Op. cit., 2012, p. 269.

elaboração de um discurso categorial adequado, mas, igualmente, da construção do que corresponde a uma atitude.

O processo de configuração incide, portanto, na própria determinação da atitude, no modo como esta deve operar no todo, bem como no condicionamento intencionado do sentido da leitura. Dito de outro modo, a caracterização da atitude, sem prejuízo de uma eventual facilidade na sua correlação com um universal antropológicos, no que respeita à sua coerência filosófica e ao interesse da sua inclusão na *Lógica da filosofia*, tal como a elaboração da categoria, supõe um profundo exercício de organização discursiva e argumentativa, orientado, ao mesmo tempo, para induzir a sensação de evidência, em nome de uma experiência comum, e a tomada de consciência de uma maneira, tida por dialeticamente pertinente, de compreendê-la no seu conceito próprio.

Em tais circunstâncias torna-se difícil manter a tese de que a categoria resulta da atitude,[63] ou mesmo de um estádio evolutivo desta, por mais que o autor o afirme, a não ser no sentido em que Weil tivesse identificado um conjunto de atitudes culturais, que lhe servisse de *corpus* reflexivo para a constituição da sequência discursiva, de que faria parte a atitude religiosa, conjunto esse que assumiria o lastro da tradição, da historicidade e da generalização. Mas, esse caráter subsidiário teria ainda de se ver acentuado pelo fato de que essa atitude religiosa, tal como se encontra transposta na *Lógica da filosofia*, não se esgota na categoria Deus, ocorrendo de forma inequívoca nas categorias Sentido e Não Sentido, Consciência, Personalidade ou Finito.

Também não cabe supor que estas dificuldades são exclusivas da tentativa de racionalizar a atitude religiosa, pelo que esta tem de original, de vivido e de transcendente. Se é verdade que se poderia assacar o uso dessas fontes ao fato de o autor, como declara, se

[63] Vd. em sentido oposto, E. Costeski, *Atitude, violência e Estado mundial democrático*, São Paulo, Unisinos, 2009; P. Gaitsch, *Eric Weils Logik der Philosophie: eine phänomenologische Relektüre*, München, Verlag Karl Alber, 2014.

encontrar "por mais do que uma razão, fora de qualquer cristianismo dogmático",[64] permaneceria, desde logo, a necessidade de explicar a escolha tanto de autores cristãos, como de tais autores numa tradição teológica tão vasta. Não menos pertinente seria justificar a leitura particular de cada um deles e o modo como essa leitura serve o sentido que a atitude adquire na(s) e pela(s) categoria(s). Mas, uma vez identificado o processo de constituição autoral nesta ou noutra atitude como condição necessária para a sua versão lógico-filosófica, facilmente se opera a generalização a todas as atitudes, tal como ocorre com todos os discursos categoriais.

Por conseguinte, não há motivo para duvidar do fundo cultural que sustenta materialmente a formalidade da *Lógica*, diferente de uma relação direta com uma hipotética experiência tomada na sua imediatez. Pelo contrário, impõe-se a evidência de que esse nexo referencial, seja ele oriundo da consideração das formas simbólicas historicamente predominantes, seja ele buscado no conhecimento da história da filosofia, funciona como a bagagem cultural que permite ao escritor falar de mundos virtuais e inexistentes como mundos possíveis, com os quais o leitor consegue, por isso, estabelecer diferentes processos de identificação com a sua própria experiência do mundo da vida. Essa forma, igualmente, a explicação para o recurso privilegiado ao material da história da filosofia, pois é essa convivência constante com o pensamento filosófico que configura a experiência dominante do autor.

Para além do mais, não se pode ignorar que, sendo decisivo esse enraizamento do discurso na práxis, em linha com a crítica ao "construtivismo" hegeliano, "isto é, a um modo de exposição dedutiva por construção *a priori*, procedendo de acordo com a via sintética, dos princípios para as consequências, da essência para a existência",[65] os

---

[64] E. Weil, *Essais et conférences II*, Paris, Vrin, 1991, p. 63.

[65] G. Kirscher, *Figures de la violence et de la modernité : essais sur la philosophie d'Eric Weil*, Lille, PUL, 1992, p. 249.

discursos categoriais, tal como surgem formulados pela *Lógica da filosofia*, não existem na realidade vivida. Qualquer validação do sistema por via da sua relação com uma realidade da qual tivesse emergido, à qual pudesse ser aplicado, ou com a qual devesse interagir, fica na dependência de uma lógica aplicada. Esta, porém, não deixa de estar condicionada pela própria categorização matricial da *Lógica*, assim como pela maneira como em cada categoria se define tanto o que cabe entender por sensato, como o que configura, segundo a categoria, um mundo possível.

Com efeito, "não basta dizer que o homem é (eternamente) na história. Trata-se, precisamente, de saber que homem e em qual história",[66] impõe-se a evidência de que cada discurso categorial determina um tipo possível de homem, de mundo e de história que resulta contaminado pela própria irredutibilidade da categoria/atitude, sendo esta que irá, por sua vez, condicionar a leitura das histórias, enquanto aplicação da lógica. Ora, apesar de todo o esforço de Weil para insuflar um princípio de realismo na sua concepção, ao não ser ultrapassável a fronteira da possibilidade, seja lá qual for o plano em que se situe a análise, torna-se assaz improvável que seja verificável a condição segundo a qual "a categoria não pode ser pensada antes que exista a atitude",[67] salvo se estivermos a falar da atitude geral do próprio filosofar.

Mais relevante, por isso, se nos afigura ser a prioridade da relação entre os discursos categoriais e os mundos possíveis que com eles se enunciam, a qual nos levaria, em sentido deliberadamente oposto ao do autor, a afirmar que a atitude não pode ser pensada antes que a categoria permita a constituição de um mundo possível, no qual essa atitude surja como possível. Note-se que um tal cruzamento não implica qualquer concessão romântica à genialidade criadora do filósofo

---

[66] E. Weil, Op. cit., 2012, p. 105.

[67] Ibidem, p. 604.

Weil ou à pujança da sua imaginação, essas "metáforas sem significação precisa no que tange à filosofia".[68] Como explicita Umberto Eco, "um mundo possível é uma criação cultural".[69] Por isso, mesmo que tenha sido "feito" por Weil, o que predomina é o esquema de cooperação entre diferentes enciclopédias, isto é o "problema estrutural da transformabilidade mútua entre mundos".[70]

Por conseguinte, é esta noção de mundos possíveis, em ação na textualidade da *Lógica da filosofia*, que, quanto a nós, caracteriza a universalidade concreta dos discursos categoriais, isto é, a sua capacidade para funcionarem em diferentes contextos e para efeitos, também, eles diferenciados, mas não de modo indiferenciado ou neutro, pois cada um abre para um conjunto concreto de possibilidades, aquelas que estão estruturalmente designadas pelo seu discurso particular. Do mesmo modo, é ela que suscita a questão da convertibilidade entre os seus enunciados e determinadas propriedades fundamentais do mundo "real", o qual, concordando com Eco, só pode ser correlacionado com os mundos do texto por se afigurar igualmente "como uma construção cultural".[71] Nesta linha de raciocínio, cabe abandonar definitivamente uma interpretação unívoca da inferência entre mundo real e mundo lógico, para investir na ideia de circulação constante entre processos enunciativos culturalmente consensualizados sobre um e outro dos mundos.

Por sua vez, é também a noção de mundos possíveis que, honrando a consistência histórica dos discursos categoriais, permite libertar a *Lógica da filosofia* da condição de história da filosofia, enquanto a insistência na correlação atitude/categoria tende a mantê-la ativa, sobrevalorizando a dimensão memorial, em detrimento da dominante

---

[68] Ibidem, p. 604.

[69] U. Eco, Op. cit., 1992, p. 139.

[70] Ibidem, p. 144.

[71] Ibidem, p. 141.

produtiva, a qual constitui a sua verdadeira originalidade, bem como a sua principal utilidade cultural. Assim, cabe notar que, se a *Lógica da filosofia* se apropria do legado da história da filosofia, permitindo sua revisitação peculiar, em termos de retomadas de atitudes e discursos categoriais, fá-lo a partir de uma textualização narrativa que só tem sentido no presente da sua enunciação, esse presente que ainda é o nosso, o qual depende de um aparato prescritivo destinado a antecipar e condicionar o porvir.

Consequentemente, a consistência lógica, conceptual e discursiva da *Lógica da filosofia* não lhe advém do modo como nos descreve um momento passado, mesmo que invista fortemente no valor evocativo da tradição, mas da(s) forma(s) como assenta narrativamente a compreensão do presente numa permanente tensão entre o que foi e o que deve vir a ser. Os passados são, por conseguinte, pretextos exemplares para a produção de sentidos futuros, o que implica que as categorias/atitudes, por mais enredadas que se encontrem no jogo complexo das referências, cumpram um propósito idêntico ao que Michel Foucault associava aos seus escritos, o de serem verdadeiras "caixas de ferramentas" conceituais e discursivas, com alcance interpretativo e heurístico. A sua principal funcionalidade não está em ter falado do que já era sabido, nomeadamente, pelos conhecedores dos sistemas filosóficos maiores, mas em nos levar a falar do que ainda não sabemos.

Nessa medida detêm uma dimensão simbólica plena, tal como a que Ernst Cassirer, criticando a concepção trágica de Georg Simmel, julgava otimisticamente caber aos processos culturais: serem focos de criatividade, motivo de sucessivos renascimentos e reconfigurações. Se Weil acolheu a convicção do seu grande mestre na Alemanha de que "o que caracteriza precisamente o processo vital da cultura é ser inesgotável na criação de intermediários, de passarelas",[72] não

[72] E. Cassirer, *Logique des sciences de la culture*. Paris, Cerf, 1991, p. 203.

atendeu menos à ideia de que "o processo de criação deve sem cessar satisfazer duas condições diferentes; por um lado, tem de se agarrar a algo que seja duradouro, por outro, tem de estar constantemente pronto para um novo recomeço".[73] As categorias/atitudes formam esses redutos de "constância" e de "modificabilidade"[74] que poderão, segundo Weil, garantir a continuidade da invenção no domínio da filosofia, pelo que a sua constituição obedece inevitavelmente a um tal desígnio.

Longe de se firmarem como marcos imutáveis e incontestáveis de uma lógica metafísica, que o intérprete se obriga a reverenciar, as categorias/atitudes expostas na *Lógica da filosofia* assumem um caráter funcionalista, como Cassirer conferira às formas simbólicas, figuram como possibilidades de uma história dialética, para estearem a dialética histórica de uma espontaneidade produtiva tão infinita quanto o é a liberdade humana. Rigidez, formalidade, uniformidade, abstratividade no modo como estão notoriamente constituídos os discursos categoriais honram menos a austeridade do conceito ou a sobranceria do olhar monumentoso, do que a inventividade esperada. Com elas, Weil não procura apenas, ou sobretudo, espelhar uma realidade que já aí está sempre, por que já aí estava. Antes, visa calcetar as passagens para uma continuidade que, historicamente, perdeu a evidência, por ter, eventualmente, perdido a sua lógica. Repor essa lógica, uma lógica que sirva aos vindouros, define o seu verdadeiro alcance. Nessa linha, podemos considerar que as categorias/atitudes puras são o produto, não de uma constatação de algo que está dado no mundo da vida, sem prejuízo do empenho de Weil em poupá-las às mesmas críticas de idealidade que sofreram as hegelianas figuras do Espírito, mas de uma construção conceitual e narrativa, levada a cabo culturalmente, de acordo com uma

[73] Ibidem, p. 209-10.

[74] Ibidem, p. 217.

expectativa de cooperação em torno do valor último do filosofar, de se filosofar, de se fazer filosofias.

Weil propõe-nos dezesseis discursos esquemáticos, cujas textualidades se constituem como possíveis aplicações do sentido, ou seja, como dezesseis "retomadas da categoria do sentido".[75] Ao fazê-lo, não se limita a dizer o que é o sentido ou no que ele consiste, mas formaliza várias maneiras diferentes de dar consistência à escolha da razoabilidade contra a violência. Esses textos estão aí, na *Lógica da filosofia*, abrem para mundos possíveis na ordem desejada da sensatez, fixam princípios de discursividade e modos de articulá-los, reproduzem enunciações alheias, reconfiguram-nas, abrem espaços para a nossa reapropriação, deixam-nos pistas para desenvolvimentos consequentes, apelam à nossa cooperação inventiva, convidam-nos para a escolha do nosso próprio percurso filosofante. Como se articulam na realidade, com a realidade, não é uma questão que se encontre previamente resolvida. É uma dificuldade que resulta da sua própria constituição e que, por isso, só poderá ser enfrentada se seguirmos a ordem inversa àquela que descrevíamos como frequente no início do artigo: do mundo do texto para o mundo da vida. Não estamos, por conseguinte, muito distantes de Patrice Canivez, quando este escreve que "a cada passo, descobrimos uma possibilidade lógica e uma possibilidade real. A possibilidade lógica é a *categoria*. [...] Mas à possibilidade lógica que constitui cada categoria corresponde uma possibilidade real, que é a *atitude*".[76] Só que se nos afigura que a combinatória, tendo em vista o delineamento de mundos possíveis, resulta num triângulo em que as duas possibilidades se encontram mediadas por uma esquematização virtual, de índole narrativa, que combina e distribui as propriedades dos dois mundos – o da lógica e o da história – postos em interação dialética.

---

[75] E. Weil, Op. cit., 2012, p. 606.

[76] P. Canivez, *Weil*. Paris, Les Belles Lettres, 1999, p. 32.

CONCLUSÃO

Assim, dado que as categorias/atitudes são lógico-filosóficas, com as propriedades, expostas ao longo deste ensaio, cabe ponderar, com a devida seriedade, se esse atributo, que não detinham previamente, na sua suposta existência histórica concreta, não lhes advém do facto de figurarem como figuras da *Lógica da filosofia*, materializações possíveis do Sentido, mais do que importações da realidade. Se seguirmos a sugestão de Deleuze e Guattari de que "mesmo em filosofia só se criam conceitos em função de problemas que se julgam mal vistos ou mal colocados",[77] podemos relacionar a sua constituição com o propósito de relançar convenientemente, quer do ponto de vista teórico, quer do ponto de vista prático, o problema, que continua em grande parte inusitado, do sentido do sentido.

Se é fundamental não confundir esse exercício constitutivo com uma espécie de dedução transcendental das categorias, enfraquecendo, desse modo, o caráter inventivo do gesto constituinte, porquanto, como o autor assenta, a dedutibilidade "só se compreende a partir de um essencial reconhecido como tal",[78] condição que a difração dos discursos categoriais inviabiliza, pela multiplicidade de essenciais implicados e pela adstrição do caráter essencial da dedução a um deles, o da Condição, não se pode deixar de concluir que, com esse rasgo criativo Weil terá posto em prática o que escrevia sobre a relação do filósofo com o sentido: "o filósofo não possui o sentido, ele deve elaborá-lo, e a espontaneidade se apreende apenas nas criações nas quais ela se cristaliza".[79]

---

[77] G. Deleuze e F. Guattari, *O que é a filosofia?* Lisboa, Presença, 1992, p. 22.

[78] E. Weil, Op. cit., 2012, p. 110.

[79] Ibidem, p. 594.

Capítulo 2 | "Eu sou um ensinante": Michel Foucault e a história dos sistemas de pensamento

Alessandro Francisco[1]

A
Jose Jara (*in memoriam*),
Professor da *Universidad de Valparaiso* (Chile)

No âmbito das reflexões de Michel Foucault, nada nos parece mais apropriado que abordar as relações entre pensamento e história a partir do nome de sua Cátedra no *Collège de France*: *história dos sistemas de pensamento*.

Uma vez que nossa exposição toma por base documentos que envolvem a eleição de Foucault para este particular estabelecimento de pesquisa, é importante que ele seja apresentado de início, ainda que brevemente.

O *Collège de France* é uma instituição francesa sem semelhante no mundo, que visa a *docet omnia* ("tudo ensinar"), fundada em 1530 com a finalidade de oferecer uma modalidade de ensino alternativo em relação à dominante escolástica medieval da *Universitas magistrorum et scholarium parisienses* (*Universidade dos mestres e dos estudantes de Paris*), conhecida posteriormente pelo nome de *Sorbonne*. O *Collège de France*

[1] UNIFAI e COGEAE, Pontifícia Universidade Católica de São Paulo (PUC-SP), Brasil.

é um estabelecimento que promove as investigações científica e filosófica, onde o "professor" deve empreender uma pesquisa original por ano, prestando contas dela, publicamente, por meio de uma série de aulas – e, por vezes, seminários e colóquios –, que visam a divulgar seus resultados diante daqueles que acompanham as atividades ali desenvolvidas.

Como bem recorda Didier Eribon, escritor e biógrafo de Michel Foucault:

> [...] o *Collège de France* é uma instituição bem particular: os professores não têm estudantes propriamente ditos. Eles têm ouvintes, a quem não conferem diplomas, a quem não fazem passar em qualquer exame, com quem, consequentemente, não têm diálogo, não têm contato.[2]

Tendo por horizonte esta instituição de pesquisa e ensino e o processo de eleição de um novo membro para seu quadro de professores, tomaremos como base deste escrito (a) dois documentos redigidos pelo relator e defensor do projeto de instauração da Cátedra *História dos sistemas de pensamento*, Jules Vuillemin – então Professor, na instituição, por sua vez da Cátedra *Filosofia do conhecimento* –, bem como (b) o documento habitualmente elaborado pelo propositor da Cátedra, neste caso Michel Foucault, intitulado *Titres et travaux* (*Títulos e trabalhos*).

Como pedia a tradição, Jules Vuillemin advogou inicialmente a constituição de uma Cátedra, na assembleia de professores de 30 de novembro de 1969. Nesta mesma reunião do colegiado, foram apresentadas proposituras de outras duas Cátedras: uma de *Filosofia da ação*, destinada a Paul Ricœur, e outra de *Pensamento Racional*, destinada a Yvon Belaval. A proposta de Vuillemin é escolhida numa segunda rodada de votações, com 25 dos 46 votos[3].

---

[2] D. Eribon, *Michel Foucault*. Paris: Flammarion, 1989, p. 236, tradução nossa. Salientamos, desde já, que todas as traduções citadas neste artigo são de nossa responsabilidade.

[3] Ibidem, p. 231-232.

Contudo, será somente na assembleia de 12 de abril de 1970 que Vuillemin defenderá o nome de Michel Foucault para a recém-criada Cátedra. É aqui que o documento *Titres et travaux* (*Títulos e trabalhos*) é criteriosa e rigorosamente analisado pelos professores do *Collège de France* e onde novamente Vuillemin retoma as observações recolhidas ao longo de diversas discussões com o candidato[4]. Em resumo, são apresentados ao todo dois relatórios: um para defender a constituição de uma Cátedra, com um total de sete páginas, e outro para propositura do nome de Michel Foucault como seu Professor, somando nove páginas.

Tomemos, a princípio, o documento *Titres et travaux*, tal como publicado na coletânea *Dits et écrits* (*Ditos e escritos*)[5], a partir de uma leitura comparada com os relatórios redigidos por Jules Vuillemin.

O texto redigido por Michel Foucault é organizado em duas partes, como de costume – é assim que os postulantes apresentavam sua candidatura[6] para o *Collège de France* –: na primeira, o pesquisador lista os títulos publicados, refazendo, com base neles, o percurso de sua pesquisa, expondo suas hipóteses, seus argumentos e o estado atual de suas investigações; na segunda, o candidato explica o projeto de ensino que pretende desenvolver no "mais glorioso dos templos do saber"[7]. Usualmente o documento é precedido de um currículo do candidato.

---

[4] Ibidem, p. 230.

[5] Coleção de entrevistas, conferências, seminários, aulas proferidas fora do *Collège de France*, e dos demais escritos de Michel Foucault que não livros, atualmente organizada em dois tomos, na versão original francesa, publicados pela editora Gallimard (Paris).

[6] Vide, por exemplo, *Titres et travaux – projet d'enseignement*, apresentado por Maurice Merleau-Ponty para sua candidatura para o *Collège de France*. *In*: M. Merleau-Ponty, *Parcours deux*: 1951-1961. Paris: Verdier, 2000, p. 9-35 e também M. Merleau-Ponty, *Œuvres*. Paris: Quarto / Gallimard, 2010, p. 1811-1831.

[7] D. Eribon, *Michel Foucault*, *op. cit.*, p. 232.

Foucault organiza a primeira parte seguindo a cronologia de suas publicações de 1961 a 1969, qual seja *Histoire de la folie* (*História da loucura*) – cujo título original era *Folie et déraison: histoire de la folie à l'âge classique* (*Loucura e desrazão: história da loucura na Idade Clássica*) –, sua tese principal de doutorado defendida em 1961 e publicada no mesmo ano pela editora Plon, por sugestão de Jacques Bellefroid a Philippe Ariès; passa por *Naissance de la clinique: une archéologie du regard médical* (*Nascimento da clínica: uma arqueologia do olhar médico*), de 1963; *Les mots et les choses: une archéologie des sciences humaines* (*As palavras e as coisas: uma arqueologia das ciências humanas*), provavelmente seu livro mais vendido, publicado em 1966; e por *L'archéologie du savoir* (*A arqueologia do saber*), um escrito metodológico publicado em março de 1969. Este último foi destinado a explicar sua abordagem dita arqueológica. Nela, recusa qualquer referência à noção de ἀρχή (*arkhé*) – "origem", "princípio" – tal como tradicionalmente é concebida, remetendo, com certa liberdade etimológica, à noção de "arquivo"[8].

Ao retomar *Histoire de la folie*, Foucault destaca o aparecimento de um objeto singular ao longo da pesquisa realizada, qual seja "o saber investido em sistemas complexos de instituições". Sublinha ainda que se lhe impôs um método: em vez de recorrer aos livros científicos, consultar "um conjunto de arquivos que compreendia decretos, regulamentos, registros de hospitais ou de prisões, atos de jurisprudência"[9]. Tratou-se de uma pesquisa votada ao que chamou de "uma prática cotidiana regrada"[10].

Em seguida, foi a medicina clínica que apresentou a Michel Foucault um foco de interesse e matéria de problematização, uma vez

---

[8] M. Foucault, *Dits et écrits I, 1954-1975*, Paris: Quarto/Gallimard, 2001a, p. 736, DE 59.

[9] Ibidem, p. 870, DE 71.

[10] Ibidem, p. 871, DE 71.

que ela funcionava – e funciona ainda – ligada a diversas ciências constituídas e a um conjunto de instituições: hospitais, estabelecimentos de assistência, clínicas, etc. O problema, neste momento de suas investigações, estava em compreender como nasce, se transforma e se desenvolve um saber que se mistura à reconhecida teoria científica, e que sugere a ela "novos campos de observação, problemas inéditos, objetos até então despercebidos"[11], mas também, num sentido inverso, entender como as ciências adentram no campo dos saberes, assumindo "valor de prescrição e de normas éticas"[12].

Foucault evoca, na sequência, *Les mots et les choses*, onde buscou, como ele próprio afirma, estudar uma área entre as ciências e os "simples hábitos mentais"[13]. Aqui, novamente, aponta para um eixo preciso de pesquisa: o domínio dos saberes. Ao analisar as relações entre a História Natural, a Gramática Geral e a Análise das Riquezas, se dá conta da existência de uma "configuração global" que "organizava de maneira coerente toda uma região do conhecimento empírico"[14]. Assim, Foucault não somente percebeu haver um domínio de elementos chamados por ele de "saberes investidos", mas também "relações sistemáticas na arquitetura própria a cada um deles"[15].

Por fim, nesta primeira parte do documento *Titres et travaux*, Foucault nos apresenta *L'archéologie du savoir*, como uma espécie de arremate do trajeto. Neste escrito, tratou-se de compreender o que é este domínio chamado saber, que se localiza entre a opinião e o conhecimento científico, levando em consideração que sua problematização conduzia ainda e consequentemente ao desafio de entender

[11] Ibidem, p. 871, DE 71.

[12] Ibidem, p. 871, DE 71.

[13] Ibidem, p. 871, DE 71.

[14] Ibidem, p. 871, DE 71.

[15] Ibidem, p. 871, DE 71.

"as relações complexas de causalidade"[16]. Se até então a reflexão de Karl Marx era evocada para defender a necessidade de uma condição material para os saberes refletidos, Michel Foucault, a seu turno, apresenta o próprio pensamento como algo paralelo à ação. Sem recorrerem ao idealismo, suas pesquisas alertam que o pensamento possui efeitos sobre as condições materiais, distanciando sua abordagem arqueológica tanto da História das Ideias quanto da História das Mentalidades e ainda do que denomina História das Representações, algo a que aludirá em algumas de suas aulas[17].

No segundo relatório elaborado por Jules Vuillemin, apresentado na Assembleia de Professores do *Collège de France* de 12 de abril de 1970 e destinado à defesa do nome de Foucault para a cátedra *História dos Sistemas de Pensamento*, seu redator segue o mesmo trajeto acima, isentando-se apenas de se referir a *L'archéologie du savoir*, empenhando-se em destacar a originalidade das pesquisas de Michel Foucault e tomando cada uma de suas publicações como um passo na modificação da perspectiva da "história tradicional do pensamento"[18]: para ele, Foucault inaugura uma nova maneira de abordar o desdobramento do pensamento ocidental ao longo da história.

Em *Histoire de la folie*, Vuillemin salienta a singularidade da pesquisa empreendida, uma vez que Foucault se debruçara sobre um arquivo totalmente outro em relação aos tratados científicos e de literatura filosófica e religiosa frequentados até então. Isto indica que a organização teórica dos conceitos é secundária em

---

[16] Ibidem, p. 872, DE 71.

[17] Ver, por exemplo, a primeira aula do curso de 1983, *Le gouvernement de soi et des autres* (*O governo de si e dos outros*). (M. Foucault, *Le gouvernement de soi et des autres*. Cours au Collège de France, 1982-1983. Paris: Gallimard/Seuil, 2008.p. 4).

[18] J. Vuillemin, *Rapport pour la présentation des titres de M. Michel Foucault à la chaire histoire des systèmes de pensée*. Cote G IV n 42 F. Assemblée des professeurs du 12 avril 1970. Paris: Collège de France, 1970, p. 3.

relação à justificação, à explicação e à "eventual retificação"[19] da cisão entre os indivíduos (loucos e não loucos). Uma certa estrutura de exclusão é anterior à teorização de tipo científica, se se puder assim denominá-la, e mesmo em relação à expressão artística e à reflexão filosófica.

Em *Naissance de la clinique*, Jules Vuillemin destaca a novidade presente na localização do campo dos "conhecimentos empíricos" entre os "fenômenos de opinião" – que, como vimos, Foucault denominara de "hábitos mentais" – e as "ciências rigorosas". A clínica médica seria, então, um espaço em que interagem "ciências diversas" e diferentes "condutas práticas". A partir desta investigação, foi possível a Foucault perceber que diversas descobertas de Marie François Xavier Bichat (1771-1802), médico e anatomopatologista, de René-Théophile-Marie-Hyacinthe Laënnec (1781-1826), médico e criador do diagnóstico por auscultação, e de Antoine Laurent Jessé Bayle (1799-1858), alienista, são simplesmente abandonadas em vez de retificadas ou, se se preferir, aprimoradas, no campo das ditas ciências. Tomando o domínio dos saberes e aquele dos conhecimentos empíricos como foco de análise, evidencia-se a ausência de progressão e, simultaneamente, a presença de rupturas entre épocas diversas da chamada História das Ciências.

Já em *Les mots et les choses*, é a confrontação de saberes simultâneos e de saberes sucessivos – como no caso do agrupamento História Natural, Análise das Riquezas e Gramática Geral posto ao lado do conjunto Biologia, Economia Política e Filologia –, e a busca pela determinação de seu processo de transformação, que Vuillemin ressalta como uma inovação praticada por Michel Foucault. Os três domínios eram, até então, tomados separadamente seja por uma Teoria do conhecimento, seja por uma História das Ciências que viam mais uma continuidade que uma descontinuidade entre a História Natural e a

---

[19] Ibidem, p. 2.

Biologia, a Análise das Riquezas e a Economia Política, a Gramática Geral e a Filologia.

Deste modo, refazendo a vereda foucaultiana, Jules Vuillemin apresenta três tipos de modificação em relação à história tradicional do pensamento, isto é, à maneira como as pesquisas na esfera da história do pensamento eram efetuadas até então. Primeiramente, o conjunto do arquivo sobre o qual se deve debruçar; segundamente, o campo ou domínio que se deve ter por alvo; terceiramente, o ponto de vista da análise.

Se tomamos um programa de pesquisa ou um projeto de ensino denominado *História dos sistemas de pensamento*, temos, então, que (a) privilegiando arquivos diversos em vez de tomar somente textos, priorizando as instituições e as técnicas em vez de tomar por objeto de análise somente as teorias, torna-se possível "descobrir o pensamento em suas formas coletivas, desprovidas das variantes individuais"[20], o que nos apresenta uma 'ciência' não mais desenvolvida por um sujeito do conhecimento, mas cometida por um pensamento que perpassa a subjetividade num movimento de implicação e de transformação recíprocas; (b) tomando por foco o campo dos saberes, e não aquele das opiniões ou aquele do conhecimento propriamente dito, poder-se-á agrupar e caracterizar estes "conjuntos de conhecimentos e de técnicas"[21] – que Foucault denomina saberes – e perceber que o pensamento não está presente somente na forma dos hábitos mentais ou em sua forma objetivada e refletida, como teoria: ele pode e deve ser tomado como elemento de análise neste campo intermediário; (c) confrontando saberes simultâneos e formas de saber sucessivas, temos uma história do pensamento que não visaria mais a "analisar o destino de uma ideia ou teoria", mas suas transformações, a

[20] J. Vuillemin, *Rapport pour la présentation des titres de Michel Foucault à la chaire histoire des systèmes de pensée.* Cote G IV n 42 F. Assemblée des professeurs du 12 avril 1970. Paris: Collège de France, 1970, p. 2.

[21] Ibidem, p. 3.

hierarquia e os "novos agenciamentos"[22] que resultam destas mesmas transformações, denunciando que o pensamento não progride. Ele se desdobra historicamente na forma da diferença.

Segundo Vuillemin, uma nova história do pensamento terá por tarefa o estudo dos sistemas que constituem os saberes – antes mesmo das opiniões e das teorias – que estão presentes nas instituições, nas técnicas, nos comportamentos.

Retomemos o documento *Titres et travaux*, mais precisamente sua segunda parte, em que Michel Foucault apresenta seu "projeto de ensino", dividida em duas seções. Na primeira, indica o "setor escolhido como exemplo privilegiado" sobre o qual empreenderá sua pesquisa: o "saber de hereditariedade"[23]. Há aí uma série de noções embaraçosas das quais as reflexões de Foucault se apartaram: herança, progressão, evolução, influência, todas categorias refutadas em sua abordagem, que privilegia, por sua vez, as rupturas e as descontinuidades. Na segunda, apresenta três grupos de problemas teóricos que deverão ser examinados: (a) compreender o estatuto do saber, (b) compreender como um dado saber se elabora na forma de um discurso científico (o que toca o problema da "gênese da ciência") e (c) o problema da causalidade.

Jules Vuillemin, no que lhe concerne, apresenta este conjunto de problemas da seguinte forma: (a) aquele que toca a Teoria do Conhecimento, isto é, o estudo que Foucault empreenderá sobre as condições *a priori* do conhecimento, (b) o tratamento que será dado por ele ao caráter coletivo e anônimo do saber e (c) a causalidade na ordem do pensamento.

Ora, façamos, a seguir, um caminho cronologicamente inverso. Tendo analisado o documento *Titres et travaux*, redigido por Foucault,

---

[22] Ibidem, p. 4-5.

[23] M. Foucault, *Dits et écrits I, 1954-1975*. Paris: Quarto/Gallimard, 2001a, p. 872, DE 71.

e o relatório de Jules Vuillemin para sustentar sua eleição para a instituição, ambos abordados na Assembleia do *Collège de France* de abril de 1970, voltemo-nos para o relatório elaborado anteriormente por Vuillemin para defender a criação da Cátedra de *História dos sistemas de pensamento*, apresentado, por sua vez, na Assembleia de 30 de novembro de 1969.

Nele, há um modo *sui generis* de apresentar a reflexão e as pesquisas empreendidas até então por Michel Foucault, sem nominá-lo: inscrevê-las no que denomina "tradição da filosofia"[24], mais precisamente na cartesiana[25], e no quadro das pesquisas empreendidas no *Collège de France*.

Neste ponto, uma advertência é condição *sine qua non* para prosseguir. Não se deve ser ingênuo e negligenciar o caráter estratégico da apresentação efetuada por Vuillemin em defesa da integração de Michel Foucault ao corpo de pesquisadores-professores do *Collège de France*, ignorando a contestável vinculação de suas reflexões à dita tradição cartesiana, em especial se tomamos a rejeição manifestada pelo próprio Foucault em relação a esta mesma tradição, bem como em relação à circunscrição de suas pesquisas no campo da chamada Filosofia.

No panorama de uma candidatura para o *Collège de France*, considerando a singularidade deste estabelecimento que reúne Cátedras de diversas áreas do conhecimento, por vezes é preciso que seu propositor inscreva tanto a "carreira intelectual" do postulante quanto o exame detalhado que fará dos "aspectos de ensino proposto"[26] no horizonte de uma epistemologia: a pesquisa do candidato deve interessar à maior parte dos Professores que tem direito a voto. Recorde-se que compõem a Assembleia pesquisadores de domínios como a

---

[24] J. Vuillemin, *Rapport pour la création d'une chaire d'histoire des systèmes de pensée*. Assemblée des professeurs du 30 novembre 1970. Cote G IV n 39 F**. Paris: Collège de France, 1969, p. 1.

[25] Ibidem, p. 2.

[26] Ibidem, p. 1.

Física, a Medicina, a Matemática, outros dedicados, por exemplo, ao estudo de civilizações orientais e/ou antigas, à Etnologia, à pesquisa de línguas e literaturas usualmente inexploradas.

Não se pode relegar também as discussões realizadas, na época, entre Michel Foucault e membros do *Cercle d'Épistémologie* (*Círculo de Epistemologia*) da *École Normale Supérieure de Paris*, em especial Alain Badiou e Yves Duroux, pondo à prova sua abordagem arqueológica. A *Resposta ao círculo de epistemologia*, de 1968, publicada originalmente nos *Cahiers pour l'analyse* (*Cadernos para a análise*) e posteriormente na coletânea dos *Dits et écrits*[27] de Foucault, é um testemunho desta busca de esmero.

De um lado, situar as pesquisas de Michel Foucault no âmbito da Epistemologia é uma tática de Jules Vuillemin para sustentar sua eleição. De outro, não se pode negar a importância de suas reflexões e investigações para o desdobramento dos estudos da Teoria do Conhecimento e de diversos campos ditos científicos, mormente daqueles que envolvem as Ciências Humanas. Se sua história dos sistemas de pensamento não é uma Epistemologia, torna possível uma Epistemologia comparada[28].

Voltemos a Vuillemin, que retoma a distinção entre alma e corpo presente nas *Meditationes de prima philosophia*[29] (*Meditações de filosofia primeira*), de René Descartes, ou seja, a distinção entre *res cogitans* ("coisa pensante") e *res extensa* ("coisa extensa", isto é,

---

[27] M. Foucault, *Dits et écrits I, 1954-1975*. Paris: Quarto/Gallimard, 2001a, p. 724-759, DE 59.

[28] J. Vuillemin, *Rapport pour la création d'une chaire d'histoire des systèmes de pensée*. Assemblée des professeurs du 30 novembre 1970. Cote G IV n 39 F**. Paris: Collège de France, 1969, p. 5.

[29] Sobre este ponto, ver A. Francisco, *Calçando os tamancos de Paul Michel: um estudo sobre a psicologia na problematização filosófica de Michel Foucault com base nos manuscritos inéditos dos anos 1950*. Tese (Doutorado em Filosofia) – Pontifícia Universidade Católica de São Paulo e Université Paris 8, 2017, Parte I.

espacialmente posta). A partir da situação do problema tal como aparece em Descartes, ainda que a tenha apresentado de maneira bastante breve, Vuillemin reconstrói um certo itinerário que passa, em seguida, por Bergson e o vitalismo, por Merleau-Ponty e sua fenomenologia e por Jean Hyppolite e o hegelianismo. Ainda segundo Vuillemin[30], o fato da união entre alma e corpo – entre pensamento e matéria, se se preferir – é a própria vida. É a unidade da experiência que suporta ambos. Esta unidade ou este "fato da união" está presente em toda a linhagem da chamada "tradição cartesiana", que, na apresentação de Vuillemin, não por acaso, remete sequencialmente a três professores do *Collège de France* – Bergson, Merleau-Ponty e Hyppolite – para alcançar, ao fim, o próprio Foucault.

Nos três casos citados há uma recusa em conceber o "desenvolvimento concreto do conhecimento"[31] como algo estranho à vida. No vitalismo bergsoniano, é a "intuição da existência[32]" que impõe a vida como horizonte necessário da compreensão do pensamento. Na fenomenologia de Merleau-Ponty é a "experiência do corpo-próprio"[33] que evoca continuamente a impossibilidade de um pensamento exterior à vida. Nas palavras de quem foi um fascinante professor para Michel Foucault, tal como citado por Vuillemin: "O pensamento não é o percebido, o conhecimento não é a percepção, a palavra não é um gesto dentre todos os gestos, mas a palavra é o veículo de nosso movimento em direção à verdade, como o corpo é o veículo do ser no mundo".[34]

---

[30] *Op. cit.*, p. 2.

[31] Ibidem, p. 2.

[32] Ibidem, p. 2.

[33] Ibidem, p. 2. Recordemos a importância da distinção entre as palavras alemãs *Körper* (um corpo qualquer posto e localizável no espaço) e *Leib* (corpo-próprio, isto é, o corpo de alguém e de mais ninguém).

[34] M. Merleau-Ponty, *Œuvres*. Paris: Quarto/Gallimard, 2010, p. 1525, *La prose du monde*; citado por Vuillemin, Ibidem, 1969, p. 2.

E na recuperação do projeto de uma *História dos sistemas filosóficos*[35], Vuillemin faz a voz de outro Professor do *Collège de France*, Jean Hyppolite, reivindicar o jovem Hegel e sua máxima "pensar a Vida"[36], quando se compromete a "medir o sentido da Verdade no contexto da experiência humana"[37].

Para Jules Vuillemin, o projeto de ensino – de pesquisa, devemos dizer – de Michel Foucault não somente se inscreve, então, nesta tradição[38] cartesiana, prolongando-a, mas a renova, pois se diferencia do vitalismo, da fenomenologia merleau-pontyana e do hegelianismo de Hyppolite. Numa *História dos sistemas de pensamento*, os pensamentos, concebidos como "comportamentos e condutas ainda não objetivados e refletidos"[39] – isto é, que ainda não compõem um corpo científico ou uma obra de arte –, são tomados de maneira a explicitar a relação muito íntima entre as instituições, as técnicas e as práticas e a experiência individual e social. Daí estudar o aprisionamento e os hospitais, por exemplo, de modo a nos pôr em contato com a vida e com a morte num prisma diverso daqueles que ostentam a Filosofia e a História da Medicina. Os pensamentos são concebidos como "formações pluralistas e contingentes"[40],

---

[35] Nome da Cátedra de Jean Hyppolite no *Collège de France*, eleito para suceder Martial Guéroult.

[36] *Op. cit.*, p. 2; J. Hyppolite, Projet d'enseignemernt d'histoire de la pensée philosophique. *In*: J. Hyppolite, *Figures de la pensée philosophique*. Tome II. Paris: PUF, 1991, p. 998; G. W. F. Hegel, *Premiers écrits* (Francfort 1897-1900). Paris: Vrin, 1997, p. 458-459.

[37] Ibidem, p. 2; Ibidem, p. 1002.

[38] Sublinhe-se, aqui, que a palavra "tradição" é estranha ao vocabulário do próprio Foucault, uma vez que busca se distanciar declaradamente de "todo um jogo de noções que são ligadas ao postulado da continuidade". M. Foucault, *Dits et écrits I, 1954-1975*. Paris: Quarto/Gallimard, 2001a, p. 729, DE 59.

[39] J. Vuillemin, *Rapport pour la création d'une chaire d'histoire des systèmes de pensée*. Assemblée des professeurs du 30 novembre 1970. Cote G IV n 39 F**. Paris: Collège de France, 1969, p. 3.

[40] Ibidem, p. 3.

sem qualquer tentativa de universalização, incessantemente ligados a "arquivos diversos e perecíveis"[41].

Neste ponto, Vuillemin assevera que a conexão entre o pensamento e este perfil de arquivo "sujeita a filosofia a um novo método"[42], qual seja aquele da História. Não mais exclusivamente escritos e discursos, teorias e seus tratados, mas também "registros de hospital, de polícia, de asilos" devem ser elementos de análise para compreensão disto que se denomina pensamento, analisados na esfera de uma investigação autenticamente histórica. A filosofia deixa de ser o campo privilegiado da compreensão do pensamento, ela perde seu posto de excelência, dando lugar à história, permitindo que os pensamentos sejam tomados em suas associações com "conteúdos empíricos determinados"[43].

Entretanto, deve-se ainda precisar que não se trata de um tipo tradicional de História, pois um projeto como o de Foucault não quer se debruçar sobre períodos longos na busca de continuidades, tal como o faz a história clássica das ciências. Bergson já denunciara este vício, conforme Vuillemin, ao se referir às "ilusões retrospectivas"[44]. São as descontinuidades e as dispersões que devem interessar no processo de identificação dos diversos sistemas de pensamento. Os pensamentos serão, então, analisados considerando as palavras e as ideias em suas relações de sistema, isto é, "nas leis que as agrupam e as distinguem"[45].

Por fim, um historiador dos sistemas de pensamento, pelo movimento mesmo deste "projeto filosófico original", se desvencilha do

---

[41] Ibidem, p. 4.

[42] Ibidem, p. 4.

[43] Ibidem, p. 4.

[44] Ibidem, p. 4. Sobre este tema ver, de Henri Bergson, *Les deux sources de la morale et de la religion*.

[45] Ibidem, p. 5.

embaraço da "noção de sujeito criador"[46], tomando como base de suas investigações, principalmente, os indivíduos e os acontecimentos, e não mais as coletividades e os períodos longos[47]. Deste modo, a investigação de um historiador dos sistemas de pensamento se afasta de uma perspectiva universalizante apoiada sobre a noção de natureza humana, identificando, em períodos mais breves, as rupturas características do desenvolvimento do pensamento ocidental. Nas palavras de Jules Vuillemin, "a *História dos sistemas de pensamento* não é, portanto, a história do homem ou dos homens que os pensam"[48]: a constituição de uma epistemologia não-cartesiana – isto é, livre do dualismo – deve "eliminar o sujeito, preservando os pensamentos", possibilitando que se faça uma "história sem natureza humana"[49].

Michel Foucault é, então, eleito Professor do *Collège de France* e aí toma a palavra de maneira solene, pela primeira vez, em 02 de dezembro de 1970, em sua aula Inaugural intitulada *L'ordre du discours* (*A ordem do discurso*).

Seu modo de ser migratório já se fazia patente antes mesmo de sua eleição, mas se potencializou: Foucault se deixou espargir pelo mundo, o que levou sua morte a ser tratada, recentemente, como um evento da *História mundial da França*[50]. No Brasil, esteve em cinco visitas[51] – nos anos de 1965, 1973, 1974, 1975 e 1976 –, buscando mesmo abarcar o quanto possível a dimensão continental de nosso território.

---

[46] J. Vuillemin, *Rapport pour la création d'une chaire d'histoire des systèmes de pensée.* Assemblée des professeurs du 30 novembre 1970. Cote G IV n 39 F**. Paris: Collège de France, 1969, p. 6.

[47] Ibidem, p. 6.

[48] Ibidem, p. 7.

[49] Ibidem, p. 7.

[50] P. Artières, 1984: "Michel Foucault est mort". *In*: P. Boucheron, (Dir.). *Histoire mondiale de la France*. Paris: Seuil, p. 726-729.

[51] H. B. C. Rodrigues, *Ensaios sobre Michel Foucault no Brasil: presença, efeitos, ressonâncias*. Rio de Janeiro: Lamparina, 2016, p. 30.

Ainda que pudesse blasonar o posto de Professor do "mais glorioso dos templos do saber", recusou por diversas vezes menções a títulos e a designações, dentre elas aquelas de pensador e de filósofo. Esta última ele não aceitava senão com ressalvas, afirmando que poderia ser assim qualificado apenas se se compreendesse por filósofo aquele que se ocupava com o problema da verdade.

> É verdade que a filosofia, em todo caso a partir de Descartes, esteve sempre ligada, no Ocidente, ao problema do conhecimento. Não se escapa disso. Alguém que se quisesse filósofo e que não se colocasse a questão "o que é o conhecimento?" ou "o que é a verdade?", em que sentido se poderia dizer que é um filósofo? E digo, em vão, que não sou um filósofo: se, não obstante, é da verdade que me ocupo, sou, apesar de tudo, filósofo.[52]

Contudo, Michel Foucault preferia se apresentar ora como etnólogo de nossa própria racionalidade, de nosso discurso[53], ora como um produtor de "artifícios"[54], ora, ainda, como um fabricante de tamancos[55].

Todavia, parece-nos relevante destacar uma autodesignação que utiliza quando de uma discussão com os estudantes da *Université du*

---

[52] M. Foucault, *Dits et écrits II, 1976-1988*. Paris: Quarto/Gallimard, 2001b, p. 30-31, DE 169.

[53] M. Foucault, *Dits et écrits I, 1954-1975*. Paris: Quarto/Gallimard, 2001a, p. 634, DE 50.

[54] Nesta passagem, Foucault se autodenomina, em francês, de "*artificier*", que poderia ser traduzido por 'fabricante de artifícios', isto é, de 'explosivos': "algo que serve, finalmente, a um cerco, a uma guerra, a uma destruição" (R.-P. Droit, & M. Foucault *Michel Foucault, entretiens*. Paris: Odile Jacob, 2004, p. 92).

[55] Trata-se da remissão de Foucault à noção de 'sabotagem', uma vez que "tamanco", em francês, designa-se pelo vocábulo francês '*sabot*'. (S. Augusto & M. Foucault, O arqueólogo do saber. *Veja*. São Paulo: Editora Abril, n. 249, 13 de junho de 1973, p. 78-79; S. Augusto, Os tamancos de Foucault. *O Estado de S. Paulo*. São Paulo. 18 de maio de 2013, disponível em <http://cultura.estadao.com.br/noticias/geral,os-tamancos-do-foucault-imp-,1033072>).

Vermont[56], contrapondo-se à figura do intelectual como figura pública que prescreve uma certa atitude, um certo modo de agir. Diz ele: "Eu não sou nem um escritor, nem um filósofo, nem uma grande figura da vida intelectual: eu sou um ensinante."[57].

Concebendo-o, mormente, como ensinante, isto é, como professor – rechaçando qualquer remissão ao título e vinculando esta qualificação à sua função, qual seja, ensinar – e aliando a esta autodesignação o projeto de pesquisa e de ensino intitulado *História dos sistemas de pensamento*, qual seria, então, o papel de um "ensinante"? Segundo nosso entendimento, inicialmente, denunciar (a) qualquer saber que tome para si o direito de dizer a verdade sobre o outro, (b) refutar, terminantemente, qualquer referência a um gênio criador de um dado saber, tal como se fora seu proprietário ou o suporte em que o conhecimento se engendra, isto é, recusar o sujeito do conhecimento ou ainda, se se preferir, o sujeito da síntese reflexiva, ou mesmo perceptiva (no caso de uma fenomenologia de tipo merleau-pontyana). Entretanto, um professor como tal deve, no prosseguimento desta estratégia – pois é disto que se trata, uma estratégia –, (c) difundir, espargir o pensamento, promover o quanto possível a discussão, o diálogo, a comutação, o entrecruzamento e, por conseguinte, a transformação do próprio pensamento e do sistema em que está inscrito.

No conjunto constituído pelas posturas acima, trata-se de obedecer ao imperativo da história, tal como compreendida por Michel Foucault, no discurso de Jules Vuillemin, citado anteriormente: "eliminar o sujeito, preservando os pensamentos". Destarte, nós, professores, devemos, juntamente com Michel Foucault, renunciar não somente à propriedade de um pensamento, mas também àquela de um pensador, pois, em sua singularidade, ele não é senão a expressão

---

[56] M. Foucault, *Dits et écrits II, 1976-1988*. Paris: Quarto/Gallimard, 2001b, p. 1596, DE 362.

[57] Ibidem, p. 1596, DE 362.

de uma determinação histórica – não de um determinismo, saliente-se. Não obstante, a subjetividade é um dos meios de acesso ao *a priori* histórico que caracteriza um espaço e uma era.

Eis o que nos propusemos a realizar no *colloquium* realizado entre os dias 9 e 11 de outubro na *Universidade Estadual do Maranhão* (UEMA): deixar o pensamento verter, se desprender de nós para, então, se espargir.

Capítulo 3 | *Cogito* e hermenêutica em Paul Ricœur

Cláudio Reichert do Nascimento[1]

O objetivo é expor como o tratamento que Paul Ricœur (1913-2005) concede ao problema do *cogito*[2] está relacionado com a compreensão de si, advindo da filosofia da reflexão. A compreensão de si (isto é, a mediação do ser humano para consigo mesmo) visa uma postura crítica com relação à imediatidade do *cogito*, por intermédio de uma hermenêutica que busca a compreensão das expressões da vida do *cogito* pelas obras da cultura. Tal empreendimento caracteriza a chamada via longa da compreensão, defendida por Ricœur, que foi influenciada pelo pensamento de Wilhelm Dilthey. A metáfora do excerto da hermenêutica na fenomenologia vincula-se à possibilidade de compreender a si mesmo como sujeito das operações do conhecimento, do querer, do agir, etc.[3] Ricœur questiona a posição de imediatidade do *cogito* por meio da objetivação de termos mediadores, que estabelecem a relação entre ele e a manifestação de sua expressividade, tais como os signos, os símbolos e os textos. Ao fazer isso, Ricœur promove, ao mesmo tempo, a entrada da filosofia hermenêutica em território francês e dá ao *cogito* um tratamento peculiar, a partir da filosofia reflexiva.

---

[1] Universidade Federal do Oeste da Bahia (UFOB), Brasil.

[2] Ao longo do texto, as expressões "*cogito*" e "sujeito" são usadas como sendo sinônimas.

[3] P. Ricœur, *Du texte à l'action. Essais d'herméneutique*. Paris, Seuil, 1986.

Em seu livro *Le cogito herméneutique. L'herméneutique philosophique et l'héritage cartésien*, Jean Greisch[4] caracterizou a abordagem de Ricœur como uma "herménéutique *more gallico demonstrata*", isto é, uma hermenêutica que foi "contrabandeada" do outro lado do Reno e incorporou na França certos costumes que não lhe eram próprios na origem. Esse problema demanda que se considere que na história da filosofia o *cogito* está posto no ser, mas foi esquecido. Retomar e abordar o *cogito* requer que se tome o transcurso entre o nascimento e a morte – a vida – como expressando significado que pode ser apreendido de modo coerente. Do ponto de vista metodológico, é necessário apreender que a vida do *cogito* expressa-se pelas manifestações da cultura e interpretar tais manifestações como signos, símbolos e textos é a tarefa da filosofia hermenêutica. Desse modo, estaríamos então compreendendo, conhecendo essa expressividade como um objeto das ciências do espírito.

Para expor a relação entre o *cogito* e a hermenêutica, tomo como referência a obra *Le Conflit des interprétations*, de Ricœur, publicada em 1969, recorrendo aos artigos "Heidegger et la question du sujet" e "La question du sujet: le défi de la sémiologie", e "Existence et herméneutique". Valho-me, especialmente, deste artigo, pois ele expõe as linhas gerais acerca da concepção hermenêutica de Ricœur, na década de 1960, enquanto via longa da compreensão, direcionada para o caráter epistemológico da objetivação de alguns objetos hermenêuticos (psicanálise, fenomenologia da religião...), que na sua visão apontam para a existência de um extrato de ser no *cogito*. Em seguida, utilizo alguns dos artigos compilados em *Du texte à l'action*, para apresentar como Ricœur amplia a sua concepção de hermenêutica, ao desenvolver a dialética entre compreensão e explicação, por meio da interpretação.

---

[4] J. Greisch, *Le Cogito herméneutique. L'herméneutique philosophique et l'héritage cartésien*. Paris, Vrin, 2000, p. 51-73.

A VIA CURTA E A VIA LONGA

A meu ver, "Existence et herméneutique", que abre o livro *Le conflit des interprétations*, é o texto de referência sobre a primeira concepção ricœuriana de hermenêutica, em especial, por três razões: em primeiro lugar, Ricœur reforça sua crítica ao *cogito* através da noção de existência, propondo dar "um sentido aceitável" ao termo com a defesa do argumento de que "o *cogito já* está posto no ser" e um dos modos de fazê-lo aparecer é por meio da análise semântica e reflexiva, que traria elementos ontológicos, ao passo que pela linguagem mostra-se algo da existência do ser. Em segundo lugar, ele propõe um enxerto da hermenêutica na fenomenologia e defende uma via longa da compreensão que se opõe à via curta, termo que designa a analítica existencial do *Dasein* heideggeriano, denominada por Ricœur de ontologia da compreensão. Em terceiro lugar, o problema da reflexão, que coloca em questão o *cogito*, torna-se um problema sobre a existência deste ser que toma a si mesmo como compreensão de si, por este longo e laborioso caminho da via longa. O próprio Ricœur reconhece que, no decorrer de sua atividade filosófica, a compreensão de si foi uma das questões que mais lhe chamou a atenção.

Em *Le conflit des interprétations* já se percebe, então, a modificação vocabular e, sobretudo, de conteúdo. Vocabular no que tange à substituição da expressão *cogito* por "existente", a qual, ao fim e ao cabo, dá lugar ao termo "si mesmo". De conteúdo, pois, a relação entre o sujeito que tomava o objeto como a *coisa fora dele*, que tinha de ser conhecida, torna-se o existente que toma a ele próprio como o objeto da compreensão de si, mediado pela compreensão simbólica. Segundo Ricœur, a filosofia reflexiva que almejasse um "futuro" não poderia prescindir dos resultados decorrentes da abordagem crítica da análise psicanalítica e da linguística estrutural, pois, a primeira, teria interseccionado "a apoditicidade de uma posição absoluta de existência [do eu sou] e a adequação do juízo referido a tal ser" e, a segunda, teria posto um desafio à filosofia do sujeito, já que "a noção de significação é situada em um campo distinto do das orientações intencionais de um sujeito".[5]

Ricœur propõe desenvolver uma *hermenêutica do existo* que se especifica pela crítica ao *cogito* "como simples princípio epistemológico". Ele procura colocar "um extrato de ser" no *cogito*, por intermédio da filosofia de Heidegger, que assumiria por princípio que o compreender é um modo de ser e não um modo de conhecer.[6] Em suma, a intenção é partir de "um extrato de ser", tendo em conta que o *cogito* é um cogito *ferido* [*blessé*], *quebrado* [*brisé*], resultado da crítica ao seu caráter de verdade primeira. Este *cogito* "partido" é restabelecido no plano ontológico ao ser designado como *existindo*. A discussão seria possível, conforme Ricœur, em decorrência da questão acerca do ser e a "emergência do *Dasein*", mas também, por se tratar tanto de uma crítica à metafísica do existente como *representação*, quanto do *cogito*. Isso ocorre assim, porque essa metafísica era-lhe subjacente. Em linhas gerais, refiro-me, por um lado, à crítica à história da filosofia e, por outro, da reposição do traço ontológico no *cogito* que, conforme o filósofo francês, foi pretendido, porém deixado de fora da elaboração cartesiana.

Ricœur[7] afirma que fora necessário distanciar-se da analítica existencial, porque ela não estaria preocupada com a inteligência dos textos, com a fundação das ciências do espírito e, por fim, com a resolução de conflitos entre as interpretações rivais. Ele acreditava que se devia tentar mostrar pela linguagem que a compreensão é um modo de ser. Em suma, Ricœur estaria afirmando que Heidegger reeducou o nosso olhar, mas o filósofo alemão não segue o trajeto que ele julgava

---

[5] P. Ricœur, *Le conflit des interprétations. Essais d'herméneutique*. Paris, Seuil, 1969, p. 238 e 246.

[6] Ibidem, p. 222.

[7] Ibidem, p. 14.

importante na articulação do problema hermenêutico com a fenomenologia e, mais do que isso, com a compreensão de si, daí o que se tem de fazer é partir da linguagem, ou melhor, do pré-compreendido, que é o plano no qual a compreensão acontece.

Pelo lado das chamadas filosofias do sujeito, o esquecimento do existir, como um atributo do *cogito,* seria um traço da história da metafísica, e do lado da analítica existencial preteriu-se o caráter ôntico das ciências positivas em prol do caráter originário do primado ontológico da pergunta pelo ser. Isto protelaria apenas para o fim da analítica da existência, caso fosse do interesse de Heidegger, a investigação da teoria do signo e do significado como um debate de método fundamental para a hermenêutica da via longa. Por seu turno, a hermenêutica ricœuriana da via longa almeja compreender reflexivamente o existente por meio da ligação da compreensão de signos e da compreensão de si. Em consonância com Greisch,[8] Grondin[9] diz que, com respeito à hermenêutica, Ricœur difere-se de Heidegger, e até mesmo de Gadamer, em razão de tomar a compreensão como o fim do percurso laborioso da via longa, ao passo que aquele assume de saída que o *Dasein* já sempre se move numa determinada compreensão de si mesmo. Nesse caso, ao contrário daqueles autores, para Ricœur,[10] "a ontologia é uma terra prometida para uma filosofia que começa pela linguagem e pela reflexão".

Ricœur expõe que o *Dasein* é determinado pela sua existência, porém, na sua visão, o que significa ser um existente teria de ser procurado através da exegese de sua vida. O filósofo francês insiste que o *cogito* tem de ser retomado a partir da interpretação do modo como ele se expressa nas obras da cultura. De modo geral, a questão pode ser exposta nos seguintes termos: como o desejo da psicanálise, como

---

[8] J. Greisch, Op. cit., 2000.

[9] J. Grondin, *Le tournant herméneutique de la phénomelogie*. Paris, PUF, 2003.

[10] P. Ricœur, *Le conflit des interprétations*, Op. cit., p. 28.

o rito que manifesta o laço do homem religioso com o sagrado, como o espírito absoluto, revelam este "extrato de ser" que se manifesta na vida do *cogito* (do existente humano) pelos símbolos, pelos textos, enquanto obras da cultura? Como veremos a seguir, Ricœur encontrará em Dilthey um caminho possível à sua via longa, como um "antídoto" à via curta heideggeriana,[11] com respeito à objetivação da vida pelo texto e a sua interpretação com vistas à compreensão. Entretanto, Ricœur evita que a explicação e a compreensão resultem em uma dicotomia e busca estabelecer uma dialética entre ambas[12], [13].

No artigo "De l'interprétation", que abre *Du texte à l'action*, do mesmo modo que no diálogo com Jean-Pierre Changeux, Ricœur[14], [15] diz que a tradição filosófica, na qual ele se reconhece, é caracterizada (1) por estar na esteira da filosofia reflexiva; (2) no âmbito de influências provocadas pela fenomenologia e, por fim; (3) por ser uma variante hermenêutica da fenomenologia. Esta descrição feita pelo próprio autor é bastante conhecida de seus leitores e extremamente relevante, pois, como diz Daniel Frey,[16] ajuda a entender a quase obsessão de Ricœur com relação ao *cogito*, como o apanágio (atributo) da filosofia reflexiva. O objeto da filosofia reflexiva referir-se-ia à "possibilidade de *compreensão de si* como sujeito das operações de conhecimento, de volição e de estimação, etc."[17], sendo Descartes, Kant e Nabert alguns

[11] J-L. Petit, "Le tournant diltheyen de la phénoménologie. Ricœur et Husserl". *In*: P. Bühler e D. Frey (dir.), *Paul Ricœur: Un philosophe lit la bible. A l'entrecroisement des herméneutiques philosophique et biblique*. Genève, Éditions Labor et Fides, 2011, p. 167-79.

[12] J. Greisch, Op. cit., p. 62.

[13] D. Frey, *L'interprétation et la lecture chez Ricœur et Gadamer*. Paris, PUF, 2008, p. 88.

[14] P. Ricœur, *Du texte à l'action*, Op. cit., p. 29.

[15] J.-P. Changeux e P. Ricœur, *La nature et la règle. Ce qui nous fait penser*. Paris, Odile Jacob, 1998.

[16] D. Frey, Op. cit.

[17] P. Ricœur, *Du texte à l'action*, Op. cit., p. 29.

dos filósofos representantes desta corrente de pensamento. Contudo, ainda que estes últimos sejam exemplos paradigmáticos, Ricœur não considerava ter havido *uma* filosofia reflexiva que fosse a mais importante entre todas. Em verdade, reconhece que houve estilos reflexivos, os quais, geralmente, deram origem ao subsequente por meio das críticas direcionadas ao que lhe antecedeu. Desta cadeia de revisões da posição antecedente, Ricœur diz que há o *cogito* socrático, o *cogito* agostiniano, o *cogito* cartesiano, o *cogito* kantiano...[18]

Ricœur[19] defende, então, que o problema do *cogito* como verdade primeira tenha de ser relançado a partir da filosofia da reflexão, inspirada por Jean Nabert, que toma a compreensão de si – do ser humano para consigo mesmo – não como "uma intuição de si para si" – conhecimento imediato –,[20] mas como devendo ser uma hermenêutica, o que confere a peculiaridade francesa mencionada. Ao adotar a posição da filosofia reflexiva, Ricœur julga, por exemplo, que a psicanálise de Freud – enquanto uma arqueologia do *cogito* (sujeito) – destitui a problemática do sujeito como consciência e restabelece a existência como desejo: "a existência, nós podemos agora dizer, é desejo e esforço".[21] Na visão de Ricœur, o desejo de ser apresentaria suas variantes no *appetitus* em Leibniz, no *conatus* em Spinoza.[22] No entanto, a psicanálise não é e não deve ser o único modo de recolocar a problemática do *cogito*, porque se houvesse somente uma alternativa correríamos o risco de restringi-la a uma interpretação unívoca, o que iria na direção contrária do que Ricœur sustenta.

---

[18] P. Ricœur, *Le conflit des interprétations*, Op. cit., p. 233; *Du texte a l'action*, Op. cit., p. 29; *Soi-même comme un autre*. Paris, Seuil, 1990, p. 15; *Écrits et conférences II. Herméneutique*. Paris, Seuil, 2010, p. 22; J.-P. Changeux e P. Ricœur, Op. cit., p. 10.

[19] P. Ricœur, *Le conflit des interprétations*, Op. cit., p. 23, 211 e 240.

[20] Ibidem, p. 221.

[21] Ibidem, p. 24.

[22] Ibidem, p. 24 e 211.

As interpretações rivais não podem ser reduzidas a jogos de linguagem, em que cada um exporia as suas pretensões de totalização. Na verdade, as interpretações rivais têm de afirmarem-se em suas funções particulares de existência (arqueologia do sujeito, teleologia, a escatologia). Como cada uma delas mostra apenas certa região de ser, é necessário procurar em uma abordagem semântica o ponto comum para servir de referência à hermenêutica da via longa, ao determinar a estrutura comum às diversas modalidades da expressão simbólica. Para isso, o estabelecimento de critérios para as modalidades simbólicas tem de andar junto com a investigação dos processos de significação, além disso, tais critérios têm de apontar que o modo com que se interpreta coaduna-se com "a estrutura teórica do sistema hermenêutico considerado".[23] Desse modo, por um lado, é imprescindível reconhecer que a não aceitação da imediatidade do *cogito* tenha um fundo reflexivo, por outro, é preciso dizer que Ricœur reivindica a concepção hermenêutica de Dilthey, ao expor que a compreensão de si (o gesto reflexivo com respeito ao *cogito*) se combina à interpretação das expressões da vida que são fixadas nos signos, nos símbolos, nos textos, enquanto termos mediadores.[24]

A PRESENÇA DO PENSAMENTO DE DILTHEY NA OBRA DE RICŒUR

Em 1900, Wilhelm Dilthey publica o artigo chamado *Die Entstehung der Hermeneutik,*[25] no qual ele se coloca a questão sobre o

---

[23] Ibidem, p. 18.

[24] P. Ricœur, *Du texte à l'action*, Op. cit.; J. Greisch, Op. cit.

[25] As citações desse texto referem-se à tradução francesa, *Origines et le développement de l'herméneutique.*

"conhecimento *científico* dos indivíduos e mesmo das grandes formas da existência humana singular, em geral".[26] Dilthey pretendeu dar às ciências do espírito [*Geisteswissenschaften*] uma validade universal comparável à das ciências da natureza, atribuindo àquela um caráter epistemológico, ao tentar estabelecer uma crítica do conhecimento histórico. A sua principal hipótese tratava da possibilidade de o conhecimento sobre os indivíduos singulares adquirir um valor objetivo.

Para Dilthey,[27] ao passo que as ciências da natureza tratam de objetivar os fenômenos da realidade pela consciência, as ciências do espírito ocupar-se-iam da "realidade mesma íntima e imediata, que a *experiência* interna revela-nos em nós mesmos", contudo, reside aí uma dificuldade: a nossa experiência interna que nos permite a percepção de nossos estados mentais não nos dá consciência de nossa individualidade particular, deste modo, é apenas por comparação com os demais indivíduos que nós podemos experimentar o que nos é particular. Dilthey[28] acredita que a força [*force*], presente em nós, permanece uma experiência vivida imperfeita, sendo heterogênea ao significado (sentido/*sens*) que as experiências internas podem ter, existindo aí, então, a diferença fundamental entre força e sentido, isto é, entre aquilo que é uma experiência vivida e como essa é compreendida. Tanto há dificuldades para o conhecimento objetivo das experiências vividas de um indivíduo singular, quanto dos outros indivíduos diferentes do indivíduo singular, porém este outro somente é conhecido de fora, isto é, exteriormente, por meio de seus dados sensíveis (gestos, ações), que possibilitam a reconstituição do interior desse outro.

---

[26] W. Dilthey, "Origines et le développement de l'herméneutique". *In*: W. Dilthey, *Le Monde de L'Esprit*, Tome 1. Paris, Aubier Montaigne, 1947, p. 319. (Itálico do autor.)

[27] Ibidem, p. 319-20. (Itálico do autor).

[28] Ibidem, p. 320.

Segundo Jocelyn Dunphy,[29] Ricœur introduz Dilthey na filosofia francesa para clarificar a relação entre compreensão e objetivação e a sua influência decorre do conceito de hermenêutica que ele havia proposto em *Origines et le développement de l'herméneutique* [*Die Entstehung der Hermeneutik*], em 1900. Dilthey considera que a hermenêutica decorre do conflito de regras para interpretar as grandes obras de nossa cultura e da necessidade de fundar tais regras. Em poucas palavras, Dilthey define que a hermenêutica é a arte de interpretar os monumentos escritos. Ainda segundo Dunphy,[30] a presença do pensamento de Dilthey na obra de Ricœur seria mais forte à época em que este propõe o enxerto da hermenêutica sobre a fenomenologia, mas ela tende a desaparecer no decorrer dos anos 1980, na medida em que ele vai além do conceito de compreensão [*Verstehen*].

Conforme Ricœur,[31] a solução que Dilthey apresenta para o conhecimento histórico estava além de uma simples epistemologia, porque, como arte de compreender as manifestações vitais fixadas pela escrita, a interpretação figura como um domínio muito restrito frente à compreensão, que consiste em ir de uma vida psíquica a uma vida psíquica alheia. Eis o ponto principal: é possível objetivar a vida, ao passo que ela se exprime? De que modo? A controvérsia é a seguinte: a objetivação da vida pode esclarecer significações que são retomadas por outro sujeito histórico, mas como este pode compreender tais traços históricos, uma vez que, também, é histórico?

Por sua parte, em *Existence et herméneutique*, Ricœur[32] afirma que ao fim da sua própria investigação também viria a encontrar o problema que já se achava posto em Dilthey, concernente à "relação

---

[29] J. Dunphy, "L'héritage de Dilthey". *In*: J. Greisch e R. Kearney (Dir.), *Paul Ricœur. Les metamorphoses de la raison herméneutique*. Paris, Cerf, 1991, p. 83-95.

[30] Ibidem, p. 87.

[31] P. Ricœur, *Le conflit des interprétations*, Op. cit., p. 9.

[32] Ibidem, p. 9.

entre força e sentido, entre a vida portadora de significação e o espírito capaz de encadeá-los em uma sequência coerente. Se a vida não é originariamente significante, a compreensão é para sempre impossível". Aí, então, está a chave interpretativa que nos permite entender, porque, na década de 1960 em diante, Ricœur irá privilegiar os símbolos e os textos como a base para a compreensão de si que manifestam os atos do *cogito*, e, mais do que isso, que ele irá interessar-se pelo que disse Dilthey, porque ele defende que a experiência vivida não é apreendida, senão pela interpretação das obras humanas que são conservadas pela escritura, que é o modo de fixação durável das manifestações vitais que podem sempre ser retomadas de um modo objetivo.[33]

Anteriormente, se o *cogito* assumia-se como uma evidência apodítica, de agora em diante, é preciso reconhecer que a consciência é posta sob a dependência do desejo e da vida.[34] Assim, "a reflexão [filosófica] é a apropriação do nosso esforço por existir e de nosso desejo de ser, através das obras que testemunham esse esforço e esse desejo", com isso, o indivíduo singular que se interpreta ao interpretar os signos, os textos, as obras da cultura não é mais um *cogito* e sim "um existente, que descobre, pela exegese de sua vida, que ele está posto no ser antes mesmo que ele se coloque e se possua. Desse modo, a hermenêutica descobriria uma maneira de existir que permaneceria de ponta a ponta a de *ser-interpretado*".[35]

Ricœur entende que as ciências humanas têm como tarefa confrontar as funções que a interpretação exerce nelas, enquanto disciplinas interpretativas. Portanto, as diferentes interpretações que as disciplinas das ciências humanas podem ter sobre o mundo dos signos

---

[33] W. Dilthey, Op. cit.

[34] J. Michel, "Le modernisme paradoxal de Paul Ricœur". *Archives de philosophie*, vol. 4, t. 67, 2000, p. 643-57.

[35] P. Ricœur, *De l'interprétation. Essai sur Freud*. Paris, Seuil, 1995b, p. 56; *Le conflit des interprétations*, Op. cit., p. 15. (Grifo do autor.)

acabam por estabelecer um modo de compreender, por consequência, a compreensão deste universo simbólico, do qual os signos fazem parte, é o meio de autocompreensão. Recordemos, brevemente, que em *Le volontaire et l'involontaire*, Ricœur afirma que a vida só tem a ver com um fenômeno físico-químico e biológico, no que tange ao conhecimento objetivo. Tal afirmação remete-nos para uma outra que ele faz três décadas e meia mais tarde, em um artigo chamado "La vie: un récit en quête de narrateur", recentemente publicado em *Écrits et conférences I: Autour de la Psychanalyse*. Nesta época, já tendo publicado os três tomos de *Temps et récit*, Ricœur expõe que "uma vida é somente um fenômeno biológico enquanto ela não é interpretada", isto quer dizer que a vida tem de ser pensada com base na mediação simbólica e em sua historicidade, mas tem de ser levada ao texto, onde a interpretação ocorre.[36]

Na década de 1950, Ricœur parece não estar familiarizado com a hermenêutica de Dilthey,[37] porém, em *De l'interprétation, le conflit des interprétations* e em textos posteriores, a recepção de Dilthey é notória. Considerando que, ao formular a sua teoria da interpretação, Ricœur tenha incorporado a ideia diltheyana de que a arte de compreender esteja ligada à interpretação das manifestações da vida humana, conservadas por meio da escrita, não há dúvida que haja aí uma influência do filósofo alemão, uma vez que, para ele, o ser humano em sua existência individual é um ser histórico. Lembremos que, no âmbito da cultura alemã do século XIX, a história alcança o *status* de uma ciência de notoriedade e, em *A construção do mundo histórico nas ciências humanas*, Dilthey declara que: "o historiador precisa compreender toda a vida dos indivíduos, tal como ela se exprime em determinado tempo e em determinado lugar. É justamente

---

[36] Idem, *Écrits et conférences I. Autour de la psychanalyse*. Paris, Seuil, 2008, p. 268.

[37] Segundo Daniel Frey (2008), Ricœur viria a ter contato com a obra de Dilthey a partir de *Verdade e método* de Hans-Georg Gadamer.

toda a conexão, que parte dos indivíduos na medida em que estes estão voltados para o desenvolvimento de sua própria existência para os sistemas culturais e as comunidades, e, por fim, para a humanidade, que constitui a natureza da sociedade e da história".[38]

A influência principal exercida em Ricœur por Dilthey diz respeito à interpretação das manifestações da vida pela escrita. Entretanto, Dilthey estaria sob a influência romântica da hermenêutica do "gênio", ao acreditar ser possível compreender melhor o autor do que ele mesmo. Embora estivesse consciente que Dilthey tenha pretendido dar um *status* epistemológico às ciências do espírito – à história –, frente ao modelo de explicação empírica das ciências naturais, Ricœur o critica por haver desejado que o objeto a ser apreendido fosse determinado pela totalidade psíquica. Mesmo assim, ele não deixa de ressaltar que:

> Dilthey perfeitamente percebeu o nó central do problema: a saber, que a vida apenas apreende a vida pela mediação das unidades de sentido que se elevam acima do fluxo histórico. Dilthey percebeu aqui um modo de ultrapassamento da finitude sem sobrevoo, sem saber absoluto, que é propriamente a interpretação. Assim, indica a direção na qual o historicismo poderia ser vencido por ele mesmo, sem invocar nenhuma coincidência triunfante com qualquer saber absoluto; mas, para dar continuidade a esta descoberta, será necessário renunciar ligar o destino da hermenêutica à noção puramente psicológica de transferência em uma vida psíquica estranha [*étrangère*] e desenvolver o texto, não mais em direção ao seu autor, mas na direção do seu sentido imanente e em direção da espécie de mundo que ele abre e descobre.[39]

Esta passagem é bastante exemplar para apontar o caminho que Ricœur toma na elaboração de uma teoria da interpretação a partir da dialética entre compreensão e explicação, na década de 1970.

---

[38] W. Dilthey, *A construção do mundo histórico nas ciências humanas*, São Paulo, Editora UNESP, 2010, p. 95.

[39] P. Ricœur, *Du texte à l'action*, Op. cit., p. 96-97.

Sem dúvida, Ricœur reconhece o mérito de Dilthey em ver nos signos sensíveis a manifestação do psíquico, todavia, ele conserva apenas a parte da intuição sobre a unidade de sentido (os signos sensíveis), que dá a possibilidade de tomá-la de modo objetivo, rejeitando o traço psicologizante. O texto é, então, a unidade semiológica que faz a juntura entre a compreensão e a explicação. Em outros termos, faz a conexão entre a consideração hermenêutica do contexto de produção e de situação histórica, a intenção do autor e a recepção pelo leitor, e o exame da análise estrutural regulado por *códigos* comparáveis ao código gramatical, que guiam a compreensão das frases. "No caso da narração, esses códigos são precisamente aqueles que uma análise estrutural emprega sob o nome de códigos narrativos".[40]

Convém remontar rapidamente o modo como Ricœur situa a discussão de sua teoria da interpretação em seu artigo "Expliquer et comprendre", publicado somente dois anos mais tarde que aquele sobre Dilthey que citamos há pouco. Ele vê claramente que há o interesse comum sobre a unidade de significação entre o tratamento mais formalista e o tratamento mais historicista. Procedendo de uma questão abrangente sobre o domínio da ciência, ele quer saber se as ciências, sejam elas ciências da natureza ou ciências humanas (do espírito), podem formar um conjunto contínuo, homogêneo e unitário ou se não há alternativa que não seja estabelecer uma ruptura epistemológica entre elas.

Havendo a dualidade, ela se expressaria no termo explicação sob a tese da não diferenciação da continuidade epistemológica entre a ciência da natureza e das ciências do espírito, e no termo compreensão, sustentado sob a tese de que o domínio da ciência do espírito não se reduz (irredutibilidade) ao da ciência da natureza. Além disso, afirma a especificidade da ciência do espírito em relação à ciência da natureza. O que fundamenta esse dualismo epistemológico, diz Ricœur,

---

[40] Ibidem, p. 185.

é o pressuposto que em seus próprios objetos a ordem dos signos e as instituições não podem ser reduzidas à ordem dos fatos, que estão submetidos a certas leis gerais.[41] Frente a esta divisão epistemológica, Ricœur pensa que a filosofia tem de fundamentar o pluralismo metodológico e a descontinuidade epistemológica entre ciências da natureza e ciências do espírito, sem perder de vista a diferença existente entre o modo de ser da natureza e o modo de ser do espírito.

Ricœur discute a dicotomia que se resume no fato de que a explicação e a compreensão não só tratam de dois campos epistemológicos diferentes, mas também se ocupam de duas modalidades de ser irredutíveis. Tal dicotomia é reconsiderada partindo da homologia que ele defende existir entre as problemáticas do texto, da história e da ação, e que apresentam aporias comparáveis entre si, que possibilitam colocar em discussão, por meio de uma dialética fina, o dualismo metodológico entre explicação e compreensão. Colocando em debate o dualismo epistemológico da explicação e da compreensão, tal dialética considera que não se trata de polos de uma relação de exclusão, mas fazem parte de momentos relativos à interpretação.

A dialética entre explicação e compreensão tem uma dimensão epistemológica e outra ontológica. No que compete à dimensão epistemológica, "se existe tal relação de implicação mútua entre os métodos, devemos encontrar entre as ciências da natureza e ciências humanas tanto uma continuidade como uma descontinuidade, tanto um parentesco como uma especificidade metodológica". Quanto à dimensão ontológica: "se explicação e compreensão estão tão indissociavelmente ligadas ao plano epistemológico, já não é possível fazer corresponder um dualismo ôntico a um dualismo metódico".[42] Com isso, segue-se que, embora haja tanto descontinuidade e especificidade que nos permite distinguir, respectivamente, em seus campos, as

[41] Ibidem, p. 179.

[42] Ibidem, p. 180.

ciências da natureza e as ciências humanas, na dimensão epistêmica, há um vínculo entre os dois campos epistemológicos, o que não permite que façamos corresponder ao dualismo epistemológico um dualismo ôntico. Apesar de serem campos epistemológicos com atuações distintas, ambos são, se assim podemos dizer, discursos que aspiram relações de verdade com as coisas e com os seres.[43]

CONSIDERAÇÕES FINAIS

Como se sabe, Ricœur[44] afirmou ter levado a cabo três estágios de desenvolvimento do método hermenêutico. O segundo estágio é justamente caracterizado pelo problema geral da linguagem escrita e dos textos[45], [46], contudo, vou deixar aqui alguns apontamentos da teoria ricœuriana do texto para indicar que, se expressando, seja pela atividade de produção material, seja pela manifestação por intermédio das obras da cultura, tais como, os símbolos da cultura religiosa, as narrativas históricas e literárias, os relatos orais, a vida humana é recuperada no interior de uma antropologia filosófica, que Ricœur procura alargar também no âmbito da teoria da história, da teoria da ação e, sobretudo, da teoria do texto.[47] O extrato de ser que, conforme Ricœur, era necessário recuperar no interior do *cogito* vem à tona na unidade de significação atribuída ao texto – constituinte da tradição linguística –, e tem de ser explorada na dialética fina da explicação e da compreensão, com vistas à compreensão de si, por meio da interpretação. No interior de seu caráter explicativo, a análise

[43] Ibidem.

[44] Idem, *Réflexion faite*. Paris, Éditions Esprit, 1995.

[45] Idem, "From Existentialism to the Philosophy of Language". *Philosophy today*. vol. 17, n. 2, summer, p. 88-96, 1973.

[46] J. Dunphy, Op. cit.

[47] P. Ricœur, *Du texte a l'action*, Op. cit.

estrutural permanece restrita ao círculo da narração, buscando apenas nos signos da narratividade os códigos que se recobrem, virtualizando as marcas próprias do discurso narrativo, decorrentes de sua atualidade como acontecimento de discurso. Por sua parte, o caráter de compreensão próprio à hermenêutica faz sobressair, com efeito, o aspecto de atualidade da narração, por meio do que acontece no movimento de transmissão de uma tradição viva. Ademais, diz Ricœur, a narração faz parte de uma cadeia de discursos [*paroles*] por meio da qual se compõe uma comunidade de cultura e pela qual tal comunidade interpreta-se a si mesma através da narração.[48]

[48] Ibidem, p. 186.

Capítulo 4 | A estrutura da justificação na filosofia de Eric Weil

Sequoya Yiaueki[1]

Eu gostaria de abordar a questão da justificação na obra de Eric Weil, e mais especificamente seu lugar em seu livro *Logique de la philosophie*. Eu proponho a ideia conforme a qual a categoria da *personalidade* desempenha um papel-chave na compreensão da estrutura da justificação utilizada por Weil. A estrutura da justificação em Weil, conforme minha tese, tenta criar uma identidade entre a ação e o sentido. Para fazer isso, eu apresento a *personalidade* como fonte conceitual de justificação, pois essa categoria é a que põe os critérios que permitirão tomar forma a estrutura de justificação sustentada pelo próprio Weil. O critério posto pela *personalidade* mostra que, para que a identidade entre o sentido e a ação exista, deve haver uma identidade anterior entre o indivíduo e o seu discurso. Nessa ótica, a *personalidade* se apresenta como a origem da justificação dado que ela se compreende como a origem da espontaneidade humana. Weil desenvolve, portanto, a *personalidade* como o discurso que universaliza essa espontaneidade, que se compreende como linguagem. Assim, a justificação se encontra entre essa espontaneidade e o trabalho de universalização.

Eu defendo também a ideia de que a estrutura de justificação em Weil é invisível no nível proposicional da justificação. No nível de

[1] Université de Lille/ Institut Eric Weil, França. Savoirs, textes, langage (STL) – UMR 8163.

uma crença ou de uma pretensão ao conhecimento, Weil desenvolve muitas estratégias de justificação. A partir daí os diferentes discursos – notadamente os discursos de diferentes categorias – compreendem estruturas de justificação diferentes. Contudo, é preciso não confundir essas estruturas com a estrutura de justificação que Weil utiliza para sua. É preciso então distinguir entre três níveis de justificação. O primeiro nível compreende o que eu chamo a estrutura global de justificação, isto é, o ponto de vista daqueles que passaram pela *Lógica da filosofia*. Esse ponto de vista se articula na estrutura de justificação sustentada pelo próprio Weil e que é explicitada no tríptico Ação/Sentido/Sabedoria[2] que encerra seu livro. É uma estrutura global, porque o final deve justificar o ponto de partida. Essa estrutura difere do tipo de justificação que se pode encontrar nas diferentes categorias e o tipo de justificação que se articula no nível proposicional. O segundo nível de justificação, o que eu chamo nível local, compreende a estrutura de justificação implícita nas próprias categorias. Essa estrutura é uma estrutura mista, porque ela contém o apelo a um "dado", mas depende também do critério de coerência. Entretanto, é um dado e uma coerência que se modificam a cada categoria. O terceiro nível, o nível proposicional é, portanto, feito de enunciados "transversais", que opõem um centro de discurso ao outro. Essa pluralidade de centros de discurso corresponde à diversidade de atitudes humanas concretas que a *Lógica* analisa para teorizar as formas argumentativas puras. O que a teoria de Weil nos mostra, é que essas três estruturas, global, local e transversal, são todas necessárias para responder aos debates contemporâneos sobre a justificação, debates referentes a crenças articuladas como pretensões ao conhecimento visando à verdade. Por consequência, são eminentemente proposicionais. Nos debates contemporâneos, esses

[2] Devo muito as análises desse tríptico feitas por G. Kirscher, *La philosophie d'Eric Weil*. Paris, PUF, 1989 e *Figures de la violence et de la modernité*. Lille, PUL, 1992.

problemas tomam formas como: a justificação tem uma estrutura coerentista, fundacionalista ou contextualista? Que forma de acesso tem o sujeito a suas próprias justificações? Quais são critérios de um conhecimento? A teoria weiliana da justificação nos permite responder de uma maneira nova a essas questões, porque mostra que a justificação não é exclusivamente proposicional. Articulando esses três níveis de justificação, ele mostra como pontos de vista opostos podem dialogar. No entanto uma dificuldade surge no momento em que nos damos conta que Weil raramente aborda de frente a justificação. Deve-se então tecer em conjunto os diversos fios encontrados ao longo de sua obra. A partir dessas indicações parciais e dispersas, eu estabelecerei um retrato do lugar da justificação em Weil.

Weil, mais que a maioria dos filósofos, é extremamente sensível aos papéis desempenhados pelas crises, a violência, os mal-entendidos e os tropeços no desenvolvimento da razão. Isso é claro tanto em seus livros quanto em seus artigos.[3] Ele insiste frequentemente sobre o fato que a razão do homem é apenas parcialmente razoável, que o homem na ação moral é ao mesmo tempo imoral e capaz de pretender à moral, etc. Eu quero insistir sobre essas falhas e fissuras da razão, vistas como centrais na filosofia de Weil. A justificação em Weil só tem lugar, porque o discurso é fraturado, porque existe uma pluralidade de discursos, mas também porque nenhum de seus discursos está previamente justificado. Desde a primeira página da *Lógica*, Weil nos explica que somente o sistema inteiro pode, no final das contas, justificar o ponto de partida. Isso significa que a estrutura global de justificação, em Weil, é uma explicação que mostra todos os falsos começos, os problemas, as antinomias, etc. e que

[3] Cf. E. Weil, "Introduction". *In*: *Logique de la philosophie*. Paris, Librairie Philosophique Vrin, 2000; "Qu'est-ce qu'une 'percée' en histoire". *In*: *Philosophie et réalité: Derniers essais et conférences*. Paris, Beauchesne, 1982; *Philosophie morale*. Paris, Librairie Philosophique Vrin, 2000, p. 6. Para citar apenas alguns.

consegue mesmo assim realizar a tarefa que ela se deu em seu ponto de partida. Entretanto, Weil adverte-nos, quase no final do seu livro, que essa posição pode levar a uma petição de princípio. De acordo com Weil, "uma vez que se admite o direito de proceder por perguntas teóricas e assim se supõe que o discurso está em seu princípio, pode-se estar seguro de reencontrá-lo no fim".[4] Para resumir, ele nos explica que só a estrutura pode justificar o ponto de partida, mas depois que o ponto de partida está definido por objetivos já visados. Essa posição parece abrir uma via ao relativismo, ao subjetivismo e um monte de bichos-papões que espreitam a epistemologia. Mas a filosofia de Weil apresenta críticas fortes a essas posições como sendo parciais e insuficientes. A *Logique de la philosophie* deve ser lida como um esforço contínuo para explicar a objetividade e conceitualizar o mundo. No entanto, Weil pensa que, uma vez essa objetividade explicada e compreendida *universalmente*, o projeto epistemológico desmoronará. Com efeito, para Weil, os discursos ontológicos chegam a seu termo na filosofia de Hegel. Weil explicita essa posição afirmando que, quando o "sujeito" e o "objeto" coincidem, "não há lugar para uma teoria do conhecimento como parte da filosofia".[5] E ele identifica explicitamente esse afastamento como a razão de ser da justificação quando ele diz: "a dificuldade não é de ordem ontológica e, para empregar outra linguagem, que ela não diz respeito à 'teoria do conhecimento'".[6] Nessa ótica, a justificação parece inextricável da ontologia. A posição de Weil se assemelha então muito àquela de Hegel.[7] Contudo, a justificação em Weil deve também levar em conta a recusa do discurso que pode sempre ser realizado pelo indivíduo em sua espontaneidade. É por essa razão

[4] Idem, Op. cit., 2000, p. 556.

[5] Ibidem, p. 575.

[6] Ibidem.

[7] Cf. K. R. Westphal, *Hegel's epistemology*. Indianapolis, Hackett Publishing Company, 2003, para um desenvolvimento dessa posição.

que ele insiste sobre a identidade entre a ação e o sentido, e não entre o sujeito e o objeto.

Nós podemos ler a superação dos discursos ontológicos aqui como uma crítica do realismo epistemológico. O erro epistemológico conforme essa crítica é de tomar os objetos da epistemologia como objetos reais. Isto é, tomar o conhecimento, a justificação, a crença, etc. como coisas separadas, de um modo ou de outro, da atividade de conhecer, da atividade de justificar, da atividade de crer, etc., com sua própria existência metafísica ou ontológica.[8] É desse modo que Weil mostra a orientação geral de sua teoria na via da identidade entre a ação e o sentido. Ele mostra o sofisma de discursos que propõem uma apreensão metafísica e ontológica do mundo, que sustentam uma forma de realismo a propósito de seus objetos. Para Weil, a via do realismo epistemológico leva ao ceticismo e ao desespero.[9]

A partir disso, o objetivo de Weil não é criar uma teoria que nos dá novos preceitos metafísicos e ontológicos. Uma parte de sua teoria se baseia sobre o fato que ele vê aí uma empresa que entrou em falência. Ele não busca unificar o sujeito e o objeto em uma teoria metafísica, mas sim criar uma identidade, no sentido hegeliano, entra a ação e o sentido. Weil nos diz:

> Em vez de dizer que o homem é um ser dotado de discurso razoável, diremos que ele é um ser que pode – se escolher – ser razoável, que ele é, em suma, liberdade com vistas à razão (ou para a violência), mas que uma vez que ele se tenha decidido a falar de modo coerente, o universal é para ele início e término de seu discurso, e que ele só se emancipará radicalmente do discurso *com conhecimento de causa*, depois de haver percorrido o discurso em sua totalidade.[10]

---

[8] M. Williams, *Unnatural doubts*. Revised Edition, Princeton, N. J., Princeton University Press, 1995, p. 108.

[9] E. Weil, Op. cit., 2000, p. 36-38.

[10] Ibidem, p. 103.

A justificação do sistema weiliano se apagaria do plano discursivo se a justificação se tornasse a própria ação. No entanto, Weil permanece muito sensível ao fato que esse momento não se apresenta. Ele diz, "o Uno só se mostra a nós no discurso, e não há discurso do eterno, do Uno e da *visão* que não seja discurso do múltiplo e do dado, e discurso sustentado por um homem numa situação dada".[11].

Um aspecto crucial para compreender a estrutura de justificação global em Weil se apresenta aqui: seu contextualismo e seu falibilismo. É importante compreender como sua crítica do realismo epistemológico o leva ao falibilismo e ao contextualismo. Para Weil pode haver, e há efetivamente, uma pluralidade de formas de conhecimento que situam todas em situações históricas atuais que ajudam o homem a abordar sua situação atual, e não há algum objeto epistemológico que garanta uma justificação atemporal e eterna. Toda justificação se situa na história e em uma situação concreta. Weil opera uma inversão de critérios epistemológicos que devem garantir nossa percepção sobre a realidade. Ele modifica então o critério de certeza. O indivíduo vivendo em sua atitude é sempre seguro de si, no entanto a pluralidade de discursos implica a impossibilidade de uma certeza única e total que criaria uma correspondência entre o mundo e os discursos que o indivíduo pode ter sobre esse mundo. Com efeito, é o critério de certeza que, nas estruturas de justificação tradicionais, pode ancorar um conhecimento no mundo. Conforme esse critério, se conhecemos alguma coisa, esse conhecimento corresponde à realidade para além da contingência de nossa situação concreta. Estabelecer um critério tal como a certeza é desnaturalizar o lugar que um conhecimento tem em nossas práticas cognitivas. Um conhecimento é alguma coisa aninhada em nossas vidas e não, para além do plano humano, uma coisa separada de nós. Por essa razão, Weil traça uma via para uma identidade entre a ação e o sentido. O ato de justificação é uma

---

[11] Ibidem, p. 104.

questão humana e não pode pretender encontrar um ponto de Arquimedes fora do mundo. Para Weil, uma justificação total não está fora do mundo, mas é sim o homem concreto que em situações concretas se compreende historicamente. Weil diz: "história humana e filosofia não são, assim, apenas os dois aspectos que o homem se apresenta a si mesmo de si mesmo".[12] Portanto, o indivíduo que realiza a unidade da ação e do sentido de uma maneira durável compreendeu sua história completa. No entanto, para Weil, a questão da justificação permanece porque essa identidade não se cria. A ação é para ele "a última categoria do discurso".[13] O homem na ação é o homem idêntico ao seu discurso que "não apenas se sabe real, como se realiza; aí ele não apenas justifica a realidade, como a torna justa".[14]

Até aqui, eu mostrei que, para Weil, a justificação remete a um fato, aquele da pluralidade real dos discursos. A partir desse fato, eu propus que a estrutura de justificação em Weil tenta criar uma identidade entre a ação e o sentido para ultrapassar as insuficiências dos discursos ontológicos e metafísicos sobre o Ser. Ele apresenta, portanto, uma teoria de segunda ordem tratando sobre o próprio ato de filosofar. Esse discurso de segunda ordem cria uma identidade de ação e de sentido que é a própria filosofia. Resta saber o alcance desse discurso de segunda ordem e sua relação com outros tipos de falar (ou de discursos), que não abordam a questão da justificação global. Contudo, conforme essa identidade tal como é descrita aqui, a estrutura de justificação compreende o próprio caminho em direção a essa identidade, e compreende assim também os falsos começos, os erros, e as mudanças, ancorados na discussão entre indivíduos concretos nas situações concretas. Essa estrutura é, portanto, para ela mesma contextualista, falibilista e pluralista. No entanto, para Weil, mesmo

[12] Ibidem, p. 105.

[13] Ibidem, p. 583.

[14] Ibidem, p. 583.

se ele pensa que esse projeto implica o fim da justificação como problema, a questão da justificação permanece, ao menos no nível local. A questão permanece porque se trata de discurso, isto é, da linguagem que pretende a um alcance universal. No entanto, Weil mantém que a espontaneidade da linguagem é irredutível ao discurso. Ele diz, "a linguagem não *é*, ela se cria, não é a minha ou a tua, nem mesmo a nossa: eu, tu e nós, tudo isso é posterior (logicamente) à linguagem; a linguagem não é o 'durante' da realidade: a realidade e o discurso que lhe corresponde se separam somente nela. Ela é, em suma, a espontaneidade".[15] Essa espontaneidade implica que esse projeto jamais acaba, mas essa espontaneidade garante também que esse projeto, como Weil nos lembra com frequência, não pode ser previamente justificado. No entanto, se o homem é idêntico ao seu discurso, ele deveria ser idêntico à sua linguagem. Ora, ele é, mas o discurso é a linguagem que já empreendeu o trabalho de justificação. A linguagem como fonte espontânea não se justifica.

Com efeito, na exposição da categoria da *Personalidade*, Weil diz "o homem precisa de justificação"[16] ou ainda "o sentimento não discute porque não precisa se justificar".[17] Aqui, é preciso apontar a diferença que Weil faz entre as atitudes e as categorias. As categorias, os discursos realizados das atitudes, se estruturam em torno das inferências válidas a partir de um conceito central. Esse conceito, no entanto, só é perceptível uma vez que a atitude vivida tenha sido ultrapassada, isto é, quando o alcance dessas inferências não é mais considerado como suficientemente universal. O alcance dessas inferências é insuficiente, porque elas não chegam mais a garantir a identidade entre a ação e o sentido, isto é, porque a unidade criada se mostra apenas como parcial. A esse momento, a atitude pode ser

[15] Ibidem, p. 592.

[16] Ibidem, p. 407.

[17] Ibidem, p. 413.

formalizada no discurso, então, o trabalho de justificação da atitude pode ser empreendido. Visto dessa maneira, é a atitude da *personalidade* que não se justifica. No entanto, é a categoria da *personalidade* que coloca o critério pela primeira vez, de uma maneira parcial, da estrutura de justificação global encontrada em Weil. Certamente, a estrutura global em Weil se justifica unicamente no final, na identidade de ação e de sentido, mas a *Personalidade* coloca o princípio negativo na linguagem que diz "não". A *Personalidade* coloca esse critério, porque ela defende essas crenças e essas pretensões à verdade como suas. Ela se coloca como uma fonte de valores, porque sua linguagem negativa é a recusa dos valores dos outros. O próprio Weil reconhece esse paradoxo. Ele diz, "tudo o que é dito pela personalidade é paradoxal".[18] Mas é porque a personalidade "quer impor a autenticidade de seu conflito" na criação de valores, como fonte de valores, que ela coloca a justificação para ela própria. Seus valores são a justificação da sua *Personalidade*. A única coisa que mostra que a *Personalidade* é irredutível, é que ela pode *justificar* sua existência pelos valores que ela criou. Então, é a via pela qual o indivíduo pode se reconhecer como idêntico ao seu discurso. Eu devo, no entanto, insistir sobre o fato que essa justificação é apenas parcial; é claro que a justificação em Weil retorna à totalidade do discurso, e aqui é um discurso parcial. O que resta desse discurso parcial na justificação total é o discurso finito de um indivíduo que apresenta a linguagem negativa como *sua* linguagem. Weil diz, mesmo que o indivíduo na *Personalidade* "não admite mais a separação da atitude e da categoria, não quer pensar livremente sem ser livre como ser pensante".[19] Na sua pretensão de não justificar nada, a *Personalidade* estrutura a identidade que seria essencial para compreender a estrutura global de justificação.

---

[18] Ibidem, p. 432.

[19] Ibidem, p. 401-02.

A *Personalidade* constitui uma crítica do relativismo expressa na categoria da *Inteligência*, e, ao longo dessa nova categoria, Weil mostra a maneira pela qual o indivíduo passa do jogo livre dos mundos possíveis a uma afirmação do mundo concreto que é o seu. No entanto, a existência desse mundo deve fazer face ao fato que a linguagem do qual se serve não é a sua, mas de saída a linguagem dos outros. Para a *Personalidade*, o que ela justifica é ela própria face a essa exterioridade que não é ela. Weil diz, "Ser uma personalidade é ter uma linguagem para si, *ser* si mesmo *sendo* linguagem, linguagem completa que possa dizer tudo, e linguagem pessoal na qual toda expressão expressa a personalidade".[20] É aqui que o objetivo que justifica o projeto, que explica a estrutura de justificação de Weil, se mostra pela primeira vez. A *Personalidade* torna-se, portanto, a condição de possibilidade da justificação. Weil diz: "a personalidade se torna o *Eu*, a técnica de análise pelas condições de possibilidade volta a ser aplicável, um mundo – jamais conhecido, sempre cognoscível – forma de novo o ponto de partida de uma pesquisa transcendental, de uma filosofia da reflexão que se enriqueceu ao longo do percurso com os *resultados* da interpretação dos *fenômenos* da personalidade".[21]

É, portanto, verdade que a atitude da *Personalidade* rejeita toda justificação acreditando-se [estar] já justificada. Mas, recusando se justificar, ela desencobre, a partir de sua categoria, o campo da estrutura global da justificação na obra de Eric Weil. Não é para ela própria que sua linguagem se torna discurso, é para nós, nós que a vemos de um ponto de vista exterior. Nós preocupamo-nos com a estrutura de justificação, nós não nos perguntamos como vive o homem dessa atitude. Nós perguntamos, o que é a justificação, o que é se justificar? Eis o que a personalidade nos ensina sobre o modo pelo qual a linguagem espontânea torna-se discurso. A justificação existe

---

[20] Ibidem, p. 409.

[21] Ibidem, p. 432-33.

porque o indivíduo se encontra em um mundo onde ele tem desejos, necessidades, de se afirmar, mas onde descobre que deve se afirmar com a linguagem dos outros e de uma maneira que transforma imediatamente sua expressão, que não se justifica, em outro objeto no mundo que deve se justificar face aos outros indivíduos, mesmo que não necessariamente. Suas produções linguageiras "se desprendem da personalidade e caem no mundo".[22] Sua linguagem entra, então, no jogo intersubjetivo no qual é preciso se justificar face aos outros. Mas essa estrutura e esse paradoxo constituem também a razão pela qual a estrutura global da justificação em Weil é insuficiente para justificar os propósitos individuais.

A estrutura global de justificação em Weil guarda várias estratégias de justificação locais, porque, para Weil, a justificação é a dissolução da justificação na identidade da ação e do sentido. Nesse sentido, a justificação elaborada na *Personalidade* permanece uma justificação parcial, e é apenas o começo do processo de justificação, que se encerra na identidade do discurso e da vida na categoria da *Sabedoria*. Essa categoria permanece, no entanto, uma categoria formal. Esse estatuto formal da categoria explica por que a questão da justificação permanece. As atitudes concretas, que não ultrapassam a ação, são definidas pela espontaneidade inerente à liberdade humana. Assim, o projeto filosófico deve recomeçar perpetuamente. Ele admite o problema e o paradoxo entre a espontaneidade da linguagem e a compreensão da linguagem no discurso. Por isso a estrutura da justificação que Weil sustenta só é visível no nível global. No nível das crenças individuais, no nível proposicional, o discurso não pode ser imediatamente uma compreensão da história como um ato filosófico que permite a ação razoável. Por essa razão, essas outras formas de justificação ressurgem continuamente no nível proposicional. Eu já destaquei o fato que a estrutura justificativa global deve ser compreendida como

---

[22] Ibidem, p. 437.

contextualista e falibilista em relação a ela própria. No entanto, é preciso reconhecer que a filosofia de Weil utiliza tanto estruturas fundacionalistas como estruturas coerentistas. A distinção que eu fiz entre os três níveis de justificação tenta dar sentido às distinções entre as formas de justificação nas categorias, e a maneira pela qual a prática filosófica justifica suas asserções. Segundo essa distinção, podemos constatar que as três estruturas coexistem. Se cada categoria se articula em torno de um conceito central, cada categoria funda suas inferências sobre um conceito fundamental que rege todas as outras inferências. Para o indivíduo que busca defender suas crenças e seus interesses conforme o conceito central, e que vive na atitude dessa categoria, esse centro lhe é invisível. Weil nota que para o indivíduo na atitude, "esse centro não aparece como tal, ele nem mesmo aparece, assim como o lugar no qual ele põe os pés".[23] Ele é essa coisa que não se mostra ao indivíduo que organiza seu discurso a partir dele. No entanto, as categorias se organizam conforme os critérios da coerência e de universalidade. Esse fato só faz sentido enquanto ele pode manter sua coerência na vida de um indivíduo. Se Weil tentasse estabelecer uma teoria propondo objetos metafísicos ou ontológicos, essa tensão seria incapacitante. Em realidade, ele apresenta uma teoria de discursos humanos que se articula como uma teoria da argumentação. A partir disso, é preciso reconhecer as estratégias discursivas que se apresentam realmente na história do pensamento.

Nessa ótica, a justificação em Weil tende para essa estrutura global, mas, no nível proposicional, as justificações tomam uma variedade de formas decorrentes de diferentes atitudes concretas conceitualizadas pelas categorias. A justificação local não pode ser separada da tese segundo a qual, o outro dessa compreensão total, que encerra a justificação, é a violência. Dito de outro modo, a espontaneidade encontrada na personalidade pode sempre se exprimir violentamente.

[23] Ibidem, p. 122.

A justificação local enfrenta a "[v]iolência do homem que não aceita o discurso de outro homem e que busca o contentamento lutando por seu próprio discurso, que ele quer único não somente para si, mas para todo mundo".[24] São as afirmações transversais que revelam essa possibilidade de violência, porque elas opõem as diferentes justificações locais, compreendidas como categorias. No entanto, essa violência exposta como possibilidade nas afirmações transversais é somente um tipo de violência. Weil tematiza também a violência que ultrapassa ou resiste a todo esforço de justificação, e a partir disso não busca racionalizar-se. Há muitas coisas a serem ditas a propósito da linguagem que não se justifica, tal como o mito ou o imperativo, sem mesmo falar do silêncio ou da violência pura que se exprime pela força física, no entanto eu apenas posso mencionar essas pistas que requerem um desenvolvimento mais amplo relacionadas à questão da justificação.[25] Weil identifica a estrutura local de justificação nessa luta, mas compreendida tal qual a *discussão* a compreende, como justificação entre "indivíduos opostos um ao outro por seus interesses, mas que podem e que devem falar um *com* o outro, um *contra* o outro".[26] Weil admite, portanto, uma variedade de estruturas de justificação que podem ser retomadas no nível local de justificação, mesmo defendendo uma estrutura de justificação global que visa a identidade da ação e de sentido, que significaria o fim do problema da justificação global. Essa identidade significa o fim da justificação, porque a entrada na filosofia é compreendida. Nessa ótica, o próprio *filosofar* torna-se justificado e a questão da justificação global se dissolve na ação.

Todas as críticas epistemológicas de Weil tentam levar o leitor a compreender que é só o sistema completo que pode, no final das

---

[24] Ibidem, p. 88.

[25] Cf. P. Canivez, *Weil*. Paris, Les Belles Lettres, 1999, p. 61-100, para um desenvolvimento do problema da relação com o discurso, sem entrar na questão puramente justificativa.

[26] E. Weil, Op. cit., 2000, p. 180.

contas, justificar o ponto de partida. Ele tenta compreender o próprio ato filosófico, o ato de filosofar, o ato de encontrar um sentido em alguma coisa, de dar um sentido a alguma coisa. Sua filosofia tenta criar uma identidade, no sentido hegeliano, entre ação e sentido, isto é, ação sensata, mesmo permanecendo sensível aos limites humanos nessa empresa.

Traduzido do francês por Cláudio Reichert do Nascimento com revisão técnica de Marcelo Perine.

Capítulo 5 | A superação da estrangeiridade a partir da compreensão da tradução em Ricœur

Alessandro Pimenta[1]

Abordar o que se chama de "estrangeiridade" é um desafio e uma urgência, não somente na Europa,[2] mas onde as questões locais emergem com bastante força e as afirmações de identidades podem caminhar realizando um percurso sedutor que se inicia com a valorização do que se tem de mais próprio, uma espécie de identidade de um povo, à negação de outras formas de existência.

Uma glosa inicial é necessária ao termo *superação*. Trata-se de um conceito muito usado na filosofia, especialmente desde Hegel [*Aufheben*] e em concepções dialéticas de várias matrizes nas quais há, constantemente, uma ideia de progresso, seja científico ou histórico. Não é sem razão que Ricœur em várias ocasiões nas quais

---

[1] Universidade Federal do Tocantins (UFT), Brasil.

[2] J. Habermas lembra o manifesto *O 15 de fevereiro ou: o que une os europeus – um apelo para uma política externa comum – primeiro para o Núcleo Europeu* que traz uma informação interessante, que merece atenção: "Depois do fim formal da Guerra do Iraque, como muitos temiam que os governos 'não dispostos' se colocassem aos pés de Bush, convidei Derrida – bem como Eco, Muschg, Rorty, Savater e Vattimo – por carta para participar de uma iniciativa conjunta (Paul Ricœur foi o único que preferiu se abster por considerações políticas, Eric Hobsbawm e Harry Mulisch não puderam participar por razões pessoais)". *In*: J. Habermas, *O ocidente dividido*. São Paulo, Unesp, 2016, p. 128. Grifo meu.

esteve com Greimas, o lembrava de Auschwitz, para salientar a "força do real, do referente, e pô-lo em guarda contra o fechamento textual".[3] A concepção que se tem, aqui, de superação, não se aproxima de compreensões oriundas da modernidade, não mais de uma superação *do*, pressupondo uma dialética de cunho hegeliano, mas uma superação *no*. É esta abordagem que Fernanda Henriques[4] salienta na relação entre alteridade e trágico, entre a finitude de nossa existência, ou mesmo entre a linguagem e entre a afirmação de um *conatus* expresso em *Vivo até a morte*.[5]

A defesa e a afirmação do próprio e do mesmo vêm com uma sedução que os sistemas totalitários souberam bem o fazer, mas, igualmente, é possível encontrar resquícios ou mesmo elaborações em nossa atual democracia, seja pela afirmação das identidades, fixas e fechadas em si, uma forma de *cogito*, jamais ferido, nem mesmo pelas paixões ou pela alteridade divina que as *Meditações* de Descartes, criticadas por Ricœur, apontam. O que sustenta, então, uma tal postura em nossas sociedades? Parece que ainda permanece uma ideia moderna de verdade, como uma sombra onde se poderia identificar o que Ricœur denomina de ideologia da paz ou do não conflito, numa união fusional.

Mas, já desde *História e verdade*, é evidente que este conceito (verdade) como unidade realizada extrapola os limites da racionalidade. Talvez leve à violência!

Diz-nos Ricœur: "Gostaríamos de poder começar uma meditação sobre a verdade por uma celebração da unidade [...]. E, contudo, não

---

[3] F. Dosse, *Paul Ricœur, um filósofo em seu século*. Rio de Janeiro, FGV, 2017, p.119.

[4] F. Henriques, "A alteridade e o trágico na filosofia de Paul Ricœur. *In*: M. Agis Villaverde et al., *Hermenéutica y responsabilidad: homenaje a Paul Ricœur*. Actas VII Encuentros Internacionales de Filosofía en el Camino de Santiago. Santiago de Compostela, U. S. Compostela, 2005.

[5] P. Ricœur, *Viviant jusqu'à la mort*. Paris, Seuil, 2013.

é possível começar desse modo: a unidade é uma recompensa demasiado longínqua, ela é antes de tudo uma tentação maligna".[6]

Então, a verdade (termo usado por Ricœur) só pode ser um desejo e um processo.[7] A superação, então, já de início, é o esforço em viver-com. É este viver-com e esta formação da possibilidade de uma existência comum não violenta que se chama, aqui, de superação. Uma concepção de unidade realizada só é possível a partir de uma estrutura de poder, jamais de uma instância de saber e reflexão.[8]

Se o paradoxo entre universalidade e culturas nacionais já em *História e verdade* perpassa a obra de Ricœur, chegando a textos curtos, mas com expressiva maturidade filosófica como os encontrados em *Sobre a tradução*, não é excluível e nem o próprio Ricœur o negou, a saber, a influência de Albert Camus que pode ser confirmada em *Leituras 2* ao analisar o *Homem revoltado* e onde se encontram aspectos da noção de reconhecimento ricœuriano já na revolta camusiana.[9] Note-se que este texto foi apresentado por Ricœur e entre os presentes se encontrava Albert Camus, conforme nota Olivier Abel:

> O texto aqui apresentado foi provavelmente o apoio de conferências dadas em Estrasburgo, onde Ricœur acabava de ser nomeado professor. E certamente a de uma conferência dada em Chambon sur Lignon. Naquele verão, Ricœur voltou ao Chambon, onde havia ensinado nos anos anteriores, e apresentou publicamente sua leitura e discussão sobre o livro de Camus, do qual todos falavam. Na parte de trás da sala sentou-se um homem que se levantou para aplaudir a leitura e retomar a discussão: era

---

[6] Idem, *Histoire et vérité*. Paris, Seuil, 1967, p. 165.

[7] "Isto é, a verdade só pode ser um *desejo* e um *processo*". Um *desejo*, que faz dela uma exigência máxima de racionalidade que não sobrevive ao pluralismo absoluto e necessita da figura do todo ou de um horizonte de unidade para se estruturar organicamente. Um *processo*, que a institui como tarefa humana que, simultaneamente, possibilita e condiciona a comunicação intersubjetiva. *In*: F. Henriques, Op. cit., p. 245.

[8] Ibidem, p. 247.

[9] A. Pimenta, "A ética da alteridade na filosofia de Camus". *Philósophos*, vol. 17, n. 1, 11-30, jan/jun. Goiânia, Ed. UFG, 2012.

o próprio Camus, de quem Ricœur não sabia que ele estava na audiência. É provável que o texto aqui apresentado ainda ecoe essa conversa.[10]

O importante é que o estrangeiro é o diferente por definição. Em Camus, esta desconexão se dá num âmbito mais interno e individual, enquanto a revolta se estabelece na coletividade.[11] Mas sem deixar o conceito de estrangeiro ou estrangeiridade para uma noção de revolta como o fez Camus, Ricœur pensa o estrangeiro tal como ele se apresenta socialmente na Europa.[12] A estrutura da estrangeiridade tanto em Camus como em Ricœur se assemelha: um hiato com aspiração de unidade, seja por desejo ou processo/projeto.

Para além de definições de estrangeiro ou estrangeiridade, que são definições importantes para esta meditação, uma pergunta que emerge é: "O que justifica o fato de cuidar do estranho, da recepção, da hospitalidade?".[13] A questão do estrangeiro aponta para um

---

[10] O. Abel, Présentation de *L'Homme révolté* de Camus. Und Literatur Pierre Bühler zum 60. Geburtstag, Zürich, Hermeneutische Blätter 1/2 – 2009, p. 130-46. Disponível em: http://olivierabel.fr/Ricœur/presentation-de-Ricœur-l-homme-revolte-de-camus.php. Acesso em 23/09/2017.

[11] A. Pimenta, Op. cit.

[12] Há um entendimento teórico para compreender e justificar a mudança no pensamento de Camus: a provisoriedade do absurdo. O absurdo é o ponto de partida, não o fim. A condição histórica e a condição metafísica do homem, segundo Camus, caracterizam-se pela injustiça e pela absurdidade. Do ponto de vista camusiano, a única atitude coerente frente a esta realidade é a revolta. Ela cria valores capazes de assegurar um mínimo de justiça. Camus procura passar do sentimento subjetivo, percebido na análise do absurdo, a um valor positivo comum. A revolta seria esta experiência decisiva na qual o eu descobre o nós (Ricœur, *Leituras 3*: *nas fronteiras da filosofia*. São Paulo, Loyola,1996, p. 83). Significa que a revolta implica, necessariamente, a preocupação com a alteridade. Sem esta preocupação, ela se tornaria justificativa para a tirania, bem como uma negação do outro. Se o absurdo e a estrangeiridade são sentimentos, a revolta é uma vontade.

[13] O. Mongin. "L'épreuve de l'étranger" *Revue Projet*, 2007/2 (n, 297), p. 34. DOI: 10.3917/pro.297.0034. Disponível em: https://www.cairn.info/revue-projet-2007-2-page-34.htm. Acesso em 15/10/2017.

desconforto na tradição jurídico-legal e filosófica, tão marcada pelo formalismo kantiano. As concepções de bem, hoje, são muito variadas, visto que questões que tangem à imigração suscitam ou mesmo indicam que um olhar formalista não é suficiente. Recordando as análises de Ricœur, Olivier Mongin,[14] aproximando a relação entre justiça e imigração, recorda as chamadas cidades-refúgio. Nestas, as quais Ricœur denomina "prova do exterior", encontramos o visitante o imigrante e o refugiado.[15]

Conduziremos nossa reflexão a partir de uma intervenção de Ricœur intitulada *Estrangeiro, eu mesmo*, em 1997. Trata-se de uma conferência pronunciada por ocasião das Semanas Sociais da França intituladas *A imigração, desafios e riquezas*. Ainda que o percurso ricœuriano seja um quiasmo entre a noção de estrangeiridade já bem conhecida nos meios exegéticos, a saber, a observação e análise de dois textos que, mesmo distantes se complementariam, o primeiro (Levítico 19,34) a experiência do exílio (após o cativeiro) e o segundo um texto Mateus 25. A advertência de Ricœur é que estes dois textos servem para a reflexão para além do conteúdo intraeclesial: "Gostaria de dar à minha contribuição a forma de um itinerário, de um itinerário. *Partirei da certeza de estar bem comigo, na ignorância do estrangeiro*. Em seguida, atravessando o momento de choque (agitação) ligado ao *sentimento íntimo de estrangeiridade, concluirei com redescoberta do dever – e também do direito – da hospitalidade*".[16]

As figuras concretas, ou chamadas de sociais da estrangeiridade e da hospitalidade são precedidas pelo "sentimento íntimo de

---

[14] Ibidem, p. 34.

[15] Ibidem, p. 39. Há, no mundo hebraico para além do veterotestamentário, especialmente nos Talmud a noção de semi-inocência. Esta era garantia que uma pessoa pudesse ter abrigo em alguma cidade para não ser morto. "A cidade do refúgio era uma exceção à regra. Mas acima de tudo, essa exceção não deve aparecer ao lado da regra. Pode-se reagir pelo amor, mas é preciso *reocupar o campo da justiça*, que é muito defeituoso hoje". (Grifo meu).

[16] P. Ricœur, *L'idéologie et utopie*. Paris, Seuil, 1997, p. 2. (Grifo meu).

estrangeiridade". Não se trata, de modo algum, de colocar em questão a materialidade do fato, nem do cativeiro e do exílio veterotestamentário (contestável em termos históricos) nem o aspecto escatológico que também carece de materialidade, mas se trata de colocar uma noção de memória, uma "memória simbólica" uma "experiência fundadora". É este olhar que justifica o título da conferência de Ricœur, *Estrangeiro, eu mesmo*. Não é somente um jogo de linguagem para ganhar simpatia, visto a pergunta que conduz Ricœur é: "O que significa para nós, hoje, lembrarmos de ter sido estrangeiros" e acrescenta: "E entre nós aqui, nesta sala, *apenas alguns* têm uma verdadeira memória do exílio".[17] O tom ricœuriano nos remete a Meursault, personagem principal de *O estrangeiro* de Albert Camus para quem, a estrangeiridade é, antes de tudo, uma experiência fundadora, íntima, um exílio. Antes de ser um pensamento é um sentimento, um sentimento que nos tira da comodidade cotidiana. É ir com autonomia para o exílio, sem a saudade das cebolas do Egito.[18]

* * *

Acrescentem-se a imigração, migração e a estrangeiridade como agravantes da decepção do homem frente às democracias e a persistência de desigualdades sociais injustificáveis nas quais o colocam em uma condição onde não há mais a segurança divina e há, ainda, a decepção quanto aos ideais da Revolução Francesa[19] e outros movimentos análogos. A iminência de grandes conflitos é mais preocupante quando a tecnologia e a biotecnologia preponderam. O estrangeiro, nestas condições, torna-se muito frágil, visto que, em qualquer de

---

[17] Ibidem. (Grifo meu).

[18] Números 11,5: "Nós nos lembramos dos peixes que comíamos de graça no Egito, e também dos pepinos, das melancias, dos alhos porós, das cebolas e dos alhos".

[19] P. Ricœur, *Hermenêutica e ideologias*. Petrópolis, Vozes, 2008a, p. 166.

suas apresentações, encontra-se fora de seu "habitar". Sua situação de fragilidade frente ao mal acentua o "trágico do existência".[20]

Dessa forma, a intencionalidade do trabalho filosófico de Ricœur inclui a manutenção viva e pulsante da tensão entre o trágico e o lógico no desenvolvimento sucessivo e progressivo das mediações imperfeitas. O discurso humano faz esta experiência do trágico, por ser aproximativo e por ser sempre incompleto. É o que se entende sobre a "verdade", como desejo e percurso, entre o singular que emerge e o universal visado.[21] A condição do cidadão e, especialmente do estrangeiro na condição de imigrante, só pode ser uma: trágica. Segundo Ricœur, não há *superação do trágico*, mas pode-se falar em *superação no trágico*. Não há saída salvífica na tragédia.[22]

Quando se fala da importância da memória, quer dizer que qualquer força de justiça passa necessariamente pela compreensão e pelo reconhecimento. Quando não há o reconhecimento, a identidade é comprometida, não há vítimas nem responsáveis. Se não há vítima, não há mal, não há sofrimento. Nesse sentido, os países que buscam compreender sua história recente, mesmo com a hipótese de que as descobertas apontam para desrespeitos à dignidade humana, fazem-no como uma forma de compreensão-superação. A isto que chamo de *compreensão-superação* é, primeiramente, o reconhecimento e, em segundo lugar, um progresso à medida que este reconhecimento colabora para ações jurídicas que evitem sua repetição como Auschwitz, de Canudos, ou extermínios indígenas. Ora, sem este processo de reconhecimento, certamente doloroso para as individualidades, bem como para as sociedades de um modo geral, não há avanços, já que se não se percebe o trágico. Como se poderia fazer, sem a compreensão-superação, o que se chamou superação no trágico?

---

[20] Idem, *Leituras 3,* Op. cit., 1996, p. 193.

[21] F. Henriques, Op. cit., p. 247.

[22] P. Ricœur, *Leituras 3*, Op. cit.

As investigações que tratam da memória e da verdade na história recente dos países buscam esta *compreensão-superação*. O termo compreensão-superação deve ser entendido como a união entre o plano teórico e do plano prático. Aquilo que é definido conceitualmente deve ser estabelecido nas instituições, especialmente no âmbito jurídico. A insociável sociabilidade kantiana pode levar ao que Ricœur chama de desafio de Hobbes, em *Percurso do reconhecimento*: "O que está em jogo, com efeito, é saber se, na base do viver-junto, existe um motivo originalmente moral que Hegel identificará como desejo de ser reconhecido. Será a título de teoria do *desconhecimento originário* que a teoria hobbesiana do 'estado de natureza' será revistada".[23] Evitar reconhecer este problema seria, segundo Ricœur, efetivar o que ele denominou "ideologia do não conflito",[24] já que "os conflitos sociais e políticos são irredutíveis à situação de diálogo engendrada por nossa experiência interpessoal".[25]

O QUE É O ESTRANGEIRO E QUEM SÃO OS ESTRANGEIROS?

Ricœur, depois de olhar a estrangeiridade, o sentimento de separação entre a consciência e o mundo, aponta algumas figuras ou faces desse estrangeiro, nomeadamente: visitante/turista, imigrante e refugiado. O visitante é uma figura pacífica por, por excelência, não é exatamente um turista, pois poderia ser uma vítima de guerras religiosas, mas não um sujeito bélico. Neste, Ricœur recorda Kant em seu projeto de paz universal, no qual resume no conceito de "hospitalidade universal".[26] Já neste, Ricœur nota o papel fundamental da

[23] Idem, *Parcours de la reconnaissance*. Paris, Stock, 2004, p. 241. (Grifo do autor.)

[24] Idem, *Hermenêutica e ideologias*, Op. cit., p. 168.

[25] Ibidem, p. 172.

[26] Idem, "La condition d'étranger". *Esprit*, Paris, mar./abr., 2006, p. 269.

tradução. A segunda face seria a do imigrante que se vincula à necessidade de trabalho para si e sua família. Gozam, em geral, de proteção semelhantes aos "nacionais".[27] Semelhança que contrasta com a ideia de *mondialisation*, visto que os direitos não são exatamente iguais. A terceira face é a do refugiado. Esta é, em geral,[28] a face do estrangeiro mais preocupante, pois ultrapassa os possíveis impasses dos primeiros, visto que são impelidos a justificarem seu pedido de refúgio e, nas condições materiais que se encontram, esta demonstração pode se tornar muito difícil ou quiçá impossível. Provas e evidências da necessidade do refúgio podem não existir mais, como documentos ou testemunhos. Quanto mais trágica a situação do estrangeiro, menos direitos ele possui. Mesmo que os estados nacionais participantes de convenções não possam recusar refugiados, eles podem, por meio da burocracia interna, tornar o processo moroso. Parece que o que falta é um verdadeiro sentido de pertença e de universalidade universal".[29]

* * *

O processo de reconhecimento não é a simples atualização do sofrimento das vítimas, neste caso específico, das vítimas que buscam refúgio. É a consciência de que não serão vitimadas pelo vitimadas pelo esquecimento ou pelo desconhecimento originário. Isso precede o ordenamento jurídico, mas não o subtrai, pois ele garante a coerção quando vontades negam a dignidade de grupos ou sociedades. Os direitos são, então, fruto do reconhecimento mútuo, expresso pelos indivíduos e pelas instituições, por isso Ricœur diz, "Estrangeiro, eu mesmo".

O desconhecimento originário hobbesiano deve ser superado, por um exercício constante de tradução. O desconhecimento originário é a negação da alteridade, de um *cogito* ferido. Ainda na modernidade,

---

27 Ibidem, p. 271.

28 O. Mongin, Op. cit.

29 P. Ricœur, "La condition d'étranger", Op. cit., p. 275.

Ricœur percebe uma alternativa ao desafio de Hobbes e ao otimismo kantiano de "insociável sociabilidade"[30] de cunho cosmopolita. É a recuperação da alteridade já apontada na filosofia de Leibniz.

> Quer se trate de 'não prejudicar ninguém, de atribuir a cada pessoa o que lhe cabe' ou mais fortemente 'de se comprazer com a felicidade do outro', até mesmo de 'fazer da felicidade do outro a nossa própria felicidade', todas estas fórmulas leibnizianas atestam que *não é somente a invenção do sujeito de direito que é importante para nossa história conceitual de reconhecimento mútuo, mas também a junção entre ipseidade e alteridade na própria ideia de direito.*[31]

O itinerário subsiste no reconhecimento do outro, no reconhecimento mútuo. Somos todos, de alguma forma estrangeiros. Ainda que sejamos estrangeiros a nós mesmos. Esta é a experiência fundadora da qual falam Ricœur e Camus. A estrangeiridade como um problema filosófico, um paradoxo na sociedade atual, onde os discursos se abrem para *mondialisation*, mas o direito, neste caso está na soberania dos Estados, ainda que estruturas supra estatais indiquem a abertura e o direito à migração.

Não se pode esquecer que os neoconflitos nas sociedades industriais avançadas, apontados por Ricœur já em dezembro de 1972 – reflexões oriundas de uma conferência realizada em Lyon nas *Semanas Sociais* intitulada *Le conflit – signe de contradiction ou d'unité?* – são permeados por ideologias, que levam ao engajamento estéril, seja ele do conflito ou da ausência total dele, a saber, o que se denomina tentações da ordem ou ilusões da dissidência.[32] Isto significa a ausência de um projeto coletivo decorrente do esgotamento da

---

[30] Cf. Kant. I. *Ideia de uma história universal de um ponto de vista cosmopolita*. São Paulo, Brasiliense, 1986. Neste texto, a insociável sociabilidade leva a um progresso. Entretanto, Ricœur olha para a paz perpétua kantiana e salienta a "hospitalidade cosmopolita".

[31] P. Ricœur, *Parcours de la reconnaissance*, Op. cit., p. 251. (Grifo meu).

[32] Idem, *Hermenêutica e ideologias*, Op. cit., p. 162-63.

democracia representativa.[33] Trata-se de pensar os limites da ação do homem sobre o homem, superar as ideologias pelas utopias, já que a as primeiras tornam-se legitimação do real, enquanto as segundas são situacionalmente transcendentes,[34] ou seja, insatisfeitas com o real ou com a legitimação dos atos dos grupos dominantes. Enfim, as tarefas do educador político vão em três direções que se convergem: o nível dos utensílios, entendido como "tudo o que pode ser considerado como acumulação de algo adquirido",[35] o nível das instituições, compreendido como "formas de existência social" que implicam em decisões políticas em âmbitos comunitários[36] e o nível dos valores que se trata de valores que sejam comuns em determinada comunidade ou instituição.

***

Entretanto, os limites das fronteiras não são os países, indicando que seria apenas um aquém dos limites territoriais de cada Estado. A globalização acentua mais a desterritorialização e corrosão do poder estatal. Há duas questões atuais nesta perspectiva cosmopolita, igualmente, pertinentes. Por um lado, há a necessidade de nações, cuja independência é recente, ou mesmo subdesenvolvidas, terem acesso aos bens que os grandes Estados têm e, por outro lado, salvaguardar o patrimônio cultural herdado no interior dessas comunidades, países, culturas.[37] A animosidade interna e externa, hoje, baseia-se, em grande medida, nestes dois aspectos apontados por Ricœur. Como pensar esta civilização universal? Como pensar a justiça no contexto do estrangeiro?

---

[33] Ibidem, p. 165.

[34] Idem, *L'idéologie et utopie*. Paris, Seuil, 1997, p. 359.

[35] Idem, *Leituras 1: em torno ao político*. São Paulo: Loyola, 1995, p. 146.

[36] Ibidem, p. 148.

[37] Idem, *Histoire et vérité* Op. cit., p. 321.

Se há a *mondialisation* da técnica, existe a possibilidade de culturas terem acesso a bens e frutos do avanço tecnológico, entretanto, há, igualmente, a possibilidade e a efetividade de destruição de culturas tradicionais, o que seria um meio criador de grandes culturas, de grandes civilizações. Aí está o conflito, a insociável sociabilidade da qual fala Kant, mas com o agravante da técnica que coisifica o homem, que o faz cego às diferenças culturais e à hospitalidade. Este reconhecimento das diferenças "protege a mutualidade das armadilhas da união fusional".[38]

***

Se é possível buscar uma superação da estrangeiridade em Ricœur, é necessário pensar em alguns conceitos que o pensar oferece. A ideia central é certamente sua concepção de tradução. Nela, encontra-se a maturidade de seu pensamento e certamente a unidade de sua obra. Como já se disse, é uma superação no trágico, entendido como em *O universal e o histórico*:

> [...] resta-nos o recursos da tradução que merece coisa melhor do que ser tratada como fenômeno secundário [...] na tradução tem-se um fenômeno universal que consiste em *dizer de outro modo a mesma mensagem* [...]. Este fenômeno de *hospitalidade da linguagem* pode servir de modelo a toda a compreensão na qual a ausência daquilo que, para encurtar, se poderia chamar de terceiro, põe em jogo os mesmos operadores de *transferência para..., e de acolhida em, cujo modelo é o ato de tradução*".[39]

Apontando para a finitude humana, finitude da linguagem, é nela que Ricœur se apoia, a saber numa linguagem comprometida, onde não se encontra mais uma verdade, mas um desejo, em um processo, enfim numa promessa, onde a fala se faz ação.

---

[38] Idem, *Parcours de la reconnaissance*, Op. cit., p. 377. Grifo meu.

[39] Idem, "O universal e o histórico. *In*: O *Justo* 2. São Paulo, Martins Fontes, 2008, p. 277. (Grifo meu).

Há a possibilidade de emotivismos, os quais conduzem às maiores virtudes mas aos vícios, pois a questão dos estrangeiros é uma questão na qual o direito é solicitado e seu impedimento se dá, ou é minimizado, justamente àqueles que mais precisam, o refugiado, que está em outra terra pela total falta de escolha. Ele não escolheu visitar, não escolheu trabalhar, mesmo em condições subalternas. Perdeu tudo, até mesmo sua comprovação da necessidade de asilo.

De alguma forma estrangeiros somos todos nós (condição de estrangeiros) e podemos, sim, superar o desafio de Hobbes, de uma incomunicabilidade original pela tarefa interminável de traduzir.

Enfim, é no âmbito de mediações imperfeitas que se afirma o viver em comum e o querer viver em comum. Se a limitação humana é percebida primordialmente na linguagem é nela que se estabelece, também a esperança de superação de violências na estrangeiridade. Não é uma escolha entre o bem e o mal, mas de evitar escolher o pior, "entre o cinzento e o cinzento".[40] Portanto, a esperança é uma aposta: "Dito de outra maneira: a minha esperança está na linguagem; a esperança de que haja sempre poetas, de que sempre haja pessoas para refletir sobre eles e de que haja pessoas para querer politicamente que essa palavra, que essa filosofia da poesia, produza uma política. É que eu diria que minha aposta tem a figura da esperança".[41]

---

[40] Ibidem, p. 273.

[41] Idem, *L'unique et le singulier*. Liège, Alice Éditions, 1999, p. 72.

Capítulo 6 | Ontologia e história em Foucault

Wandeílson Miranda[1]

Ao contrário de vários filósofos que viram nos acontecimentos do presente o fim da história, o fim da filosofia, a morte do homem, entre tantos outros apocalipses, Foucault buscou compreender os efeitos desses acontecimentos na própria imanência, sem apelar para algo externo, algum gancho transcendente ou qualquer resposta fundamentada numa teoria *a priori* da vida. O seu pensamento filosófico é uma fiel tarefa com a realidade concreta do mundo. Indo em sentido oposto a alternativa dada por alguns pensadores, todo o seu trabalho de fundamentação teórico buscou firma-se sobre a positividade do ser, no tanto que ontologicamente ele denominou isso de uma crítica do presente.

Neste sentido, é totalmente válida a tarefa filosófica proposta por Foucault: construir uma ontologia que possui como tarefa de uma analítica da história[2] a fim de pôr em aberto os jogos do saber-poder

[1] Universidade Federal do Maranhão (UFMA), Brasil.

[2] Compreendemos história aqui no sentido em que Deleuze (*Pourparlers*, Paris, P.U.F, 1990, p. 130) lhe dá quando fala sobre o procedimento foucaultiano: "é certo que a história faz parte do seu método. Mas Foucault nunca se tornou historiador. Foucault é um filósofo que inventa com a história uma outra relação, completamente diferente da dos filósofos da história. A história, segundo Foucault, nos cerca e nos delimita, ela não nos diz o que somos, mas aquilo de que estamos em vias de diferir; não estabelece nossa identidade, mas dissipa em proveito do outro que somos".

que produzem os modos de ser do presente, um diagnóstico da atualidade. Ontologia do presente é o conceito cunhado por Foucault para evidenciar a prática que desde os primeiros livros fundamentou o seu empreendimento filosófico. Grosso modo, podemos dizer que Foucault desenvolveu dois métodos de investigação, um primeiro momento empírico-descritivo, onde analisa o discurso sobre a loucura, sobre a medicina e sobre a *epistémê*; e um segundo momento descritivo, no qual a genealogia do sujeito e uma ética tornam-se centro de seus trabalhos. Foucault, em uma entrevista sintetiza o seu *modus operandi*: "Eu gostaria de dizer, antes de qualquer coisa, qual foi o objetivo do meu trabalho nestes últimos vinte anos. Não foi analisar os fenômenos do poder nem elaborar os fundamentos de tal análise. Procurei antes produzir uma história dos diferentes modos de subjetivação do ser humano em nossa cultura. Tratei, nesta ótica, de três modos de objetivação que transformaram os seres humanos em sujeitos".[3]

O resumo dessas estratégias nos permite afirmar que ela pode ser dividida em três momentos: a análise do poder, do saber e da ética, esta corresponde à última fase da filosofia foucaultiana. Outra divisão comumente aceita é a seguinte: período arqueológico, período genealógico e uma genealogia da ética. Neste último período, ressalta-se o surgimento de um "sujeito" mais efetivo e menos passivo aos desenlaces da história.[4] Podemos, então, perceber que estes três momentos são complementares e representam a própria continuidade de uma investigação: os diferentes modos de subjetivação.[5] Tal elaboração

---

[3] M. Foucault, "Le sujet et le pouvoir". *In*: *Dits et écrits II* (1976-1988). Paris, Gallimard, 2001, p.1041-42, texto n. 306.

[4] As análises do "último Foucault" serão consideradas, especialmente por Deleuze, como a busca pelas condições de outros modos de existência, onde as forças dos indivíduos entram em relação com outras forças de modo a possibilitar formas de subjetivação que escapam ao poder.

[5] Acreditamos que a separação das obras por período, como às vezes se faz, possui mais valor metodológico e/ou cronológico do que realmente demarcador das mudanças conceituais de Michel Foucault. No entanto, pode-se

permite observar como Foucault analisa a história, para ele ela não é

---

tentar a seguinte divisão: nos livros *História da loucura* (1961), *Nascimento da clínica* (1963) e *Vigiar e punir* (1975), Foucault analisou as práticas disciplinares que objetivaram os sujeitos, como o *poder* esculpiu as formas do normal e do anormal, do doente e do saudável, do criminoso e do cidadão ordeiro; em livros como *As palavras e as coisas* (1966) empreendeu a análise dos fundamentos das ciências que organizaram os *saberes* que objetivaram o homem da linguagem, da economia e da vida. *Arqueologia do saber* é praticamente uma obra à parte, pois sua função dentro do conjunto refere-se a uma reflexão, a uma autoanálise crítica, mas não metodológica; denominação que o próprio Foucault nega (Cf. "Pouvoir et savoir". *In*: *Dits et écrit II*, texto n. 216, p. 404). *Arqueologia do saber* torna-se importante também, pois prepara o terreno para o período da genealogia com o livro *História da sexualidade I: a vontade de saber*. Os outros dois tomos da *História da sexualidade*, *O uso dos prazeres* e *O cuidado de si* (1984) estariam relacionados com a última fase, a genealogia da ética. É nesta última fase que recai o interesse de nosso trabalho, ou seja, principalmente os cursos iniciados a partir de 1976. *Em defesa da sociedade* (1976), *Segurança, território, população* (1978), *Nascimento da biopolítica* (1979), *Do governo dos vivos* (1980), *Subjectivité et verité* (1981), *A hermenêutica do sujeito* (1982), *O governo de si e dos outros* (1983) e *A coragem para a verdade* (1984). Por fim, a reunião de entrevistas e textos *Dits et écrits* que possui valor inestimável para se compreender os principais passos e conceitos desenvolvidos pelo último Foucault. Como afirmou Deleuze, pelo menos em duas oportunidades: no seu livro *Foucault* (Paris, Les éditiona de Minuit, 1986, p. 122) quando ainda em 1986 lembra as entrevistas e alerta de que "Se as entrevistas de Foucault fazem parte, plenamente, de sua obra, é porque prolongam a problematização histórica de cada um de seus livros rumo à construção do problema atual, seja a loucura, o castigo ou sexualidade". Depois em 1988 em *Qu'est-ce qu'un dispositif?*
Se Foucault até ao fim da vida deu tanta importância às suas entrevistas, na França e mais ainda no estrangeiro, não foi pelo gosto da entrevista, mas porque as linhas de atualização que traçava exigiam um outro modo de expressão diferente daquele próprio dos grandes livros. As entrevistas são diagnósticos. Acontece o mesmo com Nietzsche, cujas obras dificilmente se leem sem lhes juntarmos o *Nachlass* contemporâneo de cada uma. A obra completa de Foucault, tal como a concebem Defert e Ewald, não pode separar os livros que nos marcaram das entrevistas que nos encaminham para um futuro, para um devir: os estratos e as atualidades (G. Deleuze, Qu'est-ce q'un dispositif? *In*: *Deux Regime de Fous*. Paris, Les éditions de Minuit, 2003, p. 324-25).
Deleuze compreendeu bem a necessidade de interpretar a obra foucaultiana em seu conjunto, especialmente quando ressalva que ao construir cesuras

uma continuidade, mas uma superposição de camadas descontínuas, ela nada mais é do que uma duração, uma multiplicidade de durações que se encadeiam e se dobram uma as outras.[6] E, cada duração leva consigo seus acontecimentos, logo, para compreender a história não se pode desviar do próprio acontecimento. Mas o que é o acontecimento? Em primeiro lugar é uma ruptura com o evidente, com as hierarquias e com os traços antropológicos imediatos, deve-se passar a pensar fora da ordem do discurso: noções morais, práticas, sistemas de valores, padrões culturais. Pensar o acontecimento significa, então, encontrar as conexões, os encontros, os apoios, os jogos de força, ou seja, pensar em rede os efeitos discursivos que se impõem como consciência e continuidade universal e necessária.[7] Pensar o acontecimento significa deixar irromper o atual, como aquilo que ocorre no presente, agora, como aquilo que atua, age, sobre esse agora:

> Certamente o acontecimento não é da ordem dos corpos. Entretanto, ele não é imaterial; é sempre no âmbito da materialidade que ele se efetiva, que é feito; ele possui seu lugar e consiste na relação, coexistência, dispersão, recorte, acumulação, seleção de elementos matérias; não é o ato nem a propriedade de um corpo; produz-se como efeito de e em uma dispersão material. Digamos que a filosofia do acontecimento deveria avançar na direção paradoxal vista, de um materialismo do incorporal.[8]

Tratar os "acontecimentos discursivos", como série descontínua, é, antes de tudo, pensar por meio de cesuras que rompem a cadeia

---

abruptas entre as fases ou afastar os textos "menores" arrisca-se a perder as linhas de atualização da filosofia foucaultiana.

[6] Cf. A. M. Burmester, "Em defesa da sociedade". *In*: M. Rago; L. B. L. Orlandi; A. Veiga-Neto (Orgs.). *Imagens de Foucault e Deleuze: ressonâncias Nietzschianas*. Rio de Janeiro, DP&A, 2002, p. 89.

[7] Cf. M. Foucault, "Table ronde du 20 mai 1978". *In*: *Dits e Écrits II* (1976-1988). Paris, Gallimard, p. 842, texto n. 278.

[8] Idem, *A ordem do discurso*. Trad. Laura Fraga de Almeida Sampaio. São Paulo, Edições Loyola, 2002, p. 57-58.

causal e inserem a relação do acaso e do pensamento: "Tal descontinuidade golpeia e invalida as menores unidades tradicionalmente reconhecidas ou as mais facilmente contestadas: o instante e o sujeito".[9] Deste modo, a leitura histórica é interpretada a partir de processos múltiplos; por exemplo, analisar a loucura não como um dado, ou um fato manicomial, mas como acontecimento, pois, "não era evidente que os loucos fossem reconhecidos como doentes mentais", para Foucault, trata-se de fazer "surgir uma singularidade".[10] Ora, tal análise não mais se pauta na concepção de ideologia, ou pelos marcadores históricos tradicionais, pois Foucault não se interessa em reconstruir o fato histórico, mas a rede de discursos, preceitos morais, saberes e práticas que produzem e tornam possível o acontecimento. O discurso das ciências humanas, como outro exemplo, é um acontecimento discursivo no tanto que objetiva o homem e o fixa numa eterna repetição, numa analítica da finitude.[11] Assim, Foucault busca reconstituir um campo histórico em sua totalidade e em todas as suas dimensões, políticas, econômicas, sexuais, etc., pois segundo ele, sobretudo, interessa saber *porque* e *como* as relações estabeleceram-se entre os acontecimentos discursivos, de modo a sabermos o que estamos fazendo de nós mesmos.[12]

Nas análises do poder, do saber e da ética, Foucault estabeleceu três modos para se pensar o sujeito: sujeito objetivado pelas disciplinas e instituições, um sujeito fundamentado por um discurso de verdade, e por fim, um sujeito das práticas subjetivantes, pelo qual ele

---

[9] Ibidem, p. 58.

[10] Cf. Idem, "Table ronde du 20 mai 1978". *In*: *Dits e écrits II (1976-1988)*. Paris, Gallimard, 2001, p. 842, texto n. 278.

[11] Cf. Idem, *As palavras e as coisas*. Trad.Salma Tannus Muchail. São Paulo, Martins Fontes, 2000; especialmente o capítulo "O homem e seus duplos", p. 417-73.

[12] Cf. Idem, "Dialogue sur le pouvoir". *In*: *Dits e écrits II (1976-1988)*. Op. cit., p. 469, texto n. 221.

se torna sujeito de si para si. Estes três modos de análise constituem as relações do sujeito com o mundo: com as coisas; com a enunciação; com os outros e sobre si. Deste modo, Foucault elaborou uma malha fluida que nos permite observar as estruturas do saber-poder, enquanto jogos de verdade e por fim as condições pelas quais um sujeito torna-se sujeito para si; sua procura não se relaciona com as causas materiais, mas demonstrar as possibilidades e interações dos sujeitos, bem como as reações de que são passíveis.[13] Segundo Foucault diferentes práticas, psicológicas, médicas, penitenciárias, educativas, formaram a ideia, o modelo de humanidade, e por isso mesmo, uma concepção de Homem. A questão que parece interessar a Foucault é como essa ideia tornou-se evidente e universal; em outros termos: normativa. Por isso, mais interessante do que descobrir um Foucault sistemático, como se não ocorresse quebras, recuos, salto, todo um "empirismo cego"[14] pelo qual ele avança, é observar a lógica interna, de conjunto e relacional da obra. Quando Foucault alerta que o seu trabalho voltou-se sempre para os processos de subjetivação, ele esclarece que a tarefa de sua filosofia é fazer uma leitura da história à contrapelo, pois assim faz ver os modos, as forças que modelaram o que somos agora. Ao desmontar a história, Foucault retira sentidos novos da existência, e principalmente, impregna o presente com novos sentidos de ser e de devir. Por isso, a tarefa de sua filosofia, que ele no final da vida tornava mais e mais clara, já se encontrava formulada desde os primeiros movimentos, como fica explícito numa entrevista de 1967. Afirma Foucault: "Eu procuro diagnosticar, realizar um diagnóstico do presente: dizer o que nós somos hoje, e o que significa, hoje, dizer disto que nós dizemos. Este trabalho de escavação sob os próprios pés caracteriza

[13] Cf. Idem, "Verité, pouvoir, et soi". *In*: Ibidem, p. 1601, texto n. 362.

[14] É deste modo irônico que Foucault refere-se a si e ao seu método. Cf. Idem, Pouvoir et savoir. *In*: Ibidem, p. 404, texto n. 216.

desde Nietzsche o pensamento contemporâneo, e é neste sentido que me declaro filósofo".[15]

Reconhece-se como o empreendimento filosófico foucaultiano obteve em seu percurso grande repercussão, não apenas na filosofia, mas em diversas áreas do saber. Mesmo na historiografia, onde, segundo Paul Veyne,[16] houve algumas divergências, afastamentos e mesmo ataques diretos quanto ao procedimento da análise da história, com o tempo historiadores, principalmente os mais jovens, em idos dos anos 1970, passaram a direcionar seus trabalhos utilizando conceitos e propostas teóricas desenvolvidas por Foucault: a crítica ao essencialismo, privilegiou-se o descontínuo nas análises, o método genealógico é incorporado aos estudos profundos da história e especialmente a multiplicidade ocupou o lugar da unidade do objeto. Tais elementos, específicos da filosofia de Foucault, ampararam isso que ele denominou de ontologia do presente. Termo que, mesmo possuindo uma grande ambiguidade, e mesmo levando a criar um certo paroxismo conceitual deve ser entendido a partir de uma intensa necessidade de compreender a dinâmica maior dos jogos de verdade que estabelecem o fio condutor da própria ontologia foucaultiana.

No entanto, quando definimos em nosso título a relação entre ontologia em Foucault não pretendíamos analisar a relação entre esse termo (como já o foi definido pelo próprio Foucault em 1983[17]), onde ao encontrar no texto de Kant (*O que é o esclarecimento?*) encontrou nesse autor o veio por onde se desenvolveu toda a problematização da atualidade ou o surgimento da modernidade. Nossa preocupação, partindo desse procedimento crítico ontológico, ou melhor dizendo,

[15] Idem, "Qui êtes-vous, professeur Foucault?". *In*: *Dits et écrits I (1954-1975)*, p. 634, texto n. 50.

[16] Cf. P. Veyne, *Foucault, seu pensamento, sua pessoa*. Trad. Jacques de Morais. Rio de Janeiro, Civilização Brasileira, 2011, p. 43-46.

[17] Precisamente em 5 de janeiro de 1983 no curso *Le gouvernement de soi et des Autres* realizado no Collége de France.

desse diagnóstico da atualidade é encontrar no próprio Foucault o termo que define genealogicamente a dinâmica contemporânea.

O termo *bio-história* surge simultaneamente com o conceito de biopolítica[18] desenvolvido por ele durante a segunda metade dos anos 1970. Revela-se aí que as tecnologias do eu (especificamente as ciências da subjetividade) se encontram e se amalgamam com as tecnologias da natureza (as ciências naturais e especificamente as ciências biológicas e médicas. Porém, Foucault no momento que descobre o nome do enigma, diferente de Édipo, descobre que a resposta não soluciona o mistério. Restando a ele avançar mais rápido e entrar na cidade com o ímpeto de encontrar uma outra solução para a atualidade, essa que ele diagnostica como submetida ao biopoder. No entanto, para iluminar o significado de bio-história tem-se que seguir a rota traçada pela ideia proposta por ele entre biopolítica e biopoder.

A biopolítica ocupa-se de subtrair do corpo os significados culturais, metafísicos e passa a tratá-lo como mecanismo funcional, recurso passível de ser explorado pela indústria e pelos Estados. A manipulação

[18] Estes dois conceitos aparecem, pelo menos na composição filosófica do Foucault, pela primeira vez em 1974 numa palestra intitulada, *O nascimento da medicina social*. Na mesma conferência em que Foucault utiliza pela primeira vez o termo biopolítica, *La naissance de la medicine sociale*, ele também apresenta o termo bio-história e afirma o seguinte: "A bio-história, isto é, o efeito, no nível biológico, da intervenção médica. O rastro que a forte intervenção médica, iniciada no século XVIII, pode deixar na história da espécie humana. Com efeito, a história da espécie humana não permanece indiferente à medicalização. Há, aqui, um primeiro campo de estudos ainda não verdadeiramente explorado e que, no entanto, é bem circunscrito" (M. Foucault, "La naissance de la medicine sociale". *In*: *Dits et écrits II (1976-1988)*. Paris, Gallimard, 2001b, p. 207, texto, 196). Há outro texto de 1976 intitulado de "Bio-histoire et biopolitique". *In*: *Dits et écrits (1976-1988)*. Paris, Gallimard, 2001, p. 97, texto n. 179), onde resenha o livro de J. Ruffié, *De la biologie à la culture*, resenha que apresenta uma concepção biológica em que o próprio Foucault aproxima de uma elaboração de uma bio-história "que não mais seria a história unitária e mitológica da espécie humana através do tempo, e de uma 'biopolítica' que não seria mais aquela das partilhas, das conservações e hierarquias, mas a da comunicação e do polimorfismo".

genética, por exemplo, recriou o sentido da vida, ao destruir a ideia de fronteira (animal, vegetal, mineral), de regularidade (crescimento, prolongamento da vida), espaços definidos (habitat) e hierarquias entre os seres. Assim, nos encontramos em meio ao poder total da biopolítica, pois o exercício do poder não se mantém na escala histórica, social, mas se alarga radicalmente para a fabricação da vida. Esse fenômeno, podemos considerar num sentido mais amplo, Foucault denominou de bio-história e pode-se encontrar em seus correlatos como bioeconomia, biotecnologia variações da mesma concepção de assenhoramento da vida pelos dispositivos do poder. O significado do biopoder deve ser procurado na relação entra a história e a vida, duplo sentido, pois a vida, que se situa fora da história (enquanto fato biológico) e ao mesmo tempo dentro, enquanto historicidade humana "infiltradas por suas técnicas de saber e poder" estabelecem o novo cenário da *biocenose*, o *koinos* total da população terrestre. Não apenas o homem, mas também a toda a natureza em seu complexo sistema entra na lógica do poder, em seus cálculos e em sua capacidade tecnológica de apropriação. O poder sobre a vida não é novo no horizonte do mundo contemporâneo, no entanto, é completamente inédita a ponta biotecnológica que se desdobra nestes últimos anos em sua lógica aferrada à vida e que Foucault já havia denominado de biopolítica e alertava para o horizonte *bio-histórico* da nova ontologia. Se é verdade que a ontologia foucaultiana é antes de tudo a possibilidade crítica de entendermos a atualidade, então é inegável que essa constatação da entrada da vida nos jogos do poder redireciona completamente a visada que se tem sobre como atuar no presente.

Os últimos trabalhos de Foucault procuraram, como se sabe, principalmente obter modelos provisórios a partir da história das práticas éticas fundadoras de novas existências. Essa compreensão da filosofia foucaultiana é pontual, pois somente por meio dela passamos a estar à altura do acontecimento, como dizia seu antigo amigo Deleuze. E, enquanto acontecimento, deve-se pensar o nosso presente, ou seja, a precipitação da vida em meios aos mecanismos de poder, a vida enquanto objeto do poder. Por isso, não se pode pensar o presente e as saídas para as questões que ele nos apresenta sem antes colocar a pergunta: qual conceito de vida precisamos para resistir ao poder? No entanto, parece que essa questão está mal formulada, pois, mesmo que um conceito, segundo Foucault, seja sempre uma composição de forças e que só possua uma realidade efetiva quando está em conexão com vida, ainda assim, conceituar a vida parece um retorno ao princípio da representação e da identidade, metafísica que tanto ele procurou escapar. Então, talvez, a questão seja mais bem posta da seguinte forma: *como* viver de modo a não nos deixarmos enredar na teia do poder? Por este viés não se tem mais um conceito de vida, mas conceitos de vida, ou seja, a vida só alcança algum sentido quando expresso na pluralidade dos modos de existir. Cada indivíduo, nesse caso, deve conquistar sua singularidade, sua potência enquanto vivente, conhecer seus limites, o que pode suportar ou não. Viver singularmente significa a potência de atravessar a multiplicidade, capturar novas expressões e devires no plano da imanência.

Foucault cria uma filosofia que não mais se interessa pelo Homem (aquele do humanismo), mas com quais forças entram em relação os homens para intensificarem suas vidas, com quais instrumentos pode-se ampliar a própria força e por fim, resistir ao controle massivo que hoje se instala sobre o vivo. A sociedade de controle que vivenciamos em nosso tempo construiu-se a partir da sociedade disciplinar e exerce cada vez mais domínio sobre as existências individuais e coletivas. As tecnologias assentadas sobre máquinas cada vez mais inteligentes ampliam a capacidade de vigilância e domínio sobre os corpos, fabricam em velocidade vertiginosa as subjetividades, produzem espaços abertos, quebram as fronteiras, conectam distâncias, libertam e predem sob o mesmo giro os indivíduos. Naturalmente, para uma realidade tão distinta, comparada com as sociedades de outrora, realizou-se um verdadeiro salto ontológico, exigindo, por isso mesmo, um pensamento à altura do acontecimento. O controle se exerce sobre os corpos, torna-os dóceis para o trabalho, mudos politicamente, cansados existencialmente. Os aparelhos do poder não apenas se dedicam a moldar os corpos no trabalho, pois com a sua nova configuração os corpos são moldados constantemente, nunca se está fora do poder, o controle sendo micro e macro disponibiliza as vidas de acordo com seus projetos, suas contingências, necessidades econômicas, ideologias, etc.

Com isso, Foucault demonstra que há no poder um circuito que pode ser denominado de círculo tecnológico. Para ele, se quisermos estudar a história das ciências naturais é útil, senão mesmo necessário, levar em conta técnicas de produção e técnicas semióticas, porém, sua preocupação e projeto voltaram-se especificamente para as técnicas de dominação, sem, contudo, excluir as demais. Seus estudos anteriores sobre a sexualidade mostraram que todas as sociedades possuíram outros tipos de técnicas:

> [...] técnicas que permitem aos indivíduos efetuarem um certo número de operações sobre os seus corpos, sobre as suas almas, sobre o seu próprio pensamento, sobre a sua própria conduta, e isso de maneira a transformarem-se a eles próprios, a modificarem-se, ou agirem num certo estado de perfeição, de felicidade, de pureza, de poder sobrenatural e assim por diante. Chamaremos a estes tipos de técnicas as técnicas ou tecnologias do eu.[19]

Quando se fala em técnica em Foucault percebe-se que ele não está atrelando essa palavra ao sentido imediato de *techné*, enquanto fazer ou operar produtivo de algo, sua interpretação, como ressaltamos acima se interessa pela capacidade de invenção e criação das subjetividades. O que ele chama de tecnologias do eu ou técnicas do eu, corresponde ao sentido do trabalho exercido pelas tecnologias

[19] Idem, "Verdade e subjetividade". Trad. António Fernando Cascais. *In*: J. A. B. de Miranda e A. F. Cascais, (Orgs). *Michel Foucault, uma analítca da experiência. Revista de Comunicação e Linguagem*. Lisboa, Editora Cosmos, 1993, p. 207.

de dominação (que integram o eu pelas estruturas de coerção) e ao mesmo tempo a capacidade dos sujeitos agirem sobre si mesmos: o cuidado de si é em seu primeiro momento uma técnica do eu. Ao deslocar o sentido do termo técnica do processo produtivo, Foucault se afasta de Marx e aproxima-se de Heidegger, especialmente do conceito de *Gestell*, que se pode traduzir como a "composição", "armação" de todas as determinações que se impõe sobre o homem hoje: composição onde reina a racionalidade técnica e o apagamento da relação do homem com o Ser. No entanto, Foucault ao remeter a Heidegger a questão da técnica, parece querer mostrar que a "obsessão" do filósofo da floresta negra pela técnica acabou por levá-lo a uma interpretação mais estreita com o presente e com a verdadeira dimensão da técnica. A inspiração heideggeriana alegada pelo próprio Foucault pode levar a acreditar numa sincronia entre esses conceitos. Seja como for, estamos diante de uma questão interessante, pois se Heidegger, o pensador da dobra epocal se deixa na espera de um último Deus, Foucault interessa-se mais pela compreensão dos dispositivos históricos e os aparelhos de controle que para além de toda ideologia determina a vida no planeta. O horizonte de especulação foucaultiano é irremediavelmente a totalidade da vida que hoje está subordinada ao biopoder. Na realidade, Foucault consciente do problema inverte a questão:

> Invertamos a questão e perguntemos que técnicas e práticas deram forma ao conceito ocidental de sujeito, conferindo-lhe a sua característica clivagem entre verdade e erro, liberdade e constrangimento. Afigura-se-me que é aqui que encontraremos a possibilidade real de construir uma história daquilo que fizemos e, ao mesmo tempo, uma dimensão política. Por esta expressão de "dimensão política" entendo eu uma análise relativa àquilo que estamos dispostos a aceitar no nosso mundo, a recusar e a mudar, tanto em nós próprios como nas nossas circunstâncias.[20]

---

[20] Ibidem, p. 206.

Segundo Foucault, entramos na era da biopolítica, onde o poder anatômico da sociedade disciplinar conjuga-se com o poder biológico. A relação entre poder e vida não é uma originalidade contemporânea, no entanto, a modernidade transformou essa relação no seu verdadeiro objeto, integrando a vida humana de modo violento nos jogos do poder. Se na soberania o rei associava seu poder às riquezas, às propriedades, ao território, e a vida dos súditos lhe pertencia por acréscimo, hoje os Estados e o mercado perceberam que o grande capital é a vida humana, ela é a verdadeira riqueza a ser explorada. O poder trabalha hoje com a variável da vida humana, seus cálculos são realizados a partir dos fatores que regulam a existência dos indivíduos, toda atividade de gestão possui de algum modo resultados globais, de conjunto, pois a vida já não é meramente privada, mas pública. Ao produzir vida, os governos também tornam-se mais produtivos; ao intervir na vida, o Estado e o mercado pretendem que ela seja mais produtiva, assim, por seu lado, a vida potencializa o poder e as demais instituições modernas. Segundo Foucault: "O corpo: superfície de inscrição dos acontecimentos (enquanto a linguagem o marca e as ideias o dissolvem), lugar de dissociação do Eu (que supõe a quimera de uma unidade substancial), volume em perpétua pulverização. A genealogia, como análise da proveniência, é, portanto, a articulação do corpo com a história. Ela deve mostrar o corpo inteiramente marcado de história e a história arruinando o corpo".[21]

Compreender o corpo pela genealogia significa reintroduzir o "descontínuo" em nosso próprio ser,[22] ou seja, segundo Foucault, pela genealogia a história se desconstrói, e mostra-se a lenta elaboração dos estratos, revela que o corpo não é algo fixo e determinado, mas resulta de uma série de regimes, que é destroçado e reconstruído pelos ritmos do trabalho, do repouso ou da festa, que ele é intoxicado por venenos: alimentos ou valores, leis morais, etc.[23] Para Foucault,

---

[21] Idem, "Nietzsche, la généalogie, l'histoire". *In*: *Dits et écrits I (1954-1975)*. Op. cit., p. 1011, texto n. 84.

[22] Ibidem, p.1015.

[23] Ibidem, p. 1015.

a história "efetiva" quebra a linearidade, o jogo do reconhecimento, os hábitos, torna-se uma aparição selvagem que desfaz os percursos frios da representação. É sobre os corpos que mergulha o pensamento, aquilo que é mais próximo e nos permite atravessar a imanência sem coordenada ou referência, pois estas não existem, mas cabe ao pensamento apreender as perspectivas, desdobrar as dispersões e as diferenças, e deixar em cada coisa a sua "medida e intensidade".[24]

Nas sociedades modernas, especialmente nas democracias ocidentais, as estratégias de controle se exercem simultaneamente, numa junção complexa onde a biopolítica se utiliza dos meios de comunicações, dos registros de saúde, de imposto, de consumo, e da capacidade de acumular informações sobre os indivíduos; por seu turno, a sociedade que produz informações (bits) não deixa de ser incluída nas estratégias do biopoder, pois todas as informações adquiridas só possuem importância no tanto em que pode mudar, controlar, antecipar os desejos e os mecanismos naturais da existência.

Um primeiro aspecto dessa nova realidade é que a sociedade é disposta de acordo com planos de controle de natalidade, mortalidade, saúde, são criados dispositivos de segurança, são fabricados espaços para conter, dispor e vigiar os indivíduos. Foucault analisou os passos e as linhas fundamentais desse novo tipo de poder, que ainda estamos a descobrir sua verdadeira capacidade de controle e mutação da vida. Sabe-se, no entanto, que os métodos que fazem viver, que prolongam a vida, são também os meios pelos quais os indivíduos são assujeitados. Ao mesmo tempo, a lógica do governamento, enquanto gestão da existência, segue seu curso seguida pela sombra terrível da morte, paradoxo anunciado por Foucault: a mesma política que faz viver, que cura e salva é também responsável pelos massacres e genocídios que se alastraram durante todo o século passado. Políticas de extermínio, racismo, eugenia e outros tantos movimentos de

[24] Ibidem, p. 1016.

governos demonstraram como a vida tornou-se o objeto central do poder. A vida é o recurso, o meio e o fim pelo qual se faz política. Inversão completa da tese aristotélica, pois agora é a política que determina o que nós somos e o que seremos. Já não somos o animal que faz política, pois as tecnologias da política agora fabricam o animal que somos. O que nos leva ao segundo momento.

> Por fabricação já não basta compreender os métodos de subjetivação, de criação das almas, de assujeitamento dos corpos, a anatomopolítica cede espaço para uma biotecnologia que nos põem diante da completa incerteza, não sobre o que *é* a vida, mas sobre o que *fazer* com ela. O exercício do controle faz-se agora a partir da unidade básica da vida, o que coloca em xeque não apenas a vida humana, mais todo o conjunto dos seres vivos sobre o planeta. O solo movente da história e as contingências são o acaso dentro da máquina que impede qualquer prognóstico, porém, como Foucault afirmou com relação ao poder: não se sabe quem o detém, mas se sabe quem não o possui.[25] No caso, os indivíduos estão abandonados e entregues à sanha do Estado e ao Capital, serão estes dois entes os grandes senhores a selecionarem o "cidadão" e o "operário" de acordo com a necessidade do momento. A escolha não pode ser do indivíduo, pois ele apenas aceita a escolha

---

[25] Em "Les intellectuels et le pouvoir" (*Dits et écrits*. Op. cit.,, p. 1181, texto n. 106) Deleuze e Foucault afirmam acerca do poder a extrema dificuldade em identificá-lo, seja em sua expressão de forças, seja aquele(s) que dele faz uso:

> Atualmente se sabe, mais ou menos quem explora, aonde vai o lucro, entre as mãos de quem ele passa e onde ele se reinveste, enquanto o poder... sabe-se muito bem que não são os governantes que o detêm. Mas a noção de "classe dirigente" nem é muito clara nem muito elaborada. "Dominar", "dirigir", "governar", "grupo no poder", "aparelho de Estado", etc., há nisso todo um conjunto de noções que exige análise. Além disso, seria necessário saber até onde se exerce o poder, por quais relés e até que instância, com frequência ínfimas, de hierarquia, de controle, de vigilância, de proibições, de coerções. Onde há poder, ele se exerce. Ninguém é, propriamente falando, seu titular; e, no entanto, ele sempre se exerce em determinada direção, com uns de um lado e outros do outro; não se sabe ao certo quem o detém; mas se sabe quem não o tem.

> imposta sob certa política do "melhor": "No final das contas, a modificação genética terá de ser um monopólio do Estado. A competição individual negaria os seus efeitos. Por outro lado, se fosse deixada ao cuidado das forças do mercado, os ricos poderiam comprar os melhores genes, criando a "superclasse genética" de Fukuyama: os efeitos niveladores da loteria da vida seriam obliterados. Seríamos condenados a uma vida num sistema de castas".[26]

Este não seria na realidade o fim último da biopolítica? A hipertrofia da medicalização da sociedade que, para além do controle da natalidade, mortalidade, higiene, segurança, etc., interfere no próprio fundamento da espécie? Segundo Foucault este seria o momento em que a medicina e a biologia não trabalham mais no nível do indivíduo e de sua descendência, mas agem sobre os acontecimentos fundamentais de cada ser, o que, definitivamente significa que estamos na era da bio-história.[27] O conceito de bio-história nos leva imediatamente ao coração do presente e revela-los uma "sensibilidade metafísica"[28] ocupada com a desconstrução da máquina de controle construída no percurso lógico-político da história Ocidental: um poder enfronhado em todas as manifestações do corpo, uma somatocracia.

A somatocracia instalou-se como dispositivo central no controle dos indivíduos: cuidar dos corpos, em todos os níveis e condições, do recém-nascido ao velho, todos permanecem sob o controle contínuo de uma biopolítica. É no corpo que se efetiva toda a força da biopolítica, é sobre ele que a gestão se torna realmente eficaz, é sobre ele que se assenta as tecnologias, o saber e o poder. Os dispositivos atravessam os corpos e lhes confere um lugar e uma função, mas

---

[26] F. Fernández-Armesto, *Então você pensa que é humano?* Trad. Rosaura Eichemberg. São Paulo, Companhia das Letras, 2007, p. 149.

[27]Cf. M. Foucault, "Crise de la médecine ou crise de l'antimédicine?". *In*: *Dits et Écrits II (1976-1988)*. Op. cit., p. 48, texto n. 170.

[28] Expressão utilizada por Paul Veyne (*Foucault, seu pensamento, sua pessoa*, p. 49), para apresentar o procedimento filosófico de Foucault.

essa atividade dos dispositivos não se confunde com o poder, eles são antes uma cristalização do poder. Os dispositivos são as pontas "terminais" do poder, enquanto o poder está em tudo e em todos os lugares. Ele se mostra na sua capacidade de ação e controle, em sua força de fabricação de novos corpos e subjetivações. Por outro lado, não se compreende o poder somatocrático, enquanto houver a confusão entre instituições e os aparelhos (que apenas garantem a sujeição) com o poder; assim como também não são as regras e assujeitamentos que resultam dos dispositivos que revelam a sua verdadeira face.[29] Segundo Foucault, os postulados para que se compreenda a forma e a especificidade do poder encontram-se inicialmente na "[...] multiplicidade de correlações de forças imanentes ao domínio onde se exercem as constitutivas de sua organização; o jogo que, através de lutas e afrontamentos incessantes as transforma, reforça, inverte [...]",[30] ou seja, o poder não é uma instituição, ou uma potência de que alguns são dotados, mas é uma situação estratégica complexa que opera numa determinada sociedade. Esta situação complexa em nossa sociedade é visivelmente percebida pela possibilidade de recriação da vida, em todos os seus modos, dispositivos tecnológicos

---

[29] M. Foucault, *Verdade e subjetividade*, Op. cit., 2003, p. 88, afirma sobre o poder o seguinte:

> Dizendo poder, não quero significar 'o poder', como um conjunto de instituições e aparelhos garantidores da sujeição dos cidadãos em um estado determinado. Também não entendo poder como um modo de sujeição que, por oposição à violência, tenha a forma de regra. Enfim, não o entendo como um sistema geral de dominação exercida por um elemento ou grupo sobre o outro e cujos efeitos, por derivações sucessivas, atravessem o corpo social inteiro. A análise em termos de poder não deve postular, como dados iniciais, a soberania do Estado, a forma da lei ou a unidade global de uma dominação; estas são apenas e, antes de mais nada, suas formas terminais.

[30] Idem, "História da sexualidade: a vontade de saber I". Trad. Maria Thereza da Costa Albuquerque e J. A. Guilhon Albuquerque. São Paulo, Ed. Graal, 2003, p. 89.

que conectados com outras instituições iniciam, com cautela, mas paulatinamente, um controle muito preciso dos corpos e dos desejos, mostra-se as condições de desintegração e reintegração do humano protético. Quando Foucault afirma que a vida entra na política como objeto, lembrando Aristóteles, não está ele apenas apontando para os riscos desse novo jogo político, mas a supressão, senão o aniquilamento de uma concepção de vida que norteou o Ocidente por mais de dois mil quinhentos anos. Costas Douzinas em sua análise sobre a constituição do direitos humanos e a sua dissolução, afirma que em nosso tempo ocorre a progressiva legalização da existência, onde cada vez mais aspectos da vida são inseridos no Direito, ao mesmo tempo em que a intervenção tecnológica mina a unidade do Eu: "Enquanto o humanismo metafísico fixa a essência da humanidade, o ser humano, transformado em um objeto de ordem tecnológica e jurídica torna-se uma totalidade artificial".[31] Os corpos são os objetos diretos do poder, suas articulações imanentes trabalham diretamente sobre eles, e como se sabe pode alterar completamente o que entendemos por Vida.[32] Porém, olhando por uma perspectiva foucaultiana, podemos também observar que é por meio dos corpos que se produzem as

[31] C. Douzinas, *O fim dos direitos humanos*. Trad. Luiza Araújo. São Leopoldo, Editora Unisinos, 2009, p. 327.

[32] Ollivier Dyens em, *La condition inhumaine*: essai sur l'éffroi technologique. (Paris, Flammarion, 2008, p. 177), ressalta como as tecnologias e o ímpeto científico procuram não apenas conhecer, mas dominar, controlar todos os aspectos da vida:

> O horizonte do acontecimento não é, apenas, a simples convergência entre o humano e a tecnologia, mas o ponto de contato entre dimensões da realidade tão delicadas, tão pequenas, tão extremas que nenhuma fronteira permanece, que nenhuma distinção é perene, que nenhuma diferenciação está presente. No imensamente pequeno: humano, máquina, bactérias e informações, tornam-se uma matéria indiferenciada que é possível manipular, transformar, remodelar à vontade. Eis o que nos assusta: o mergulho das tecnologias e do saber humano nas dimensões mais íntimas (literalmente) e nas mais sagradas da existência.

linhas de fuga e o os novos modos de existência, é por meio dos corpos que se dão os choques que dobram o poder e criam vacúolos de liberdade. O poder e seus dispositivos, como já demonstrou Foucault, são imanentes e operam na imanência, eles mais do que fabricarem corpos produzem almas, porém é pelo controle do corpo que sua força se encarna, o assujeitamento contínuo produz um horizonte curto de ação e liberdade para os indivíduos.

Para Foucault a *bio-história* denomina a situação em que a questão do homem foi colocada em relação consigo e com os demais seres vivos numa situação limite em que se redefine a própria ideia de vida: epidemias, fome, insalubridade e doenças originadas das mais variadas causas, e hoje podemos falar da própria modificação do conceito de vida, quando esta passa a ser elaborada e modificada nos centros de pesquisa genética em diversos países. O estreitamento entre história e vida afirma-se devido aos momentos de pressão que quebram essas fronteiras e possibilitam a entrada da vida nos cálculos explícitos dos governos e faz do poder-saber um agente de transformação da vida humana. O perigo que se alinha não é definitivamente o aniquilamento da vida, como Foucault alerta, a vida não é integrada de forma definitiva nas técnicas de dominação, ela "escapa continuamente",[33] porém, agora, ela está inserida no cálculo, na esfera do domínio e da manipulação, e mesmo que escape, a cada giro de compressão do poder, a vida é constringida, num processo de domesticação, controle e imobilização do estranho e do anômalo singular à vida. A violência define-se precisamente não pela brutalidade, mas pelo lento, suave e preciso assenhoramento das clivagens da vida. Com os conceitos de bio-história e biopolítica Foucault opera um giro em sua filosofia e cria um novo plano de questões que irão produzir um dos mais profícuos debates contemporâneos e alimentará diversas filosofias que buscam interpretar o sentido do

---

[33] Cf. M. Foucault, *História da sexualidade I*, p. 134.

poder e do saber hoje. Durante o final dos anos 1970 e, mesmo os seus trabalhos finais, Foucault aprofundou sua investigação sobre a biopolítica, utilizando o conceito como forma de fazer ver a constituição das subjetividades nas malhas do poder, revelando as formas de assujeitamento, de fabricação das almas e como a vida tornou-se o problema maior político, cabendo a ela administrar, regrar, normalizar, calcular, domesticando os corpos e colocando-os a serviço da governamentalidade política. O surgimento da biopolítica não é apenas a mudança das formas de produção econômica, é antes de tudo resultado da mudança do modo de governar. Não mais uma "arte de governar", mas o surgimento de uma nova matriz de racionalidade que Foucault denomina de "razão de Estado": "Em suma, a passagem de uma arte de governar a uma ciência política, a passagem de um regime dominado pelas estruturas de soberania a um regime dominado pelas técnicas do governo se faz no século XVIII em torno da população e, por conseguinte, em torno do nascimento da economia política".[34]

Assim, entramos definitivamente numa relação entre os benefícios e a nocividade proporcionada pela medicina e pela biologia, nova dimensão que Foucault denomina de "risco médico", dimensão onde os laços entre os efeitos positivos e negativos se tornam complexos e difíceis de romper: "Definitivamente, ignoramos aonde nos levarão as manipulações genéticas efetuadas sobre o potencial genético das células vivas, seja sobre bacilos, seja sobre vírus. Torna-se tecnicamente possível elaborar agentes agressores do organismo humano contra os quais não há meios de defesa. É possível forjar-se uma arma biológica absoluta contra o homem e a espécie humana sem se desenvolverem, simultaneamente, os meios de defesa".[35]

---

[34] Idem, *Segurança, território, população*. Trad. de Eduardo Brandão. São Paulo, Martins Fontes, 2008, p. 141.

[35] Idem, "Crise de la médecine ou crise de l'antimédecine?". *In*: *Dits et écrits II*, Op. cit., p.46, texto n. 170.

Essa nova dimensão nos coloca diretamente no problema da bio-história onde as intervenções médicas-biológicas, para além dos indivíduos, passam a trabalhar na espécie, no nível da própria vida em seus acontecimentos mais fundamentais.[36] Com essa nova realidade dá-se a total compreensão de que a história do homem não continua simplesmente a vida, e não se contenta apenas em reproduzi-la "mas a retoma", exercendo sobre seus processos "alguns efeitos fundamentais".[37] Com isso, podemos afirmar, ao lado de Foucault, que realmente entramos na época de uma "medicalização indefinida". Medicalização indefinida pois o controle médico-biológico já não funciona dentro de uma área específica, hoje o espaço de atuação é muito mais amplo e exerce um poder de autoridade, ela impõe aos doentes, à população e aos indivíduos sua autoridade em todos os setores da vida: "Existe uma política sistemática e obrigatória de *screening*, de localização das doenças na população, que não corresponde a nenhuma demanda do doente".[38] O plano de atuação das ciências médicas (e deve-se compreender o termo num sentido largo, biologia, biotecnologia, etc.) tornaram-se indefinidas já que é possível estender em todas as direções a sua aplicação na

---

[36] Pergunta Roddey Reid ("Corps clinique, corps génétique". *In*: *Michel Foucault: lire l'œuvre. Directin de Luce Giard*. Grenoble, Jérôme Millon, 1992, p. 121-22): quais modificações subsistem com a nova série de possibilidades, tecnológicas, discursivas e institucionais que a biologia molecular nos coloca? Inicialmente o referido autor acredita que pode ocorrer uma redução aparente dos corpos em sua organização, em sua programação pela sequência genética, o que segundo ele, faz um retorno a um tipo de visibilidade sem opacidade dos sonhos taxinômicos do século XVIII. Depois o movimento incessante do olhar médico que escrutina os corpos, passa a transformá-los em programa genético e abandonam o empirismo clínico em favor de um retorno: "ao reconhecimento da ordem das essências vitais e patológicas, aqui transformado em seu equivalente, o código genético". Para ele, "assistiremos o ressurgimento da representação no coração das coisas [...]".

[37] Cf. M. Foucault, "Crise de la médecine ou crise de l'antimédecine? ". *In*: *Dits et écrits II*, Op. cit., p. 48, texto n. 170.

[38] Ibidem, p. 49.

gestão dos indivíduos e, pode-se revelar seu caráter "autoritário relativo às funções normalizadoras" que vão muito além da existência dos doentes e das demandas. Neste sentido, pode-se considerar que a partir dessa nova constatação do poder, o biológico passa a atravessar a história de lado a lado, compreendemos, deste modo, o que Foucault que dizer com o termo bio-história.

Foucault, ao desenvolver em seus trabalhos a questão da biopolítica, nos apresenta as condições de inserção da vida nos cálculos do poder: corpo-máquina e corpo-espécie, são as instâncias desse jogo de controle e assujeitamento. Percebe-se que se pode analisar o presente a partir de um terceiro momento em que estas duas condições estejam hibridizadas: o corpo-empresa. Com as novas antropotecnologias, a biopolítica alcançou possibilidades ainda não definidas em sua amplitude, porém deduzidas em suas capacidades de modificar de modo sistemático as condições biológicas do homem. Nosso corpo, como herança da longa evolução que sofreu, agora é desafiado a entrar em uma nova era, onde ele é a própria matéria-prima para a fabricação dessa realidade próxima. Para alguns, ele torna-se supérfluo e mesmo desnecessário. Verdadeiro entulho que impede o homem de entrar na era do pós-humano. Porém, quem é esse pós-humano, o que ele pode realizar, que tipo de quimera se desenha no horizonte? O certo é que a leitura iniciada por Foucault nos ajuda a compreender o drama contemporâneo, ao prescrever a entrada da vida nas estratégias políticas dos governos. Foucault adiantou em muitos anos a possibilidade de passarmos a compreender essa mesma estratégia em suas sutilezas, em sua profundidade e sua real ameaça. O controle e as implicações biológicas do poder fecham-se paradoxalmente à sua abertura, à sua capacidade em permitir que os indivíduos se desloquem, atravessem os espaços. Constrói-se uma dimensão aberta em que a circulação de mercadorias e de indivíduos se faz por "escolhas", as imposições e proibições vigoram cada vez menos. Constrói-se uma sensação de liberdade e satisfação onde todos, de algum modo, podem participar, todos são convocados a serem incluídos. Sociedade da diferença, multicultural, democrática, sociedade do bem-estar social, do prazer generalizado. Mas, como alerta Foucault, essa é a condição pela qual o poder se exerce, os comandos são induzidos, não impostos. A liberdade é mais uma sensação do que uma realidade vivida. A bio-história, que agora começamos a entender, consuma o novo modelo operacional que engloba não apenas o homem enquanto espécie, mas a totalidades dos seres vivos. Aqui a História tem uma dupla função. Nela se desenvolve por meio dos dispositivos as forças, talvez incontroláveis da lógica administrativa que regula, acua, impõe e organiza a existência em todas as suas manifestações. Por outro lado, é por meio dela que se depreende as experiências da liberdade e da subjetivação necessária para a liberdade porvir.

Capítulo 7 | A Lógica como ciência do sentido: vida e fé

Marly Carvalho Soares[1]

INTRODUÇÃO

O interesse pelo homem, pela filosofia e pela história motivou Weil a elaborar uma *Lógica da filosofia* que compreendesse a historicidade dos discursos filosóficos desde a tradição até à contemporaneidade. Tal percurso filosófico tem por fim captar o essencial de cada discurso que se pretende coerente na história e também a incoerência em relação aos demais discursos no seu todo. Tal análise exige a aplicação de um método, chamado "retomada" no sentido de compreender cada discurso através da categoria correspondente a uma devida atitude. Porém essa sucessão de categorias e atitudes não implica uma ordem necessária e, sim um itinerário livre. O que significa dizer que posso começar de qualquer categoria, ou atitude ou ainda desvelar raízes históricas e filosóficas.

Na construção da *Lógica da filosofia*[2] há uma estrutura dialética, que engloba diferentes maneiras de ser, de falar, de entender, de compreender, de agir e de sentir. Portanto é um diálogo com diferentes

---

[1] Universidade Estadual do Ceará (UECE), Brasil.

[2] E. Weil, *Logique de la philosophie*. Paris, Vrin, 1950 (1967, 1974, 1985 1996) [ed. brasileira: *Lógica da filosofia*, Trad. Lara Christina de Malimpensa. São Paulo, É Realizações, 2012, 622 p.].

discursos na tentativa de superá-los e apresentar o novo. O novo é a pretensão de querer compreender esse outro diferente tal qual se manifesta na filosofia e na história. Daí a afirmação de Weil que a Lógica é a filosofia primeira, e não a metafísica ou a ética, porque a Lógica tece uma unidade de diferentes conteúdos e diferentes discursos. O resultado é uma nova Lógica oriunda da essencialidade de cada discurso produzido na sua convergência e divergência possibilitando assim a formação de três lógicas conforme a nossa análise conceitual e crítica. A primeira lógica a formatar seria da categoria da Verdade ao Absoluto, denominada a Lógica do Absoluto, cuja ilustração seria o sistema hegeliano; a segunda a Lógica da Violência, cujo itinerário seria da categoria do Absoluto à Ação, mediada pelas categorias da revolta, onde há a migração do pensamento para a práxis e, a terceira seria a Lógica do Sentido, da categoria da Ação ao Sentido e a do Sentido à Sabedoria. O novo da Lógica do Sentido é que perpassa todos os discursos, interessantes ou não. Este movimento de categorias me permite identificar vários paradigmas já consolidados e, abrir novos horizontes em busca de um sistema não arbitrário de compreensão.[3]

Propor ainda um projeto de estudo sobre a filosofia de Eric Weil exige ainda algumas argumentações que justifiquem a relevância dessas análises, por se tratar de um pensamento que tenta, por um lado justificar a opção pela filosofia, isto é, pela racionalidade, mas também justifica a recusa da filosofia, com os discursos da violência. A violência é o outro da filosofia e, ainda abre uma terceira possibilidade, que é liberar a filosofia para o universo cultural e religioso, consequência da abertura da categoria do Sentido, o que justifica também a consideração da Lógica como lógica do sentido.[4]

---

[3] Idem, *Lógica da filosofia*, Op. cit., p. 131-609. Nestas páginas se encontram toda estrutura da lógica da filosofia no seu todo. Compreendendo uma lógica do absoluto; uma lógica da violência e uma lógica do sentido.

[4] Idem, *Lógica da filosofia*, "A categoria do sentido", p. 583-608.

O tópico do nosso estudo é a nova configuração da Lógica como ciência do sentido. Para tal pesquisa lançamos mão da filosofia de Weil por todas as razões acima justificadas. Utilizaremos o mesmo método e as mesmas categorias e acrescentaremos outros da razão, para além da violência: que é o universo da fé. Portando o estatuto epistemológico de nosso trabalho é de tipo filosófico-teológico. Parte-se da problemática humana da busca de sentido e desenvolve teoricamente as aberturas racionais à proposta da fé.

A ABERTURA DA CATEGORIA DO SENTIDO: O UNIVERSO DA FÉ

Na estrutura do nosso ensaio, optamos pela possibilidade de ampliar o horizonte da razão para a fé em dois tempos diferentes. Na tradição (patrística) e na contemporaneidade, um outro da razão que se mantem presente, é o outro da filosofia, que é o universo cultural e o universo religioso. Na filosofia do século XX, não ocorre uma ruptura abrupta com o passado. Entretanto, muitos referenciais foram relativizados, pois mudou o contexto histórico-cultural e com ele surgiram novos problemas. Só podemos articular esta interpretação a partir da categoria do Sentido, que é uma categoria formal cujo conteúdo é manifestado na história, isto é, na vida. Cabe a nós optar por qualquer teoria filosófica. Trabalharemos o círculo hermenêutico entre filosofia, fé e vida cuja ilustração será Agostinho. É um problema antigo e contemporâneo. Nenhuma filosofia é definitiva, porque a própria vida não é definitiva.

A evolução de alguns problemas coloca condições para surgirem novos, pois o homem sempre está a caminho, como nos recorda Urbano Zilles no panorama das filosofias do século XX. É o mundo da ciência, o mundo da vida e o mundo da fé. Neste cenário complexo não existe simplesmente a filosofia, mas muitas filosofias. No encontro com a tradição, também surgirá um novo sentido para o presente.

As filosofias do século XX ainda podem ser consideradas sob o aspecto do pensamento restaurador ou do pensamento novo. Dentre as filosofias inovadoras do século XX, pode-se citar a hermenêutica, cujo representante principal é Hans-Georg Gadamer, cuja teoria repercutiu na teologia, nas ciências sociais, na epistemologia e na teoria literária e na França podemos citar Paul Ricœur (1913-2005). Para Gadamer, a subjetividade hermenêutica não é transcendente e nem transcendental. O sujeito está na tradição. Somos chamados a encontrar as obras do passado e a entrar em diálogo com elas, a partir do nosso horizonte histórico, de nosso mundo de linguagem[5]. No contato com pensamento novo, talvez fosse possível lançarmos mão também da teoria da desconstrução de Derrida, uma vez que este oferece uma abordagem pela qual descostura um texto, camada por camada, para expor seus significados não declarados. O certo é que todos esses arranjos são considerados a partir da abertura da categoria do Sentido.

A primeira postura e reflexão de Weil foi optar por apresentar a filosofia em contraposição a outro, que foi analisado com o termo violência, que consistia no emigrar do pensamento para ação, consolidando a relação filosofia – violência, na tentativa de eliminar toda a violência em prol da razão. A nova categoria do Sentido veio nos oferecer novas possibilidades de liberar a filosofia para novos horizontes seja da tradição, do presente e do futuro, outros cenários com outras significações.

O ENCONTRO COM A TRADIÇÃO: VIDA E FÉ

Alargando o horizonte de compreensão a partir da revisão de literatura e dialogando com alguns especialistas podemos observar melhor o lugar, o conteúdo e a função da categoria do Sentido em

[5] U. Zilles, *Panorama das filosofias do século* XX. Paulus, 2016, p. 154.

relação à categoria do Absoluto em vários aspectos. Em primeiro lugar se refere ao aspecto formal da categoria do Sentido enquanto perpassa todas as categorias na sua sucessão lógica e todas as atitudes, quer sejam responsáveis ou irresponsáveis, pois todas são interessantes em busca da coerência, o seu limite não é mais a categoria do Absoluto, enquanto satisfação no discurso, na razão. O segundo aspecto perpassa a categoria do Absoluto, liberando a filosofia para outro, que foi cognominado de violência, a satisfação na ação em suas diversas modalidades, seja na relação consigo mesmo, seja na relação com a natureza. O pensamento migrou para a ação. O terceiro aspecto a ser refletido a partir da categoria do Sentido foi a liberação da filosofia para o universo cultural e religioso da vida, o que possibilita que o outro da razão não seja somente a violência no sentido weiliano, mas seja também a fé, a experiência religiosa, o amor, a poesia, a cultura o que justifica a sua análise na atualidade, como apresentaremos em seguida.

No encontro com a tradição queremos destacar o universo cultural e religioso: razão, fé e vida como objeto de compreensão significativa de todos os tempos. Em primeiro lugar "pela tranquila convicção das pessoas de possuírem pela fé a chave que lhes dá acesso ao livro do destino, selado com sete selos e, como recorda os grandes doutores, ao se referirem à piedosa velhinha cristã, que sabe mais do mistério do mundo do que o maior pensador privado da fé.[6] "Uma coisa é saber vivencialmente o sentido, como se dá com a maioria dos crentes, e outra, é sabê-lo teórica e articuladamente, o que não é de todos, mas dos que são chamados e têm condições para isso."[7] Há um abismo entre a questão do sentido e sua resposta articulada.

Quais são então as novidades que apresentamos nesta nova elaboração da *Lógica da filosofia* como configuração da categoria do

---

[6] C. Boff, *O livro do sentido*, vol. II, Paulus, 2019. p. 7.

[7] Ibidem, p. 7.

Sentido para além do filósofo e do político?[8] Não haverá uma contradição entre o vivido e o pensado, mas uma articulação construída pela própria razão. Qual afinal o sentido da vida? Essa resposta foi perseguida e dita conceitualmente por meio das grandes concepções do mundo, religiosas, filosóficas e mesmo ideológicas no seu tempo e no nosso tempo. Resta recordar ainda que a questão do sentido não é uma questão primeira, mas uma questão derivada. Daí se deduz que a questão do sentido não pressupõe, mas põe a questão metafísica.[9] A lógica da verdade antecede a lógica do sentido como bem arquitetou Weil no itinerário da *Lógica da filosofia*.

AGOSTINHO: FIGURA DO FILOSÓFICO-TEOLÓGICO DA LÓGICA DO SENTIDO VIVIDO E PENSADO

Como ilustração dessa atitude de fé na experiência religiosa, faremos uma análise da consciência religiosa cristã de Agostinho por dois motivos. O primeiro por ser o precursor da modernidade tardia do paradigma da subjetividade e o segundo motivo pela a sua atualidade com o paradigma hermenêutico, lógico-linguístico dominante na contemporaneidade.

Em que consiste esta afirmação que em Agostinho já se encontram as raízes da modernidade? Em linhas gerais poderíamos dizer que já estão presentes os dois paradigmas da modernidade: o paradigma da subjetividade e o da linguagem. Esta possibilidade é constatada a partir de uma ideia central – que é o sentido e o uso da Palavra e da Escrita nas obras *Confissões* e na *Doutrina cristã* de Agostinho.[10]

---

[8] M. C. Soares, *O Filósofo e o político segundo Eric Weil*. 2, ed. São Paulo, Ed. Loyola, 2015.

[9] C. Boff, Op. cit., vol. II, p. 80.

[10] Agostinho, *As confissões*. 1997. Trad. Maria Luiza Jardim Amaral. vol. 10, SP; *A Doutrina cristã*. Trad. Ir. Nair de Assis Oliveira. SP, 2002.

Daí se pode classificar na esteira de Weil, na sua obra *Lógica da filosofia* no seu desenvolvimento dialético: uma lógica da racionalidade, (Hegel) uma lógica da violência (Marx, Nietzsche e Heidegger) e uma lógica do sentido (Derrida e Agostinho).

Para o nosso estudo, analisaremos a lógica do sentido como possibilidade de abertura para diversos domínios, que contemple outro da filosofia, que não seja somente a violência, mas a fé, uma vez que no mundo moderno a religião é contestada em sua ação social e como sentido dado à vida. Para esta verificação, lançaremos mão da obra agostiniana: *As confissões* e a *Doutrina cristã*. Não podemos esquecer que a concepção cristã medieval do homem prevalece na cultura ocidental do século VI ao século XV, mas o seu influxo permanece profundo e, por certos aspectos, decisivos nas concepções modernas e contemporâneas como nos diz Lima Vaz. Essa concepção parte de duas fontes: a tradição bíblica e a tradição da filosofia grega quanto ao uso do Logos, no sentido de Palavra. "recebei o sacrifício das Confissões por meio do ministério da minha língua, por Vós formada e que impelistes a confessar o vosso nome".[11] Nas *Confissões*, Agostinho expõe de modo paradigmático a história emocionante da descoberta do Deus cristão a partir da interioridade.

O PRIVILÉGIO DA PALAVRA COMO PRESENÇA DO SER

Ninguém pode negar que as *Confissões* de Agostinho instauram um novo estilo filosófico. Não se trata mais de discutir uma opinião, nem de demonstrar as consequências de um postulado, mas de confessar, de deixar aceder à palavra o inquieto desejo de Deus: não a palavra sem voz de um pensamento puro, abstrato do mundo e dos outros, mas à palavra a mais pessoal e mais íntima, dirigida a Deus,

[11] Agostinho, *Confissões*. V, I.

sua verdadeira fonte. Não se trata mais de examinar o teor da verdade, mas de estabelecer a relação verdadeira, viva, vivificante daquele que fala e daquele que acolhe, recolhe e entende a palavra a ele dirigida: uma palavra de louvor, de súplica, de instrução, de deleite e, de convicção. Ele é presença total que acompanha o ritmo existencial da interioridade e exterioridade do homem.

A Confissão é vocação de um eu invocando Deus. Mantendo a meditação e o diálogo, mas sem a redução de um a outro. A Confissão se torna o relato de uma história pessoal, relato de um indivíduo singular e finito que se dirige Àquele que autoriza; relato da abertura ao Sentido, ao sentido de todos os sentidos, história da manifestação da Verdade em pessoa, de Deus, de um sujeito finito ao finito enquanto homem e infinito enquanto Deus.

Cristo é a Palavra, ao mesmo tempo plenamente Deus e plenamente humano, que reúne em si as duas naturezas. Isto significa que a natureza divina não está separada da natureza humana. Deus não subsiste em sua transcendência absoluta, mas se torna presente no mundo humano na forma deste indivíduo, que apareceu só uma vez. E este indivíduo único era o filho do carpinteiro. O Cristo é o singular universal, o único. Com essa figura, o cristianismo rompe com o messianismo indeterminado do judaísmo. A salvação não é mais vindoura, mas já estava presente, porque cada um podia tornar-se um homem novo e imitar a vida de Cristo pelo o amor, que nos abre ao outro, e destruir os germes da inveja e da conflitualidade, continuando a reconciliação universal, isto é, onde Deus será tudo em todos.

A pergunta que se impõe e desafia é saber: o que é viver sob o regime da finitude? Dizer que a vida do homem é finita é dizer que há diferença entre o interior e o exterior, que não basta pensar para que o pensado exista, isto significa que o homem encontra um exterior que lhe resiste, o que significa ainda que o futuro difere do presente. Todas essas formulações significam a mesma coisa: o homem vive através de uma oposição constitutiva de seu ser. A vida infinita é a vida enfim reconciliada, ou como diz o profeta Isaías; "O lobo morará com o cordeiro, e o leopardo deitar-se com o cabrito. O bezerro e o leãozinho andarão juntos, e um menino pequeno os guiará".[12] Em outras palavras, o homem pode abandonar-se a uma vida não discursiva, isto é, numa linguagem aquém e além do discurso. Ela é espontaneidade.

O DIÁLOGO DA ALMA COM DEUS

A centralidade da subjetividade: a convicção e a crítica. Agostinho conjuga estas duas atitudes: a convicção (fenômeno subjetivo da fé) e a crítica. Ele inventou para o homem uma nova maneira de se conduzir e de se compreender, chamada por ele de "o homem interior". Descobriu na intimidade da presença Divina, a estrutura da subjetividade, essa relação do homem consigo mesmo, que se pode definir como a reflexão da liberdade na razão, que se tornou constitutiva do pensamento moderno. Fala do interior e do exterior. "O Eu agostiniano é pensado na sua ordenação existencial a Deus e a antropologia agostiniana é inseparável da própria personalidade e experiência espiritual de cujo itinerário é uma aventura da razão e da graça."[13]

Essa centralidade se faz presente na sua maneira de pensar que é um voltar-se para si, isto é, um autoconhecimento humano que se dá entre a oração, e a compreensão da escritura que se desenvolve e move todo seu dinamismo interior em busca de Deus. Deus está presente no interior e exterior do homem. Agostinho contempla aqui as três relações: a relação consigo mesmo (eu) interioridade, a compreensão que

---

[12] Isaías 11,7.

[13] H. C. L. Vaz, *Antropologia filosófica*, vol. II. São Paulo, Loyola, 1992. p. 59-71

o homem tem de si mesmo, a relação com o outro, mediação humana e com o Grande Outro. À luz da revelação, ele percebe o sentido de sua própria vida. O início das Confissões parte desta luz tornada visível na conversão. Ruptura e começo são as duas fases de um mesmo caminho. "Eu vou me mostrar, não o que fui, mas o que sou."[14]

Só a partir desta presença do eu a Verdade, que o passado é retomado e assumido. A verdade não está na natureza. A verdade é experimentada no caminho nunca terminado do homem interior no combate amoroso com Deus. E neste caminho sobressai o lugar da memória, faculdade de recordar as coisas em sua ausência, contém as imagens das coisas corporais, as recordações dos sentimentos e das paixões, e a significação das palavras. A memória funda a inteligência e o saber. Ela compreende os sinais exteriores e o sentido imaterial deles por meio da reflexão interior. E no fundo da memória, atrás do esquecimento que a encobre, pode ver o sinal de Deus. A razão (a memória) prepara o homem para a fé. Uma vez crendo, o homem iluminado se dirige para o amor. Porém o caminho da razão ainda se restringe a poucos e que o encontro normal com Deus se dá na revelação de Cristo. A busca da fé se mostra inseparável da interpretação, isto é, da significação das palavras, que se efetiva na reflexão interior. O sujeito crer que a palavra a interpretar é palavra plena de sentido, palavra de verdade, palavra de Deus.

É necessário crer que a palavra é plena de sentido, para poder procurar o sentido. Quando Agostinho começa a sua confissão, já inicia com palavras autênticas e reconhecidas na fé. Esse sentimento não é resultado de um raciocínio, mas nasce espontaneamente na pessoa a partir do recolhimento e pela oração ou da tradição do grupo a qual ela pertence, da família, do povo, da Igreja, que é o culto, isto é a liturgia. De modo que o procedimento metodológico de Agostinho é compreender os "vastos palácios da memória".

[14] Agostinho, *Confissões*, Op. cit., p. 243.

É importante observar ainda que as linhas teóricas da antropologia agostiniana acompanham em estreito paralelismo as linhas do seu itinerário existencial que surge do íntimo de uma experiência pessoal que aparece entrelaçada com a própria expressão teórica da verdade, sendo Agostinho o único pensador antigo no qual a busca da verdade; isto é, o pensamento do ser não se separa do eu, fazendo confluir as três fontes na própria experiência de Agostinho: o homem como ser uno, o homem como ser itinerante, e o homem como ser para Deus.[15] A partir dessa intenção de buscar, através da memória, os sentidos das coisas, dos sentimentos, que ele busca ver o sinal de Deus, elaborando assim a *Doutrina Cristã*.

SENTIDO E LINGUAGEM

A proposta desta nova relação (linguagem e sentido) é explicitar em primeiro lugar a linguagem lógica, científica e teológica contida na obra *Doutrina Cristã* de Agostinho que tem por finalidade "descobrir o que é para ser entendido e a maneira de expor o que foi entendido".[16] Esta linguagem foi construída e pensada com o objetivo de conhecer, compreender, interpretar e saborear as verdades das Escrituras, para penetrar na inteligência e mistério do Deus Uno e Trino.

No caminho apontado por Agostinho, há um princípio: "o amor àquela Coisa que será o nosso gozo, e o amor dos que podem partilhar conosco daquela fruição".[17] O amor será a via privilegiada na busca do conhecimento de Deus. Na via amorosa, a investigação inicia-se no campo das ciências naturais, empíricas com as coisas e com conhecimento das coisas, isto é, com o conhecimento sensorial,

[15] H. C. L. Vaz, Op. cit., p. 67-72.

[16] Agostinho, *Confissões*, Op. cit., p. 41.

[17] Ibidem, p. 35-39.

em seguida com o conhecimento das criaturas, no caso específico, o homem em busca dos vestígios do Criador. Encontra-se na criatura humana, a imagem criada de Deus. Em segundo lugar procuraremos também no texto o não dito, ideia defendida de Jacques Derrida, uma vez que segundo ele: todo texto diz o que diz e outra coisa, todo texto diz alguma coisa além do que diz, isto é, no campo da significação, da problemática do sentido. A partir dessa iniciativa de Derrida, analisaremos e elaboraremos uma leitura, com o objetivo de dizer o não dito nas coisas e perscrutar o dito nos signos elaborados por Agostinho nas suas respectivas obras. Em síntese será a articulação da linguagem científica, mediada pela linguagem semântica em busca da linguagem amorosa, explicitada nas Escrituras, cujo objeto será Deus. Esse material apresenta-se numa forma silogística dialética (relação) e aristotélica (propriedades, atributos) numa leitura hermenêutica.

Em linhas gerais podemos relatar as palavras-chave: a verdade, a coisa, os signos e Deus. O conteúdo são as verdades das Escrituras, a forma, o procedimento metodológico da descoberta das verdades nas escrituras e a atitude a ser vivida e pressuposta é a orante e como expor o que foi entendido (a retórica) e a solidariedade (a ética). Daí se deriva três atitudes: a orante, a retórica e, a ética.

Qual é a finalidade geral desta obra *A Doutrina Cristã*? Mostrar como se realiza a descoberta da verdade e como esta deve ser exposta. Isto é, o conteúdo são as verdades das Escrituras, a forma o procedimento metodológico da descoberta das verdades, a atitude a ser vivida (orante) e como expor o que foi entendido (a retórica). Porém a condição de possibilidade deste conhecimento está na linguagem não discursiva do religioso, no seio do silêncio, na sua interioridade. A Verdade inicia-se no silêncio, numa atitude, tal como Weil inicia a sua *Lógica da filosofia*. Isto é, parte-se da Verdade para o Sentido e deste para a Sabedoria.

Como se realiza então a descoberta da Verdade? Agostinho nos oferece conceitos e métodos para essa elaboração, porém há uma condição de possibilidade da descoberta da Verdade, a atitude orante, que é uma obra de fé, particularmente a meditação. O outro da razão será então a fé. Não podemos contar somente com as nossas forças científicas, literárias, artísticas, as forças do entendimento, e nem da razão. Sem este contato com o mistério será impossível chegar à Verdade na sua compreensão, exposição e partilha com os outros. Possuir algo que ao ser dado não se esgota e não reparti-lo com os outros não é possuir como convém. O Senhor disse: "Àquele que tem lhe será dado ainda mais".[18] O que justifica que a vontade tem primazia sobre o intelecto. Partindo deste pressuposto e desta postura orante, avançaremos no percurso linguístico e metodológico de Agostinho.

Na fenomenologia das coisas Agostinho classifica três espécies: há algumas para serem fruídas – fazem-nos felizes: o homem pode e deve gozar; outras para serem utilizadas – são meios, ajudam-nos a alcançar a felicidade; e outra para os homens frui-las e utilizá-las: as que deve usar bem.[19]

O desafio é posto para as pessoas entre as coisas do deleite, e as da utilização. Fruir, segundo Agostinho significa "aderir a alguma coisa por amor a ela própria e usar é orientar o objeto de que se faz uso para obter o objeto ao qual se ama".[20] O mau uso das coisas implica abuso ou excesso. A adesão ao Amado não nega o uso das coisas. A essência delas é levar para o Amado. Não podemos ficar na estação das coisas, mas passar para a estação definitiva, que é a felicidade: Deus. A dimensão do divino se abre a partir do rosto humano, imagem e semelhança de Deus, através dos bens e uso das criaturas, como mediação para o Criador. O sentido é presença, amor e não só conhecer. Por isso a filosofia deve elevar o conhecimento ao amor.

A reivindicação da esfera ético-religiosa é louvável e justa como se verificou em Agostinho. A fé é uma experiência de uma subjetividade

---

[18] Mateus 13,13.

[19] Agostinho, *Doutrina cristã*, cap. 1 a 3.

[20] Idem, *As confissões*, p. 41-45.

aberta e perpetuamente em perigo na relação com o outro e as coisas. Uma vez que implica superar o humano e abrir-se a uma transcendência que também é aberta e que possibilita o bom uso das coisas e a convivência com todos os seres humanos.

Toda doutrina, diz Agostinho, reduz-se ao ensino das coisas e a dos sinais. Mas o que são as coisas? As coisas são um conjunto de propriedades e que não são em si empregadas para significar outras coisas, mas também podem ser conhecidas por meio dos sinais (signos). Ao mesmo tempo são.[21] Esses objetos são coisas, mas nas circunstâncias determinadas, tornam-se ao mesmo tempo sinais de outras coisas.

Outro gênero de sinais são as palavras (signos linguísticos). Toda palavra é significante. Limita-se unicamente a significar algo, como é o caso das palavras. Daí se deduz que sinal se refere a tudo que se emprega para significar alguma coisa além de si mesmo. Todo sinal é alguma coisa, senão não existiria. Mas, por outro lado, nem toda coisa é ao mesmo tempo sinal. Todo sinal é alguma coisa. Como a palavra é sinal, há alguma coisa que a palavra oculta e manifesta. A dialética está presente enquanto relação articulada. A palavra é una em seus dois aspectos: de interioridade e exterioridade. Não queremos com isso, diz Agostinho, criar confusão, ambiguidades, queremos reter as coisas como são em si mesmas, e não o que significam além de seu sentido próprio. Aqui temos a denominação do sentido próprio. O que equivale a dizer que há outro sentido. Na hermenêutica do Sentido em Agostinho há várias modalidades: sentido próprio, sentido figurado, sentido literal (corpo) sentido moral (a alma) sentido alegórico (Espírito).

Todo sinal tem uma verdade, quando se refere a coisas (res) que existe. Os signos podem ser naturais, quando não têm o desejo e nem a intenção de significação (por exemplo, a nossa cara simpática ou feia), e convencionais são os que todos os seres vivos mutuamente

[21] Gênesis 22, 18.

se trocam para manifestar os movimentos de sua alma, quando lhe é possível, e os verbais. Porém a palavra constitui todos os signos que são transitivos. Deus não pode ser signo de nada.

CONSIDERAÇÕES FINAIS

Pode-se concluir que a categoria do Sentido além de completar o itinerário formal e histórico de toda a *Lógica da filosofia* elaborada por Weil abre a possibilidade de iniciar um novo caminho, uma vez que cada atitude que são as experiências históricas exigirá uma categoria para revelar ou esconder a realidade, que é a função da categoria do Sentido e o instrumento para comunicar o conteúdo será a palavra. Começamos pela linguagem mediada pelo discurso no seu aspecto lógico e ético e concluímos com a linguagem enquanto "presença", isto é, o contentamento na liberdade, que está para além e aquém do discurso.

Com o intuito ainda de acentuar a atualidade do pensamento de Weil no paradigma da linguagem, lançamos mão de dois pensadores que se complementaram na distância do tempo. Agostinho em suas obras: *Confissões* e *Doutrina cristã* focalizam o privilégio do sentido da palavra e das coisas e Derrida censura a centralidade da palavra em prejuízo da escrita ao longo da tradição. Todas essas contribuições filosóficas ilustraram a categoria do Sentido. A palavra induz à ideia de uma presença e a escrita mantém a ideia de coerência de um texto pleno e decifrável. Cabe à categoria do Sentido decifrar o sentido do não dito do texto. Agostinho na sua experiência religiosa renovou o gênero do diálogo, onde se deu a centralidade da Palavra. Por outro lado, Derrida priorizou o gênero da escrita, captando o não dito, que se esconde no dito.

Quanto ao lado histórico do Absoluto – que é a liberdade realizada na Ação, há a unidade do discurso e da vida, onde o mundo é tornado palavra e o mundo o discurso realizado. Já o Sentido é a coincidência entre a situação e a linguagem. A linguagem está para além do discurso. No discurso prevalece a coerência, onde as contradições admitidas serão todas resolvidas, já na linguagem há coerências e incoerências, mas todas tem sentido.

A *Lógica da filosofia* é um sistema formal que funda uma prática dialógica e interpretativa da filosofia aberta sobre a realidade. Ela se apresenta como ciência do Sentido, como uma interrogação sobre todas as formas de sentido, como bem interpretou Patrice Canivez. Ela concilia uma aproximação fenomenológica e uma lógica que torna possível uma análise da linguagem. Todo o seu esforço é eliminar a violência no discurso, na ação e na vida que foi o objeto do seu discurso e agora instiga a cada um a criar o seu discurso coerente com a sua realidade, pois o Sentido está na decisão de criar. Daí se deduz que a *Lógica da filosofia* é o formal do discurso que reconcilia o formal da linguagem e o conteúdo da vida. A linguagem está para além do discurso coerente. Saímos do silêncio para o discurso coerente, onde encontramos o contentamento na compreensão e no saber, mas este não esgota a linguagem.

O certo é que Weil nos oferece com a sua *Lógica da filosofia*, no que se refere à categoria do sentido, propostas de sentido na ordem da vida discursiva, da vida ordinária, da vida ética e na ordem religiosa. O que mais uma vez, confirma que a categoria do Sentido é a categoria da abertura do discurso de Weil

Capítulo 8 | O enigma do mal e a poética das reinterpretações sucessivas

Adna Candido de Paula[1]

DA FILOSOFIA À NÃO FILOSOFIA E VICE-VERSA

Propõe-se, neste texto, inverter o processo tradicional de leitura e reflexão sobre o tema do mal em Paul Ricœur a partir da tese da falibilidade humana, de *Filosofia da vontade,* e iniciar a partir da leitura que Ricœur fez da abordagem de Søren Kierkegaard sobre o tema do mal, em especial, no que se refere às obras *O conceito de angústia* e *O desespero humano*. De acordo com Ricœur, se a filosofia não compreende, então ela não é mais filosofia, por outro lado, se a filosofia deve tudo compreender então ela acaba por se erigir em sistema. Ricœur observa que Kierkegaard representa, na luta contra o sistema, isto é, contra Friedrich Hegel, uma reflexão sobre o mal que não se exime do irracional, do absurdo. Na leitura atenta dos dois tratados de Kierkegaard, Ricœur observa que a angústia é uma espécie de fascinação circunscrita pelo mal, que se aproxima por todos os lados, e que o desespero, ao contrário, está no centro do pecado, como um estado; o desespero é o mal do mal. Em *O conceito de angústia*, Kierkegaard aborda noções tais como o salto, o acontecimento, que estão na contramão da ideia de mediação, de sistema, de

[1] Universidade Federal de Juiz de Fora (UFJF), Brasil.

reconciliação. A metodologia filosófica de Kierkegaard, na leitura de Ricœur, não é cindida, ela afronta o limite da não filosofia. O tema do pecado, por exemplo, é abordado diretamente por Kierkegaard, e, ao aproximar a concepção deste nas duas obras, percebe-se que enquanto a angústia é um movimento em direção ao pecado, o desespero é o pecado em si. Para Ricœur, esta tese de Kierkegaard está na contramão de toda filosofia especulativa. Kierkegaard, de acordo com sua análise, não é um pensador crítico, no sentido kantiano, mas também não é um intuicionista; ele é um pensador reflexivo. A análise, em profundidade, do esforço de Kierkegaard em fazer frente ao modelo filosófico hegeliano revela, como observa Ricœur, um paradoxo na função filosófica da ideia de sistema. Desse conflito, Ricœur[2] percebe três eixos de reflexão sobre, em última instância, o método filosófico: (i) a filosofia está sempre em relação com a não filosofia; se este laço é cortado, a filosofia corre o risco de ser somente um simples jogo de palavras, no limite, um puro niilismo linguístico; (ii) Kierkegaard inaugura uma nova maneira de filosofar que pode ser chamada de *uma crítica das possibilidades existenciais*. O discurso sobre a existência não é mais a expressão poética de uma emoção, é um gênero do pensamento conceitual, que tem suas regras próprias de rigor, seu próprio tipo de coerência e que requer uma lógica própria; (iii) a reflexão kierkegaardiana sobre o mal coloca a oposição entre o sistema e o indivíduo. Para Ricœur, isso é mais que uma alternativa de pensamento, de interpretação, trata-se de uma nova situação filosófica que nos convida a reler a *Fenomenologia do espírito* e a *Filosofia da religião*, de Hegel, à luz da dialética kierkegaardiana e, por outro lado, a situar os paradoxos de Kierkegaard no campo da filosofia hegeliana da *representação* e do *saber absoluto*: "A questão da exigência humana não significa a morte da linguagem e da lógica; ao contrário, ela requer um adicional de lucidez e de rigor. A questão: 'o que é existir'

---

[2] P. Ricœur, *Lectures 2- La contrée des philosophes*. Paris, Seuil, 1999, p. 44-45.

não está separada dessa outra questão: 'o que é pensar?' A filosofia vive da unidade dessas duas questões e morre com a sua separação".[3]

O MAL COMO SÍMBOLO E A TRÍADE SENTIR-PENSAR-AGIR

Ricœur, por sua vez, também traz para a reflexão sobre o mal a noção de absurdo. Para ele, o enigma do mal "é uma dificuldade inicial, próxima do grito da lamentação; a aporia é uma dificuldade terminal, produzida mesmo pelo trabalho do pensamento; este trabalho não é abolido, mas incluso na aporia".[4] A ação e a espiritualidade são chamadas a dar uma resposta destinada a tornar a aporia do enigma do mal produtiva. Ricœur recusa, enfim, todas as respostas explícita ou implicitamente gnósticas e, simultaneamente, todas as formas de teodiceia, e propõe uma abordagem da questão do mal que opere uma dinâmica entre as esferas do pensamento, da ação e do sentimento. Dessa forma, o filósofo assume a incapacidade da razão especulativa para se acercar do mal sem lhe retirar a sua raiz trágica. A coerência da posição de Ricœur sobre o mal, notadamente, de sua afirmação do *mal como escândalo* e de seu entendimento da dimensão paradigmática da tragédia, como *simbólica do mal*, se assenta no princípio de que não é possível pensar o mal dentro de uma lógica da retribuição. A sua recusa de toda a gnose e de toda a teodiceia é, no fundo, devedora da forma como se apropria e aprofunda a significação da figura de Jó como sofredor justo. O *livro de Jó*, comenta Ricœur em todos os textos nos quais trata a questão do mal, destrói a legitimidade de se aceitar a ideia de que o mal sofrido é consequência ou retribuição de um mal cometido, na medida em que dá a ver um sofrimento

---

[3] Ibidem, p. 45.

[4] Idem, *Le mal. Un défi à la philosophie et a la théologie*. 3. ed. Genève, Labor et Fides, 2004, p. 57.

absolutamente injusto, exibindo uma vítima que não pode ser consolada com argumentos explicativos, ou com justificativas de caráter regressivo. A pergunta que resiste a qualquer tentativa de explicação é *por quê?* A história de Jó apresenta um irredutível não saber sobre a origem do mal. De qualquer forma, a impossibilidade de explicação de uma origem do mal não significa que não se deva pensar o mal, ao contrário, e essa será a defesa final de Ricœur, o mal é, por excelência, uma provocação produtiva para o pensar, sempre e mais. Se fosse possível fazer uma síntese do percurso de abordagem do *problema do mal* realizado por Ricœur,[5] ganhariam destaque as duas proposições: (i) de articulação entre a fenomenologia e a hermenêutica; e (ii) de associação da estrutura simbólica do mal, que implica o pensar em um pensar mais, com a dimensão ética da ação, contribuindo, assim, significativamente para a configuração de seu postulado da sabedoria prática. Propõe-se, aqui, abordar somente a segunda proposição.[6]

Assim como fez Kierkegaard, Ricœur busca promover um discurso filosófico que articule o caráter lógico deste com o trágico da existência. Ao invés de negar a tensão relativa ao mal, ele deseja mantê-la viva e entendê-la como um pressuposto na interpretação deste, visto que, para Ricœur, a natureza do mal impossibilita uma apropriação discursiva sobre ele em termos integrais: "Em suma, o problema do mal nos força a voltar de Hegel a Kant, eu quero dizer, de uma dissolução do problema do mal na dialética ao reconhecimento da posição do mal como inescrutável, irrecuperável, por conseguinte em

---

[5] A questão do mal aparece tematizada, diretamente, na obra *Finitude et culpabilité*, dividida em duas partes: (i) L'homme faillible e (ii) La symbolique du mal; no artigo sobre o pecado original reproduzido em *Le conflit des interprétations*, nos subcapítulos "Religion e foi" e "Culpabilité, éthique et religion", da mesma obra; e no livro *Le mal – un défi à la philosophie et a la théologie*.

[6] A primeira proposição foi apresentada e discutida em: Adna C. de Paula, "Fenomenologia, hermenêutica e o mal como símbolo na filosofia de Paul Ricœur". *In*: Acylene Maria Cabral Ferreira (Org.), *Verdade e interpretação*. Salvador, Quarteto, 2013.

uma especulação, em um saber total e absoluto".[7] Exatamente por não poder ser apreendido em um saber total e absoluto que o mal é um *símbolo* por excelência e, como tal, segundo Ricœur, não tem equivalência com nenhum outro tipo. Na qualidade de símbolo, o mal possui em si as características que lhe são próprias: uma estrutura de significação onde um sentido direto, primário, literal, designa, a mais, outro sentido indireto, secundário, figurado, que só pode ser compreendido através do primeiro. O que equivale a afirmar que há, inerente às estruturas simbólicas, o duplo sentido.

A partir dessa constatação, Ricœur aposta na interseção entre a teoria do símbolo e a teoria da metáfora, sendo que a última se apresenta como a *ossatura semântica do símbolo*. A metáfora é responsável pelo "surgimento de uma nova pertinência semântica sobre as ruínas da pertinência semântica literal, do mesmo modo a referência metafórica procederia do colapso da referência literal"[8]. O que está implícita nessa associação de contaminação entre símbolo e metáfora é a capacidade de renovação permanente do sentido, ou seja, a capacidade de plurissemantização da linguagem, que é para onde a metáfora reenvia a dimensão simbólica.

O símbolo não se transforma em metáfora porque, diferente dessa que ocorre no *logos*, ele ocorre na linha limítrofe entre *bios* e *logos*. O símbolo nasce no eixo congruente onde força e forma coincidem. A diferença entre os dois é crucial – a metáfora é uma *invenção livre do discurso*, já o símbolo possui algo que não pode ser reduzido a uma transcrição linguística, semântica ou lógica. É esse elemento irredutível que propicia a descontextualização do símbolo e a recontextualização em outros períodos históricos e em outras circunstâncias. O símbolo cria uma temporalidade própria, dentro da temporalidade

---

[7] P. Ricœur, *De l'interprétation. Essai sur Freud*. Paris, Seuil, 1965, p. 506-07.

[8] Idem, *Réflexion faite: autobiographie intellectuelle*. Paris, Esprit, 1995, p. 46-47.

cronológica. Essa característica particular do símbolo permite a Ricœur radicar o discurso numa ordem não semântica. O símbolo coloca em ação todo um trabalho com a linguagem e só atua quando sua estrutura é interpretada, isto é, ele incita a compreensão. E a interpretação é a significação dada ao evento, contudo, o símbolo necessita da metáfora, ele não a prescinde nem lhe é superior, pois é a metáfora que organiza o símbolo dentro da linguagem. Enfim, a produção humana de símbolos decorre de um impulso ontológico que não se dilui no invólucro linguístico, "cunhando a estrutura simbólica com uma opacidade irredutível a qualquer tradução expressiva".[9]

Uma vez que o mal exige *mediações que o torne comensurável*, Ricœur identifica a linguagem como o lugar, por excelência, dessa mediação. Na sessão "La symbolique du mal", o filósofo propõe o conhecimento da *repetição* da confissão do mal feito pela consciência religiosa ao longo da história; confissão depositada nas diferentes culturas, através de textos de vários gêneros literários, onde estão registrados sentimentos e perplexidades perante a existência do mal. Na apresentação do segundo tomo de *Philosophie de la volonté*, Ricœur aponta a linguagem da confissão como um veículo que torna o mal acessível: "A linguagem da confissão tem isso de notável que ela é de um lado ao outro *simbólica*; ela não fala da impureza, do pecado, da culpabilidade em termos diretos e próprios, mas em termos indiretos e figurativos; compreender essa linguagem da confissão é colocar em obra uma exegese do símbolo que pede por regras de deciframento, quer dizer uma hermenêutica".[10]

Da mesma forma que a linguagem da confissão exige o exercício hermenêutico, outros tipos de linguagem, que ocultam ou disfarçam

---

[9] F. Henriques, "O mal como escândalo: Paul Ricœur e a dimensão trágica da existência". *In*: *Paul Ricœur e a Simbólica do mal*. Porto, Afrontamento, 2005, p. 197.

[10] P. Ricœur, *Na escola da fenomenologia*. Trad. Ephraim Fereira Alves. Petrópolis, Editora Vozes, 2009, p. 27.

o mal, também necessitam do trabalho de linguagem. Não se trata de uma decifração nos moldes de uma exegese, mas naquilo que é próprio das pulsões, a necessidade de *trabalho* com a linguagem a fim de promover o desdobramento dos sentidos. Uma vez que se trata de um símbolo, essa hermenêutica nunca esgotará o manancial de sentidos, mas, em diferentes contextos históricos, para diferentes grupos de leitores, novas fusões de horizonte se configurariam. O foco recai sobre o caráter de repetição da simbólica do mal, mostrando a permanência dos traços dos símbolos primários do mal, em consequência, a resistência do mal a deixar-se dizer numa linguagem totalmente unificada. É essa figura da circularidade dos mitos que se torna fonte e recurso de reflexão.[11] A palavra-chave, neste caso, é a *repetição*, que permite que os símbolos do mal sejam recapitulados, rememorados e, por conseguinte, reelaborados sucessivamente. Esse movimento circular da repetição permite a ressignificação dos símbolos do mal, o que impede a redução destes a sentidos fechados, totalitários, inteiros. O símbolo não esconde nenhum ensinamento dissimulado que bastaria desmascarar, é preciso realizar uma interpretação criativa do sentido, às vezes fiel à impulsão, à doação de sentido do símbolo, e fiel ao juramento filosófico que é de compreender. Daí o slogan – *Le symbole donne à penser*. O que o símbolo oferece é algo que força a reflexão sobre ele, o símbolo faz a ponte entre o fenômeno e o mundo da vida, entre o interpretante e a coisa a ser interpretada. O discurso filosófico recebe do símbolo do mal um impulso novo que o força a realizar uma revolução do método obtido a partir de uma hermenêutica. Se o discurso e a obra do discurso são o *locus,* por excelência, para o conhecimento da experiência do mal é preciso ter em mente a dialética da ação e do texto. Todo o percurso realizado no estudo da linguagem, sobretudo da escrita, oferece uma série de elementos

[11] F. Henriques, "O mal como escândalo: Paul Ricœur e a dimensão trágica da existência". *In*: *Paul Ricœur e a simbólica do mal*. Porto, Afrontamento, 2005, p. 201.

que legitimam a investigação sobre o símbolo do mal, enquanto ato e pensamento, fixado na linguagem, ou no texto, mais especificamente. A constituição semântica do símbolo faz apelo a uma interpretação porque ele diz mais do que diz e jamais termina de o dizer. Na hermenêutica não há enclausuramento dos signos: a interpretação concentra-se na articulação do linguístico e do não linguístico, da linguagem e da experiência vivida.

Uma vez que o mal mostra que a resposta racional teórica a seu respeito é sempre incompleta e aproximativa, é preciso reconhecer o caráter aporético do pensamento sobre o mal e reconhecer que este caráter só foi conquistado pelo esforço de se pensar mais e outramente. Nesse sentido, como aponta Ricœur, é preciso tomar consciência da amplitude e da complexidade do problema a partir de uma fenomenologia da experiência do mal para, em seguida, distinguir os níveis dos discursos especulativos sobre a origem e a razão de ser do mal, e, enfim, é preciso fazer a convergência entre o trabalho do pensamento, suscitado pelo enigma do mal, às respostas que relevam da ação e de uma transformação espiritual dos sentimentos, que representam a tríade – pensar, agir, sentir. No domínio do *pensar*, Ricœur entende que deva ser sempre considerado que o *problema do mal* é um desafio: "Um desafio é sucessivamente um fracasso para sínteses sempre prematuras e uma provocação a pensar mais e outramente".[12] No domínio do agir, o mal deve ser entendido como aquilo que não deveria ser e que deve ser combatido. A resposta à aporia do mal impõe uma resposta, não uma solução, mas uma ação contra o mal. Para Ricœur, toda ação ética e política, que diminua a quantidade de mal, é relevante a fim de diminuir a quantidade de sofrimento no mundo: "antes de acusar Deus ou especular sobre a origem demoníaca do mal em Deus mesmo, ajamos eticamente e politicamente

[12] P. Ricœur, *Le mal. Un défi à la philosophie et a la théologie*. 3. ed. Genève, Labor et Fides, 2004, p. 57.

contra o mal".[13] Como aponta Ricœur, haverá quem se oponha a essa indicação apontando que uma resposta prática não será suficiente e, de fato, não será. Afinal, o sofrimento cometido pelo ser humano é repartido de forma arbitrária e indiscriminada, frequentemente, atingindo vítimas inocentes. A ação prática contra o mal não dá conta, tão pouco, das catástrofes naturais, das doenças e epidemias, como o câncer, a cólera, a lepra, nem do envelhecimento e morte. Contudo, nesta proposição de Ricœur, a resposta prática ao mal não é suficiente, mas não agirá sozinha, ela convergirá com o *pensar* e o *sentir*. No âmbito do *sentir*, a resposta emocional que Ricœur propõe tem a ver com as mudanças dos sentimentos que alimentam a lamentação e a queixa, que transformados pelos efeitos da sabedoria, que decorre da reflexão filosófica e teológica. A transformação dos sentimentos pode ser alcançada por aquilo que Freud designou como *trabalho de luto*, que é descrito como um desligamento de "todos os laços que nos fazem ressentir a perda de um objeto de amor como uma perda de nós mesmos".[14] A resposta ao mal no domínio do *sentir* possui três estágios: (i) ao invés de se culpar pela perda de um ente amado é necessário responder ao sofrimento com o sentimento de que Deus não quis que aquele sofrimento ocorresse, nem quis punir ao sofredor; (ii) se permitir reclamar contra Deus, esse protesto é contra a permissão divina, como fez Jó ao perguntar "até quando Senhor?", ou seja, esse protesto representa a impaciência da esperança; (iii) a espiritualização da lamentação, que se alimenta da aporia da especulação sobre o mal, oferece as razões para se crer em Deus apesar do mal, do sofrimento, que também é uma forma de integrar a aporia especulativa no *trabalho de luto*. Os três estágios do *sentir* compõem a renúncia da reclamação, que é uma espécie de sabedoria, que pode ser sentida no desdobramento das renúncias: "renúncia em primeiro lugar ao desejo

[13] Ibidem, p. 59.

[14] Ibidem, p. 60.

de ser recompensado por suas virtudes, renúncia ao desejo de ser poupado do sofrimento, renúncia ao componente infantil do desejo de imortalidade".[15] A resposta à aporia do *problema do mal*, pela tríade pensar-agir-sentir tira o agente moral da posição passiva e o coloca na posição ativa. A convergência entre o pensar, o agir e o sentir implica em uma poética das reinterpretações sucessivas, que tem como base de referência a aproximação da *phronesis* (sabedoria prática ou virtude da prudência) com a *aisthesis* (compreensão pelos sentidos).

A ARTICULAÇÃO ENTRE *A PHRONESIS E A AISTHESIS*

Em "À la gloire de la phronesis", Ricœur retoma a noção de *phronesis*, do Livro VI da *Ética a Nicômaco*, de Aristóteles, a fim de propor a reabilitação do conceito de virtude da prudência retomando sua origem trágica, ao se recuperar a noção de *hybris*, como sabedoria dos limites, do equilíbrio. Para Aristóteles, a *phronesis* é a fonte do saber pragmático na base do processo do conhecimento humano. Na *Metafísica*, Aristóteles afirma que: "Por natureza, todos os animais nascem dotados da capacidade sensitiva (da *aisthêsis*), mas nem todos dispõem de memória, a não ser alguns. Os que são capazes de recordar são mais prudentes e aptos para aprender".[16] A *phronesis* tem sido traduzida como "discernimento moral", como "sabedoria prática" e, também, como "prudência". No entanto, Aristóteles define a *phronesis* como "um estado verdadeiro e fundamentado ou a capacidade de agir em relação às coisas boas ou ruins para o homem". Trata-se de um raciocínio humano prático, uma virtude intelectual, que implica ética, uma vez que ela compreende que o indivíduo seja

---

[15] Ibidem, p. 64.

[16] Aristóteles. *Metafísica* (I e II). vol. 2. Trad. Marcelo Perine, da versão italiana de Giovanni Reale. São Paulo, Loyola, 2002, (I, 1, 980 b 25-29; 981 a 1-2).

capaz de verificar, ou seja, de julgar, o que é bom para a humanidade e depois deliberar sobre a melhor maneira de alcançar esse bem. A virtude, para Aristóteles, é uma ação e deve ser praticada continuamente e não de maneira aleatória, pois o potencial moral existe no ser humano como potência a ser desenvolvida: "A virtude é de dois tipos, a virtude intelectual e a virtude moral. A virtude intelectual depende em uma grande medida do ensinamento recebido, tanto para sua produção quanto para o seu desenvolvimento; também tem ela a necessidade da experiência e do tempo. A virtude moral, ao contrário, é o produto do hábito".[17]

Importa nesta reflexão notar que la *phronesis* está diretamente ligada ao *phronimos*, que se configura como um homem sábio na medida em que bem realiza a *phronesis*. Aristóteles compreende que a alma é dividida em duas partes, a racional e a irracional. A parte racional da alma é subdividida em científica, aplicada ao necessário, e calculativa, que delibera sobre o contingente. A alma anuncia o que é verdade através da *phronesis* e da *sophia*, o que torna possível a aproximação entre a prática e a epistêmica. Os elementos constitutivos da sabedoria prática retomam o ponto de vista da implicação pessoal do homem prudente. Há, portanto, uma inteligência da virtude de prudência, que a inclinação intuitiva e o bom senso prático poderiam obter. Isso permite aproximar, como fez Ricœur, a reflexão sobre a *phronesis* da perspectiva trágica da existência. A partir dessa percepção, Ricœur recorre ao Livro IV, no qual Aristóteles estabelece, para o campo prático, a dupla *práxis-poiesis*. Essas duas modalidades pertencem à categoria do contingente:

> Esse parentesco epistemológico aparecerá mais claramente quando se mostrará que o julgamento prudencial é singularizante; ora, a *poiesis*, a produção, não o é menos. São igualmente em partilha, entre prática, no

[17] Idem. *Éthique à Nicomaque*. Trad. J. Barthélemy Saint-Hilaire, préface et notes D'Alfredo Gomez-Muller. Paris, Le Livre de Poche, 1992, p. 77-78.

> senso moral e político do termo, e produção, o papel da deliberação, do raciocínio, da *orthos logos*, portanto, precisamente o intelectível. Muito mais, uma mesma visada veritativa pertence às duas modalidades: "Desse modo, a arte, como dissemos, é uma certa disposição, acompanhada da razão reta, capaz de produzir [...]" (1140a 20-21). Em um caso como no outro, se está no domínio do contingente.[18]

É preciso sinalizar que o contingente está no domínio racional da alma. Os elementos constitutivos da sabedoria prática retomam o ponto de vista da implicação pessoal do homem prudente, são eles: a deliberação, a visada da vida feliz, a consideração da vantagem pessoal e da vantagem comum, a deliberação sobre o contingente, entre outros. Ricœur observa que, no Livro VI, é possível perceber que Aristóteles antecipa o método dos semanticistas da linguagem comum, pois explora a riqueza da linguagem prática: "O que se encontra nessas páginas é menos uma doutrina que um estilo de discurso sobre o terreno prático e moral. Isso não impede de estreitar a reflexão sobre o tema do pensamento da medida e do limite, na linha do trágico. É um pensamento humano e não divino, frágil e não assegurado, singular e não universal, equilibrado e sem excesso que convida a explorar o rico dicionário da *phronesis*".[19]

A casuística da *phronesis* se aproxima da *aisthesis*, visto que a singularidade do pensamento tem por caráter epistêmico determinar o ponto de *parada* do pensamento discursivo. De acordo com Ricœur, em seu movimento ascendente, o pensamento discursivo deve parar nos princípios intuitivos, e o movimento descendente não pode, nem na ordem da *aisthesis*, nem na da prudência, ir mais baixo do que os indivíduos. Aristóteles, a fim de resolver o problema do ponto de parada do pensamento discursivo, entre intuição e razão, introduz o

---

[18] P. Ricœur, *La métaphore vive*. Paris, Le Seuil, 1975, p. 17-18.

[19] Idem, "À la gloire de la phronèsis (*Éthique à Nicomaque*, Livre VI)", *In*: J-Y. Chateau (org.). *La vérité pratique. Aristote: éthique à Nicomaque*, Livre VI, Paris, Vrin, 1997, p. 13-22.

noûs (faculdade humana capaz de captar verdades fundamentais por uma via intuitiva, em oposição aos limites apresentados pelo pensamento meramente calcado na ciência e na discursividade). Aristóteles entende a razão intuitiva como princípio e como fim, trata-se do que é, ao mesmo tempo, a origem e o objeto de demonstração. E a consequência desse entendimento é que tanto a teoria quanto a prática têm, cada uma, seus dois extremos não discursivos, intuitivos nesse sentido, e a mediação discursiva: "Consequentemente, as palavras e as opiniões de pessoas experientes, dos idosos e das pessoas dotadas de sabedoria são todas também dignas de atenção, pois a experiência lhes concedeu uma visão exercitada que lhes permite ver corretamente as coisas".[20] Ainda que não tenha tratado especificamente do tema, por extensão, a reflexão de Ricœur a propósito da retomada do conceito de *phronesis* pelo neoaristotelismo oferece três contribuições significativas para a reflexão sobre o mal: (i) a rejeição a uma perspectiva *verificacionista* ou *objetivista* do *problema do mal*; (ii) a valorização de uma maneira de argumentar nos moldes de uma *epistrophe*; (iii) a valorização da relação da inteligência prática com a *aisthesis* e com a equidade.

Assim sendo, voltando à convergência entre pensar, agir, sentir, como *combate* ao mal, tem-se uma orientação para o pensar, que é o exercício eficiente da *phronesis*, e, por continuidade, para o agir. Contudo, é na terceira contribuição da revitalização da noção de *phronesis* aristotélica que se dá na convergência entre o sentir e o agir, que está diretamente ligada à *aisthesis* e à equidade. Nessa formulação, a estética é reconhecida por sua contribuição com as forças da imaginação, da sensibilidade e das emoções na dimensão da sabedoria prática. A *aisthesis*, como sinaliza Louis Bourgey, além de designar a fonte de todo um conjunto determinado de sensações, designa a consciência de si.

[20] Ibidem, p. 21.

A *aisthesis* inscreve a experiência sensível na linguagem e é responsável por ativar a memória e despertar a consciência. Todos os animais nascem com capacidade sensitiva, mas somente os humanos dispõem da memória, por isso, os seres humanos são os que fazem uso da prudência, pois são aptos a aprender. É preciso, neste ponto, destacar a aprendizagem pela repetição: "Nos homens, a experiência deriva da memória. De fato, muitas recordações do mesmo objeto chegam a constituir uma experiência única. A experiência parece um pouco semelhante à ciência e à arte".[21] A *aisthesis* é um dos elementos da *Poética*, de Aristóteles, e atua, junto com os demais elementos, *mimesis*, *katharsis*, *poiésis*, na tarefa de explorar as múltiplas maneiras pelas quais um agir representado/narrado afeta um espectador. O ser humano afetado pela representação artística tem a possibilidade de transformar, a partir dessa experiência de tipo particular, uma passividade em atividade. Tendo constatado essa conexão entre a sabedoria prática, a *phronesis*, que compreende a contextualização cultural, na qual atua a *aisthesis*, além do reconhecimento do papel da linguagem nesse processo de conhecimento, volta-se para o papel das entidades de ficção neste conjunto.

A fim de realizar essa conexão, retoma-se o "ensino mais sólido do Livro VI" no ponto da ligação estreita proposta por Aristóteles entre a *phronesis* e o *phronimos*, ligação que tem sentido uma vez que o ser humano de julgamento sábio determina, ao mesmo tempo, a regra e o caso, ou seja, que realiza o movimento da norma moral à perspectiva ética em situações singulares inéditas: "Aristóteles não hesita em aproximar a singularidade da escolha segundo a *phronesis* do que é a percepção (*aisthesis*) na dimensão teorética. O argumento que é reunido desse modo não deixará de surpreender: "pois nessa direção também deveremos nos manter". A sabedoria prática parece,

---

[21] Aristóteles. *Metafísica* (I e II). vol. 2. Trad. Marcelo Perine, da versão italiana de Giovanni Reale. São Paulo, Loyola, 2002, p. 3.

portanto, ter dois limites: um limite superior, a felicidade, e um limite inferior, a decisão singular".[22]

O limite superior, a perspectiva da vida boa, feliz, é moral, e o limite inferior, a boa e justa escolha da ação em casos particulares, sempre considerando a contextualização cultural, é ética. O julgamento prudencial, como se viu, é singularizante assim como o é a *poiesis* e é, nesse sentido, que a articulação entre a *phronesis* e a *aisthesis* faz o apelo à teoria narrativa que atua como mediadora entre a teoria moral e a teoria da ação, afinal, como aponta Ricœur, a narração, nunca eticamente neutra, mostra-se como um laboratório do julgamento moral. Antes de abordar a narrativa, propriamente dita, é preciso compreender como se passar do ato de descrever para o ato de narrar, que tem início com o discurso poético.

A POÉTICA DAS REINTERPRETAÇÕES SUCESSIVAS

Para Ricœur, o discurso poético traz para a linguagem aspectos, qualidades, valores da realidade, aos quais o sujeito não tem acesso através da linguagem diretamente descritiva; valores que só podem ser atingidos por conta do jogo complexo entre a enunciação metafórica e a transgressão regrada de significações usuais de nossas palavras. Ricœur fala não somente do sentido metafórico, mas da referência metafórica, para traduzir esse poder do enunciado – o de *redescrever* uma realidade inacessível à descrição direta. A metáfora é viva, também, porque promove a inscrição do fio da imaginação em um *pensar mais* no nível do conceito. É essa luta por *pensar mais*, sob a conduta do *princípio vivificante*,[23] que traduz a alma da

[22] P. Ricœur, *O si-mesmo como um outro*. Trad. Lucy Moreira César. Campinas, Papirus, 1991, p. 206.

[23] Idem, *La métaphore vive*. Paris, Le Seuil, 1975, p. 384.

interpretação. Ricœur estabelece uma relação comparativa entre o que ele denomina metáfora morta e metáfora viva tendo como valor a questão da subsistência ao tempo. As metáforas fazem referência a um sentido, a um referente e, portanto, precisam ser contextualizadas. Aquelas que não subsistem ao tempo, ou que caem no senso comum, que são assimiladas plenamente dentro da linguagem que anula seu poder metafórico são metáforas mortas. Já as metáforas vivas são aquelas capazes de ultrapassar as convenções da linguagem, assim como, de renovar o olhar, visto que elas são, ao mesmo tempo, acontecimento e sentido. Já que a metáfora pode surgir como fusão de sentidos, ela é o local, por excelência, do conflito entre o *velho* e o *novo*. Portanto, a metáfora não nasce de um grau zero da escritura, mas, sim, de um sentido sedimentado na história, na tradição. O novo sentido tem sua origem no sentido antigo e, portanto, o renova. A poética de Ricœur é concebida como uma poética da liberdade, aberta para o engajamento, aberta para a ação. É a metáfora viva que torna possível uma dimensão dinâmica da vida, que se realiza pela interação entre o texto e o leitor. No exato momento da leitura do poema, ocorre uma espécie de curto-circuito entre o *ver como*, característico do enunciado metafórico, e o *ser como* correlato ontológico desse último. O mesmo se dá com a narrativa e é nessa relação que se observa a dimensão ética da narrativa de ficção.

Como observa Olivier Abel, entrando no espaço ficcional, o leitor é convidado a colocar seu problema entre parênteses, em suspensão, e a narrativa ficcional apresenta um cenário de tratamento ficcional ao problema do leitor, que joga, no sentido que Friedrich Schiller tratou do jogo livre, com o problema do texto. Ao jogo livre das faculdades de conhecimento, Schiller atribuiu o "impulso lúdico", que é o impulso para o jogo. Este último ocorre quando as necessidades naturais da vida estão saciadas e o jogo é uma descarga das energias excedentes, biológicas e psíquicas. Assim sendo, o impulso lúdico independe dos interesses práticos e é uma manifestação de ordem espiritual. O impulso para o jogo já se manifesta nos movimentos livres dos animais, das crianças que brincam, da natureza inanimada, que exercem uma total liberdade quando não estão respondendo a uma necessidade determinada e exterior: "O animal *trabalha* quando uma privação é o móbil de sua atividade e *joga* quando a profusão de forças é este móbil, quando a vida abundante instiga-se à atividade".[24]

De acordo com Schiller, o impulso lúdico também pode ser tomado como "jogo estético", cuja função é conciliar o que se manifesta aos sentidos, com o que é o ato do pensamento. O jogo estético pressupõe a liberdade, pois é necessário que o sujeito já tenha conquistado um grau de autonomia, afinal, sem que se distancie das coisas pela contemplação, o sujeito não poderia dispor dos elementos sensíveis e de si mesmo para realizar o jogo livre. Schiller defende que a *mimesis* não pode constituir na cópia da realidade, na reprodução da aparência superficial e ilusória. A única relação imitativa que se admite com relação à beleza é a do artista, o gênio que o impulso lúdico elevou à condição de agente criador, com o salto da imaginação: "Desse jogo da *livre sequência das ideias*, da natureza ainda inteiramente material e explicado por meras leis naturais, a imaginação dá o salto em direção do jogo estético, na busca de *uma forma livre*. Tem-se de chamá-lo de salto, porque uma força totalmente nova se põe em ação aqui".[25]

A concepção do "salto" tem por objetivo representar a energia e a luta da imaginação contra as forças da natureza, tanto para o artista quanto para o receptor da arte, neste caso específico, da ficção. Nessa perspectiva, a aparência artística "não nos dá, como num espelho, apenas o reflexo da vida interior ou do mundo exterior, mas expressa o modo pelo qual a consciência, operando sobre a realidade,

---

[24] F. Schiller, *A educação estética do homem*. Trad. Roberto Schwarz e Márcio Suzuki. Introdução e notas Márcio Suzuki. São Paulo, Editora Iluminuras, 2011, p. 130.

[25] Ibidem, p. 131.

configura-a de acordo com os sentimentos e as intenções valorativas do artista".[26] A imaginação tem a capacidade de se estender sobre uma série de representações que fazem pensar mais do que se poderia expressar em conceitos determinados por palavras: "A arte poética e a eloquência tomam o espírito que anima suas obras simplesmente dos atributos estéticos que se manifestam paralelamente aos lógicos dando à imaginação um impulso para pensar neles, ainda que de modo não desenvolvido, mais do que se poderia compreender num conceito, e, consequentemente, numa expressão linguística determinada".[27]

Esta é a melhor definição para o potencial pedagógico da representação artística – seu poder de engendrar o pensamento, de fazer "pensar mais". As representações da imaginação aspiram a algo situado além dos limites da experiência. A imaginação promove, portanto, o uso *reflexionante* da faculdade de julgar, ela organiza o material proveniente da sensibilidade e apresenta intuições em uma forma compatível com as exigências de unidade do entendimento.

O discurso ficcional leva assim o leitor a se colocar questões que ele não teria enfrentado. A figuratividade posta em ação pela narrativa ficcional permite ao leitor fazer frente aos seus próprios problemas de uma maneira não destrutiva para seu ego. Abel observa que a *hermenêutica poética*, proposta por Ricœur, difere daquela ontológica proposta por Gadamer, visto que não se trata de compreender o texto o remetendo para uma questão mais original, mais radical, *a montante*, mas, sim, de colocar o leitor em face de questões inéditas às quais ele pode responder, questões que são singulares, particulares, às quais o texto responde pela questão mesmo que ele coloca, pelo espaço que ele abre, *a jusante*. Observa-se que a *hermenêutica poética* faz o mesmo movimento da *phronesis* que, *a jusante*,

---

[26] B. Nunes, *Introdução à filosofia da arte*. 5. ed. São Paulo, Editora Ática, 2003, p. 28.

[27] I. Kant, *Crítica da faculdade de julgar*. Trad. Daniela Botelho B. Guedes. São Paulo, Ícone, 2009, p. 165.

volta-se para a singularidade, na perspectiva ética. O mal, como se viu, é o que *não pode ser*, ele ameaça o sentido, paralisa a ação e, perigosamente, é uma ameaça ao círculo contínuo da vida. Responder ao mal pela convergência entre o pensar, o agir e o sentir não pode prescindir da imaginação criativa: "Poder-se-ia, inicialmente, dizer que há momentos na história dos indivíduos ou das comunidades em que não se pode mais 'sentir' o *mundo real*, no qual não se pode mais agir: acontece então que a gente se volta para as sensações e as ações virtuais da ficção".[28] Grosso modo, o mal implica a resposta ética da convergência do pensar, do agir e do sentir, a partir de uma poética das reinterpretações sucessivas.

[28] O. Abel, *L'éthique interrogative*: herméneutique et problématologie de notre condition langagière. Paris, Presses Universitaires de France, 2000, p. 167.

Capítulo 9 | Memória e esquecimento na história de Foucault e de Ricœur

Jorge Dávila[1]

No epílogo do livro *A Memória, a história, o esquecimento,* Paul Ricœur formula de modo interrogativo aquilo que chama de "o desejo mais dissimulado do conhecimento histórico". Sua pregunta é esta: "Não é ilusão de todo historiador chegar detrás da máscara da morte, ao rosto dos que existiram em outro tempo, atuaram e sofreram e fizeram promessas que deixaram sem cumprir?"[2] Quisera parafrasear a Paul Ricœur jogando essa pergunta sobre ele mesmo e sobre Michel Foucault; quero dizer, sobre suas obras histórico-filosóficas. De todas formas, manifesto meu desejo não dissimulado de captar o conhecimento sobre o histórico – que em mim há – que as obras de Ricœur e Foucault têm. Certamente é ilusório chegar à face dessas obras. Não quisera eu, entretanto, só por meio de alguns rastros que essas obras evidenciam atingir, como diz Ricœur, "as ações, os sofrimentos e as promessas sem cumprir" de ambos os filósofos. O que de fato me proponho é construir pilares – para nós, hoje – que possamos converter

---

[1] Universidad de Los Andes (ULA), Venezuela.

[2] "¿No es la ilusión de todo historiador llegar, detrás de la careta de la muerte, al rostro de los que existieron en otro tiempo, actuaron y sufrieron e hicieron promesas que dejaron sin cumplir?" P. Ricœur, *La memoria, la historia, el olvido*, Buenos Aires, FCE, 2004, p. 639.

em estandartes firmes contra o esquecimento das suas obras; ou seja, continuar fazendo-as presentes na ausência das brilhantes mentes que as criaram. Enfim, fazer memoria, homenagear a memória.

A memória, a história, o esquecimento, obra final de Paul Ricœur, dirige o pensamento e a reflexão filosófica a uma compreensão inacabada (também se pode dizer: aberta à compreensão) sobre uma incógnita (uma X) que se desenha, se faz, se desfaz, se refaz e volta a se construir ao longo desse texto magnânimo de Ricœur. É sobre essa incógnita X que espero poder dizer alguma coisa. Como é bem sabido, esse grande livro dedicado à memória, à história e ao esquecimento, é uma obra que corresponde à *summa* de todo o esforço intelectual de Ricœur. E, além disto, tanto o título como a impecável ordem do texto, distinguem um lugar à história, assim como a um espaço, a um assento e talvez a um tempo mediano, mediador e intermediário entre a Memória e o Esquecimento. A incógnita X tem relação precisamente com a história. A tríade Memória-História-Esquecimento é percorrida no texto, resumindo a obra de Ricœur por ele mesmo, da mesma forma que, entendo-o eu assim, seu fio condutor é o anunciado desejo de procurar e dar um fundamento apto à *autocompreensão*, à compreensão-de-si-mesmo, à compreensão do eu mesmo. Esse desejo manifesto se fez evidente para Ricœur na metade dos anos oitenta, justo quando Michel Foucault encontrava seus dias finais. Em 1988, Ricœur expunha como, a propósito da simbólica do mal[3], sua própria reflexão sobre a compreensão-de-si, pois ao incorporar símbolos e mitos, incorporava também uma parte da história da cultura à reflexão filosófica que, segundo a tradição kantiana e husserliana, estava situada no reino do transcendental. Isso, entende Ricœur, mudava radicalmente o estatuto da história. Em suas próprias palavras:

---

[3] Cf. Idem, "Symbolique du mal". *In*: *Finitude et culpabilité*, t. II, Paris, Aubier, 1960.

> A filosofia reflexiva havia privilegiado o transcendental em detrimento do empírico na ideia de que o histórico era só um aspecto do empírico e que o transcendental poderia, então, assimilar-se como a-histórico. Porém, agora o histórico entra no campo reflexivo, e isso muda o sentido tanto do transcendental como do empírico. O histórico se insere no campo reflexivo sob os rasgos daquilo que é significativo e durável, e não mais marcado pelo contingente, anedótico e nem transitório (como o era em uma história das ideias). O transcendental, por sua vez, reveste, então, não mais os traços do a-histórico, mas, em seu lugar, reveste-se do trans-histórico.[4]

Deste modo, para Paul Ricœur, a compreensão-de-si se enlaça indissoluvelmente com a história de tal maneira que "a compreensão-de-si é a retomada reflexiva [la reprise réflexive] da sua própria história; uma história que agora oferece à reflexão pura a mediação que está ausente no curto-circuito do cogito cartesiano pensando-se a si mesmo".[5]

Talvez não seja inútil lembrar que em *As palavras e as coisas*, vinte anos antes, Michel Foucault analisava a inserção da História no assunto mais configurador do pensamento moderno, sendo este, precisamente, o papel da dupla empírico-transcendental na Analítica da finitude. Assim o apontava Foucault:

---

[4] La filosofía reflexiva había opuesto lo transcendental a lo empírico en la idea de que lo histórico era sólo un aspecto de lo empírico y que lo transcendental podía entonces tenerse por a-histórico. Pero, ahora lo histórico entraba en el campo reflexivo, y eso cambia el sentido tanto de lo transcendental como de lo empírico. Lo histórico entra en el campo reflexivo bajo los rasgos de lo significativo y de lo durable y ya no más marcado por la contingencia y lo anecdótico ni de lo transitorio (como lo era en una historia de las ideas). Lo transcendental, por su parte, reviste entonces ya no trazos de lo a-histórico sino, en su lugar, se viste de trans-histórico. (P. Ricœur, *Auto-compréhension et histoire*, Symposium international Ricœur, Granada, novembro 1987. Disponível em: http://www.fondsRicœur.fr/uploads/medias/articles_pr/auto-comprehension-et-histoire-1988-v2.pdf.)

[5] "La comprensión-de-sí es la retoma reflexiva [*la reprise réflexive*] de su propia historia; una historia que ahora ofrece a la reflexión pura la mediación que está ausente en el corto-circuito del *cogito* cartesiano pensándose a sí mismo". Ibidem.

> Ao sublinhar o inconsciente como seu objeto mais fundamental, as ciências humanas mostraram que ainda havia que pensar naquilo que estava já pensado em um nível manifesto; ao descobrir a lei do tempo como limite externo das ciências humanas, a história mostra que tudo o que já se pensou, será pensado ainda por um pensamento que ainda não saiu à luz. Mas, talvez, não tenhamos aí, sob as formas concretas do inconsciente e da história, nada mais que as duas caras desta finitude que, ao descobrir que em seu próprio fundamento com relação a si mesma, fez aparecer no século XIX a figura do homem: uma finitude sem infinito que é, sem dúvida, uma finitude que nunca terminou, que sempre está na retirada em relação a si, em relação ao fato de que ainda falta algo para se pensar no mesmo instante em que se pensa, pois sempre se terá tempo para pensar de novo o que já pensou.[6]

A autocompreensão, a compreensão-de-si em sua "reprise réflexive" da sua própria história, segundo Paul Ricœur, refere-se a uma finitude que ele chama de "finitude da interpretação" cujo caráter definidor radica em que as pré-suposições do pensamento pensante se estruturam como "situações a partir das quais nós pensamos sem poder pensá-las a elas mesmas".[7] É uma finitude que – submissa à hermenêutica –, consciente dos seus próprios limites, afana-se, luta por estabelecer em seu próprio pensamento o caráter constitutivo

---

[6] Al develar lo inconsciente como su objeto más fundamental, las ciencias humanas mostraron que había siempre aún que pensar en aquello que estaba ya pensado en el nivel manifiesto; al descubrir la ley del tiempo como límite externo de las ciencias humanas, la Historia muestra que todo lo que se ha pensado será pensado aún por un pensamiento que todavía no ha salido a luz. Pero quizá no tenemos allí, bajo las formas concretas de lo inconsciente y de la historia, más que las dos caras de esta finitud que, al descubrir que es su propio fundamento con respecto a sí misma, hizo aparecer en el siglo XIX la figura del hombre: una finitud sin infinito que es, sin duda, una finitud que nunca ha terminado, que siempre está en retirada en relación consigo misma, a la que queda aún algo qué pensar en el instante mismo en que piensa, a la que queda siempre tiempo para pensar de nuevo lo que ya ha pensado. (M. Foucault, *Les mots et les choses*, Paris, Gallimard, 1966, p. 384-85.)

[7] "Situaciones a partir de las cuales nosotros pensamos sin poder pensarlas a ellas mismas". (P. Ricœur, *Temps et récit III*, Paris, Seuil, 1991, p. 371.)

da história – essa que Ricœur chama de uma porção [*une tranche*] da história da cultura[8] – na compreensão-de-si. Para Michel Foucault, como bem sabemos, a tarefa, não necessariamente para uma compreensão-de-si, mas para um possível modo de subjetivação, será a da história do pensamento. A este último retornarei mais na frente.

Se o problema da compreensão-de-si percorre *A memória, a história, o esquecimento*, talvez não seja ousado afirmar que o nó central desse problema esteja no papel mediador da história entre Memória e Esquecimento. Creio, por outra parte, que podemos entender que a história, a memória e o esquecimento une, no texto, a convicção de Ricœur de que em cada um desses momentos, ou situações, ou condições da experiência humana, formula-se – de maneira explícita ou implícita – um certo *telos*, uma finalidade que tem como destino precisamente o enriquecimento, a maior consciência possível, da compreensão-do-eu-mesmo. É sobre essa finalidade que se pode formular com precisão a incógnita X; essa que eu dizia, no começo, desenha-se ao longo de todo o livro, que se faz, se refaz e se desfaz temporalmente na reflexão para voltar a aparecer. E, se se me permite afastar por um momento o que diz respeito ao terceiro elemento da tríade memória-história-esquecimento, isto é, o esquecimento, podemos estabelecer a incógnita X de acordo com o seguinte esquema:

HISTÓRIA	MEMÓRIA
Projeto de verdade na história	Fidelidade da memória
X	Reconhecimento ("pequeno milagre")

Enquanto a memória procura manter uma relação fiel com os eventos, com os fatos do passado – em seu esforço de trazer ao presente o já ausente –, a História busca inscrever-se a si mesma com a pretensão de certo *telos* que a orienta como um "projeto de

[8] Idem, *Auto-compréhension et histoire*, Op. cit.

verdade". Agora, a orientação da fidelidade ao passado que a memória sugere, encontra seu espaço na validação, de consolidação do seu apego ao acontecido, além do desafio imaginário, no ato de reconhecimento que, para Ricœur é, como ele diz, "um pequeno milagre".[9] Esta orientação de fidelidade, convalidada pelo reconhecimento, concede ao assunto da compreensão-de-si uma dimensão de abertura e aceitação da Outredade.[10] O reconhecimento do passado, por ação da memória, convalida, assim, um nível de auto compreensão que posiciona ao sujeito na condição de fundamento da relação si-mesmo/outros.

Porém, pela sua parte, e segundo Ricœur, não há história – com sua pretensão de instaurar-se como "projeto de verdade" – um equivalente exato ao que o reconhecimento tem em sua relação constitutiva com a memória. O fenômeno do reconhecimento, assinala Ricœur, "que distingue de qualquer outro a relação da memória com o passado, não tem paradigma no plano da história".[11] E comparando explicitamente Memória e História, diz ele que "a história não é mais vasta que a memória, mas que o tempo – o da história – é percorrido de um modo distinto ao da memória"; um tempo, que em seu percurso, "permite à história ampliar, completar, corrigir e inclusive refutar a testemunha da memória, ainda que não possa aboli-la".[12] Desta

[9] "Un pequeño milagro". (Idem, *La memoria, la historia, el olvido,* Op. cit., p. 61 e 549.)

[10] Outredade de o-outro e de os-outros: o reconhecimento pressupõe que no ato de trazer de novo o evento passado requer o esforço de fazer presente (ainda que de maneira imaginária) um outro a quem se lhe pede que confirme a existência passado do acontecido. Para Ricœur, em poucas palavras, o reconhecimento é "o passado rememorado no interior do presente" para "cobrir de presença a alteridade do ex-sistido". *La memoria, la historia, el olvido,* Op. cit., p. 61 e 397.

[11] "que distingue de cualquier otro la relación de la memoria con el pasado, no tiene parangón en el plano de la historia". Ibidem, p. 370.

[12] "Permite a la historia ampliar, completar, corregir e incluso refutar el testimonio de la memoria; aunque no pueda abolirlo". Ibidem, p. 637.

forma que a falta para a história de uma equivalência ao *reconhecimento* (aquele que convalida a memória), essa falta, essa ausência, essa incógnita que chamo de X, só é suprida – e com um efeito meramente parcial – pela testemunha e pelo arquivo.

Daí que, para Ricœur, este déficit que deixa o recurso ao testemunhal e à confirmação do arquivo – com toda a força interpretativa que sobre eles possa elaborar uma hermenêutica que supera a própria fenomenologia, como bem o mostrou Jean Grondin em seus estudos sobre a obra ricœuriana –,[13] esse déficit da testemunha e do arquivo em cumprir um papel como o do reconhecimento para com a memória, esse déficit, repito, o vê Ricœur de tal modo que, em seu entendimento, a verdadeira réplica à ausência de um equivalente do reconhecimento X, só pode ser lido, ou seja, compreendido nas páginas consagradas à morte pela história e na história.[14] É isso o que quer dizer minha invocação inicial quando referenciei o "desejo mais dissimulado do conhecimento da história": chegar detrás da máscara da morte.

Quisera então formular, em modo hipotético, e talvez isso forneça hálito para uma investigação mais lúcida que a deste simples esboço que aqui apresento, que essa incógnita X em relação à história, tem um caráter semelhante ao projeto filosófico de Michel Foucault. Testemunha e arquivo não são para ele um déficit, mas tampouco uma abundância. Todos conhecemos a força tremenda que concedeu a noção de "arquivo" no pensamento de Foucault. Não pôde ficar mais bem formulada essa noção que do modo como ele o fez no capítulo 5 da terceira parte da sua *Arqueologia do saber* dedicada "*a-priori* histórico e no arquivo". Nesta etapa arqueológica de suas investigações histórico-críticas que culmina com essa obra, a inquietude histórica

---

[13] J. Grondin, *L'herméneutique, que sais-je?* Paris, PUF, 2006, p. 75-92. Também: *Paul Ricœur, que sais-je*. Paris, PUF, 2013.

[14] *Cf. La memoria, la historia, el olvido,* Op. cit., p. 638.

de Michel Foucault transcende o campo da auto compreensão direcionada ao domínio temporal das condições de constituição, formação e estruturação dos saberes, incluídos ali, claro, o mesmo saber histórico. Por isso, esse "*a-priori*" – que não é para nada referente às condições formais – não escapa ele mesmo, como diz Foucault, à historicidade: "não constitui em cima dos acontecimentos [*événements*], e em um céu que estivesse imóvel, uma estrutura intemporal; define-se como o conjunto das regras que caracterizam uma prática discursiva".[15] Assim, o *a-priori* é ele mesmo um conjunto formidável. E, na espessura dessas práticas discursivas, são "os sistemas que instauram os enunciados como acontecimentos (com suas condições e seu domínio de aparição) e coisas (contendo sua possibilidade e seu campo de utilização); são esses sistemas de enunciados (acontecimentos por uma parte, e coisas por outra)"[16] aos que Foucault denomina precisamente de "arquivo".

Parece-me que a inquietude de Foucault com sua ocupação na história, a história do pensamento, foi coberta, em um primeiro momento, com estas condições da arqueologia em que o assunto da memória não tem mais relevância que a de estar circunscrita ao domínio do que o próprio jogo lhe estipula – esse jogo do sentido e significado que ocupa à fenomenologia e à hermenêutica –, a força do *sistema*, do *a-priori* constitutivo de toda *episteme*. Paul Ricœur chega a formular, como o mais próprio do momento histórico, seja o momento mediador do que a fenomenologia indaga e afirma sobre a memória, ou o momento histórico feito pelo próprio esforço

[15] "No constituye por encima de los acontecimientos [*événements*], y en un cielo que estuviese inmóvil, una estructura intemporal; se define como el conjunto de las reglas que caracterizan una práctica discursiva". M. Foucault, *La archéologie du savoir*, Paris, Gallimard, 1969, p. 168.

[16] "Los sistemas que instauran los enunciados como acontecimientos (con sus condiciones y su dominio de aparición) y cosas (comportando su posibilidad y su campo de utilización); son esos sistemas de enunciados (acontecimientos por una parte, y cosas por otra)". Ibidem, p. 169.

hermenêutico acoplado ao seu caráter epistemológico. Agora, esse momento, repito, é para Michel Foucault um trânsito até as condições constitutivas das epistemes que exigirão de si uma indagação sobre a própria historicidade da história ou sobre a mesma historicidade do arquivo.

Mas longe de dedicar o pensamento dessa historicidade ao campo formal daquilo que em Ricœur deixava de ser a-histórico para tonar-se trans-histórico, e longe também de uma mera ocupação no domínio do empírico permeado pela história da cultura em sua simbologia e em sua mitologia, a história do pensamento de tal historicidade do arquivo, leva a Foucault uma ocupação e indagação genealógica das formas discursivas, agora expressando estas últimas mais cabalmente a uma experiência íntegra do sujeito. Assim, a questão da historicidade da história – que havia sido iluminada no campo epistemológico com *As palavras e as coisas* e elaborada com especial fundamentação arqueológica construída em a *Arqueologia do saber* –, essa questão da historicidade vai ser avaliada de modo mais preciso nas últimas investigações sobre a genealogia do sujeito. Contudo, para ser justo, deveria dizer que, já no Foucault da arqueologia, havia uma verdadeira inclinação à indagação genealógica. Em outros textos tenho me referido a isto com mais detalhe.[17]

E bem, essa abordagem da questão da historicidade da história – esta é minha hipótese já anunciada – representa cabalmente a incógnita X que nos ensina Paul Ricœur. E essa mesma questão, já renovada, é formulada por Foucault em sua distinção da história do pensamento – referente à experiência – de outras modalidades da história; formulação expressada com toda clareza ao início do curso de 1983 no *Collège de France*, curso publicado como *O governo de si e dos outros*. Ali expõe Foucault suas indagações históricas

[17] *Cf.* J. Dávila, "Genealogía del humanismo y ética del errante". *In*: V. Portocarrero; H. Conde; A. Veiga-Neto, *Michel Foucault e os saberes do homem*, Editora Prismas, 2016, p. 157-76.

– preocupado pela problematização da historicidade – de outros dois modos de história,[18] sendo estes os seguintes:

a) a "história das mentalidades" que cobre um alcance entre dois extremos definidos como:

Análises de comportamentos efetivos	*História das mentalidades*	Análises das expressões que acompanham os comportamentos efetivos

Nesta modalidade da história, parece-me, adquire pleno sentido no problema fenomenológico que aborda Ricœur em relação com a memória.

b) a "história das representações ou dos sistemas representativos", que pode se situar em um alcance definido por dois objetivos; sendo estes os seguintes:

Análises das funções representativas ou análises das ideologias	*História de representações*	Análises dos valores representativos de um sistema de representação*

* este se ocupa do critério de verdade de um sistema do pensamento

Nesta modalidade da história, creio eu, pode assentar-se a rigorosa ocupação de Ricœur em torno da história como "projeto de verdade"; claro está, quando é pensado até extremo do segundo objetivo: o da análise de valores de um sistema de pensamento considerado em seu critério de verdade e ocupado com o papel da história no que tange à questão da compreensão-de-si.

[18] M. Foucault, *Le gouvernement de soi et des autres. Cours au Collège de France 1982-1983*. Paris, Gallimard-Seuil, 2008, Cf. aula de 5 de janeiro de 1983.

Quando manifesto que a reflexão de Paul Ricœur sobre a história se situa em ambos os "modos de história" (história das mentalidades e história das representações), não quero dizer que a distância com Foucault seja incomensurável, dado que este último diz afastar-se de ambos os modos de história. Ocorre que, na reflexão de Ricœur, ao "misturar" ambos os modos também se afastam deles; ou, dito de outro modo, misturam-se em sutis jogos dialéticos[19] de argumentação. Vale a pena dizer que a reflexão sobre a História não fica só na pretensão historicista, mas procura que ela vá à procura de outra coisa que é a fundamentação da experiência de si-mesmo, da auto compreensão. Assim, o "projeto de verdade" é a tarefa sem fim da auto compreensão constituída, como ver-se-á mais na frente, ao respeito do fundo da Justiça e o Amor.[20]

Agora, Foucault, por sua parte, vai situar suas indagações – e inclui ele, em primeiro lugar, a história que fez da loucura na época clássica – no que ele denominou de história ou história do pensamento. E o que é que se entende por "pensamento"? Aquilo que ele refere como "uma análise dos núcleos de experiência"[21] em os que se observa como se articulam, amarram, estreitamente vinculados uns aos outros:

---

[19] Diz Ricœur, a respeito, que existe uma "problemática filosófica que o desborda" e de cuja história "seu estilo próprio de mediação incompleta entre posições rivais é uma expressão"; essa mediação entre posições rivais é uma "dialética que me servirá de guia em os percursos pelos trabalhos surgidos pela mediação solicitada por influencias contrárias". *Cf. Auto-compréhension et histoire*, Op. cit.

[20] Creio que dessa maneira se pode interpretar a frase que remete ao que não se acaba [*inachèvement*] que mencionou Ricœur como sentença final em *A memória, a história, o esquecimento* na página à parte após o epílogo: *baixo a história, a memória e o esquecimento. Baixo a memória e o esquecimento, a vida. Mas escrever a vida é outra história. Nunca acaba. Se a História é mediação entre Memória e Esquecimento, é porque a Memória e o Esquecimento são subjacentes à História.*

[21] "Un análisis de los núcleos de experiencia". M. Foucault, *Le gouvernement de soi et des autres...* Op. cit.

a. As formas de um saber possível;
b. as matrizes normativas do comportamento para o indivíduo ou o sujeito;
c. os modos de existência virtual para sujeitos possíveis, ou, dito de outro modo, a constituição de um certo *modo de ser* para o sujeito.

Como se vê, um "núcleo de experiência" [*un foyer d'expérience*] corresponde a outro modo de discriminar as práticas discursivas ou sistemas fundados no a-priori histórico, entretanto, agora é mais evidente que, simultaneamente, estão expressas as relações do sujeito com:

a. *O outro*; por meio da confirmação de saberes;
b. os *outros*; por meio das relações de poder e da governança;
c. o *Si-mesmo*; pela constituição dos modos de ser possíveis para ele mesmo e desde ele mesmo.

Então, a questão da compreensão-de-si, a pergunta pela incógnita X que relacione a história como projeto de verdade com uma confirmação precisa, poderíamos dizer que é respondida por Foucault com a história do pensamento; se por ela entendemos – e praticamos! – o exercício filosófico do viver a compreensão da genealogia da subjetivação. E isto involucra desenvolver a capacidade em o eu mesmo, de fazer a vida do eu o exercício de elaboração da história do pensamento, o que Foucault chamava de "uma vida *filosófica*".[22] Mas haveria de ser mais preciso na explicação do que se poderia entender, possivelmente diferenciando-se da tese ricœuriana, por história como "projeto de verdade". Vejamos.

Para Michel Foucault, a questão da verdade significou um assunto que merecia central atenção em suas investigações histórico-críticas, em seu pensamento filosófico. De acordo com a versão

---

[22] *Cf.* J. Dávila, *Trazas de Michel Foucault*, Caracas, bid & co., 2014.

que nos dá Paul Veyne, Foucault diferenciou sua pergunta pela verdade com a de Heidegger (qual é a essência da verdade?), e a de Wittgenstein (que falamos quando falamos a verdade?); a sua, não obstante, era: por que a verdade – na história – tem sido tão pouco verdadeira?[23] Isto é, a inquietude foucaultiana pela verdade se hospeda na análise do que ele chamou *os regimes da verdade ou da veracidade*. De maneira que, se retomamos a questão da auto compreensão em sua relação com a história, a *vida filosófica* – guiada pelo apego a um exercício genealógico dos modos de subjetivação – implica que, para Michel Foucault, existe a instauração de uma forma de memória que guardaria uma relação com a história em que ambas, Memória e História, fazem-se mutuamente; mas não uma memória para o sujeito liberado da sua relação com "o Outro" e com "os Outros". Também não uma memória que se convalida só no ato do *reconhecimento*, mas na que esta se submeta no atuar histórico-crítico que deve nos liberar dos modos de subjetivação que têm sido constitutivos do sujeito (o que fornece – digamos finalmente –, um sentido constitutivo ao esquecimento).

Esse é o exato centro de atenção do trabalho ético foucaultiano que decidi chamar de "ética do erro", guiando-me pela afirmação de Foucault sobre a dupla condição do ser vivente que é o humano de andar sempre errando e por errar ("*un vivant qui ne se trouve jamais tout à fait à sa place, un vivant qui est voué à 'errer' et à 'se tromper*").[24] Talvez possamos dizer que a compreensão-de-si, vista dessa forma, é um exercício de consciência dessa condição de errar;

---

[23] P. Veyne, "*Le dernier Foucault et sa morale*", *Critique*, n. 471-72, 1986, p. 940. Ver também: *Foucault. Sa pensée, sa personne*, Paris, Albin Michel, 2008, p. 63.

[24] M. Foucault, "*La vie, l'expérience et la science*", *Revue de Métaphysique et de Morale*, 90e année, n. 1, janvier-mars 1985, p. 3-14. Versão corregida pelo próprio Foucault no final da sua vida em: *Dits et Écrits, IV*, Gallimard, Paris, 1984, p. 775.

de acordo com esta última, não haveria necessidade de remitir a memória a um exercício de validação do que Paul Ricœur chama de "uma memória feliz" que acumula o passado, nem que a projete a um futuro guiado, desde já, por alguma referência ontológica ou trans-histórica.

Agora, não quisera eu finalizar sem lembrar que ao começo pedia que deixáramos afastado o assunto do esquecimento. Não esqueci o esquecimento...

Ricœur diz que "não pode haver um esquecimento feliz, mas se pode sonhar com uma memória feliz".[25] Contra um esquecimento que descanse na arte da "retórica da extinção: escrever para destruir, ou seja, o contrário de criar um arquivo", Ricœur postula "um possível trabalho do esquecimento, tecido com todas as fibras que nos unem ao tempo: memória do passado, espera do futuro e atenta ao presente".[26] E em suas últimas palavras em *A memória, a história, o esquecimento*, assinala seu horizonte em que, havendo reconhecido que "a memória encontra o sentido da justiça no caminho da *crítica histórica*",[27] memória e esquecimento se enlaçam sobre esse fundo de uma *crítica histórica*: "Despreocupada memória no horizonte da preocupada memória, alma comum à esquecida e à não esquecida memória".

Tudo isso, para Ricœur, remete à incógnita da sua maior preocupação, da sua maior inquietude, a do *perdão* que, finalmente, assim como a memória encontra seu sentido na justiça, o perdão encontra seu sentido no *amor*. "O amor é tão forte como a morte", recorda Ricœur em *Cantar dos cantares*. Entende-se porque já na conferência

---

[25] "No puede haber un olvido feliz como se puede soñar con una memoria feliz". P. Ricœur, *La memoria,...*, Op. cit., p. 644.

[26] "Un posible trabajo del olvido, tejido con todas las fibras que nos unen al tiempo: memoria del pasado, espera del futuro y atención al presente". Ibidem.

[27] "La memoria encuentra el sentido de la justicia en el camino de la *crítica histórica*". Ibidem, p. 640, ênfase adicionado.

intitulada *Amor e Justiça*, afirmava que o "sentido da justiça [está] sempre tocado e secretamente guardado por uma poética do amor".[28]

E é uma crítica histórica, mas também e, principalmente, claro está, uma história crítica, a preocupação de Foucault. Mas não situada no horizonte ricœuriano de "Amor e Justiça" como eixo principal e *telos* esperançado de uma ética. Não, ao menos não entendidos como universais e para uma eternidade. "O que eu procuro", afirmava Foucault em 1981, "é uma apertura permanente de possibilidades".[29] Possibilidades que sempre estiveram em todo o horizonte da historicidade do vivente e errante que é o ser humano. Como já havia dito muito antes de suas investigações finais – as que se acostuma a ver e associar com a reflexão ética -, ele, de quem se dizia que era o autor da morte do homem: "O homem se compromete perpetuamente com um processo que, constituindo objetos, desloca-o ao mesmo tempo, deforma-o, transforma-o e transfigura-o como sujeito";[30] e é exatamente isso o que ele quis dizer com a morte do homem. E ainda melhor expressado, cavilado, aprofundado: "No curso da sua história, os homens nunca deixaram de construir-se a si-mesmos; isto é, de deslocar continuamente sua subjetividade, de se constituir em uma série infinita e múltipla de subjetividades diferentes e que jamais terão fim [...]." Escuta-se isto como um eco prolongado na mente de Foucault, de uma sentença aforística do grande René Char, sentença que em

---

[28] "Sentido de la justicia [está] siempre tocado y secretamente guardado por una poética del amor". P. Ricœur, *Amour et justice*. Paris, Seuil, 2008, p. 40.

[29] "Es una apertura permanente de posibilidades". M. Foucault, *Entretien de Michel Foucault avec Jean François et John de Wit*. *In*: M. Foucault, *Mal faire, dire vrai*. Fonction de l'aveu en justice, Cours de Louvain, 1981, University of Chicago Press – Presses Universitaires de Louvain, 2012, p. 258. É uma versão melhor que a entrevista publicada em: *Dits et écrits, IV*, Op. cit.

[30] "El hombre se compromete perpetuamente con un proceso que, constituyendo objetos, lo desplaza al mismo tiempo, lo deforma, lo transforma y lo transfigura como sujeto". Foucault, M., *Entretien avec Michel Foucault* [entrevista com Trombadori en 1978], *em Dits et écrits, IV*, Op. cit., p.75.

1984, poucos dias antes de morrer, Foucault colocou na contracapa da primeira edição dos volumes 2º e 3º da *História da sexualidade*:

> *L'histoire des hommes est la longue succession des synonymes d'un même vocable. Y contredire est un devoir.*
>
> ["A história dos homens é a longa sucessão dos sinônimos de um mesmo vocábulo. Contradizê-lo é um dever"].[31]

Traduzido do espanhol por Walter Bueno com revisão técnica de Alessandro Francisco.

---

[31] Devo esta tradução ao generoso amigo Alessandro de Lima Francisco: *obrigado*!

PARTE II

AÇÕES NO TEMPO

Capítulo 10 | A *Filosofia política* de Eric Weil e a história

Patrice Canivez[1]

Esta contribuição propõe algumas observações sobre a relação da *Filosofia política*, de Eric Weil, com a história. Trata-se de uma questão muito ampla e meu texto não pretende, evidentemente, seu esgotamento. Minhas observações remeterão à história nos dois sentidos do termo: a relação da *Filosofia política* com a história, compreendida como "situação histórica presente" – aquela da redação da obra, mas também a nossa – e a maneira como a *Filosofia política* compreende a história no sentido de "processo histórico". Basear-me-ei essencialmente no livro intitulado *Filosofia política*, mas está claro que um estudo completo deveria levar em conta o conjunto do *corpus* weiliano.

I

A primeira observação a fazer é que, quando se fala de história em Weil, não se pode abordar a questão de maneira ingênua, considerando a história em seu conjunto como uma realidade dada. A história humana, para Weil, não se entrega a nós senão num

[1] *Université de Lille* – França, Diretor do *Institut Eric Weil*.

relato que a apresenta como uma realidade unificada. É a lição do criticismo kantiano.

Em Kant, o mundo não é uma realidade dada à experiência. O que é dado à experiência são coisas ou fenômenos que se encontram no mundo. O mundo considerado como um todo é uma ideia, uma ideia reguladora de nossa busca por conhecimentos científicos. Do mesmo modo, em Weil, a história em seu conjunto não é uma realidade objetiva que estaria diante de nós e que não teríamos senão a descrever. Estamos *na* história, vivemos numa certa época, numa dada sociedade, estamos no interior desta realidade histórica que se trata de compreender, já que esta história não está "diante" de nós, ela não aparece como história unificada, como "a realidade histórica", senão no relato que lhe dá forma. E como há uma pluralidade de relatos possíveis, a história não aparece senão na pluralidade dos relatos possíveis sobre a história. Para dizer nos termos da, há tantas maneiras de conceber a história quanto há categorias filosóficas pelas quais a realidade aparece como essencialmente histórica – uma categoria filosófica tomada como conceito em torno do qual é possível organizar um discurso coerente.

Se permanecêssemos aí, lidaríamos com um simples perspectivismo. A questão que se levanta é, portanto, saber se temos um critério para escolher entre os relatos. Há um critério que nos permita escolher entre a história de Bossuet, aquela de Condillac ou aquela de Rousseau? Pode-se escolher entre a história tal como a concebe Hegel, história da autorrealização e tomada de consciência de si pelo Espírito no mundo e como mundo, e a história tal como a compreende Marx, como história da luta de classes, que conduz a uma sociedade sem classes? Pode-se escolher entre a história positivista de Comte e a história de Max Weber?

A *Lógica da filosofia* responde a esta questão ordenando as categorias no sentido de um progresso universal. O critério fundamental é a escolha do universal que é o princípio do discurso filosófico. Ora, a categoria da ação é a última das categorias, aquela que se alcança ao termo do percurso. A ação é a vontade da universalidade impelida à sua última expressão. Quando a filosofia se compreende a si própria como ação, como participação na ação, ela não visa mais somente à elaboração de um discurso que seja universalmente válido, isto é, um discurso que seja válido para todo indivíduo que pensa. Ela visa também à transformação do mundo de tal maneira que todo ser humano tenha a possibilidade real de pensar, de pensar sua vida e de vivê-la conforme seu pensamento. Dito de outro modo, a ação pretende a transformação do mundo de tal maneira que a universalidade dos seres humanos possa aceder à autonomia moral entendida no sentido de Kant. Para dizer ainda de outro modo, a ação visa a um mundo em que a violência seja reduzida, trate-se da violência social, da violência política, da violência dos conflitos internacionais. A ação visa, assim, a um mundo em que cada ser humano tenha a possibilidade de conduzir sua vida *a si*, de conduzir uma vida *pessoal*. Pois a violência social e política alcança o indivíduo seja como membro de um grupo social, seja como membro de uma nação, seja como membro de uma comunidade de crença ou de convicções. Um mundo em que haveria cada vez menos violência entre os grupos e as comunidades seria um mundo em que cada ser humano teria a possibilidade de conduzir uma vida que seja propriamente a sua, um mundo em que o indivíduo não seria mais “atacado” como membro de uma camada social ou de uma comunidade histórica.

Destarte, nossa tarefa é pensar a história como história da ação, e é isto que faz a *Filosofia política*. Este não é um livro de história, mas se inscreve na perspectiva histórica da ação. Entretanto, a perspectiva aberta por Eric Weil é muito significativa. Um mundo em que a violência social e política seria senão eliminada, ao menos de mais a mais reduzida, seria um mundo no qual todo indivíduo poderia fazer valer seu direito unicamente pela força de seus argumentos.

Seria um mundo em que os argumentos seriam verdadeiramente e plenamente eficazes, um mundo no qual os argumentos e os procedimentos de justificação não seriam varridos, sufocados pela violência. Seria também um mundo no qual os indivíduos não teriam mais a necessidade ou a tentação de recorrer à violência para se fazer entender – nem de se recolher na violência autodestrutiva na ausência de ter podido se fazer entender.

Este ponto é interessante, porque permite fazer uma comparação com Habermas. Para ele, o alvo do universal é constitutivo, se inscreve no processo de comunicação. Quando deixamos a comunicação se desdobrar livremente, ela permite resistir à invasão da vida social pelas relações de poder. A livre comunicação, por sua virtude própria, deve permitir domesticar o poder político e limitar a influência do dinheiro. O universal é, portanto, constitutivo do próprio processo de comunicação.

Para Weil, a comunicação é sempre ameaçada pela violência, não somente pela violência exterior, mas também por uma violência interna à própria comunicação. A cada momento, todo interlocutor pode se recusar ao discurso. Ele pode se calar, opor um silêncio hostil a todos os argumentos, pode compreender perfeitamente o argumento, apreender sua magnitude e, contudo, recusar declarar-se convencido. Ele pode sempre decidir estar inacessível a toda forma de argumentação.

Para Eric Weil, o princípio de universalidade não é, portanto, constitutivo, mas regulador. Ele regula a ação, dá a ela uma orientação e um horizonte. Este horizonte é a ideia de um mundo em que se poderia agir unicamente pela força dos argumentos. Trata-se da ideia de um mundo em que os argumentos razoáveis seriam eficazes, porque razoáveis; em que não se teria necessidade de recorrer à força ou às relações de forças para se fazer entender. É também a ideia de um mundo no qual ninguém seria tentado, face a uma justificação bem fundada, a opor a violência da recusa de ser convencido. Eis o início.

Se se projeta, agora, ao fim do livro, alcança-se uma teoria da mundialização. Mais exatamente, alcança-se a ideia de que a mundialização é um processo que prosseguirá segundo toda verossimilhança, mas que pode tomar formas diferentes. Toda a discussão da quarta parte da *Filosofia política* se inscreve na perspectiva histórica da constituição progressiva de uma sociedade mundial que pode – seguindo os diferentes cenários consideráveis – seja permitir aos seres humanos viver uma vida livre e sensata, seja aniquilar esta possibilidade condenando a humanidade à violência. O horizonte da *Filosofia política* é aquele da mundialização e das duas questões que ela propõe: aquela do cosmopolitismo e aquela das transformações do Estado-nação.

Não desenvolverei esta teoria weiliana do Estado e da sociedade mundial, porque já o fiz no *Colóquio Eric Weil*, organizado por Evanildo Costeski, em Fortaleza, em 2014, cujos anais foram publicados.[2] Como indicado introdutoriamente, gostaria somente de propor algumas observações concernentes à relação da *Filosofia política* com a história em seus dois sentidos: de situação histórica e de processo histórico. No primeiro caso, a questão é saber como a *Filosofia política* de Eric Weil se relaciona à sua época, como a obra compreende nossa própria situação histórica. No segundo caso, a questão é saber como Eric Weil concebe a lógica do processo histórico.

II

A relação entre a *Filosofia política* e sua época deveria ser objeto de uma análise minuciosa, pois o livro faz numerosas referências aos problemas políticos de seu tempo. Por exemplo, há passagens

---

[2] Cf. M. Perine e E. Costeski (org.), *Violência, educação e globalização. Compreender o nosso tempo com Eric Weil*. São Paulo, Ed. Loyola, 2016, p. 13-31.

consagradas aos direitos do homem e aos movimentos de emancipação nacional.[3] O que se delineia no segundo plano do texto é claramente a Guerra Fria e o afrontamento Leste-Oeste. É também o processo de descolonização.

A *Filosofia política* foi publicada em 1956. No que concerne à França, é um momento de articulação entre o fim da Guerra da Indochina e o início do movimento que devia conduzir, em 1962, à independência da Argélia. O prefácio da obra data de junho de 1955, dois meses após a Conferência de Bandung, que marca o início do movimento dos não Alinhados. Todavia, a *Filosofia política* é uma obra teórica. Por consequência, nela, Weil desenvolve teses que não devem valer exclusivamente para o contexto dos anos cinquenta. Estas teses têm um escopo geral e isto se traduz, no estilo da escrita do livro, pelo fato de que as referências à situação do momento não são desenvolvidas. As passagens em questão são muito sintéticas e por vezes elípticas. Seria preciso explicitar o conteúdo destas referências apoiando-se em análises desenvolvidas pelo próprio Weil em seus *Ensaios e conferências*.[4]

O que complica as coisas é o fato de as referências da *Filosofia política* em relação à sua época serem simultaneamente diretas e indiretas. De um lado, há o que diz o texto de maneira mais ou menos explícita. De outro lado, há o que o texto significa por seus silêncios, pelo próprio fato de deixar de lado algumas questões. Deste ponto de vista, a *Filosofia política* é espantosa, porque deixa de lado duas oposições que estavam, entretanto, no cerne dos conflitos da Guerra Fria. A primeira é a oposição entre totalitarismo e democracia; a segunda é a oposição entre propriedade coletiva ou privada dos meios de produção.

---

[3] E. Weil, *Philosophie politique*. Paris, Vrin, 2000, p. 179-92 [ed. brasileira: *Filosofia política*. 2. ed. rev. Trad. Marcelo Perine. São Paulo, Loyola, 2011].

[4] A começar por Idem, "Masses et individus historiques". *In*: E. Weil, *Essais et conférences*, t. II. Paris, Vrin, 2000.

E há verdadeiramente motivo para se espantar. Os anos cinquenta viram o desenvolvimento das teorias do totalitarismo. Em particular, a grande obra de Hannah Arendt, *As origens do totalitarismo*, data de 1951. Ora, é interessante notar uma convergência de análises entre Hanna Arendt e Weil sobre a questão do totalitarismo. Em ambos, o totalitarismo é caracterizado por uma espécie de transferência categorial que substitui a categoria da obra por aquela da ação como categoria diretora da prática política.

Deste ponto de vista, o capítulo consagrado à "obra", na *Lógica da filosofia*, de Weil, publicada em 1950, é bastante esclarecedor. Esta convergência de análise entre Arendt e Weil é formidável, mesmo havendo diferenças notórias entre as duas. É também formidável que Weil enuncie o princípio do totalitarismo na *Lógica da filosofia* e que não volte a ele em sua *Filosofia política*.

Em lugar de elaborar a alternativa democracia-totalitarismo, a *Filosofia política* ressalta a oposição entre o Estado constitucional e o Estado autocrático.[5] Ora, o Estado autocrático não é o Estado totalitário. A diferença entre os Estados autocráticos e constitucionais não reside na arquitetura institucional: no Estado autocrático como no Estado constitucional, encontrar-se-á um governo, um parlamento e tribunais. Também não é o sufrágio universal que faz a diferença entre os dois. O que os difere é o fato de que o governo possa agir só ou não. Nos Estados constitucionais, o governo não pode agir sem o concurso de outras instâncias. Nos Estados autocráticos, ele o pode: o controle de sua ação pelo parlamento e pelos tribunais é de pura fachada. As instituições são as mesmas ou podem ser as mesmas, mas a prática política é inteiramente diferente. Num caso, o governo toma a iniciativa de uma ação que é essencialmente coletiva; no outro caso, ele se substitui a esta ação.

---

[5] Cf. Idem, *Filosofia política*, §§ 35-38, p. 190-17.

Na *Filosofia política*, a questão não é saber como um Estado autocrático (como a Rússia imperial) ou uma democracia (como a Alemanha da República de Weimar) pode se tornar Estado totalitário. A questão é saber como o Estado autocrático pode se tornar constitucional. Manifestamente, esta questão se aplica às "democracias populares" e aos regimes autocráticos que, após a morte de Stalin, tomaram a sequência do totalitarismo *stricto sensu*, mas ela se aplica mais amplamente a todos os regimes autocráticos – por exemplo, à Espanha de Franco. Enfim, como o Estado autocrático e o Estado constitucional não são senão "tipos ideais", na realidade todo Estado constitucional conserva traços herdados da autocracia. O destaque concerne, em particular, às democracias ocidentais.

A *Filosofia política* põe em questão a evolução destes Estados. Ora, esta evolução pode ser tanto negativa quanto positiva. Por consequência, trata-se de saber em que condições é possível reduzir a influência das tradições autocráticas que subsistem no cerne destes Estados. Trata-se também de saber em que condições é possível evitar a regressão destes Estados em direção a um modo de governo mais autocrático que constitucional – e isto, seja qual for a natureza das instituições "no papel". Além disto, a sociedade descrita na *Filosofia política* é aquela em que a propriedade dos meios de produção desempenha um papel secundário. A propriedade dos meios de produção, mas também a propriedade em geral.

Deste ponto de vista, a *Filosofia política* é um livro diferente da *Filosofia do direito* de Hegel. Na *Filosofia do direito*, inicia-se pelo direito abstrato, isto é, pelo direito da propriedade e dos contratos, em seguida se passa à moralidade abstrata antes de se chegar à vida [*Sittlichkeit*], cujas três esferas – a família, a sociedade civil e o Estado – incluem-se umas nas outras.

Na *Filosofia política* de Eric Weil, inicia-se pela moral formal (primeira parte), isto é, por uma reformulação do formalismo kantiano. Prossegue-se com a análise da sociedade moderna (segunda parte) e passa-se em seguida ao Estado (terceira parte), para terminar com a questão da organização política que convém a uma sociedade em via de mundialização (quarta parte). Não há nada sobre o direito da propriedade e dos contratos, isto é, sobre os fundamentos do liberalismo econômico. Lá onde ela existe e para aqueles que se beneficiam dela, a propriedade privada dos meios de produção é uma vantagem, mas apenas uma vantagem. Ela não é o fundamento do sistema econômico.[6]

Esta diferença entre os dois autores é capital. Em Hegel, é pela propriedade que o indivíduo se inscreve na sociedade. O direito de propriedade é a forma elementar da realização da liberdade. É a forma mais pobre do direito, mas é por aí, entretanto, que tudo começa. Dito de outro modo, é pelo acesso à propriedade que o indivíduo se inscreve na sociedade.

Na *Filosofia política* de Weil, isto se dá diversamente: o exercício de uma função social desempenha aí o papel que desempenha a propriedade na *Filosofia do direito*. É pelo exercício de uma função social que o indivíduo toma seu lugar na sociedade. Pouco importa que seja ou não proprietário. Isto não quer dizer que a propriedade estritamente privada não seja mais importante. A propriedade pessoal – de seu lar, das coisas da vida cotidiana – tem sempre uma significação antropológica. Eric Weil, no que concerne à propriedade pessoal, continua a seguir Hegel. Vê-se no artigo sobre Hegel e a Revolução.[7] Mas esta propriedade pessoal não é mais tão importante a ponto de desempenhar um papel central na análise da sociedade e do Estado. Quando se trata do sistema econômico, é o exercício de uma função social que é importante.

[6] Idem, *Filosofia política*, p. 95.

[7] Idem, Hegel et le concept de la révolution. *In*: E. Weil, *Philosophie et réalité*. Paris, Beauchesne, 1982, p. 127-45 [edição brasileira: "Hegel e o conceito de revolução". Trad. Alessandro Pimenta". *In*: F. Valdério et al. (Org.), *Hegel e nós*: *Eric Weil*. Caxias do Sul, RS, EDUCS, 2019, p. 132-47. (N. E.)].

O que significa a ausência de uma teoria do totalitarismo e de uma teoria da propriedade na *Filosofia política*? A ausência da teoria do Estado totalitário, acabamos de ver, significa que o período do totalitarismo, no sentido estrito, terminou, o que minimiza evidentemente a violência e o arbitrário que acompanham certas formas autocráticas de Estado.

Na Alemanha, o nazismo foi vencido. Na União Soviética, entra-se no período pós-stalinista. A questão não é mais a de opor a democracia ao totalitarismo, menos ainda de cultivar a oposição "ideológica" – no contexto da Guerra Fria – entre democracias "do Oeste" e totalitarismos "do Leste". Não se trata mais de cultivar a oposição inversa que defende a ideia de que as democracias "do Oeste" são também sistemas de poder "total". A questão que se apresenta, notadamente na perspectiva da ação, é aquela da transformação do Estado contemporâneo. Para Eric Weil, isto quer dizer transformação do Estado autocrático em Estado constitucional – ou se se preferir, do Estado autoritário em democracia constitucional.

Mas a última parte da *Filosofia política* mostra também que o Estado constitucional não é a forma acabada do Estado. Nem é também a *verdadeira* forma do Estado, pois "o Estado verdadeiro" é de tipo *polis* ou *comuna*.[8] Dito de outro modo, as democracias constitucionais contemporâneas não são autênticas democracias, porque ainda são a institucionalização do poder. Elas são ainda afetadas pela contradição entre seu conceito e sua realidade.[9] Ora, assim como para Kant a questão da evolução do Estado em direção à forma republicana de governo é indissociável da questão do cosmopolitismo, para Eric Weil, o futuro da democracia é indissociável da questão do tipo de organização política de que se dotará (ou não) a sociedade moderna em vias de mundialização.

---

[8] Idem, *Filosofia política*, p. 306 s.

[9] Ibidem, p. 303 s.

O importante é que as duas formas ideais-típicas distintas pela *Filosofia política* são formas do Estado moderno. Isto implica traços característicos, como, por exemplo, a existência de uma administração que não se contenta mais em fazer funcionar as diretivas do governo, mas desempenha o papel de um órgão de reflexão técnica. Isto significa em primeiro lugar, que as duas formas de Estado repousam sobre uma sociedade propriamente moderna. Ora, para Weil, a sociedade moderna é mundial em seu princípio. É por isto que está em via de mundialização. Ao termo, isto significa que ela não formará senão uma só e única sociedade mundial. De imediato, isto quer dizer que todas as sociedades, qual seja seu regime político, entraram (nos países dos dois "blocos", a Leste como a Oeste) ou vão entrar (nos países colonizados ou libertos da colonização) no processo de mundialização. Eis porque a análise da sociedade moderna, tal como se desenvolveu na *Filosofia política*, vale para as sociedades "capitalistas" como para as sociedades "socialistas". Esta análise não vale somente para as sociedades ocidentais, vale para toda sociedade que se moderniza.

Para Weil isto quer dizer que as sociedades do leste, do outro lado da cortina de ferro, se dobram ou acabaram por se dobrar à lógica da sociedade moderna tal como descrita na secunda parte da *Filosofia política*. Para dizê-lo de outro modo, as sociedades modernas, qual seja o seu regime político, são sociedades capitalistas no sentido de Max Weber. Repousam sobre a racionalização da atividade, sobre a diferenciação e sobre a articulação em princípio racional das funções sociais; repousam também sobre a livre escolha de sua atividade pelo indivíduo e, por consequência, sobre o princípio da competição social. Eis porque a oposição principal não é entre capitalismo e comunismo, não é também a oposição entre burgueses e proletários, é a oposição entre modernidade e tradição. É preciso ainda dar uma interpretação precisa desta oposição e ver em que ela considera a lógica do desenvolvimento histórico.

III

A oposição entre modernidade e tradição está no princípio de uma "dialética" que toma formas sucessivas ao longo da *Filosofia política*. Ela se resume definitivamente no conflito entre Estado e sociedade, entre a diversidade dos Estados particulares e a sociedade em via de mundialização. Na verdade, esta dialética se manifesta desde a primeira parte da obra, com a reinterpretação, por Weil, da noção clássica de direito natural.[10]

Esta reinterpretação reinscreve as noções de direito e de lei de natureza no quadro de uma teoria da história. Ela conduz a certa maneira de distinguir a "história feita" da "história se fazendo", isto é, de distinguir, de uma parte, a evolução das representações coletivas e das exigências de justiça; e, de outra, as normas inscritas nas instituições sociais e políticas.

Reinterpretada no quadro de uma dinâmica histórica, a lei de natureza é sempre formalmente a mesma: trata-se de uma exigência de universalidade, ou seja, de igualdade, a igualdade concebida como tradução social e política do universal – quando se diz que um enunciado vale do mesmo modo para todos, "todos" significa um conjunto de interlocutores considerados como igualmente razoáveis, interessados, etc. Mas o conteúdo da exigência de igualdade varia acompanhando as épocas, pois esta exigência é "natural" no sentido d'"o que é evidente". É uma exigência provada como uma "evidência natural". Neste sentido, o natural é histórico, o que quer dizer que a referência a um direito de natureza expressa, em cada época, uma exigência de justiça, que parece natural por proposição às desigualdades que persistem nas instituições sócio-políticas e em seu modo de funcionamento.

Num dado momento, em função da evolução das técnicas e do modo de organização do trabalho social, mas também da evolução

[10] Ibidem, §§ 11-13, p. 42-55.

das mentalidades que delas derivam, as desigualdades que pareciam até então "naturais" são doravante vividas como arbitrárias e injustificáveis. A história feita (as instituições que resultam do passado) é revista pela história se fazendo (a evolução da exigência de justiça).[11] Assim é, por exemplo, a escravidão, que aparece (muito progressivamente) como uma instituição moralmente insuportável e, ao mesmo tempo, economicamente nociva, tal e qual o mostra Tocqueville no caso dos Estados Unidos.[12] Assim também são modos patriarcais de organização social e desigualdades entre homens e mulheres, etc. A reinterpretação weiliana do direito natural se inscreve numa concepção dinâmica da história que enfatiza a contestação do peso das desigualdades herdadas do passado, a revisão das relações tradicionais de dominação.

Mas na *Filosofia política*, o conflito entre modernidade e tradição toma toda sua dimensão com a análise da sociedade e do Estado modernos. Este conflito opõe a sociedade moderna e as comunidades definidas por suas tradições. Por razões que veremos imediatamente, ele não se reduz à depreciação das tradições pela modernidade. Por comunidade deve-se compreender as comunidades nacionais, as nações ou as nacionalidades e também as comunidades mais restritas que podem coexistir no seio de um Estado multinacional. A tradição é um conjunto de valores partilhados transmitidos de geração em geração: uma língua, uma religião, uma moral concreta, uma ética coletiva, o que Hegel denomina de *Sittlichkeit*.

Quanto à sociedade moderna, acabamos de ver, é uma sociedade fundada sobre a ideia do progresso e da racionalização do trabalho

---

[11] Sobre a teoria do direito natural e a concepção weiliana da história, cf. P. Canivez, "La théorie weilienne de l'histoire". *In*: *Cahiers de philosophie de l'Université de Caen*. n. 30. Caen, Presses Universitaires de Caen, 1998, p. 389-413.

[12] A. Tocqueville, "De la démocratie en Amérique I". Deuxième partie, chapitre X. *In*: A. Tocqueville, *Œuvres*. T. II. Paris, Gallimard, 1992, p. 399-402 (Bibliothèque de la Pléiade).

social no sentido de Max Weber. É uma sociedade que visa ao crescimento constante da produção e da produtividade. É também uma sociedade que visa à eficácia e que está fundada sobre a razão calculadora.[13]

Mas, precisamente por esta razão, esta sociedade repousa sobre um princípio de mobilidade: mobilidade social dos indivíduos que devem poder acessar a educação e por ela as funções sociais que estão mais aptos a exercer; mobilidade dos grupos sociais que devem descer ou subir na hierarquia social em função da importância crescente ou decrescente das funções que exercem no funcionamento do conjunto.

A modernidade é, portanto, ambivalente. Se se imagina uma sociedade puramente moderna, esta asseguraria o acesso de todos à saúde, à formação, a fim de assegurar a exploração ótima dos recursos humanos. Mas, ao mesmo tempo, uma sociedade puramente moderna seria uma sociedade fundada inteiramente sobre o cálculo racional. Os indivíduos teriam o estatuto de engrenagens do mecanismo social, servidores do progresso. Seriam submetidos a um processo de reificação, no sentido em que seriam levados a se considerarem como coisas que tem seu preço. Trata-se do espírito do capitalismo no sentido de Max Weber.

É essencial reter este duplo aspecto, esta ambivalência da modernidade. Ela explica que Eric Weil recusa-se tanto ao otimismo beato quanto à crítica moralizante. O otimismo beato consistiria em dizer que o progresso está em marcha e que resolve todos os problemas. A crítica moralizante consistiria em condenar a sociedade "em bloco" pelo motivo que ela coisifica os indivíduos. O que interessa a Weil é, mormente, analisar a dinâmica interna desta sociedade. Ora, deste ponto de vista, o essencial é que nenhuma sociedade é puramente moderna. Todas são atravessadas pela tensão entre modernidade e tradição. Por consequência – este ponto é crucial – nenhuma sociedade

---

[13] Mantivemos a tradução literal "calculadora", considerando que também em português o vocábulo remete aos sentidos de "egoísta" e "interessada". (N. T.)

moderna funciona como se presume que funcione. Os membros da sociedade o sabem perfeitamente, porque fazem dela a experiência direta. Todos têm em mente o modelo do que seria uma sociedade puramente moderna ou puramente racional, mas todos têm igualmente em mente a defasagem entre este modelo e o funcionamento efetivo da sociedade. Resulta disto que os membros das sociedades modernas (parcialmente modernas) fazem a experiência da realidade social por meio de um duplo sentimento de injustiça e de não sentido.

O sentimento de injustiça é, em princípio, daquilo que Weil denomina de "luta entre as camadas sociais". Esta luta é um dos aspectos do conflito entre modernidade e tradição, mas por tradição é preciso, aqui, entender a perpetuação de relações tradicionais de dominação, a perpetuação de hierarquias sociais puramente tradicionais já abordadas.

Segue-se uma luta entre as camadas inferiores e as camadas superiores da sociedade. As camadas inferiores são compostas de grupos cuja contribuição com a riqueza social não é reconhecida ou que não participam do progresso geral. São grupos socioprofissionais que têm o sentimento de merecer mais reconhecimento social ou são camadas excluídas da integração da sociedade do trabalho e dos benefícios do crescimento. Do outro lado, há os membros das camadas superiores que estimam sua posição social injustamente ameaçada pelas reivindicações das camadas inferiores.

Contudo, a luta é conduzida por organizações sindicais, partidos políticos, etc. que a organizam e a orientam em função de estratégias. Estas organizações funcionam sobre a base do cálculo meios/fins. Elas também são capitalistas no sentido de Max Weber: elas se fixam objetivos, decidem uma estratégia, empregam os meios apropriados para alcançá-los, fazem balanços de sua ação em termos de "rendimento". O indivíduo é, então, confrontado com a racionalidade calculadora, não somente na organização do trabalho social, mas também naquelas das lutas sociais. A partir daí, se sente instrumentalizado no cerne do mecanismo social, do sistema de produção dos bens e dos serviços e também como parte interessada de lutas que têm suas raízes nas contradições da sociedade e que se prolongam sobre o plano político.

Porque os indivíduos percebem a sociedade na qual vivem por meio do prisma dos conflitos sociais e das lutas políticas que são sua expressão, tomam consciência: a) de que a sociedade não funciona jamais como se supõe funcionar; b) do processo de coisificação ao qual estão submetidos, pois a coisificação não se efetiva somente no processo de produção e de consumo de massa, mas também da maneira com que são conduzidos os conflitos sociais e as lutas políticas. Um sindicato moderno, diz Weil em *Massas e indivíduos históricos*, funciona como uma empresa.[14]

Assim, todo o funcionamento da sociedade é percebido como atravessado pelo poder e pelos jogos de poder, de tal modo que esta sociedade apareça aos próprios olhos do indivíduo como globalmente insensata. Ela aparece como insensata porque a racionalidade instrumental e calculadora age por toda parte, tanto no mundo das empresas como na maneira como funcionam as organizações profissionais e os partidos políticos.

A partir daí, a luta entre as camadas sociais se duplica num conflito entre indivíduo e sociedade. Este conflito desvela outra dimensão da tradição. O aspecto negativo é a perpetuação de relações tradicionais de dominação entre mestre e servidor, proprietário e empregado, homens e mulheres, etc. O aspecto positivo é que a tradição é um recurso para dar sentido à vida em sociedade quando esta aparece como absurda, quando o indivíduo se pergunta por que jogar bem o jogo se presume que jogue na sociedade, isto é, o jogo da competição. O sentimento da injustiça que opõe as camadas sociais se duplica, assim, num sentimento de não sentido que opõe o indivíduo à sociedade.

---

[14] E. Weil, "Masses et individus historiques". *In*: E. Weil, *Essais et conférences II*. Paris, Vrin, 1991, p. 284-85.

Mas esta dupla dialética é também uma dialética interna às tradições. De um lado, a modernização da organização do trabalho e das relações sociais reexamina segmentos inteiros da tradição. De outro lado, a tradição permite dar sentido a uma vida em sociedade que, entregue a si mesma, não seria senão a jaula de aço de Max Weber.

Este conflito pode se resolver de duas maneiras. Ou bem resulta numa espécie de equilíbrio instável entre vida social e vida privada: a vida social consagrada ao trabalho, à produção de bens e de serviços; a vida privada servindo de refúgio aos valores mais tradicionais (a família, a solidariedade, a cultura, etc.). Mas a verdadeira solução é a subordinação do mecanismo social por um controle político que lhe imponha o respeito aos princípios de uma ética coletiva. Ora, a ideia de Weil é de que este domínio político do mecanismo social não tomará sua forma acabada senão sob a forma de um domínio político do processo de mundialização.

Que este processo tome finalmente a forma de um conflito entre Estado e sociedade significa que a sociedade em via de mundialização luta para absorver o Estado, para reduzir sua possibilidade de ação ou para transformá-lo em simples administração do processo de produção das riquezas, enquanto o próprio Estado tenta preservar uma certa forma de vida, isto é, uma ética e uma cultura que fazem sentido aos olhos dos membros da comunidade política.

Não faço, aqui, senão esboçar alguns aspectos da complexa dialética entre modernidade e tradição, sociedade e comunidade, Estado e sociedade. Seria preciso prolongar a análise, mostrando como a oposição entre sociedade e comunidade se manifesta, no plano dos debates políticos, como o problema da conciliação entre eficácia e justiça. A necessidade de conciliar o justo e o eficaz é a tradução, em linguagem "política", da oposição entre comunidade e sociedade, tradição e modernidade, que está no cerne da *Filosofia política*. Mas, por isso mesmo, o que é notável é que a *Filosofia política* levanta os problemas que são nossos neste início de século XXI. De certa maneira, a obra constata o fato de que o pós-guerra, que é seu contexto de redação e que, de certo modo, se prolongará até a queda do muro de Berlim, é um período de transição em direção a uma época, a nossa, em que a oposição fundamental não é mais entre democracia e totalitarismo, mas entre autocracia e democracia constitucional, entre a justiça social e a eficácia econômica. Tais são os nossos problemas hoje, numa época de desigualdades crescentes e de forte retorno da autocracia em todos os continentes. E como já o tematiza a última parte da *Filosofia política* – que faz implicitamente referência ao fim possível do duopólio americano-soviético e ao desenvolvimento previsível dos países do Sul – estes problemas não serão resolvidos senão no quadro mais amplo da questão fundamental, aquela do domínio político de uma sociedade tornada mundial.

Enfim, a maneira na qual a *Filosofia política* levanta o problema da história lança uma nova luz sobre a questão inicial. Nós temos um critério para escolher entre a história tal como a concebe Hegel, a história tal como a concebe Marx, etc.?

Viu-se que, seguindo o critério da universalidade, a *Lógica da filosofia* justifica uma história concebida e relatada do ponto de vista da ação. Viu-se também o que significa este ponto de vista: a transformação do mundo com vista a assegurar a cada um a possibilidade de acessar a autonomia moral, mas também com fim de permitir a cada um fazer valer seu direito unicamente pela força dos argumentos.

De certo modo, o sentido da ação é tornar possível a ação comunicativa de Habermas, enquanto este considera que esta ação comunicativa já é real, pelo motivo que ela estaria inscrita na estrutura interna da linguagem. Mas há mais. Para Weil, o conflito fundamental reside entre modernidade e tradição, e, por fim, entre sociedade em via de mundialização e Estado histórico.

Este conflito fundamental lhe permite reinterpretar e articular a noção marxiana de uma história cujo motor é a luta de classes e a noção hegeliana de uma história que se compreende como a realização do Espírito. Mas não se trata somente da conciliação de duas teorias – aquela de Hegel e aquela de Marx – que são heterogêneas e cuja segunda se dá como inversão da primeira. As duas teorias não são articuladas senão porque são transformadas e interpretadas.

A luta das camadas sociais, para Weil, não é a luta das classes de Marx. Ela não se desenvolve nas condições do capitalismo primitivo, mas naquelas do capitalismo tardio, aquele das sociedades industriais avançadas ou pós-industriais. Quanto à autorrealização do Espírito, ela se torna, para Weil, realização do sentido, isto é, realização de uma forma de vida sensata na forma de um Estado que seja um verdadeiro Estado, uma verdadeira comunidade política, em lugar de ser institucionalização da dominação.

Ora, esta realização do sentido supõe um trabalho interno das tradições históricas sobre si mesmas, um trabalho ao qual são impulsionadas simultaneamente pelo processo de modernização e pelas lutas sociais provocadas pela persistência de relações de poder. É ainda neste contexto que a prática da filosofia adquire todo seu sentido, seja na universidade como no espaço público. Este sentido é aquele de ajudar neste trabalho de auto interpretação da cultura, das representações coletivas, das convicções éticas, de aplicar a si próprio o critério da universalidade e o rigor do conceito.

Traduzido do francês por Alessandro Francisco com revisão técnica de Marcelo Perine.

Capítulo 11 | Ética e identidade pessoal em Ricœur

Rita de Cássia Oliveira[1]

INTRODUÇÃO

Ricœur ao direcionar a sua reflexão sobre a linguagem para a forma narrativa, a liga ao problema do tempo, o que submete a articulação do discurso humano ao desdobramento do antes e do depois. Existe uma reciprocidade entre o tempo e o discurso narrativo na medida em que tudo aquilo que é narrado ocorre no tempo e desenvolve-se no tempo, o que comprova, segundo o filósofo, que tudo que se desenvolve no tempo pode ser narrado. A tese de Ricœur atesta que a narrativa permite um modo de acesso privilegiado ao tempo humano. Portanto, a narrativa contém um enigma da existência humana.

No final dos três volumes de *Tempo e narrativa*, Ricœur sublinha o caráter enigmático do tempo nas três aporias que formam conflitos insolúveis com os quais se confrontam todas as tentativas de conceitualização ou de se dar expressão linguística ao tempo, são: a perspectiva dupla sobre o tempo, o fenomenológico e o cosmológico, e a sua ocultação mútua; a totalidade e a totalização do tempo; e, a inescrutabilidade do tempo e dos limites da narrativa. Aqui, prendo-me na discussão da primeira aporia.

O confronto com as aporias foi inevitável para Ricœur, depois de todo o exame feito sobre as implicações entre tempo e narrativas

---

[1] Universidade Federal do Maranhão (UFMA), Brasil.

literária e histórica. E como solução à aporética do tempo, o filósofo propõe uma Poética da Narrativa: "A virtude dessa prova de adequação terá sido menos a revelar, às vezes amplia o domínio em que a reprodução da poética da narrativa à aporética do tempo é pertinente – é o limite além do qual a temporalidade escapa ao quadrilátero da narrativa, retorna ao problema do mistério".[2]

Esse mistério pode estar contido na aporia que trata da fenda entre tempo cosmológico e tempo fenomenológico, em que a poética da narrativa revela a existência de uma identidade narrativa presente nos seres humanos e suas comunidades, como um *rejeton,* princípio de solução e problema, constituído pelo entrecruzamento da história com a ficção. A teoria da identidade narrativa sustenta-se na concepção do caráter epistemológico da história e da ficção literária, que consiste em dupla afirmação: por um lado certifica-se que a história não pode prescindir totalmente da condição do ato de narrar por causa de ser o passado irrecuperável, o que leva ao reconhecimento da necessidade da invocação imaginativa como recurso para suprir tal dificuldade. Por outro lado, o uso poético da linguagem proporciona a expressão da invocação narrativa sob a forma de criação ficcional, dando origem a mundos possíveis e habitáveis. A identidade narrativa aparece como uma "ponte" que liga o tempo cosmológico com a experiência subjetiva do tempo, o que permite ainda ser uma aposta no sentido da narrativa, apesar da desconstrução a que vem sendo sujeita tanto no campo da historiografia como no campo da ficção.[3]

IDENTIDADE NARRATIVA: *REJETON* DO ENTRECRUZAMENTO DA HISTÓRIA COM A FICÇÃO

A identidade narrativa foi inicialmente tematizada em *Tempo e narrativa lll* para depois ser desenvolvida em toda a sua complexidade

[2] P. Ricœur, *Temps et récit,* t. III. Paris, Seuil, 1985, p. 439.

[3] Segundo P. Ricœur, Ibidem, t. II. Paris, Seuil, 1984.

e implicações em *O si-mesmo como um outro* (1990) como uma categoria prática que trata da constituição da identidade pessoal e que por isso, pretende ser modelo de resposta possível às interrogações: quem fala? Quem age? Quem se narra? Quem é o sujeito moral da imputação? À primeira pergunta, a resposta é fundamentada a partir da filosofia da linguagem em seus aspectos semântico e pragmático porque a sua abordagem é descritiva.[4] À segunda interrogação, ainda por pertencer ao âmbito da descrição, requer uma filosofia da ação,[5] também nos aspectos semântico e pragmático. À terceira interrogação, faz irromper a dialética mesmidade-ipseidade[6] como constitutiva

---

[4] Ricœur recorre à teoria dos atos de fala, de John Austin, entre outros filósofos analíticos, para discutir sobre o aspecto pragmático da linguagem. E Austin explica a estrutura dos atos de discurso segundo a distinção de três realidades linguísticas estratificadas no ato de falar. O primeiro é chamado de ato locucionário: refere-se ao proferimento de uma sentença com certo significado; o segundo denominado de ato ilocucionário constitui-se em um proferimento de louvor, ameaça, crítica, anuência, etc. Em terceiro, tem-se o ato perlocutório, que se configura no efeito consequente, que o locutor deseja obter da audiência, em decorrência do proferimento feito. Veja-se a expressão: "dispare nela", referindo-se à palavra "dispare" e à palavra "nela"; um ato ilocucionário: instigou-me (ou aconselhou-me: persuadiu-me a disparar nela (ou que disparasse nela). A designação perlocutória alude ao fato de que o novo tipo de ato é, frequentemente, levado a efeito não em um ato locutório, mas através (em latim, *per*) de um ato locutório. O discurso compreende, simultaneamente, esses três atos, fazendo referência da função identificante à função predicativa. Essa teoria de Austin, segundo Ricœur, permite identificar a pessoa que fala para poder atribui-lhe a responsabilidade moral do seu discurso.

[5] A teoria da ação, em seu aspecto pragmático, possibilita a Ricœur no desenvolvimento da sua Ética, abordar como o sujeito considerado capaz consegue designar si mesmo autor de suas ações. Em sua interação com a linguagem, a teoria da ação explica como através dos atos de discurso o agente da ação se designa como aquele que age e, ainda mais, que os atos de discursos são eles próprios ações e, por implicação, os locutores são também agentes. E Ricœur afirma que os estudos de Austin e Searle destacam o entrelaçamento do dizer com o falar, do ato de produzir sons com significados.

[6]A dialética mesmidade e ipseidade que implica a permanência no tempo e a manutenção de si pela promessa, aponta para a existência de um vazio que Ricœur preenche com a noção de identidade narrativa. Percebe-se, segundo o

da identidade pessoal na medida em que o ato de narrar é o meio pelo qual o sujeito se põe no mundo e no tempo pelo reconhecimento da sua história. À quarta interrogação, situa a identidade pessoal no âmbito da ética e da moral[7] pela atribuição prescritiva da responsabilidade da ação de um sujeito que se descobre capaz de assumir a imputação moral de seus atos.

Em O *si-mesmo como um outro*, Ricœur[8] diz que pretende "marcar o primado da mediação reflexiva sobre a posição imediata do sujeito, tal que ela se exprime na primeira pessoa do singular: 'eu penso', 'eu sou'. Essa primeira intenção encontra um apoio na gramática das línguas naturais quando essa permite opor o 'si' ao 'eu'". A gramática das línguas naturais dá suporte à teoria de Ricœur pelo

---

filósofo, que neste intervalo mediano "A identidade narrativa oscila entre dois limites, um limite inferior, onde a permanência no tempo exprime a conexão de *idem*, e de limite superior, onde *ipse* coloca a questão de sua identidade sem o segundo e o apoio de *idem*" (P. Ricœur, *Soi-même comme un autre.* Paris, Seuil, 1990, p. 150). O objetivo de Ricœur não se encerra em uma alternativa da identidade pessoal regida somente pela dialética *idem/ipse* pois, ele reconhece o tanto que é importante a mesmidade para continuar a colocação da questão "quem sou eu?", pelo que serve a narrativa de mediação porque nela se misturam signos de persistência e signos de mudança que respondem a questão "quem se narra?", remetendo, assim, à problemática da identidade pessoal ou identidade narrativa no ponto conforme ele havia interrompido, mas "com os recursos novos procurados pela análise da identidade pessoal em função de critérios objetivos a identificação" (Ibidem, p. 29). Ricœur reconhece que a dialética idem/ipse constitui um traço gramatical importante na hermenêutica do si pela consideração à linguagem e à ação na medida em que o sujeito ao falar de si é o "sujeito da ação narrada" sendo, então, possível falar de um sujeito agindo e sofrendo.

[7] A abordagem das determinações éticas e morais, Ricœur trata de responder à questão: quem é o sujeito moral da imputação? Ele analisa as dimensões éticas e morais de um sujeito a quem as ações boas ou más, feitas por dever ou não devem ser imputadas. Aparecendo, consequentemente, "A autonomia do si aparece intimamente ligada à solicitude ao próximo e à justiça para cada homem" (Ibidem, p. 30). Aqui, o tema da narrativa serve de ligação entre o descritivo – filosofia analítica, e a dimensão prescritiva – ética e moral.

[8] Ibidem, p.11.

fato do "si" como pronome reflexivo da terceira pessoa designar a "reflexividade" de todos os pronomes pessoais e impessoais. Então, o "si" pode ser considerado como pronome reflexivo omnipessoal e quando empregado veicula a ideia de implicação.

Uma outra posição de Ricœur, na referida obra, é dissociar os dois significados dos termos "idêntico" e "mudança": *idem* e *ipse*. A permanência no tempo corresponde ao termo *Idem* e o seu contrário, a mudança, indica *Ipse* como um núcleo mutante da personalidade, mesmo apresentando certa manutenção de si, o modelo dessa permanência encontra-se na exigência da promessa. Tem-se, então, uma sinonímia entre "mesmo" e "idêntico", na qual o termo "mesmo" será empregado no quadro de uma comparação para considerar a mesmidade como sinônimo da identidade *idem*, enquanto a diferença será nominada de ipseidade, sendo concebida como identidade *ipse*.

A terceira posição de Ricœur, diz respeito à apresentação da dialética presente na identidade *ipse* entre o "si" e o mesmo que "si", ou seja, o si pode ser concebido como uma alteridade pelo desdobramento da reflexão sobre o mesmo que si, indicando também a ipseidade ao outro que diferente de si, que é vista como constitutiva da ipseidade porque detém o sentido de implicação do si *enquanto* outro. Ricœur diz que não há si sem a presença do outro, isto é, pensar a ipseidade implica em pensar a alteridade. O problema da identidade na filosofia surgiu com Descartes e depois passou a ser discutido nas chamadas filosofias do sujeito. Com Descartes tanto o sujeito como o seu equivalente, o *cogito,* são "exaltados". Por outro lado, com Nietzsche ocorre o contrário, o sujeito e o *cogito* são humilhados. Ricœur questiona tanto a exaltação como a humilhação e propõe um *cogito* ferido, no qual o sujeito não será nem Rei nem Escravo, mas homem entre os demais.

Esta posição remete Ricœur a considerar a identidade pessoal na ordem da ética e da moral em consequência da sua recusa conceber o si somente como o mesmo, ou seja, ele nega a substancialização do sujeito ao submetê-lo às contingências existenciais e históricas. Ora, se tudo muda e o sujeito pela própria instabilidade constitutiva é infiel, como garantir seu comprometimento, ou, como diz Ricœur, a sua promessa? Como confiar em quem sempre muda? O que fazer com a responsabilidade e o comprometimento? Este problema é de fundamental importância para Ricœur, que tentará através da noção de ipseidade apresentar uma resposta.

Esta resposta se articula mediante a constituição da identidade narrativa como uma articulação entre as narrativas e funciona como o ponto de fusão entre a história e a ficção. Ricœur ao chamar essa constituição identitária de *rejeton*, ou, ainda a referência de ser um produto que funciona como princípio de solução e problema que a poética da narrativa fornece como "resposta menos imperfeita" a primeira aporia da temporalidade: "O tempo recontado é como uma ponte passada por cima da brecha que a especulação não cessa de crescer entre o tempo fenomenológico e o tempo cosmológico".[9]

Esta aporia trata sobre a necessidade interior por meio da qual o ser humano vivencia a experiência temporal, o tempo fenomenológico, e não possui a capacidade de explicar o tempo físico, enquanto a especulação sobre o tempo cosmológico e as suas unidades comuns de medição é, por sua vez, incapaz de integrar a experiência qualitativa do tempo que está por vir, que está a passar que é o presente. Uma divisão separa estas duas perspectivas sobre o tempo, e Ricœur apresenta como solução a criação de um terceiro tempo que reúne vários elementos de ligação, cuja função é suprimir a falha e ligar o tempo físico com o tempo fenomenológico, ou seja, o tempo daquilo que empreendemos e o tempo daquilo por que passamos.

Os elementos que servem de ligação são inovações culturais como o gnomo, os relógios e os calendários, que organizam o tempo cosmológico e possibilitam marcas do fluxo constante com as intensidades

---

[9] Idem, *Temps et récit*, t. III, Op. cit., p. 439.

variáveis dos acontecimentos humanos tais como: comemoração de certos eventos passados, a sua repetição no presente, etc. Resulta, daí, uma constituição identitária, da imbricação da história com a ficção:

> O *rejeton* frágil resulta da união da história com a ficção, é a destinação a um indivíduo e a uma comunidade de uma identidade específica que nós podemos chamar-lhe identidade narrativa. "Identidade" é tida aqui no sentido de uma categoria da prática. Dizer a identidade de um indivíduo ou de uma comunidade é responder à questão: quem fez tal ação? Quem é o agente, o autor? É, primeiramente, responder a esse questionamento nomeando alguém, é, a dizer, a designação por um nome próprio. Mas, qual é o suporte da permanência do nome próprio? O que justifica que nós o indiquemos como o sujeito da ação assim designado pelo seu nome, para o mesmo ao longo de toda a sua vida que se desenvolve do nascimento à morte? A resposta não pode ser que narrativa. Responder à questão "quem?", como tem fortemente dito Hanna Arendt, é recontar uma vida. A história recontada identifica o quem da ação. A identidade é ela mesma uma identidade narrativa.[10]

Essa identidade tem como estrutura a narrativa.[11] Ora, dentro do domínio da linguagem, é o texto que a narrativa toma como unidade linguística de base, por causa do acesso à mediação complexa que a narrativa desempenha entre o caráter de episódios que constitui os acontecimentos e o aspecto de composição pelo qual o relato tem os seus elementos interrelacionados e dispostos de modo tal que formam uma totalidade.

---

[10] Idem, *Temps et récit*, t. III, Op. cit., p. 442-43.

[11] Desde os estudos feitos sobre a *Poética*, de Aristóteles, que Ricœur percebeu as leis de composição que servem para organizar um produto do discurso numa totalidade, um texto que faça sentido por si só, como pedra angular para se pensar a constituição da identidade. Isto porque o ordenamento que torna o texto uma narrativa obedece uma operação de pôr-na-forma-de-um-enredo os acontecimentos particulares ao curso da ação como um todo equivalendo à história de uma vida, mesmo considerando as ações e ocorrências que fogem ao fluxo de uma integralização que venham a compor uma história satisfatória, completa, com princípio e fim.

Pelo lado do poeta, tem-se as leis de composição que envolvem a construção do enredo e cria um todo a partir de uma heterogeneidade de acontecimentos e personagens, circunstâncias e motivações, que serão recepcionados pelo lado do leitor. A percepção do todo como a interligação dos acontecimentos ocorridos em sucessão, ou seja, o momento de configuração, também se encontra na compreensão ou na capacidade do leitor de ligar e conter os componentes narrativos que vão se desenrolando em sequências ao longo do texto. O final da narrativa clarifica a história em sua totalidade porque todas as suas partes adquirem significação ao serem ordenadas nas suas relações mútuas.

No entanto, a harmonia não precisa estar presente sempre nos acontecimentos, que muitas das vezes vem relacionados de modo conflituoso, até porque a consistência de uma história se dá mais por laços de tensão do que por meios de uma complementaridade, nos diz Ricœur. Com efeito, a organização de acontecimentos desiguais num todo coerente constitui tanto o ponto de firmamento da arte da composição como a condição da sua inteligibilidade. Esta capacidade de configuração, traço primordial da composição narrativa, serve como paradigma para a inteligibilidade de pessoas e comunidades porque não se deixa arrastar à força de dispersão dos acontecimentos debandados no tempo e nem à clausura de uma unidade substancial formal, a identidade narrativa permite:

> Sem a emergência da narração, o problema da identidade pessoal é, com efeito, visto como uma antinomia sem solução: ou bem colocamos um sujeito idêntico a si-mesmo na diversidade de seus estados, ou bem temos, seguindo Hume e Nietzsche, que esse sujeito idêntico somente é uma ilusão substancialista, cuja eliminação somente deixa aparecer uma pura identidade no diverso da cognição, das emoções, das volições. O dilema desaparece se a identidade compreende, no sentido de um outro, a diferença entre uma identidade substancial ou formal e a identidade narrativa. A ipseidade pode escapar ao dilema do Mesmo e do Outro, na medida em que a sua identidade repousa sobre uma

estrutura temporal conforme o modelo de identidade dinâmica saída da composição poética de um texto narrativo.[12]

IDENTIDADE PESSOAL: A DIALÉTICA ENTRE MESMIDADE E *IPSEIDADE*

Ricœur compreende que a identidade narrativa se constitui em identidade pessoal ao serem distintos dois aspectos que denomina segundo os termos latinos *idem* (mesmidade) e *ipse* (diferente de si-mesmo). A identidade como mesmidade constitui a identidade inflexível e estática das coisas, do mesmo, em que se sobrepõem quatros significados: o primeiro refere-se a um sentido numérico em que identidade contém o sentido de unicidade e seu contrário é a pluralidade. Aqui a identidade é concebida como reidentificação do mesmo; o segundo significado remete à ideia de semelhança extrema, em que o seu contrário é o diferente.

Esses dois critérios podem sobrepor-se quando, por exemplo, a reidentificação do mesmo objeto de dúvida se trata de dizer que um X, réu e acusado hoje, e o autor de um crime antigo são uma mesma e única pessoa. É a fraqueza do critério de similitude no caso de uma grande distância no tempo que sugere outro critério, ou outro significado da identidade como mesmidade. Terceiro significado, a continuidade ininterrupta de um ser entre o primeiro e o último estágio de sua evolução: por exemplo, um X, de feto ou bebê a homem adulto ou velho, é uma única e mesma pessoa. O contrário, nesse significado, é a descontinuidade. O quarto significado da identidade como mesmidade é a permanência no tempo, o seu contrário é a diversidade ou mutabilidade. Ricœur chama a atenção para o fato de que a permanência no tempo da identidade leva a postular uma espécie de substrato ou

[12] P. Ricœur, *Temps et récit*, t. III, Op. cit., p. 443.

substância inerente a identidade, assim o fizera Aristóteles e Kant, com a ideia de natureza humana.

Esse é o ponto do conflito, segundo Ricœur[13], porque as pessoas não são sempre as mesmas, elas mudam da infância à velhice: nada na experiência interior escapa à mudança? Pergunta o filósofo e completa: que o si-mesmo é caracterizado pela mudança e por experiências de descontinuidade, como o atestam, por exemplo, de modo bastante dramático, as experiências de conversão. Por isso, identidade não é somente mesmidade, mas é ainda *ipseidade,* no sentido de *ipse*, 'diferente' está ligado ao conceito de *ipseidade*, de um si mesmo. A diferença dos contrários esclarece que: mesmidade opõe-se a pluralidade, em oposição à unicidade; diferente, por conter o contrário de similitude; descontinuidade, contra a ideia de continuidade; e diversidade, que se opõe à permanência; e o oposto à *ipseidade* é a alteridade.

É a partir desta distinção fundamental que não se concebe mais a existência de uma essência ou substância imutável no sujeito, pois a *ipseidade* não se caracteriza como sempre igual num processo de repetição. Já, a mesmidade implica uma permanência no tempo, enquanto *a ipseidade* prescinde-a, embora não totalmente. Aqui, reside o problema: qual a consequência ética de uma *ipseidade* que perdeu o suporte da mesmidade? Pois, tem-se um problema ético com a recusa da repetição na medida em que tudo muda e o sujeito pela própria instabilidade é levado à infidelidade, como garantir seu comprometimento ou sua promessa?

Consequentemente, o que fazer com a responsabilidade e o comprometimento? Ricœur[14] diz que é necessário que subsista na *ipseidade* uma certa permanência ou "manutenção de si" (*maintien de soi*): "É a palavra realizada na fidelidade da palavra dada". Isto porque,

[13] Idem, *Soi-même comme un autre*, Op. cit., p. 35.

[14] Idem, *Soi-même comme un autre,* Op. cit., p. 148

uma coisa é a perseverança do caráter,[15] outra é perseverança na fidelidade da palavra dada. É importante que, apesar de todas as mudanças, manter-se a palavra dada: "A certo grau, o teor da promessa, como tem sido chamado muito alto, parece bem constituir um desafio no tempo, uma recusa à mudança: mesmo quando eu desejo mudança, mesmo quando eu mudo de opinião, de inclinação, 'eu permaneço, porque cumpro'".[16] O fim a esta errância da *ipseidade* é dado pela categoria ética da promessa.

Para Ricœur, *ipseidade* e alteridade[17]implicam-se mutuamente de tal modo que não podem ser pensadas separadamente. O *si enquanto* outro implica numa alteridade constitutiva da própria *ipseidade*. Pois, o que define a *ipseidade* é que o *si* se mantém como promessa feita ao outro. A *ipseidade* remete, portanto, à resposta do sujeito que se torna responsável pela demanda do outro. É decisiva a mediação do outro na constituição da *ipseidade*, porque o *si* só constitui sua identidade numa estrutura em que se relaciona com a alteridade com predominância para a dimensão dialógica sobre a monológica. A identidade-*ipse* utiliza de uma dialética denominada por Ricœur de "dialética da justa medida" que é complementar à dialética da mesmidade e *ipseidade*, a saber, a dialética do *si* e do diverso do *si:* "O Si-mesmo como um Outro sugere a entrada a um jogo em que a ipseidade do si-mesmo implica a alteridade a um grau do si íntimo que não se deixa pensar sem o outro,

---

[15] Percebe-se que o conceito de caráter sofre modificações ao longo da obra de Ricœur, porém, pode-se considerar de modo geral, que este diz respeito à mesmidade.

[16] Ibidem, p. 149.

[17]Ricœur sublinha a presença do outro na ipseidade visando também estabelecer uma distinção fundamental entre sujeito e indivíduo. Para o filósofo o individualismo é um produto ideológico da cultura contemporânea ligado ao fenômeno de classes. Isto porque o indivíduo percebe a sociedade como uma inimiga que o impede de ter direitos próprios que, inclusive, já lhes pertencem antes mesmo de entrar em sociedade. Ricœur assegura que esta ideia nasceu nos últimos três séculos e que se faz importante a sua crítica, para que se possa pensar o sujeito ou pessoa para além do individualismo.

que um passe antes para o outro, como diremos em linguagem hegeliana. Ao 'como' nós desejamos atar a significação forte, não somente de uma comparação – si-mesmo semelhante a um outro – mas bem de uma implicação: si-mesmo no tanto que outro".[18]

A alteridade é parte constitutiva da *ipseidade*, ou seja, da identidade pessoal do sujeito que é única e irrepetível, na medida em que *ipseidade* e alteridade são co-originais, não se estabelecendo uma relação de rivalidade, mas de confiança, mesmo Ricœur admitindo que muitas das vezes o mal se apresente nas relações interpessoais. Os lugares designados como forma original da dialética entre a *ipseidade* e a alteridade são o corpo e a consciência moral, a voz da consciência ou "foro interior".[19] Restrinjo-me, aqui, à alteridade do outro enquanto relação interpessoal e relação institucional.

CONSIDERAÇÕES FINAIS

A dialética *ipseidade* e alteridade do outrem é pensada por Ricœur segundo um cruzamento da *ipseidade* para a alteridade e vice-versa visto que possibilita uma significação mais contundente da identidade pessoal do sujeito, isto porque a identidade passa ser entendida como a capacidade de autodesignação do sujeito que abrange desde a capacidade de autodesignar-se como sujeito falante até a capacidade de ser moralmente responsável pelos seus atos e, ainda, como identidade dada pela destinação de se ser responsável pelo outro.

---

[18] Ibidem, p. 14.

[19] A voz da consciência – ao lado do próprio corpo e do outro – constitui uma das figuras da alteridade. Essas figuras, segundo Ricœur, fraturam a soberania de um "eu" fechado em si mesmo. Em seu diálogo com Freud e Proust, as noções de inconsciente e memória involuntária, respectivamente pertencentes a cada autor citado, "destronam" o sujeito de sua ilusória posição soberana e coloca-o frente a frente com aspectos de si próprio que ele não controla e nem domina e, muitas das vezes, desconhece.

Capítulo 12 | O pensamento de Paul Ricœur e sua motivação ética

Maria da Penha Villela-Petit[1]

Quando se considera as inúmeras obras de Paul Ricœur não se encontra a palavra "ética", nem como substantivo nem como adjetivo, no título de seus livros, mas em certos capítulos de alguns deles. A partir de 2017, dispomos, porém, de uma coletânea reunindo entrevistas e diálogos de Paul Ricœur, cujo título *Philosophie, éthique et politique*[2] é bastante significativo.

A ausência da palavra "ética" nos títulos não significava que Ricœur fosse afastado de tal questão; muito pelo contrário, a perspectiva ética esteve presente desde o início de seus escritos filosóficos. Como procurei mostrar em 2004 na Primeira das *Journées de la Philosophie de l'Unesco*, "journée" consagrada a Ricœur, foi tal perspectiva que sempre *motivou* sua busca filosófica.

Meu texto – "Visée éthique et quête du sens chez Paul Ricœur" – figura no livrinho editado pela Unesco – *Hommage à Paul Ricœur (1913-2005)*. Poucos anos depois da publicação dessa contribuição ao volume 1 des *Journées de la Philosophie à l'Unesco* – publicação que ocorrera poucos meses após o falecimento de Ricœur –, tive

---

[1] *Centre National de la Recherche Scientifique* (CNRS), França.

[2] P. Ricœur, *Philosophie, éthique et politique*. Entretiens et dialogues, textes préparés et présentés par Catherine Goldenstein, avec Préface de Michaël Fœssel. Paris, Éd. du Seuil, coll. "La couleur des idées", 2017.

oportunidade de prolongar um pouco meu texto, traduzindo-o em português, para sua publicação na revista *Síntese*: *Revista de Filosofia da FAJE.*[3]

Como nele afirmava, a preocupação ética está no cerne do pensamento ricœuriano. Um dos indícios relevantes de tal preocupação reside no fato dele ter escolhido a *Philosophie de la volonté* como tema de seu Doctorat d'État, obra composta de três tomos; o primeiro, tendo como título: *Le volontaire et l'involontaire,* e os dois outros colocados sob o título de *Finitude et culpabilité* se designam respectivamente como *L'Homme faillible* et *la symbolique du mal.*

Temas como o do *mal* e o da *culpabilidade* indicam por si só o que já de início o interpelava.

Em sua "Autobiographie intellectuelle" que constitui a primeira parte de *Réflexion faite* [4], Ricœur procura se explicar sobre sua escolha do tema da vontade e da afetividade ao dizer que "prolongando e ampliando a análise eidética segundo Husserl, ambicionava, não sem uma certa ingenuidade, dar uma contrapartida, na ordem prática, à *Phénoménologie de la perception* de Merleau-Ponty". Livro que Ricœur havia descoberto ao voltar de seu cativeiro na Alemanha durante a segunda guerra mundial.

Durante o cativeiro em vários campos da Pomerânea, ele e seu amigo Mikel Dufrenne haviam partilhado a leitura das obras já publicadas de Karl Jaspers. O que explica que, coassinado com M. Dufrenne, o primeiro livro de Ricœur tenha sido: *Karl Jaspers et la philosophie de l'existence* (1947).[5]

---

[3] Cf. M. da P. Villela-Petit, "Perspectiva ética e busca de sentido em Paul Ricœur". *In*: *Síntese: Revista de Filosofia da Faculdade Jesuíta de Filosofia e Teologia*, Belo Horizonte, vol. 34, n.108, janeiro-abril 2007, p. 5-22.

[4] P. Ricœur, *Réflexion faite : autobiographie intellectuelle*, Éditions *Esprit*, (distribution Seuil), 1995.

[5] Livro de novo disponível na coleção "La couleur des idées", Éditions du Seuil (2000).

Isto dito, a partir do que o próprio Ricœur traça sinteticamente em sua Autobiografia Intelectual, importa acrescentar que em *Réflexion faite*, além da "autobiografia" há uma segunda parte, distinta da primeira, e que reproduz o artigo que ele havia redigido para celebrar em 1994 o centenário da *Revue de Métaphysique et de Morale* da qual ele era então o diretor. Artigo intitulado "De la métaphysique à la morale". Título que, caso não se leia integralmente o texto, poderia conduzir a um erro de interpretação. Mas ao lê-lo, logo se compreende que a escolha de tal título pelos fundadores da revista – Xavier Léon e Élie Halévy – não era a defesa de uma metafísica específica, mas, sim, um protesto contra o positivismo de Auguste Comte e de seus seguidores, que procuravam alinhar todo saber segundo os moldes das ciências físicas ou, nas palavras de Ricœur, das "sciences naturelles", como se o pensar, o querer, o julgar a elas se reduzissem.

Lembremos ainda que Ricœur sublinha que o primeiro número da revista se inaugura com um artigo de Félix Ravaisson intitulado: "Métaphysique et morale".

Ora o agir humano que, como já mostrara Aristóteles (referência essencial aos olhos de Ricœur), é inseparável da questão do ser, tem motivações éticas que lhe são inerentes.

É deveras importante que se leve em conta o caminho longo seguido pelo pensamento de Ricœur quando ele se propõe abordar as várias dimensões da vida humana, do homem enquanto ser que age, sofre e aspira a uma vida "boa", ainda que seja falível e possa sucumbir ao mal.

Como eu apontara no meu artigo acima mencionado, os temas da reflexão plural de Ricœur – quer seja o da história, o do tempo, o da narração, o da justiça, o do mal, ou o das interpretações conflitantes –, todos têm a ver com a dimensão ética do ser que age.

E isto aparece de maneira notável em *Soi-même comme un autre*.[6] Obra que ele havia publicado poucos anos antes do artigo cele-

[6] P. Ricœur, *Soi-même comme un autre*. Paris, Éd. du Seuil, 1990.

brando o centenário da *Revue de Métaphysique et de Morale*, e cujos "estudos centrais" são por ele mencionados como "sa petite éthique".

É no sétimo estudo desse livro – o primeiro desses "estudos centrais" – que aparece o famoso adágio de sua reflexão ética : "*La visée de la 'vie bonne' avec et pour autrui dans des institutions justes*".[7] Adágio que não apenas resume o que ele desenvolverá no que chama de sua "petite éthique" em *Soi-même comme un autre*, mas que também exprime a perspectiva imanente a sua busca filosófica.

Um dos meios principais dessa busca são as leituras que faz Ricœur de vários e bem diversos pensadores, que não somente apontam novos aspectos dos problemas por ele abordados, mas com os quais ele dialoga e discute traçando através de tais "leituras" o seu próprio itinerário.

A noção de "leitura" – embora ele não tivesse refletido tanto sobre esse assunto como o havia feito Simone Weil – é na verdade um dos eixos da reflexão de Ricœur, assim como indiretamente sugere o título de três de suas coletâneas, publicadas de 1991 a 1994: *Lectures 1* (*Autour du politique*), *Lectures 2* (*La contrée des philosophes*) e *Lectures 3* (*Aux frontières de la philosophie*). Coletâneas que reúnem múltiplos artigos, os quais testemunham da atenção que prestava Ricœur a pensamentos expressos em muitas outras obras, de diferentes origens e épocas e não necessariamente de caráter filosófico.

Cedo, Ricœur bem compreendera que as fontes da filosofia grega não tinham sido originariamente filosóficas. Tanto os pré-socráticos quanto Platão e Aristóteles não podiam ser indiferentes a tudo aquilo que sobre a vida e o destino dos homens as epopeias e as peças trágicas ou cômicas lhes davam a pensar. Com ele ocorreria algo semelhante; ele encontrava em textos literários ou de historiadores, de antropólogos, de linguistas, etc. de que nutrir sua reflexão.

---

[7] Cf. "Septième étude: Le soi et la visée éthique". *In*: *Soi-même comme un autre*, Op. cit., p. 202.

Uma das primeiras contribuições de grande peso a sua reflexão, foi sua leitura de S. Freud,[8] ao qual ele havia sido iniciado por Roland Dalbiez, o primeiro a publicar na França um livro sobre Freud e que fora o professor de filosofia de Ricœur em classe "terminal", isto é, no último ano de seus estudos secundários. Foi também R. Dalbiez, católico, que o introduzira à questão do ser em Aristóteles.

Por outro lado, o protestante que era Ricœur fora sempre um leitor assíduo da Bíblia. Nela encontrava um tesouro, capaz de enriquecer o horizonte do que ele próprio vai denominar sua "filosofia hermenêutica".

Desde 2011, dispomos de uma coletânea – *Paul Ricœur: un philosophe lit la Bible – À l'entrecroisement des herméneutiques philosophique et biblique*, onde foram reunidos, sob a direção de Pierre Bühler e Daniel Frey, textos de vários autores, em torno do assunto enunciado no título, e que se termina por um Apêndice retomando um texto de Ricœur publicado em 1975 na *Revue d'histoire et de philosophie religieuses*, e cujo título "La philosophie et la spécificité du langage religieux" deixa entrever que se para ele havia uma troca fecunda entre a hermenêutica bíblica e a filosofia não se poderia eliminar distinções indispensáveis entre seus respectivos campos de reflexão.

Em 2005 em obra cujo título é *Paul Ricœur: L'herméneutique biblique*, onde François-Xavier Amherdt traduz ensaios de Ricœur inicialmente publicados em inglês – ensaios que Amherdt apresenta nos quatro capítulos de sua longa Introdução –, temos exemplos muito

[8] Um dos livros principais de Ricœur é *De l'interprétation : essai sur Freud* (Éd. du Seuil, 1965). Em 2008, o primeiro volume de seus *Écrits et conférences* tem como título *Autour de la psychanalyse* e reúne outros textos sobre a psicanálise, sendo que um deles concerne à 'Psychanalyse et valeurs morales' (Cf. P. Ricœur, *Écrits et conférences* 1, Autour de la psychanalyse, textes rassemblés et présentés par Catherine Goldenstein et Jean-Louis Schlegel avec le concours de Mireille Delbraccio, Éd. du Seuil, 2008, p. 167-204).

explícitos de como Ricœur jamais abandonava sua reflexão sobre a variedade dos textos bíblicos, suas proclamações e narrações.[9]

Mas é no livro *Penser la Bible*, livro escrito "*à deux voix*" com o exegeta André LaCocque, – onde cada um dos seis artigos de Ricœur é precedido por um de A. LaCocque –que ambos refletem sobretudo sobre temas do Antigo Testamento. Isto atestando o quanto a Bíblia e sua exegese motivava e enriquecia o pensamento do filósofo. É necessário, contudo, que se sublinhe que o que importava a Ricœur em seu trabalho em conjunto com A. LaCocque, é que esse não era um teólogo, mas sim um exegeta. No Prefácio assinado por ambos pode se ler uma afirmação que bem caracteriza, ainda que em termos gerais, a atitude do filósofo hermeneuta que é Ricœur: "[...] o filósofo mais disposto ao diálogo com o exegeta é sem dúvida aquele que prefere ler livros de exegese que tratados de teologia".[10]

O que diz Ricœur se situa no horizonte do que ele pensa do ato de *leitura* quando afirma, seguindo em parte Roman Ingarden et Wolfang Iser, que: "O ato de leitura é, por conseguinte, o *vetor* da transfiguração do mundo da ação sob os auspícios da ficção".[11]

A literatura, e não apenas a religiosa de caráter cristão ou bíblico, nos dá a pensar e a melhor nos conhecer.

Seria aliás errôneo se imaginar que o filósofo que foi Ricœur se considerava um filósofo cristão. Cristão ele era e o assumia, mas sua filosofia – uma fenomenologia hermenêutica – não se deixava encerrar no quadro de uma teologia cristã. O que não o impede de reconhecer o quanto a hermenêutica bíblica deve aliás à filosofia dos

---

[9] Idem, *L'herméneutique biblique* / Présentation et traduction de l'anglais par François Xavier Amherdt. Paris, Éditions du Cerf, coll. La nuit surveillée, 2005.

[10] P. Ricœur e A. Lacoque, *Penser la bible*, coll. "La couleur des idées", Éditions du Seuil, 1998, "Préface" p. 14. / Os textos de LaCoque, que havia sido professor d'exegese bíblica à Chicago, haviam sido escritos em inglês e foram traduzidos em francês por Aline Patte.

[11] Cf. P. Ricœur, "Le texte comme identité dynamique". *In*: *L'herméneutique biblique*, Op.cit., p. 142.

Gregos. Como se pode ler no Prefácio à *Penser la Bible*: "A preeminência das filosofias gregas na recepção da herança bíblica é um fato maior que, por si só, merece nele se deter. A convicção comum aos dois autores deste livro [P. Ricœur e A. LaCocque] é que esse encontro e os entrecruzamentos que dele resultaram não constituem nem um acidente que dever-se-ia deplorar nem uma perversão que se deveria erradicar. [...] O acontecimento desse encontro, desde que ele aconteceu, tornou-se o destino constitutivo de nossa cultura".[12]

Feito esse breve apanhado do itinerário de Ricœur,[13] itinerário orientado por sua preocupação com a ética do agir, creio ser útil me deter sobre certos assuntos que eu não havia abordado em meus estudos anteriores.

Para começar é preciso que se sublinhe a extensão que adquire o tema do "agir" no pensamento de Ricœur, próximo a esse respeito do pensamento de Hannah Arendt, com quem ele costumava dialogar quando ensinava em Chicago. O "agir" remete a tudo que diz respeito à "vida prática", ao *bios praktikos* do ser humano, e portanto ao que homem "faz" ao falar a si mesmo e sobretudo a outrem, quando, por exemplo, o ameaça, o humilha, ou, ao contrário, quando lhe obedece sinceramente, ou lhe promete algo de bom ou lhe perdoa.

O longo Epílogo de *La mémoire, l'histoire, l'oubli*, concerne justamente "Le pardon difficile", e suas últimas páginas são dedicadas ao esquecimento não quando é amnésia, mas quando se situa na trilha do perdão. O perdão tem a ver com o que aconteceu no passado, e portanto a ver com nossa memória e com dois atos diversos: ou somos nós mesmos que, nos sentindo culpados, pedimos perdão pelo que fizemos de mal a uma outra pessoa; ou somos nós, que perdoamos, virando a página da memória e afastando assim uma propensão à vingança, mesmo sutil.

---

[12] Cf. "Préface" de *Penser la Bible*, Op.cit., p. 16-17.

[13] Sobre o itinerário de Ricœur, recomendamos o livro de J. Greisch, *Paul Ricœur L'itinérance du sens,* Éd. Jerôme Millon, 2001.

Uma das frases que retenho, e que me parece bastante significativa dos interesses de Ricœur pela narração é a que termina a parte 1 do "Pardon difficile".

"No tratamento narrativo e mítico da origem do mal se inscreveria de maneira latente um lugar para o perdão."[14]

Esse acento posto no tratamento narrativo e mítico da origem do mal foi se revelando de maneira mais aguda, quando, depois da *Symbolique du mal*, Ricœur se volta para a linguística e para a dimensão *narrativa* da linguagem, dimensão incontornável quando se faz menção ao que aconteceu no passado. É o que ele próprio reconhece, quando numa entrevista a Joël Roman e Éric Tassin – entrevista, que data de 1988 e que é agora a primeira a figurar em *Philosophie éthique et politique* –, ele afirma:

> Como nos meus trabalhos sobre a simbólica do mal et sobre Freud, eu me servia muito das noções de símbolo e de simbolismo, me dei conta que meu próprio uso da palavra símbolo carecia de fundação linguística. Era preciso repartir de Saussure e sobretudo de Benveniste: retive desse último a noção de irredutibilidade do discurso [*discours*] a uma simples palavra [*mot*], e portanto da linguística da frase à linguística do sinal [*signe*].[15]

Tais "confissões" nos fazem entrever que, ao ler obras de outros autores, Ricœur compreendia suas próprias omissões e, enriquecido pelo que os outros lhe davam a pensar, retomava seu itinerário filosófico abrangendo cada vez mais outras questões em sua reflexão. Como não ver que a "narração" – presente no título de *Temps et récit* –, emergiria dessa compreensão da linguagem e, com ela, do fato que a vida se conta, se narra, tanto por meio de histórias de ocorrências reais (histórias que têm um caráter mais ou menos objetivo), ou de

---

[14] P. Ricœur, *La mémoire, l'histoire, l'oubli*, Paris, Éditions du Seuil, 2000, p. 603.

[15] P. Ricœur, "J'attends la renaissance", entrevista publicada primeiro na revista *Autrement*, reproduzida em P. Ricœur, *Philosophie, éthique et politique*, Op. cit., p. 19-20.

mitos ou de histórias de ficção que são deveras importantes para que se compreenda, por intermédio da imaginação, a vida humana.

Mas o fato que Ricœur acentue nessa entrevista o seu recurso à linguística tem também a ver com a declaração que faz no Prólogo (*Avant-propos*) de *Tempo e narração* [*Temps et récit*] quando, de chofre, anuncia: "A *metáfora viva* [*La métaphore vive*][16] e *Tempo e narrativa* [*Temps et récit*] são duas obras gêmeas [*ouvrages jumeaux*]: publicadas uma após a outra, ambas foram concebidas juntas".[17]

Nessa declaração sintética fica implicitamente revelado o quanto as obras de pensadores anglófonos, principalmente J.L. Austin e P.F. Strawson, ajudaram Ricœur a ampliar o seu próprio pensamento em relação à linguagem, e a partir daí a estendê-lo a assuntos que eram deixados de lado na tradição universitária francesa. O título do livro de J. L. Austin – *How To Do Things with Words* – foi traduzido em francês por *Quand dire, c'est faire,* o que tem tudo a ver com a dimensão performativa da linguagem, isto é dimensão prática que Ricœur coloca em relevo ao se referir a "discursos", a "textos", a "narrações".

Na entrevista que dera ao advogado Éric Plouvier, sob o título de "Paul Ricœur: agir, dit-il", entrevista publicada inicialmente na revista *Politis, le Citoyen* (outubro de 1988), e que se encontra agora na coletânea *Philosophie, éthique et politique*, Ricœur responde à questão inicial de E. Plouvier: "A filosofia pode esclarecer a ação prática e política?".

De sua resposta, retenhamos aqui a afirmação segundo a qual: "Da mesma forma que um texto se libera de seu autor e produz efeitos

---

[16] Pouco depois da publicação de *La métaphore vive,* Ricœur publicaria na *Revue de métaphysique et de morale*, que ele dirigia, minha "note critique" (isto é, minha longa recensão) desse seu livro. Cf. le n° d'avril-juin, 1976, p. 271-76.

[17] P. Idem, *Temps et récit*, t. I. Paris, Éd. du Seuil, 1983, p. 11. Ver sobre a questão da história, o nosso ensaio "D'*histoire et vérité* à *temps et récit*: *la question de l'histoire*". *In*: P. Ricœur, *Les métamorphoses de la raison herméneutique*, sous la direction de Jean Greisch et Richard Kearney, éd. du Cerf, 1991, p. 185-97.

independentes dele, da mesma forma a ação de cada um se incorpora à ação dos outros e produz efeitos não desejados; dentre esses efeitos não desejados se encontram efeitos perversos. A ação segue assim seu caminho. E vale a pena explorar este campo prático por si mesmo. Há pois uma certa similitude entre a relação da ação ao seu agente e a relação do texto a seu autor".[18]

Resumindo: Ricœur encara o que se diz, o que se escreve como algo que tem repercussões importantes, e às vezes consequências perversas, no campo da vida humana. Daí a responsabilidade de cada um em relação tanto às suas ações quanto aos seus "discursos", às suas palavras.

A questão dos efeitos daquilo que se faz e daquilo que se diz não pode ser perdida de vista e isto tem a ver e com a narração da história e com o que, mais adiante se pretende fazer.

Dentre aquilo que pretendemos fazer, ou seja, do lado prospectivo de nossas ações, há que se pensar o que fazemos quando num ato ilocucionário prometemos algo a outrem.

Na sua coletânea de ensaios hermenêuticos – *Le conflit des interprétations* – que data de 1969, um dos ensaios da última parte (V: Religion e foi) se intitula: "Culpabilité, éthique et religion"; nele é abordado não apenas o *perdão* mas também a *promessa*. Perdão e promessa foram temas abordados constantemente por Ricœur quando ele considera a nossa liberdade e a questão do mal. No ensaio citado, todavia, ao mencionar a promessa ele o faz no horizonte da religião, isto é da "esperança" face ao mal.

Em ensaios ulteriores, contudo, o tema da promessa é refletido mais amplamente no quadro do agir, isto é, do que fazemos, pela palavra, quando nos dirigimos aos outros lhes prometendo algo.

Diga-se de passagem que, sobre a questão da promessa, Ricœur evoca frequentemente Nietzsche, fazendo referência à seguinte declaração da *Genealogia da moral* a respeito do ser humano: "*Educar*

[18] Cf. P. Ricœur, *Philosophie, éthique et politique*, Op. cit., p. 49 (nossa trad.).

um animal que possa prometer, não foi essa a tarefa primordial que a natureza se deu a respeito do homem ?".[19]

A "promessa" tem a ver com a temporalidade mesma da existência humana, isto é com a temporalidade do ser que age também por aquilo que diz, quando se pronuncia sobre o que tem intenção de fazer, de realizar em relação a uma outra pessoa.

Para a coletânea, *La philosophie au risque de la promesse,* que, sob a direção de Marc Crépon e Marc de Launay, reúne ensaios de diversos autores, Ricœur escreveu um artigo "La promesse avant la promesse",[20] cujo título se justifica se a promessa for encarada como correspondendo a promessa prévia de manter a palavra dada, isto é quando quem promete não esquece a obrigação que tem diante daquele a quem prometeu, procurando também ser fiel a si mesmo.

O caráter moral da promessa é incontornável; tem a ver consigo mesmo, com a sua ipseidade, em termos de fidelidade a si mesmo e não apenas com aquele a quem foi feita a promessa. Aqui, como sublinha Ricœur, "a prioridade pode ser invertida entre aquele que promete e seu beneficiário: primeiro, um outro confia em mim e na fidelidade de minha própria palavra. E eu me encontro então na posição segunda daquele que responde".[21]

Todavia, o caráter intersubjetivo, interpessoal da promessa é ultrapassado quando o nível de consideração passa ser universal, o que requer que todos os seres humanos sejam vistos como "iguais" em direito, ou seja do ponto de vista político. Encarando um alvo dessa natureza,

---

[19] F. Nietzsche, *Généalogie de la morale, deuxième dissertation:* La "faute", la "mauvaise conscience" et ce qui leur ressemble, textes établis par G. Colli et M. Montinari. Trad. fr. par C. Heim, I. Hildenbrand et J. Gratien, O. C., Gallimard, 1971, p. 251.

[20] Cf. P. Ricœur, "La promesse avant la promesse", p. 25-34. *In*: *La philosophie au risque de la promesse,* éd. Bayard, 2004. O artigo de Ricœur encontra-se logo após o "Avant-Propos" de Marc Crépon et Marc de Launay.

[21] Ibidem, "La promesse avant la promesse", p. 32.

só atingível praticamente de um ponto de vista ideal, nas últimas páginas de seu ensaio, Ricœur faz breves alusões a Kant. Kant que, levando em conta a natureza, digamos "egocêntrica" do homem, havia iniciado a sexta proposição de sua "Ideia de uma história universal do ponto de vista cosmopolítico" afirmando: "Este problema é ao mesmo tempo o mais difícil, aquele que a espécie humana resolverá por último".[22]

Esta frase, abrindo a sexta proposição corresponde ao que Kant já escrevera ao começar a quinta: "O maior problema para a espécie humana, o que a natureza força o homem a resolver, é o de atingir uma sociedade civil administrando universalmente o direito". [23]

Somos nós que citamos as frases completas de Kant às quais se refere Ricœur, mas das quais ele retoma apenas algumas expressões no final de seu ensaio.[24]

Através do viés filosófico kantiano sobre a moral universal de uma política cosmopolita, Ricœur nos faz também entrever uma possível ponte entre a promessa e a profecia. Ponte que o título mesmo da coletânea, *La philosophie au risque de la promesse* parece lhe sugerir. Assim, antes de suas breves alusões à Kant, e depois de se referir a Abraão, Ricœur acrescentará a respeito das promessas das quais sou também o beneficiário: "É nesse ponto que a filosofia se encontra exposta ao risco da promessa. Pois, por que espécie de discurso (de palavra) sou transportado por essas promessas mantidas? Não se trata mais da certeza da atestação de ipseidade que mantivemos sucessivamente no plano linguístico e no plano moral. Não seria um discurso onde o modo da promessa se misturaria com o modo profético?".[25]

---

[22] E. Kant, "Idée d'une histoire universelle au point de vue cosmopolitique". Trad. fr. Luc Ferry, *In*: *Œuvres philosophiques* II, La Pléiade, Éd. Gallimard, 1985, p. 195.

[23] Ibidem, p. 193.

[24] Cf. P. Ricœur, "La promesse d'avant la promesse", Op. cit., p. 33.

[25] Ibidem.

Sentindo-se próximo de Hannah Arendt e de sua última obra inacabada (*Pensar, querer, julgar*), assim como da esperança que Kant expressa na oitava asserção, esperança ligada à ideia mesma que Kant se fez da Revolução Francesa, Ricœur não hesita em afirmar: "É aqui que o julgamento político se desenvolve numa dimensão prospectiva, que merece bem ser chamada de 'profética'".[26]

Concluindo, por meio de tais referências à dimensão que Kant confere à história profética da humanidade, Ricœur de fato não abandona o nível filosófico, mesmo se, em nosso mundo laico, e no seu próprio pensamento, o filosófico e o bíblico se interpenetram de modo essencial.

Voltemos ao que a promessa dá a pensar no plano ético, a partir do capítulo – "La mémoire et la promesse" – de *Parcours de la reconnaissance* [27] e dos capítulos centrais dessa obra prima que é *Soi-même comme un autre.*

É interessante notar que ao redigir o capítulo 11 – "La mémoire et la promessa", onde a questão do esquecimento estará bem presente, Ricœur não se esqueceu de mencionar, *en passant*, alguns dos autores que marcaram seu itinerário. Assim, quando aborda à memória e seus problemas, refere-se a Aristóteles, a Santo Agostinho, sobre os quais tinham sido consagrados os primeiros capítulos do Tomo I de *Tempo e narrativa*, mas também a Spinoza e a Freud e ainda aos textos póstumos de Husserl editados em 1980 sob o título de *Phantasie, bildbewusstsein, erinnerung,* como vol. XXIII des Husserliana.[28]

---

[26] Ibidem. No que me concerne, eu diria que se a Revolução Francesa merece ser saudada por seus ideais, a maneira como a "revolução" foi realizada, além de injusta, foi atroz. Mas o que Kant tinha em vista era a universalização dos ideais de igualdade, liberdade e fraternidade.

[27] Em *Parcours de la reconnaissance*-Trois études, Ricœur retomou e aprofundou três conferências que ele havia feito anteriormente. No seu estado definitivo a obra foi publicada pela Éditions Stock (coll. Les essais, dirigée par F. Azouvi) em 2004, isto é pouco tempo antes do falecimento de Ricœur.

[28] O vol. XXIII da *Husserliana*, editado e introduzido por E. Marbach é disponível em tradução francesa: "*Phantasia, conscience d'image, souvenir*",

Atesta-se assim, e mais uma vez, que as questões abordadas por Ricœur, habitavam seu pensamento e entrecruzavam-se de maneira nova na "itinerância" de sua reflexão.

No capítulo sobre a memória e a promessa de *Parcours de la reconnaissance*, ele vai sublinhar, além da dimensão temporal, a vertente positiva como também a vertente sombria de uma e outra. Começa observando que: "A problemática do reconhecimento de si (próprio) atinge simultaneamente dois cimos com a memória e a promessa. Uma se volta para o passado e a outra para o futuro".

À primeira vista parece óbvio que a memória é o se lembrar do que aconteceu no passado, enquanto o prometer concerne àquilo que está ainda para vir. E, no entanto, eu diria que a afirmação do poeta Paul Valéry de que "a memória é o futuro [l'avenir] do passado"[29] não deixa de ser justa, pois o passado persiste se subsistindo na memória não é esquecido. Ricœur ele próprio diz que a memória é "a presença em imagem da coisa ausente".[30]

Seguindo Bergson, ele vai se perguntar: "de que maneira o reconhecimento do passado contribui ao reconhecimento de si mesmo?", pois o que está em jogo é o reconhecimento por cada um de sua história pessoal e se o exame de si mesmo é feito com clarividência e honestidade.

Da la phénoménologie des présentifications intuitives (Textes posthumes (1898-1925) trad. de l'all. par R. Kassis et J.-F. Pestureau, avec révision de J.F. Pestoureau et Marc Richir), Éd. Jérôme Millon, 2002. Na nota 1, da p. 173 de *Parcours de la reconnaissance*, onde Ricœur faz alusão ao texto des *Husserliana* na versão alemã, há um pequeno lapso relativo ao título mesmo da obra.

[29] Cf. P. Valery, *Cahiers* I, édition établie, présenté et annotée par Judith Robinson, Bibliothèque de la Pléiade, Ed. Gallimard, 1973, p. 1256. Anteriormente (p. 1221), no quadro de suas reflexões sobre a memória, P. Valéry escrevera: "Aquilo que mais me toca na memória, é não o fato que ela reproduza o passado, mas que ela alimente o presente".

[30] Cf. P. Ricœur, "La mémoire et la promesse". *In*: *Parcours de la reconnaissance*, Op. cit., p. 168.

Por outro lado, ainda que suas causas possam ser muito diversas, o esquecimento (às vezes parcial) sempre ameaça a *memória*, enquanto relativamente à *promessa* (salvo uma ocorrência imprevisível) é a traição à palavra dada que leva a não cumprir o que se havia prometido a outrem.

Tal traição tem pois tudo a ver com a ipseidade da pessoa que prometeu, já que o ato performativo da promessa, se revelando falso, visava provavelmente interesses egocêntricos, inconfessáveis. Em outras palavras, o outro a quem foi feita a promessa não era respeitado, *reconhecido* como um "outro".

Como já em "O si mesmo como um outro", Ricœur retoma a questão do "reconhecimento" não somente ao nível da intersubjetividade do "eu" e do "tu", isto é, da relação do si a um outro, mas ainda ao nível social e político onde está em jogo a relação entre "nós" e os "outros". É nesse nível que a injustiça se revela contundente e *a priori*, pois tem a ver com o fato de encarar o outro com desprezo, como proveniente de uma comunidade inferior, e não como um outro "si mesmo". A etiqueta do grupo discriminado, tido por "inferior", impede um encontro justo com aquele "outro", apontado como oriundo de "eles", quando "eles" são vistos como inimigos, ou são classificados como abaixo de "nós", e não podendo gozar dos mesmos direitos.

Daí a necessidade de se pensar um reconhecimento mútuo que inclui a luta (pacífica) por tal reconhecimento. A essa questão Ricœur consagrou o terceiro e longo Estudo – "La reconnaissance mutuelle" de *Parcours de la reconnaissance,* onde analisa o desafio de Hobbes e os argumentos hegelianos de reconhecimento [*Anerkennung*]. Antes de chegar a sua Conclusão: "Un parcours" em três etapas, ele termina seu terceiro estudo com um capítulo (V) onde encara: "A luta pelo reconhecimento e os estados de paz". Paz que é o que busca o nosso desejo ético de uma vida que tem por alvo o bem e que é susceptível de nutrir a estima que cada um pode ter de si mesmo. Mas vida que em função disso mesmo, isto é da sabedoria prática, é consciente de que é preciso que se lute social e politicamente contra as injustiças que prevalecem sob vários aspectos no nosso mundo.

Lembremos que o primeiro estudo, com o qual se inicia *Parcours de la reconnaissance,* concerne "O reconhecimento como identificação" (*La reconnaissance comme identification*, o segundo "O autorreconhecimento" [*Se reconnaître soi-même*], e o terceiro o "Reconhecimento mútuo".

Graças à leitura de *Parcours de la reconnaissance*, fiquei sabendo da existência do livro de Marcel Hénaff muito apreciado por Ricœur e que ele menciona ao abordar o reconhecimento mútuo e a questão da paz, como o fará meses depois em sua entrevista de 19 de março de 2003 a Georges Guitton para o jornal *Ouest-France*; entrevista realizada poucas horas antes do lançamento da guerra dos USA contra o Iraque. No final da entrevista, G. Guitton que acabara de sublinhar a insistência de Ricœur sobre uma "cultura de paz" e sobre o que Tocqueville entendia por "socialismo liberal", lhe faz a seguinte pergunta: "O que é o estado de paz, nessas condições? Que definição?".

Ao responder, Ricœur refere-se à noção de tranquilidade da ordem, acentuando o caráter emocional e poético da palavra tranquilidade, quando se "está disposto a receber dos outros e se colocar a serviço dos outros, num sistema de mutualidade e de cordialidade e isto no conjunto das relações sociais".[31]

Antes de encerrar sua resposta à pergunta feita por Georges Guitton, Ricœur acrescenta: "Tenho muita admiração pelo trabalho de pesquisa de Marcel Hénaff, mostrando que nosso engajamento a proteger bens não comerciais (a proibição do comércio de órgãos, a proteção da integridade física) faz parte da sociabilidade permitindo laços sociais decentes".[32]

---

[31] Cf. Idem, *In*: *Philosophie, éthique et politique*, Seuil, 2017, a entrevista n. 8 ("Quoi de neuf sur la guerre ?"), p. 139.

[32] Ibidem.

Esta alusão à obra de Marcel Hénaff, intitulada *Le prix de la vérité. Le don, l'argent, la philosophie* [33] tem justamente a ver com o que Ricœur escreveria no capítulo V ("La lutte pour la reconnaissance et les états de paix") que termina, como sublinhamos, o terceiro estudo de *Parcours de la reconnaissance,* dedicado ao "Reconhecimento mútuo" (*La reconnaissance mutuelle*).

No capítulo a que me refiro desse último "estudo", Ricœur procura examinar – apoiando-se sobre vários autores e não apenas filósofos, mas antropólogos, sociólogos, romancistas, historiadores – o que está em jogo no reconhecimento mútuo através de gestos positivos, de dádivas (dons), e sem omitir aquilo que, na verdade, pode deturpar, comprometer a relação do doador com o donatário.

Em última análise o *dom* requer ser compreendido não apenas como diferente das trocas comerciais e também não se situando no nível jurídico, mas como ultrapassando o contra dom, e portanto não exigindo, em retorno, um dom mais ou menos equivalente ao primeiro.

Para apoiar sua reflexão, Ricœur passa em revista e "discute" com sociólogos [Luc Boltanski, Claude Lefort], antropólogos [Marcel Mauss, Claude Lévi-Strauss, etc.], com pensadores do direito e das "esferas de justiça" [Michael Walzer], e com a historiadora Nathalie Zemon-Davis, autora de uma obra esclarecedora sobre o dom no Renascimento, obra cujo título na tradução francesa é : *Essai sur le don dans la France du XVIe siècle.*[34]

Ricœur segue a autora quando ela analisa as crenças de base onde se origina o "espírito do dom", mas também quando considera as formas de fracasso que podem ocorrer na prática efetiva do dom.

---

[33] M. Henaff, *Le prix de la vérité. Le don, l'argent, la philosophie*, Paris, Éd. du Seuil, 2002.

[34] O título original da obra de Nathalie Zemon-Davis é *The gift in sixteenth century France*, The University of Wisconsin Presse, 2000. A tradução francesa de Denis Treiweiler, citada por Ricœur, foi publicada pela Éd. du Seuil em 2003.

É o que ocorre quando aquele que recebeu o dom é constrangido a retribuir, custe o que custar, ao doador.

Ricœur cita com apreço o que Claude Lefort, inspirado por Merleau-Ponty, escrevera a respeito da reciprocidade do dom que confirma a verdade do gesto subjetivo inicial do doador.[35]

Mas é em companhia do trabalho empreendido por Marcel Hénaff, que Ricœur vai encarar o dom cerimonial que se situa sobre um plano simbólico, que "não tem preço" [*sans prix*]. Este não "ter preço", que está acima da reciprocidade, do "retorno do dom", pode ser encontrado em experiências concretas de vários tipos onde prevalece a *gratuidade*. E isto acontece em áreas diversas de nossa experiência, como por exemplo com a beleza gratuita de uma flor, de uma paisagem, de um corpo, de um ritual, ou em ocasiões onde se manifesta a pura generosidade de certos atos, quando não se pensa de forma alguma em retribuição. Em outras palavras, onde a agir se realiza sob o signo do amor [*agapè*], abrindo assim um espaço de "esperança". Tais gestos podem se irradiar e fazer avançar um estado de perdão e de paz.

O pensamento de Ricœur é que se deve fazer algo de realmente efetivo para que se possam abrir novos horizontes de paz e de reconciliação. Ele não se ilude, porém, pois sabe que a tarefa é para lá de árdua e que a paz em nosso mundo é frágil e estará sempre ameaçada.

Quanto ao "reconhecimento mútuo" ele não tem a ver nem com o que seria uma fusão qualquer entre o si mesmo e o outro, nem com o não reconhecimento de si-mesmo como premissa do devido reconhecimento do outro, pois essa consideração, esse reconhecimento só pode ser real quando parte de alguém que se autorreconhece.

---

[35] Eis a citação que faz Ricœur de Claude Lefort *in parcours de la reconnaissance*, p. 330 : "L'idée que le dom doit être retournée suppose qu'autrui est une autre moi qui doit agir comme moi ; et ce geste en retour doit me confirmer la vérité de mon propre geste, c'est-à-dire ma subjectivité [...], les hommes confirmant les uns aux autres qu'ils ne sont pas des choses". Cf. C. Lefort, "L'échange et la lutte des hommes" (1954), artigo republicado em *Les formes de l'histoire. Essai d'anthropologie politique*, Gallimard, 1978.

Elevada ao plano social e político, a aspiração à paz busca o universal para além das diferenças culturais, religiosas, sem omitir os direitos de cada pessoa.

A situação atual do mundo, apesar de todos os horrores que a atingem ou a ameaçam sob os mais diversos ângulos, não deve esmorecer a nossa motivação de agir concretamente para a paz, inclusive no plano da educação dos jovens.

É deveras significativo que nesse ano de 2018, quando se comemora o centenário do fim da primeira guerra mundial no século XX, tenha havido iniciativas como a que ocorreu nas dioceses francesas de Lille e d'Arras. Uma "*Association pour la paix*", aberta a todas confissões[36] e opções de fé organizou um "encontro" de quatro dias de discussão e de trocas tendo como alvo a sensibilização de todos em vista da paz.[37]

Uma iniciativa dessa natureza teria encantado Paul Ricœur, cujo pai, falecido servindo as tropas francesas durante a primeira guerra mundial – ele, nascido pouco antes, não tivera a chance de conhecer. A verdade, porém, é que como pensador e cristão, Ricœur não cultivava nenhum espírito de vingança, mas lutava efetivamente pela paz, pregando um diálogo aberto, um *reconhecimento mútuo*, sem exclusões nem discriminações.

---

[36] Nesse "encontro" compareceram católicos, anglicanos, protestantes, evangélicos, muçulmanos, judeus e budistas.

[37] Cf. *La lettre* (de juin 2018) de Justice & Paix, o dossier central, escrito pelo P. Vincent Blin, vigário geral de Arras, tem por título : "Faîtes la paix" – De la commémoration de la Grande Guerre à l'engagement quotidien pour la paix".

Capítulo 13 | Pensamento enquanto intervenção histórica

Francisco Valdério[1]

Ação é a apropriação do pensamento sobre a realidade

Eric Weil

HISTORICIZAÇÃO DO PENSAMENTO: FILOSOFIA E TOMADA DE POSIÇÃO

Vivemos uma época, para falar como Eric Weil, provocada pelo mal-estar do *excesso de riquezas*, tempo embaraçoso no qual se sabe sempre coisas em demasia, se conhece abundantemente verdades e existe farta informação à disposição de todos sobre conteúdos e situações. No entanto, essa condição que parece dispor de toda sorte de respostas carece de correspondência entre estas e as questões levantadas.[2]

---

[1] Universidade Estadual do Maranhão (UEMA), Brasil.

[2] Cf. E. Weil, *Lógica da filosofia*. Trad. Lara Malimpensa e revisão técnica de Marcelo Perine. São Paulo, É Realizações, 2011, p. 134 e *Philosophie et réalité I*, Paris, Beauchesne, 1982, p. 7. Semelhante constatação em Bernheim-Chauí ao fazerem um prognóstico desse fenômeno quando dizem que o conhecimento contemporâneo apresenta, entre outras características, as do crescimento acelerado, maior complexidade e tendência para a rápida obsolescência. O que tem sido chamado de *explosão do conhecimento* é um fenômeno tanto quantitativo quanto qualitativo, no sentido de que o volume de conhecimento disciplinar aumenta e, ao mesmo tempo, surgem novas disciplinas e subdisciplinas, algumas das quais transdisciplinares. Por isso falamos também em *explosão epistemológica*. De acordo com dados fornecidos por James

Essa superabundância de todas as coisas em todas as áreas convive sem assombro com a pobreza de espírito que conduz à escassez do pensamento na sociedade, em princípio mundial, e que, paradoxalmente, busca se definir cada vez mais como sociedade da veloz circulação da informação e do conhecimento.

Esse quadro no qual uma multiplicidade se arvora absoluta não é uma particularidade do nosso tempo. Aliás, o que conhecemos é, de certo modo, o agravamento de situações já vivenciadas por Platão, que não somente identificou e conheceu as várias vertentes[3] – muitas delas abrigadas no seio de sua própria academia –, como com elas manteve um produtivo e fecundo "diálogo" a fim de situar, cada uma destas "sabedorias", no âmbito de sua própria filosofia. Com efeito, essa atitude é perfeitamente compatível com o projeto levado a cabo por Platão, uma vez que, para ele, compreender filosoficamente é um procedimento dialético que reconhece a diversidade em tensão com a unidade, seja pela divisão segundo as ideias seja pela condução da pluralidade a uma única ideia.[4]

Assim, Platão é quem surge como aquele que primeiro confere à filosofia o caráter da *tomada de posição*. É verdade que se pode

---

Appleberry, citados por José Joaquín Brunner, o conhecimento com base disciplinar registrado internacionalmente levou 1.750 anos para duplicar pela primeira vez, contando a partir do princípio da era cristã; depois disso a cada 150 anos e, por fim, a cada 50 anos. Atualmente, ele é multiplicado por dois a cada cinco anos, e projeta-se que, em 2020, duplicará a cada 73 dias. Estima-se que a cada quatro anos duplica a quantidade de informação disponível; como os analistas observam, porém, somos capazes de dar atenção apenas a cerca de 5 a 10% dessa informação. (Ver C. T. Bernheim e; M. Chauí, *Desafios da universidade na sociedade do conhecimento*: *cinco anos depois da conferência mundial sobre educação superior.* Brasília, Unesco, 2008, p. 8.)

[3] Cf. M. Perine, "Quem são os inimigos de Filebo?" (*Fil.* 44 b 6). *In*: *Hypnos*, São Paulo, n. 26 (2011): 73-92. Cf. também J-M. Gagnebin. *Lembrar, escrever, esquecer*. São Paulo, Ed. 34, 2006, p. 193-94.

[4] Cf. Idem, *Eric Weil e a compreensão do nosso tempo*. São Paulo, Loyola, 2004, p. 145.

dizer que Sócrates, antes, já tinha concebido a filosofia nesses termos e que sua condenação e morte diante da cidade de Atenas não é senão o emblema maior dessa tomada de posição pela filosofia. Entretanto, com Sócrates a filosofia ainda não é, propriamente, para falar uma vez mais como Weil, tomada e tornada *objeto* e sim a comunidade que discute, isto é, a *discussão*.[5] O alvo de suas *pré-ocupações* é a comunidade.

Aprendemos com a *Lógica da filosofia* que o pressuposto de toda comunidade é a linguagem na qual e pela qual se desenvolvem as discussões em vista do acordo. Sendo que o primeiro acordo é justamente o de que todos podem falar e que ao fazê-lo adotaram a via pela qual se pode chegar ao reconhecimento mútuo mediante a palavra. Contudo, tal reconhecimento não está livre dos tensionamentos constitutivos próprios do processo da discussão, uma vez que nele reside muito da história da violência criadora da humanidade e, dessa forma, a discussão ainda é a reprodução subliminar da luta bruta entre os conteúdos das culturas impermeáveis umas às outras.[6]

Dito de maneira diferente: na origem da *polis*, o evento que marca toda a política ocidental é o surgimento da democracia. No entanto, não se pode esquecer que a instituição, não somente antecessora mais também originária, foi a *aristocracia guerreira,* para a qual o poder está depositado no centro, para que todos, em condições de igualdade, possam opinar e deliberar, tal como é narrado por Homero. A política e, mais tarde, a própria democracia nascentes são também elas oriundas dessa violência primeira.[7] Senão diretamente, o

---

[5] Cf. Idem, "Da discussão ao objeto. Platão retoma Sócrates?". *In*: L. Bernardo; E. Costeski; P. Canivez, *Cultura – Revista de História e Teoria das Ideias*, Lisboa (II Série), n. 31, 2013, p. 89-108.

[6] Cf. E. Weil, *Lógica da filosofia*, Op. cit., p. 180

[7] Cf. J.-P. Vernant, *As origens do pensamento Grego*. Trad. Ísis Borges. B. da Fonseca. Rio de Janeiro, Difel, 2002, 41 ss.

são a partir da cessão que a violência *permite*, uma pausa no conflito a fim de poder *organizar o comando*.[8] É uma espécie de conselho de guerra que antecede, assim, tudo o que reconhecemos e chamamos pelo nome de *política*. Compreendido dessa maneira, fica ainda mais clara a clássica proposição de Clausewitz de que a guerra não passa de uma simples continuação da política por outros meios.[9]

Contemporânea aos primeiros desenvolvimentos da política, a filosofia conheceu no seu nascedouro um mundo essencialmente político,[10] para o qual, após ser capaz de formular discursos (o Verdadeiro e o Falso), volta-se quase que integralmente. Isso explica porque, sem abandonar toda a construção lógica e epistemológica e os problemas daí decorrentes, a filosofia em dado momento do seu incipiente percurso se desloca do eixo cosmológico para o eixo ético – desce do céu à terra, como diz Cícero.[11]

Ora, se Sócrates é tido como o que opera esse deslocamento e mais, como o que se constitui, para toda filosofia posterior, em patrono – mesmo não tendo sido o primeiro filósofo (Tales), tampouco aquele a quem se atribui a invenção do neologismo *filosofia* (Pitágoras) ou da dialética (Heráclito, Parmênides) –, então, de maneira tácita ou explícita se aceita que a filosofia se compreenda pela linguagem, pelo discurso, pela *discussão*, pela política no interior da *polis*. No mundo do advento da *polis*, isto é, no mundo no qual a filosofia nasce, o mais forte não é mais o que impõe e se sobrepõe brutalmente aos demais, mas o que faz o melhor uso da linguagem, quer dizer, do discurso. Importa agora ter razão e isso significa que

---

[8] "Onde quer que o emprego da violência esteja excluído, os homens regulam sua vida em comum por meio da linguagem formalmente una: eles discutem" (E. Weil, *Lógica da filosofia*, Op. cit., p. 175).

[9] C. V. Clausewitz, *Da guerra*. Trad. Maria Tereza Ramos; preparação do original Maurício Blathazar Leal. São Paulo, Martins Fontes, 1996, p. 27.

[10] Cf. E. Weil, *Lógica da filosofia*, Op. cit., p. 188.

[11] Cf. *Discussões tusculanas*, vol. 10.

é preciso ser soberano pela linguagem.[12] Onde o centro do mundo é o discurso demonstrativo da verdade não contraditória, passa a ter razão aquele que *demonstra* ser o mais hábil no uso da técnica do discurso. Eric Weil formula essa tomada de consciência do valor do discurso e contra a violência do seguinte modo: "Vencerá aquele que se fizer ouvir e souber impedir que seu concorrente seja ouvido, quer tornando-o ridículo e fazendo que pareça um homem do qual nada de sério se pode esperar, quer tornando-o suspeito de ser capaz de retornar à violência". [13]

É assim que a filosofia tem atrelada a si, como um DNA que carrega as informações genéticas de uma vida inteira, o traço hereditário constituinte da política: "entre política e *logos*, há assim, relação estreita, vínculo recíproco. A arte política é essencialmente exercício da linguagem, e o *logos*, na origem, toma consciência de si mesmo, de suas regras, de sua eficácia, por intermédio de sua função política".[14] Que política e filosofia não se confundem, que a política só se compreende pela ótica da filosofia, que a filosofia submete o projeto da política ao seu próprio projeto, etc., tudo isso é correto. No entanto, essa aparente influência da filosofia sobre a política se reverte em dependência da filosofia em relação à política, ou nos permite ao menos falar de uma dimensão política da atividade filosófica.

Não existe projeto que não queira ser realizado. Não basta falar, é preciso acontecer: como filha do tempo da cisão entre *palavra* e *ato*, a filosofia sabe que só pode ser realizada se conseguir operar o *discurso da ação* ou, o que é o mesmo, da ação enquanto discurso. Numa palavra: que o homem se compreenda como *discurso agente*.

Se é possível voltar a Sócrates como a figura emblemática da filosofia em que palavra e ação se conjugam reciprocamente, é porque,

---

[12] Cf. E. Weil, *Lógica da filosofia*, Op. cit., p. 181.

[13] Ibidem, p. 183.

[14] J.-P. Vernant, Op. cit., p. 54.

de certo modo, já se compreendeu que a filosofia traz consigo o horizonte sob o qual a realização do discurso se efetiva e, nesse sentido, a filosofia está intrinsecamente implicada com a tomada de posição. Que se afirme uma vez mais: todo o mundo grego antigo, a partir do século V a.C., é um mundo essencialmente político. Ora, a filosofia que nasce nesse mundo não pode deixar de sê-lo também. O contraste é que a "relatividade" é afirmada por toda parte, justamente porque, através do conflito entre as partes, só se percebe partes e nunca o *todo*. Entretanto, a filosofia ao ser exigida a se *posicionar* diante do conflito (por ser ela uma das partes e dado o caráter emergente e perene da sua natureza política) só pode apreciar esse problema sob o ponto de vista que é propriamente o seu, isto é, o do *todo*, o ponto de vista da universalidade. Ela não apenas submete a exame o conflito entre as partes como, igualmente, é levada ela própria a uma tomada de posição. Eis porque Sócrates, como afirma Gilbert Kirscher, compreende não esta ou aquela discussão, mas a discussão como um todo ao discutir a discussão.[15] "Sócrates discute e faz exclusivamente isso".[16]

O que a filosofia procura não se restringe ao entendimento particular de determinada posição, mas da compreensão de toda discussão. A filosofia com Sócrates, através do minucioso exame dialético das partes, toma posição pelo universal. A matriz da qual parte todos os discursos conflitantes é a linguagem e, nesse ponto, todos os adversários concordam mesmo que sobre isso se calem (aliás, o silêncio é a contraprova do acordo tácito). O que se verifica é a natureza de um postulado: se se parte de um mesmo princípio, pode-se chegar, apesar (e por causa) da discussão, a um mesmo acordo, a uma conclusão da discussão que satisfaça a todos e a cada um – não apenas uns com os outros como também entre si mesmos – no interior da comunidade.

---

[15] Cf. G. Kirscher, *La philosophie d'Eric Weil: systematicité et ouverture*. Paris, PUF, 1990, p. 246.

[16] E. Weil, *Lógica da filosofia*, Op. cit., p. 189

Não obstante, todo o esforço de Sócrates não o impediu de fracassar,[17] quer dizer, não o conduziu necessariamente a ser bem-sucedido.[18] É assim que Platão é impelido, segundo Weil, a ultrapassar a discussão e, portanto, ir além de seu próprio mestre.[19] Mais que isso: sua filosofia é a primeira que busca a compreensão total.[20] O fato da morte de Sócrates pela comunidade,[21] fato "que *decide* a vida inteira de Platão",[22] o faz *tomar consciência*[23] "de que não basta que o acordo seja alcançado entre todos os participantes da discussão [...] é preciso ademais que esse acordo revele a realidade e o que é em verdade",[24] isso que só pode ser atingido, para Platão, pela dialética. Eis por que com Platão a dialética não será apenas método ou técnica, mas uma posição filosófica, a única "adequada à compreensão da realidade, concebida como a identidade do uno e do múltiplo ou, o que é o mesmo, como *misto* gerado por uma causa inteligente, que mantém em contínua interação os princípios do *limite* e do *ilimitado*". [25]

Ademais, fica manifesto que para empreender um novo projeto filosófico, a partir do que fracassou, é preciso dissipar os mal-entendidos intencionais (ou não) dos quais o antigo projeto se torna alvo após sucumbir – sobretudo por parte das correntes adversárias. Caso contrário, não haveria nenhuma razão para Platão resgatar a memória de Sócrates, se sua filosofia partisse do zero.

---

[17] H. Arendt, *A dignidade da política*. Trad. Helena Martins [et al.]. 3. ed. Rio de Janeiro, Relume Dumará, 2002, p. 92.

[18] Cf. E. Weil, *Lógica da filosofia*, Op. cit., p. 191.

[19] Cf. Ibidem, p. 188

[20] Cf. Ibidem, p. 219

[21] Cf. Ibidem, p. 204

[22] Ibidem, p. 188, grifos meus.

[23] Cf. M. Perine, *Da discussão ao objeto,* Op. cit. p. 101.

[24] E. Weil, *Essais et conférences I*, tome I, Philosophie. Paris, Vrin, 1991, p. 243

[25] Cf. M. Perine, Op. cit., p. 99.

A defesa da memória do seu mestre, com a qual Platão inicia sua atividade literária, ocorre não apenas contra a animosidade dos democráticos que condenaram Sócrates, mas a favor de todos os que estiveram sob a influência do grande mestre.[26] A *ágora*, antes circunscrita ao espaço físico da *polis*, ganha, com Platão, ambientação mais ampla e duradoura; diríamos que tal intervenção teórica opera no espaço público sua maior abrangência. Ao contrário do que pensa Hannah Arendt que diz ser Platão o responsável por fazer cindir ética e política – filosofia e *polis* – ao se retirar da arena política arrastando a discussão para dentro da Academia.[27] É perfeitamente possível pensar o oposto ao retratar que Platão submete a política ao projeto de totalidade da filosofia conferindo àquela a visão e o alcance que sozinha jamais teria. O que na verdade a genialidade de Platão opera é uma inversão.

Digamos que a discussão, outrora restrita aos domínios da *polis*, recebe com a sistematização intentada por Platão, no que qualifica e distingue seu discurso e o de Sócrates dos demais, a amplitude da história. A discussão – insuficiente, mas necessária –, agora incorporada ao projeto da filosofia sistemática de Platão, rompe as fronteiras do tempo para se estabelecer como atividade paradigmática para toda a posteridade. A *luta* empreendida por Platão para preservar a memória do grande mestre, bem como situar diante de sua própria filosofia, cada um dos discursos existentes e vigentes em sua época, exige *sofisticados* recursos linguísticos – Jeane Marie Gagnebin chama de sutis estratégias retóricas – cuja finalidade é o convencimento de que sua narrativa corresponde ao relato fidedigno dos acontecimentos.[28] Não sem levar em consideração que, apesar da verdade enunciada pela linguagem, existe a cilada em que cai a discussão e à qual é preciso

---

[26] Cf. Ibidem, p. 105.

[27] Cf. H. Arendt, Op. cit., p. 91 ss.

[28] Cf. J.-M. Gagnebin, *Lembrar, escrever, esquecer*, Op. cit., p. 194.

dar resposta: "pode haver erro sem que a investigação seja capaz de descobrir contradição alguma".[29]

O que percebemos assim é que a posição assumida por Platão "se vê entrincheirada entre um discurso mentiroso, mas que parece verdade, e um discurso verdadeiro que não consegue impor sua verdade".[30] Como podemos observar, não se trata de uma posição confortável, pelo contrário: sem poder abrir mão das conquistas trazidas pela nova ciência (lógica ou dialética) que não é apenas outra corrente,[31] Platão reconhece igualmente sua insuficiência diante dos demais discursos que buscam suplantar seu oponente. Marcelo Perine se refere ao *Górgias* como uma "verdadeira declaração de guerra à retórica", no qual Platão reagiu aos discursos que retomam antigas acusações que faziam de Sócrates o inimigo do povo e traidor da democracia.[32]

Todo esse linguajar bélico (estratégia, trincheira, declaração de guerra) por parte destes intérpretes desse momento áureo da filosofia não é absolutamente descabido e sem propósito. Na guerra, como na política, o que importa para se sagrar vencedor é a tomada de posição no sentido da conquista do território adversário. Já dissemos que a filosofia não está reduzida à política, tampouco ela é a guerra. Contudo, não se pode ignorar que a linguagem da qual inevitavelmente a filosofia faz uso contém a seiva da *contradicção* em que se situam todos os discursos e, portanto, da competição entre eles.

Talvez ninguém tenha sido mais explícito nesse quesito do que Marx. Sua célebre *Décima primeira tese sobre Feuerbach* é uma

---

[29] E. Weil, *Lógica da filosofia*, Op. cit., p. 202.

[30] Cf. Ibidem, p. 188, ver também "A Verdade é assim apreendida, mas ela o é apenas como fundo sobre o qual tudo desaparece, não como o fundo sobre o qual tudo se mostra: o discurso é o mal" (p. 137) e ainda, "A linguagem não basta para apreender a Verdade que a transcende; mas ela pode se mostrar em sua verdadeira natureza, que é a de ser falsa" (p. 152).

[31] Cf. Ibidem, p. 188

[32] Cf. M. Perine, *Da discussão ao objeto*, Op. cit., p. 105.

sonora conclamação a uma tomada de posição: é preciso não mais interpretar o mundo, mas transformá-lo![33] Em que pese todas as críticas quanto a esse posicionamento categórico em matéria de filosofia – pois sempre se pode dizer que não há transformação do mundo sem interpretação do mundo[34] ou que a interpretação já é um processo de transformação[35] – Marx não tergiversa sobre o conflito que é a própria filosofia.

No entanto, antes dele podemos ainda encontrar em Kant circunstância parecida: o criticismo transcendental é, como toda manualística largamente enfatiza, um posicionamento acerca do conflito entre, ao menos, duas grandes correntes epistemológicas: racionalismo e empirismo. Mas sua filosofia como um todo não se reduz a esse aspecto da primeira *Crítica*, reduzida ao que se consolidou chamar revolução copernicana. Muito mais do que isso, como aprendemos com Weil, essa filosofia é uma tomada de posição pelo *fato*, pelo *sentido*, ou pelo *fato* que é o *sentido*. Em síntese, é uma tomada de posição que assume pensar aquilo que Weil está convencido de ter encontrado na última *Crítica* kantiana: o *sentido como fato da razão*. Tarefa, segundo pensa o franco-alemão, ainda por ser realizada por situar-se nos primórdios de uma segunda revolução copernicana do pensamento kantiano.[36]

Optamos por não multiplicar os exemplos que pululam ao longo da história da filosofia, pois não se trata de construir uma galeria

---

[33] Cf. K. Marx, "Sobre Feurerbach (1845)". *In*: *A ideologia alemã*. Trad. Rubens Enderle; Nélio Schneider; Luciano C. Martorano. São Paulo, Boitempo, 2007, p. 537 e 539.

[34] Toda reflexão de Ricœur na dialética entre *trabalho* e *palavra* alude a isso cf. P. Ricœur, *História e verdade*. Trad. F. A. Ribeiro. Rio de Janeiro, Forence, 1968, p. 8 e 201 ss.

[35] Em linguagem weiliana: "o homem que compreendeu o que ele faz já não é o homem que fez, e sua tomada de consciência é a um só tempo a apreensão de sua atitude e sua libertação dela" (*Lógica da filosofia*, Op. cit., p. 106).

[36] Cf. Idem, *Problemas kantianos,* Trad. de Luiz Paulo Rouanet e revisão técnica de Marcelo Perine. São Paulo, É Realizações, 2011, p. 8 ss.

ilustrativa das correntes filosóficas e suas perspectivas diferentes e divergentes acoplada aos filósofos que compreenderam que é dessa forma que o debate filosófico se processa. Empreendimento que seria tanto enfadonho quanto inútil aos propósitos do que buscamos destacar. Para nós, basta salientar essa dimensão do filosofar e enfatizar, como Weil, que o mais importante a ser feito é discutir racionalmente o fundamento de toda e qualquer tomada de posição: se consciente, se responsável, se coerente e se, verdadeiramente, política.[37]

Nessa linha é que reclamamos também a abordagem de Paul Ricœur, mais especialmente sua hermenêutica da "palavra que reflete com eficácia e que age mediante reflexão".[38] A clara divergência com a posição adotada por Marx – uma vez que não há oposição radical entre o pensamento que observa e contempla e a práxis transformadora –, ocorre porque assume outra posição que vê na dialética do trabalho e da palavra um campo de significações que não faz distinção entre dizer e fazer, significar e agir, texto e contexto, pensamento e história, pois demasiadamente misturados, não coloca em esferas contrapostas *theoria* e *práxis*.[39] Ricœur declara que seu entusiasmo pela filosofia deriva do seu fascínio, desde muito cedo, pela arte de disputar questões.[40]

Ora, querelas teóricas são ações do pensamento. A história, enquanto campo minado da ação política, é, por excelência, campo de disputas e exige por parte do pensamento decifração para que possa ser compreendida em sua totalidade. Se abandonada apenas ao jogo político, a história não passaria do estilhaçamento operado pelas

[37] Cf. Idem, *Hegel e o estado*: cinco conferências seguidas do apêndice Marx e a *Filosofia do direito* de Hegel. Tradução de Carlos Nougué e revisão técnica de Marcelo Perine. São Paulo, É Realizações, 2010, p. 11.

[38] P. Ricœur, *História e verdade*, Op. cit., p. 9.

[39] Cf. Ibidem.

[40] Cf. Idem, "Autobiografia intelectual". *In*: *Da metafísica à moral.* Lisboa, Instituto Piaget, 1995, p. 48

intermináveis disputas. Ocorre que o pensamento-agente postula, para sua própria ação, uma consciência histórica articuladora dos seus vestígios.

Frente a isso é que a hermenêutica filosófica ricœuriana compreende, à semelhança da *Lógica da filosofia*, que uma *diversidade* sempre pode ser agrupada em torno de *eixos diretores*, de natureza metodológica ou temática. Não se trata de uma tipologia, um arranjo a partir de ideais-tipos como faz a lógica weiliana que trança atitudes e categorias, mas isso não significa que aqui se prescinda de uma orientação do âmbito do pensamento universal[41], que abra mão de uma *theoria*. Para Ricœur, repetimos, não há dissociação entre clarificação dos conceitos orientadores da investigação filosófica e preocupação interventora de natureza crítica na crise civilizatória em andamento[42] – pensar e intervir na realidade efetiva constituem duas modalidades de uma mesma abordagem.

Um pensamento militante, assim, para lembrar Antonio Candido,[43] compreende que a diversidade das ações históricas permite uma orientação quando submetidas ao crivo da conceitualidade. A hermenêutica filosófica ricœuriana faz *passar* a multiplicidade pela unidade do conceito. Contudo, longe de querer suprimir a multiplicidade, esse procedimento é sua atestação: tal como se pode verificar quando evidenciamos que a unidade só pode ser conseguida na medida em que organiza, num mesmo feixe, diversas orientações que a princípio se revelam divergentes. A dissipação do pensamento na história pode ser retomado pelo

---

[41] Cf. Idem, *História e verdade*, Op. cit., p. 7

[42] Cf. Ibidem, p. 8.

[43] F. Aguiar (org.), *Antonio Candido: pensamento e militância*. São Paulo, Humanitas e Fundação Perseu Abramo, 1999. Ricœur também se refere ao seu pensamento no trato das questões políticas de igual modo cf. P. Ricœur, *A crítica e a convicção*. Trad. Antonio Hall. Lisboa, Edições 70, 1997, p. 158 e *Autobiografia intelectual*, Op. cit., p. 56.

sentido da história para o pensamento. Em síntese: seja com Weil ou com Ricœur temos uma tomada de posição pelo todo, pois visam, ao mesmo tempo, pensar o *todo* pelas *partes* e/ou as *partes* pelo *todo*. Dito de outra maneira, num e noutro temos, a semelhança da tradição filosófica que impulsionou Sócrates e Platão, uma intervenção histórica guiada pelo pensamento.

AÇÃO DO PENSAMENTO NA HISTÓRIA: DO FORMAL AO CONCRETO HISTÓRICO PELA LIBERDADE

Ilustrativamente falando, o engajamento do pensamento na história ocorre quando do tratamento do problema da *liberdade* pela filosofia. Como sabemos, o tema da liberdade ocupa páginas especiais nos escritos filosóficos. Os filósofos, quase em sua totalidade, empenham-se sempre em considerar este capítulo conduzindo-o a reflexões por vezes incontornáveis para nós que, com eles, queremos aprender o exercício de seu ofício. Filosofias como as de Rousseau, Marx, Sartre (para não citar tantos outros), por exemplo, dão seus testemunhos, pois fizeram desta temática sua marca mais profunda ao arraigar no mundo as marcas da liberdade. Entretanto, toda filosofia, se convicta de seus propósitos, encarna em si mesma os apelos mais fortes da liberdade, isto é, ela própria está indissoluvelmente ligada à liberdade. Noutras palavras: há identificação absoluta entre estes termos – *razão* e *liberdade*: elas são, na perspectiva adotada, como temos demonstrado aqui, congêneres.

Não desejamos transmitir a ideia de que esgotamos o tema quando falamos de filosofia ou que a liberdade reduz ou é reduzida quando necessariamente tratamos de filosofia, mas somente quando a filosofia é posta em questão, quando ela é a questão. Isto é facilmente explicável quando tomamos a filosofia de Eric Weil, sobretudo, sua *Filosofia política* como nosso ponto de Arquimedes.

Tudo indica que não é possível falar de liberdade senão em exercício, ou melhor, na perspectiva de um ser agente. A razão ao apreender reflexivamente esta efetividade num conceito só lhe configura sentido se não negar o movimento próprio da liberdade, que no caso é duplo, pois no mundo e no próprio pensamento. "Liberdade e razão são, portanto, idênticas" como apresenta Eric Weil em sua *Filosofia política*.[44]

A filosofia é manifestação de um indivíduo que se põe reflexivamente diante do mundo, o filósofo. Este indivíduo somente difere dos demais pela *escolha* da razão e isso, como veremos, produz implicações profundas na sua consciência, dado que ele deve assumir todas as consequências desta escolha na sua mais ampla radicalidade, uma vez que "a filosofia se obriga, por uma decisão livre e primeira, à coerência".[45] A liberdade, a qual se refere nosso autor, está posta na ação do homem no mundo histórico e, nesse sentido, ela é situada de duas formas: ação sobre si mesmo (moral) e ação sobre o grupo humano (política). O pressuposto weiliano permite considerar esta ação como sensata, quer dizer, é algo que possui sentido e faz sentido, dado que somente para um ser livre essencialmente é que pode existir sentido para a sua ação. Consequentemente, para Weil, é nessa ação que estão colocadas as estruturas essenciais em que o histórico e o razoável se encontram.

Enquanto ação sobre si mesmo o agente moral sabe-se membro de uma comunidade e deseja que sua ação moral seja universal, pois o acordo consigo mesmo, que sintetiza sua vontade empírica e sua razão, é também a maneira pela qual o universal da razão domina e informa o particular.

> É a sua própria subjetividade que deve ser universalizada. Esse *Eu*, não empírico, cuja tarefa é transformar o *eu* empírico, só se manifesta no seio de um *eu* empírico e só a ele se refere. É verdade que é um único,

---

[44] E. Weil, *Filosofia política*. Trad. Marcelo Perine. São Paulo, Loyola, 2013, § 8.

[45] Idem, *Philosophie et réalité I*, p. 24.

> sendo pura razão e pura universalidade e, como tal, refere-se, a todo *eu* empírico. Mas cada *eu* é só a ele que se refere, e a luta da liberdade pela liberdade, embora sendo a mesma para todo homem, é a tarefa mais íntima e mais pessoal que pode existir. Todo indivíduo é chamado *à* liberdade, *à* razão, *à* moral, mas pela liberdade, pela razão pela moral *nele*.[46]

Todo ponto de partida da reflexão sobre a ação é moral, vale dizer, é formal, abstrato e negativo. Não é mera coincidência a identificação deste recurso ao formalismo kantiano, ao célebre imperativo categórico, dado que aqui também o determinado não é livre, as vontades empíricas não se determinam, são da ordem dos arbítrios e, portanto, são determinadas.[47] "No plano da moral, a liberdade não é mais que autodeterminação do indivíduo":[48] responsabilidade moral é o outro nome pelo qual responde a liberdade.

Entretanto, nesse plano da moral formal, a liberdade é somente ponto de partida e, dessa forma, deve superar este plano para realizar-se. Do contrário será tão somente abstração e princípio formal sem aplicação efetiva no mundo real. A liberdade só é verdadeira como atividade, somente assim ela se torna a liberdade real, efetiva e faz com que o problema de sua realização tenha algum sentido. Ultrapassar a pura reflexão moral é, para Eric Weil, passar do *formal* ao *concreto*, é superar a particularidade empírica do indivíduo e, portanto, sua violência, para adentrar na comunidade histórica e da sua moral viva. O indivíduo violento por natureza, passional em sua existência empírica, também é capaz de moralidade. E é nesta possibilidade de síntese em si mesmo, isto é, do acordo consigo mesmo, que o formalismo moral pode pertencer já ao ciclo da ação quando enuncia máximas para que esse sujeito *aja* de tal forma que a máxima dessa ação possa obter algum resultado.

---

[46] Idem, *Filosofia política*, p. 34.

[47] Cf. Ibidem.

[48] Ibidem.

O formalismo apenas aponta o caminho sem ensiná-lo, dado que nesse domínio não há orientação positiva, já que toda e qualquer orientação positiva se encontra do lado do empírico. Torna-se perceptível, assim, que as condições de uma ação real demonstram a insuficiência de todo formalismo, porém sem negar absolutamente sua necessidade, antes, põe em relevo e dispõe desse formalismo para que seja realizada qualquer ação efetiva. O *formal* universal (pensamento) não é só parâmetro, mas condição para o *concreto* histórico (história).

Do ponto de vista da ação moral, se a moral do indivíduo tem seu valor para a comunidade – e efetivamente tem –, ela só ganha importância na medida em que ela se realiza na comunidade, do contrário não há sequer sentido para a existência de uma moral. "O homem moral descobre que a lei *moral* deve informar uma lei positiva: a libertação do homem, de todo homem, deve realizar-se no mundo se a vida moral e razoável não deve ser um simples sonho".[49]

O que o homem busca é o contentamento, uma vida plena e realizada no sentido. No entanto, por sua condição de sociabilidade e ser de linguagem, essa satisfação só é válida se reconhecida por todos os outros membros da comunidade e, no limite, por toda humanidade mediada pelo discurso: sua ação, por mais estabanada que seja, visa, busca, aspira e quer o *universal*. A mais egoísta atitude humana ainda deseja se universalizar para ser aceita.[50]

A *liberdade* para a *Filosofia política* é ação da razão sobre o mundo na história. O discurso agente opera a liberdade, uma vez que, segundo Weil o homem é *razão livre* e *liberdade razoável*. A liberdade, assim para Weil, será sempre mediada pelo conflito real entre o *universal* concreto e *individualidade* determinada (violência), daí porque

[49] Ibidem, § 11.

[50] F. Châtelet et al. *História das ideias políticas*. Trad. Carlos Nelson Coutinho. Rio de Janeiro, Zahar, 2000, p. 330.

será sempre liberdade razoável. Para ele, o homem, na qualidade de animal social e político, não é nem racional (as provas de suas loucuras são demasiado frequentes), nem irracional, porque o que ele busca constantemente é a coerência de seu discurso e de sua conduta. O homem é em sua condição mais elementar *capaz de razão*.[51]

Nesse sentido, a filosofia é, tal como compreende Weil, um discurso que não se impõe necessariamente ao homem. O discurso filosófico, a filosofia é uma possibilidade e não uma necessidade: "a filosofia já não é a única possibilidade para o homem tão logo se tenha de admitir que ela brota de um solo que pode produzir outras plantas e outros frutos, e que os produz".[52] Digamos, então, que a liberdade é o suposto da própria razão. Segundo Weil, o nascimento da filosofia é injustificável, pois ela nasce da liberdade, ela vem ao mundo por ato *livre* do homem: ela advém de uma decisão livre pela razão.[53]

Na sociedade atual, "a marcha para a racionalidade e para mundialização que caracteriza as sociedade modernas graças à *organização metódica do trabalho*",[54] impera a determinação de uma lógica cujos valores centrais são da ordem do cálculo racional e da eficácia, do avanço do progresso técnico e científico. Os sujeitos não são *para si* mesmos, mas valem pela utilidade que conferem à luta contra a natureza exterior, isto é, pelo saber, conhecimento ou força de trabalho que disponibilizam para que a organização do trabalho seja mais eficiente. A sociedade moderna é, essencialmente, uma comunidade do trabalho que se compreende, se organiza em vista da luta progressiva com a natureza exterior.[55] Segundo Weil, esta luta

---

[51] Cf. E. Weil, *Filosofia moral*. Trad. Marcelo Perine. São Paulo, É Realizações, 2011, § 10, c.

[52] Idem, *Lógica da filosofia*, p. 27-28.

[53] Cf. Ibidem, p. 32.

[54] P. Ricœur, *Leituras 1: em torno ao político*. Trad. Marcelo Perine. São Paulo, Loyola, 1995, p. 43-44.

[55] E. Weil, *Filosofia política*, § 20.

domina as paixões e põe os homens a serviço do coletivo (universalização). Pelo trabalho (como bem observaram Hegel e Marx) o homem se humaniza. Numa palavra: o trabalho educa os homens na e para a racionalidade.

Porém, nesse plano social, o indivíduo está dividido e insatisfeito porque, análogo ao mundo animal em que a besta não se separa do mundo, o homem ao transformar o dado bruto da natureza distancia-se dela para criar, em paralelo, a sociedade (como uma espécie de segunda natureza) com relações de dependência e uma rede de poder em que o indivíduo não se vê como dono de si mesmo, mas pertencente a outrem, isto é, a um *mecanismo*. Como consequência, o indivíduo colhe sua própria despersonalização, pois ser alguém para o mecanismo social implica anular-se enquanto pessoa: "a coisificação, na sociedade moderna, é o preço da personificação".[56]

A vida em sociedade implica a constatação de um dado de realidade: nela ninguém é verdadeiramente livre e sem ela sequer poder-se-ia postular a liberdade. Eis o paradoxo que divide e provoca insatisfação no indivíduo. Como segunda natureza do homem, a sociedade moderna (e essencialmente nela), a liberdade está suplantada pela possibilidade da pura existência social, pois o mundo da produção e do consumo tornou os homens não sujeitos, mas objetos. Completamente reduzidos à função que exercem no seio do mecanismo social.

Todo problema político moderno decorre dessa constatação, toda ação propriamente dita, somente ocorre quando se tenta a superação desta negação da liberdade. A luta pela liberdade acontece quando os homens se tornam sujeitos livres e iguais verdadeiramente e, também, quando são capazes de autodeterminarem-se. Não que isto signifique a negação ou recusa das vantagens do progresso trazidas pelo advento da sociedade moderna – estamos num patamar em que esta

---

[56] Ibidem, § 24, c.

renúncia é inaplicável. Porém, é preciso impor ao progresso técnico e científico sua subordinação a determinados valores morais concretos ou a aquilo que dá sentido à existência dos homens, caso contrário, permanecerá o vazio das coisas produzidas em abundância. É esta ação, para Weil, que define a passagem da comunidade ao Estado[57] e o sentido da política para nós.

Entretanto, no contexto do advento do Estado, há que tomar certos cuidados, porque liberdade e igualdade puras jamais se realizam (exatamente por serem puras são formais e abstratas) e tudo o que existe, na realidade da vida dos homens, é mal enquanto tal. Toda ação efetiva que busca evoluir para mais liberdade ou mais igualdade, e negligencia este dado, é suspeita de conspirar com as servidões e desigualdades existentes.[58]

CONCLUSÃO

O que explicitamos reflete o fundo da concepção de Weil: uma vez feita a opção livre pela razão, o indivíduo, que somente é livre na situação concreta da história, não pode mais renunciar essa liberdade sem, ao mesmo tempo, destruir a coerência de sua ação moral e de seu discurso e, portanto, de toda possível realização do sentido pela política na história. Filosofia e violência: "exprime a profunda significação ética do ato de filosofar, segundo Weil, o ato de uma liberdade que escolhe a razão e, por isso mesmo, situa e julga a não razão que tem lugar na recusa do consenso sensato, na recusa do universal, que abandona o indivíduo ao absurdo da violência".[59]

---

[57] P. Canivez, *Educar o cidadão?* Trad. Estela dos Santos Abreu e Cláudio Santoro. Campinas, Papirus, 1991, p. 148.

[58] Ibidem, p. 147.

[59] H. C. de L. Vaz, Apresentação de M. Perine, *Filosofia e violência: sentido e intenção da filosofia de Eric Weil*. 2 ed. rev. São Paulo, Loyola, 2013, p. 12.

Que a política tenha surgido da violência, da guerra, bem o sabemos. Entretanto, para Weil, o Estado adveio para encarnar a humanidade em cada homem particular, e o particular do homem é *razão* e *liberdade* conjugadas nele. E o indivíduo, que só é livre na situação concreta da história, só obter satisfação verdadeira se aprender a ver o Estado como instrumento da moral viva sobre a sociedade. Porém, os Estados isolados são, eles próprios enquanto indivíduos, particularidades violentas. O Estado moderno particular deverá, para cumprir de forma coerente sua exigência de racionalidade, universalizar-se e, assim, garantir a satisfação de todos e de cada um. Nesse sentido, cabe ao filósofo, como aquele que se ocupa do universal e da realização do universal da razão, pensar essa organização mundial, a qual buscará preservar a toda particularidade moral[60] e da qual será seu mais fiel guardião.

Nos termos dessa reflexão, a relação entre pensamento e história, é traduzível pela compreensão da liberdade enquanto resposta à realidade empírica ulterior a reflexão que capturou essa mesma realidade. Contudo, o conceito somente poderá apreender a realidade estando imerso nela. Pode-se inferir duas coisas a partir disso: que a filosofia será tanto a "reflexão da realidade no homem real",[61] bem como que não existe filosofia (ideia do universal) do ponto vista de Deus e sim do homem.

A liberdade, diz Eric Weil, não pode ser "absoluta", seria incoerente, pois inútil, e de conceito impensável.[62] "Toda liberdade é situada na condição. Uma liberdade absoluta, fora da condição, não teria nenhum ponto de aplicação, não teria nenhuma efetividade".[63] Entretanto, sem o sentido do absoluto presente na liberdade ela em

---

[60] E. Weil, *Filosofia política*, § 40.

[61] Idem, *Philosophie et réalité I*, p. 13.

[62] Idem, *Filosofia política*, § 28, d.

[63] G. Kirscher, Op. cit., p. 212.

si não seria possível. Toda busca pela liberdade traz consigo a tendência ao absoluto enquanto "o que é possível sob todos os aspectos e sob todas as relações", isto é, aquilo não conhece limites quanto à exterioridade.

Trata-se, notadamente, de uma tomada de posição pela realização da liberdade e, o que é o mesmo, da universalização da razão. Situada no âmbito da história, essa liberdade exige ação política e ação moral respeitante as particularidades, mas também, ao mesmo tempo, observância ao papel que joga o universal na realidade concreta, e essa tarefa, nos parece, ainda cabe ao pensamento.

Capítulo 14 | A Filosofia moral de Eric Weil: um aristotelismo pós-kantiano?

Marcelo Perine[1]

INTRODUÇÃO

Eric Weil entrou em nossa bibliografia filosófica com a minha tese de doutorado, defendida na Pontifícia Universidade Gregoriana em 1986, publicada em 1987, na Coleção Filosofia.[2] Em 1989, como editor da *Revista Síntese*, de Belo Horizonte, organizei um número monográfico em homenagem a Eric Weil, com a tradução de dez textos de um Colóquio Internacional do qual participei em Paris, sobre o tema "Discurso, violência e linguagem, um socratismo de Eric Weil", promovido pelo *Collège International de Philosophie* e pelo *Centre Eric Weil* da Universidade de Lille.[3] Em 1990 a Coleção Filosofia de Edições Loyola publicou a minha tradução da *Filosofia política* de Eric Weil[4].

Desde o início de minha vida acadêmica, orientei algumas dissertações e teses sobre a obra de Eric Weil e publiquei cerca de trinta textos em periódicos brasileiros e estrangeiros e em coletâneas no

---

[1] Pontifícia Universidade Católica de São Paulo (PUC-SP), Brasil.

[2] Cf. M. Perine, *Filosofia e violência. Sentido e intenção da filosofia de Eric Weil*. São Paulo, Loyola, 1987 (2. ed. totalmente revista com atualização bibliográfica em 2013).

[3] *Síntese. Nova Fase*, vol. XVII, n. 46, 1989. p. 5-124.

[4] Cf. E. Weil, *Filosofia política*. Trad. Marcelo Perine. São Paulo, Loyola, 1990 (2. ed. revista em 2011).

Brasil e no exterior sobre diferentes aspectos da sua filosofia.[5] Entretanto, o assentamento definitivo de Eric Weil em nossa academia e na bibliografia filosófica brasileira deve ser tributado aos trabalhos e à atividade docente de Marly Carvalho Soares, da UECE[6] e de Evanildo Costeski, da UFC,[7] que fizeram de Fortaleza uma espécie de cabeça de ponte do *Institut Eric Weil*, sediado na Universidade de Lille. Ainda como decorrência dessa *rennaissance* weiliana, entre 2011 e 2012 a Editora É Realizações, de São Paulo, publicou a minha tradução da *Filosofia moral*, e as traduções, com minha revisão técnica, de *Problemas kantianos, Hegel e o Estado* e *Lógica da filosofia.*[8] Em 2014, ainda como editor de Edições Loyola, promovi a publicação da tese de doutorado de Sérgio de Siqueira Camargo, defendida em 2008 na Pontifícia Universidade Santo Tomás de Aquino de Roma, sobre *Filosofia e política em Eric Weil.*[9] Ainda em 2014 a *Revista Argumentos* da UFC, publicou as Atas do I Colóquio Internacional Eric Weil sobre

---

[5] Oito desses textos foram reunidos no volume *Eric Weil e a compreensão do nosso tempo. Ética, Política, Filosofia*. São Paulo, Loyola, 2004.

[6] Cf. M. C. Soares, *O filósofo e o político segundo Eric Weil*. São Paulo, Loyola, 1998. Este volume corresponde à sua tese de doutorado, defendida na Pontifícia Universidade Gregoriana em 1993. Além da tese, Marly Soares publicou vários artigos em periódicos e capítulos em coletâneas e tem orientado dezenas de trabalhos acadêmicos, TCCs, ICs e dissertações de mestrado, sobre a obra de Eric Weil, e realizou estágio de pesquisa pós-doutoral no Instituto Eric Weil.

[7] Cf. E. Costeski, *Atitude, violência e Estado mundial democrático*. Sobre a filosofia de Eric Weil. São Leopoldo/Fortaleza: Editora Unisinos/Editora UFC, 2009. Este volume corresponde à sua tese de doutorado, defendida na Pontifícia Universidade Gregoriana em 2004. Evanildo Costeski também é autor de expressiva produção bibliográfica sobre Eric Weil, além de orientador de vários trabalhos acadêmicos, inclusive teses de doutorado em cotutela com o Institut Eric Weil, no qual também já realizou estágio de pesquisa pós-doutoral.

[8] *Problemas kantianos* (2012) com tradução de Luiz P. Rouanet; *Filosofia moral* (2011) traduzida por mim, *Hegel e o Estado* (2012) traduzido por C. Nougué e a *Lógica da filosofia* (2012) traduzida por Lara C. de Malimpensa.

[9] Cf. S. de S. Camargo, *Filosofia e política em Eric Weil. Um estudo sobre a ideia de cidadania na Filosofia política de Eric Weil*. São Paulo Loyola, 2014.

Lógica, Moral e Política, realizado em Fortaleza em 2011.[10] Em 2016, duas publicações enriqueceram a bibliografia filosófica sobre Weil: a tese de doutorado de Aparecido de Assis sobre Educação e moral na filosofia de Eric Weil,[11] defendida em 2011 sob minha orientação na PUC-SP, e as Atas do II Colóquio Internacional Eric Weil, também realizado em Fortaleza em 2014.[12]

Dado que tenho alguma responsabilidade na introdução desse autor na bibliografia filosófica e na discussão acadêmica brasileira, e considerando que Weil conquistou um lugar de destaque nas discussões contemporâneas sobre a filosofia moral,[13] aproveito a ocasião que me oferece esse IV Colóquio Internacional Eric Weil para propor uma reflexão sobre a *Filosofia moral* de Weil, em torno da pergunta se a obra pode ser interpretada nos termos de um aristotelismo pós-kantiano.

KANT DEPOIS DE HEGEL

O exímio estudioso lusitano da obra de Eric Weil, Luís Manuel Bernardo, formulou de maneira precisa o problema central da *Filosofia moral* de Eric Weil:

---

[10] *Argumentos. Revista de Filosofia*, Fortaleza, ano 6, n. 11, 2014, p. 5-211.

[11] Cf. A. de Assis, *Educação e moral: uma análise crítica da filosofia de Eric Weil*. Curitiba, Editora CRV, 2016.

[12] Cf. M. Perine e E. Costeski (Org.), *Violência, educação e globalização. compreender o nosso tempo com Eric Weil*. São Paulo, Loyola, 2016.

[13] Weil recebeu um verbete no *Dicionário de ética e filosofia moral* organizado por M. Canto-Sperber. São Leopoldo, Editora Unisinos, vol. 2, 2003, p. 788-90. Curiosamente, no volume de M. Canto-Sperber e R. Ogien, *La Philosophie morale*, da Coleção *Que sais-je?* Paris, PUF, 2004, que pretende apresentar o estado atual da questão, Weil é totalmente ignorado. Publiquei também dois verbetes sobre Weil: um em *Logos. Enciclopédia Luso-Brasileira de filosofia*, vol. 5. Porto, Editora Verbo, 1993, p. 618-20, outro em V. de P. Barretto (Org.), *Dicionário de filosofia do direito*. São Leopoldo/Rio de Janeiro, Editora Unisinos/Editora Renovar, 2006, p. 859-62.

> [...] se recorrermos à diferenciação entre morais dos Antigos, particulares e ocupadas com a determinação das virtudes, e morais dos Modernos, universais e centradas na definição dos deveres, a obra de Weil confirma a impossibilidade de mantê-la operativa para além de uma função incipiente e genérica de tipificação ideal. É que a Philosophie morale parte da consideração da crise da certeza face a uma legalidade instituída por cada moral comunitária e histórica, [...] para deduzir o quesito de uma aproximação filosófica que virá a identificar o dever como o conceito de toda a moral, apresentando consequentemente os conteúdos que lhe conferem o formalismo kantiano e o reconhecimento do universal concreto hegeliano. [...] ao introduzir a ideia de uma vida moral que viria ultrapassar os limites detectados nas duas dominantes modernas, dando sentido poiético e crítico ao que surgira, anteriormente, como antinomia entre uma sujeição incondicionada ao imperativo e uma aceitação racional da condição, em grande parte pelo efeito das noções, assumidamente, aristotélicas, de "informação", "hábito" e "virtude", Weil efetua uma espécie de subsunção regressiva que acaba por anular o valor filosófico da demarcação histórica entre Antigos e Modernos.[14]

Publicada em 1961, a *Filosofia moral* de Eric Weil é o desenvolvimento sistemático da categoria "Consciência", a décima das dezoito categorias filosóficas que constituem a sua obra maior intitulada *Lógica da filosofia.*[15] O conteúdo da *Filosofia moral* já tinha sido antecipado, em grandes linhas, no primeiro capítulo, intitulado "A moral", da *Filosofia política*, publicada em 1956. Em contraste com esta obra, que já em 1957 recebeu uma aguda recensão de Paul Ricœur na Revista *Esprit,*[16] e provocou uma avalanche de análises em artigos,

[14] Cf. L. Bernardo, "Moral, educação e sentido: uma leitura da *philosophie morale* de Eric Weil", *Itinerarium*, LVII, 2011, 3-40 [3 s.].

[15] Cf. E. Weil, *Lógica da filosofia,* Op. cit., p. 329-69.

[16] Cf. P. Ricœur, "La *philosophie politique* d'Eric Weil". *Esprit*, 25/254, 1957, p. 412-29. Esse texto encontra-se traduzido em: P. Ricœur, *Leituras 1. Em torno ao político*. Trad. M. Perine. São Paulo, Loyola, 1995, p. 39-58.

coletâneas e livros,[17] a *Filosofia moral* não despertou grande interesse da crítica especializada, tendo recebido poucas recensões,[18] numa das quais foi submetida a duras críticas que, contudo, no dizer ao autor, nada tiravam da qualidade da obra.[19]

Em recensão à obra, Raymond Saint-Jean resumiu adequadamente "o admirável esforço filosófico" de Weil:

> 1) A dualidade razão-violência é o começo da moral para o homem razoável e livre em busca da universalidade do bem; 2) Essa busca do bem é experimentada como um dever, dever único que é a realização da felicidade razoável e que consiste no dever de honestidade ou de não violência geral; 3) Esse dever de honestidade consigo é fundamentalmente dever para com outrem, isto é, dever de justiça; a virtude da justiça é animada pela virtude da coragem e guiada pela prudência; 4) O fim da moral é, portanto, esse infinito (felicidade de um ser universalmente livre e razoável) que o discurso coerente apresenta, que as virtudes em tensão para com *a* virtude concretizam, que as morais históricas realizam progressivamente.
>
> E arremata o autor: "A felicidade é a vida virtuosa do homem que escolheu o sentido contra a violência".[20]

A *Filosofia moral* de Eric Weil se insere com pleno direito no debate atual da filosofia moral marcado pela contraposição entre *dever* e *virtude*. A aposta [*l'enjeu*] de Eric Weil, no entanto, consiste na tentativa de superação [*Aufhebung*] da contraposição entre *eudemonismo* e *deontologia* ao carregar seu kantismo com o peso de realidade que deve caracterizar toda filosofia moral posterior a Hegel. Entretanto,

[17] Ver a bibliografia em P. Canivez, *Le politique et sa logique dans l'œuvre d'Eric Weil*. Paris, Éditions Kimé, 1993.

[18] Cf. R. Vancourt, *Mélanges sciences religieuses*, 18, 1961, 174-82; R. Saint-Jean, *L'École*, 14, 1962, p. 607-11, e, 15, 1962, 651-55; J. Catesson, *Revue de métaphysique et de morale*, 67, 1962, p. 362-75; C. Golfin, *Revue Thomiste*, LXIII/3, 1963, p. 442-53.

[19] Cf. C. Golfin, Op. cit., p. 453.

[20] Cf. R. Saint-Jean, *L'école*, 15, 1962, p. 655.

o peso de realidade da *Filosofia moral* de Weil não provém da superação da moralidade [*Moralität*] kantiana na eticidade [*Zittlichkeit*] hegeliana, mas de sua particular assimilação pós-kantiana[21] do aristotelismo, sintetizada na fórmula "dever de ser feliz".[22] Antes, porém, de falar de Aristóteles depois de Kant, vejamos em que sentido a *Filosofia moral* se situa plenamente na tradição kantiana.

MORAL – VIRTUDE – DEVER

O ponto de partida da *Filosofia moral* de Eric Weil, em vista de formular o conceito de moral é a constatação da universalidade do *fato moral*: não se tem notícia de grupos humanos totalmente desprovidos de algum conjunto de regras que oriente a vida no interior do grupo. O fato moral tem, portanto, a idade dos grupos humanos. Essa constatação banal indica que toda moral, "supõe que o homem, capaz de observar regras morais, é ao mesmo tempo imoral: ela reconhece a imoralidade do homem ao reconhecer que ele pode e deve ser conduzido à moral" (*Fm* 17).[23] Mas essa banalidade indica também que não existe idade do ouro da moral: a partir do momento em que existem regras, o conflito entre o certo e o errado, entre o bem e o mal já lançou suas sementes no interior dos grupos humanos. Desde que existe moral, os seres humanos se dão conta de que o bem está indissoluvelmente ligado ao mal, um mal que não pode ser desenraizado, mas apenas transformado. É esse conflito que põe em questão a moral

[21] Sobre o sentido da expressão "kantiano pós-hegeliano" pela qual Weil definia a sua "posição filosófica", cf. M. Perine, *Filosofia e violência,* Op. cit., p. 123-30.

[22] Cf. Idem, "Eudemonismo e deontologia na *filosofia moral* de Eric Weil ou o dever de ser feliz". *Ethica. Cadernos Acadêmicos*, III/6, 1996, p. 18-33.

[23] Citarei sempre a *Filosofia moral* a partir da minha tradução, São Paulo, É Realizações, 2011, com a sigla *Fm* seguida da página.

da comunidade e leva os indivíduos a refletir sobre a moral, sobre a pluralidade das morais e, finalmente, sobre o conceito de moral. O conflito entre o bem e o mal, a divisão no interior dos indivíduos tem nome: ele se chama *descontentamento*, e o que os indivíduos esperam da moral de sua comunidade é a unificação interior, a superação do conflito entre o bem e o mal, a garantia de uma *vida boa*, numa palavra: o contentamento. Nesse sentido pode-se afirmar que toda moral é eudemonista, porque pretende oferecer uma resposta ao problema do contentamento ou, o que é mesmo, da *felicidade*.

Os indivíduos, ao contrário dos animais, têm desejos que ultrapassam suas possibilidades naturais e na medida em que querem mais do que sua natureza empírica pode lhes oferecer, eles descobrem em si mesmos um princípio que lhes permite, ao mesmo tempo, dar-se conta da sua infelicidade e buscar a sua superação. É o que será tematizado em termos de razão e liberdade, razão livre e liberdade razoável, numa palavra: *vontade*. O conceito de vontade integra os de liberdade e de razão: só uma vontade pode dizer não a qualquer determinação e, no limite, só uma vontade pode abolir a necessidade de escolher entre determinações que ela julgue inaceitáveis. A vontade se apresenta ao indivíduo como um *princípio de universalidade* constitutivo do seu ser: para o indivíduo, ser humano significa querer ser humano nos limites da sua condição natural. A vontade livre é vontade de universalidade porque é vontade de todo ser humano que *quer* ser humano, vale dizer, que quer um contentamento que seja humano e não simplesmente animal.

O grande problema de todas as morais históricas foi sempre o de determinar o conteúdo do contentamento. Todos os sistemas morais que conviveram, se sucederam ou se hostilizaram ao longo da história procuraram dar um conteúdo concreto ao contentamento que todos buscavam mesmo antes de saber o que buscavam. Esta foi sempre a cruz de todas as morais históricas, até que a reflexão sobre a moral chegou à consciência de que nenhum sistema verdadeiramente moral pode impor ou mesmo visar a uma felicidade materialmente definida, posto que "a moral só tem sentido para o homem na possibilidade da não infelicidade que ela pode oferecer e na esperança de felicidade que assim ela pode legitimar" (*Fm* 45). Um contentamento materialmente definido em seu conteúdo e, por isso mesmo, passível de ser imposto aos seres humanos não seria, certamente, o contentamento de seres que podem escolher até a própria infelicidade.

Ora, a categoria a partir da qual se desenvolveram os conceitos que expressam o conteúdo de toda moral é a do *dever*, mesmo quando essa categoria não tenha sido tematizada explicitamente, pois não existe moral sem deveres. Como categoria da moral, o dever entra na cena filosófica com a formulação kantiana do caráter fundante da liberdade razoável, e aparece primeiramente como *obrigação* nas relações com o outro. A tematização moderna da categoria fundamental da moral põe em evidência que o problema do conteúdo do contentamento não se resolve pela sua definição material, mas pela *forma* que ele assume na consciência do ser humano que pretende ser humano. "Precisamente porque a felicidade querida é *querida*, isto é, felicidade do ser razoável e felicidade na razão e pela razão, ela só pode se mostrar ao indivíduo finito sob a forma do dever, do respeito de si mesmo como respeito de um ser indefinidamente universalizável na sua vontade e por sua vontade, jamais universalizado na sua existência finita" (*Fm* 122).

Para Weil, o contentamento do ser humano moral assume a forma do dever para consigo mesmo, como *dever de felicidade*, por paradoxal que pareça a proximidade desses dois conceitos. Essa superação do formalismo kantiano se traduz no enunciado 16 da *Filosofia moral*: "Todo dever do homem moral é fundado no dever para consigo mesmo, que é dever de ser feliz. O dever para consigo mesmo torna-se concreto no dever para com o outro" (*Fm* 125).[24]

---

[24] O desenvolvimento sistemático desse enunciado encontra-se nas p. 125-43 da *Filosofia moral*.

O conceito de dever para consigo mesmo exprime o fato de que o indivíduo não é pura razão e não se reduz ao que a tradição chama de a sua parte racional: "Ele *pretende ser* razoável [...] ele *quer* observar a regra moral [...] porque ele deve a si mesmo ser razoável [...]. O dever para consigo mesmo se determina como dever de ser feliz enquanto ser razoável" (*Fm* 131).

Mas o homem moral só poderá avançar no caminho da realização do seu dever de ser feliz com a ajuda dos outros. "Sozinho, ele não saberia o que é paixão, o que é razão; sozinho ele estaria necessariamente de acordo consigo mesmo [...] sem discurso e sem *logos*, sem possibilidade de desacordo, sem negação" (*Fm* 140). Segundo Weil, "só posso visar à tarefa de me tornar razoável porque, sempre e previamente, estou ligado aos outros, em conflito e em colaboração com eles, e porque só descubro o que me impede de ser razoável e feliz ao descobrir primeiro neles e só depois em mim o que é violência e arbítrio" (*Fm* 151).

A possibilidade de felicidade do homem moral tem por fundamento a escolha livre da razão. Justamente por ter escolhido a razão, contra a violência, a felicidade surgiu no horizonte da vida humana como possibilidade de realização de sua humanidade. Mas a escolha da razão não é um *dado* e nem é *dada*, ela é um *dever* a ser sempre renovado: a escolha da razão só se dá como vontade de realização, como *dynamis* cuja realidade se encontra no seu exercício e não no que ela produz. A felicidade é real como dever e "a moral é real como moralização" (*Fm* 193). É o esforço de moralização que forja no indivíduo o seu caráter. Como se vê, encontra-se aqui subjacente o antigo conceito aristotélico de *héxis*: "o homem leva uma vida moral quando o cumprimento do dever se tornou natural para ele, um estilo de vida, uma atitude espontânea. [...] A educação, a moralização é a aquisição desses *habitus* que permitem ao indivíduo agir e, sobretudo, reagir de um modo que não o ponha em contradição consigo mesmo" (*Fm* 197 s.).

Se é verdade que falar de virtudes como atitudes, como *héxeis*, lembra a moral aristotélica, é preciso notar que os termos são tomados por Weil numa acepção que não é plenamente de Aristóteles. Em primeiro lugar porque aqui se excluem as virtudes intelectuais, em seguida porque "a virtude moral só foi captada de maneira oblíqua, pela redução da virtude ao dever" (*Fm* 209). O conceito weiliano de virtude, entendido como *espontaneidade adquirida* do homem que, no interior de uma moral histórica e concreta, "não só cumpre as obrigações que lhe impõem a lei e os costumes, mas que não se contenta com a simples obediência" (*Fm* 213), e que, portanto, "supera a moral concreta tal como é vivida 'normalmente'" (*Fm* 216), exige do virtuoso uma *inventividade moral* que lhe dá a possibilidade de viver moralmente no interior de uma moral concreta e histórica: "Não basta controlar suas máximas e vigiar suas paixões [...], é preciso, ademais, que a ação seja a expressão de uma vida moral que se compreende como vida essencialmente não solitária" (*Fm* 221). Com efeito, o virtuoso, isto é, o homem moral que se compreende a si mesmo, "não rejeita a moral concreta como insuficiente porque particular e histórica, ela quer que ela seja verdadeira, que informe realmente a vida, de acordo com os princípios que fazem com que ela seja o que é: organização sensata da vida em comum dos homens que compõem o grupo" (*Fm* 238).

No interior da moral concreta, base da vida moral, o indivíduo põe a questão da felicidade como virtude ou, o que é o mesmo, como dever. Entretanto, não é a tábua das virtudes da moral concreta, a lista das qualidades apreciadas, "que pode guiar o indivíduo na busca da felicidade" (*Fm* 261). A resposta à questão da felicidade remete à virtude no singular, que "designa a perfeição vivida do indivíduo na sua totalidade uma" (*Fm* 262). Dizer que "só o homem feliz é virtuoso" (Id.) é, simplesmente, repetir "a mais corrente das teses tradicionais, a que quer que só a virtude torne feliz" (Id.). A tese, evidentemente, só tem a aparência de um paradoxo quando se confunde satisfação e necessidade, virtude-qualidade e virtude-felicidade. Só o homem virtuoso é feliz porque "a felicidade só nascerá nas situações em que a fidelidade à lei e à moral não for mais obediência, situações em que o indivíduo desejar fazer o que ele quer (enquanto razoável) e o que seria obrigado a fazer se não o desejasse" (*Fm* 263). O fim da vida moral só é alcançado pelo esforço de moralização que reconcilia o homem, ser passional e ser razoável, consigo mesmo. Só o homem feliz é virtuoso, "não porque a virtude produziria nele a felicidade como algo diferente dela mesma [...]: a felicidade é a virtude, a virtude é a felicidade do ser razoável na sua existência finita e condicionada" (Id.).

A *Filosofia moral* de Eric Weil, consciente de que o ser humano pode sempre fracassar, afirma que a felicidade é dever, portanto, que ela não é uma realidade definitiva e que pode falhar. Mas é por essa mesma razão que "a moral jamais será supérflua, por justo que seja o mundo e por completas que sejam as satisfações que ele oferece ao ser necessitado: o homem nascerá sempre violento e não pensará a ideia da felicidade sem o socorro da filosofia; ele não a pensará sobretudo se a satisfação completa o deixa insatisfeito e o torna absurdo aos seus próprios olhos" (*Fm* 271).

ARISTÓTELES DEPOIS DE KANT

Antes de concluir, quero destacar alguns pontos que me permitem afirmar que a *Filosofia moral* de Eric Weil pode ser interpretada como um aristotelismo pós-kantiano.

Em primeiro lugar destaco que a apropriação de conceitos da filosofia de Aristóteles, particularmente de sua filosofia moral, constitui um verdadeiro exercício de *repensar* [*nachdenken*] o pensamento de Aristóteles. Esse tipo de exercício, segundo Weil, característico do procedimento de Hegel, particularmente com relação a Kant, consiste em pensar o que outros pensaram antes de nós e refletir sobre o que disseram para constituir a história da filosofia, compreendida como a história filosófica da filosofia, isto é, "uma história que não apenas recolhe, mas reflete sobre o passado da filosofia presente e a reflete assim no seu passado".[25]

Em segundo lugar, destaco que o modo weiliano de proceder em filosofia, isto é, o seu *método* ou a sua prática filosófica, é muito semelhante à "prática do Estagirita", tal como é analisada no texto "La place de la logique dans la pensée aristotélicienne", publicado originalmente em 1951 na *Revue de métaphysique et de morale*. Segundo Weil, o método de Aristóteles é apresentado nos *Tópicos*, se se toma o termo método no "único sentido que pode ter em filosofia, o do procedimento de descoberta dos problemas – não: das soluções – problemas postos ao filósofo na e por sua vida de homem".[26] A meu ver, a relação entre *atitude* e *categoria* tematizada por Weil na *Lógica da filosofia* pode ser lida como "*mise en oeuvre*" da tópica ou da prática do Estagirita.[27] Com efeito, segundo Weil, é a tópica "que permite formular, a partir do saber que a humanidade possui em determinado momento, as questões que é preciso pôr à realidade e encontrar as teses verdadeiras a partir das quais a demonstração formalmente coerente pode realizar algo útil e durável".[28]

Finalmente, mas não por último, afirmo que na antropologia subjacente à *Filosofia moral* de Eric Weil encontram-se os traços mais característicos da moral de Aristóteles. É impossível resumir aqui o texto "L'anthropologie d'Aristote", também publicado na *Revue de*

---

[25] Cf. E. Weil, "Hegel et nous". *Philosophie et réalité*. Paris, Beauchesne, 1982, p. 95-106, aqui p. 103.

[26] Cf. Idem, "La place de la logique dans la pensée aristotélicienne". *In*: *Essais et conférences*, tome I. Paris, Plon, 1970, p. 44-80, aqui p. 9.

[27] Na impossibilidade de desenvolver mais amplamente aqui essa afirmação, remeto diretamente às páginas da Introdução da *Lógica da filosofia,* que trata da relação entre as categorias e as atitudes. Cf. E. Weil, *Lógica da filosofia*. Trad. L. C. de Malimpensa. São Paulo, É Realizações, 2012, p. 118-20.

[28] Cf. Idem, La place de la logique dans la pensé aristotélicienne, Op. cit., p. 58.

métaphysique et de Morale em 1946, no qual Weil demonstra que, na filosofia de Aristóteles, há uma parte essencial à doutrina, que hoje se chamaria antropologia.[29] A análise weiliana vem em socorro da minha afirmação. A começar pelo fato de que Weil diz claramente que não se interessa pela moral de Aristóteles nela mesma, mas pela interpretação da vida humana que é a condição de possibilidade daquela moral. Para aquela moral, "o homem, poder-se-ia dizer com uma fórmula um pouco paradoxal, não é um ser natural. Ele não é determinado no sentido em que o é qualquer produto da natureza, que não é mais o que deve ser quando sai dos limites próprios à sua espécie. [...] O homem não se reduz à simples necessidade natural; essa necessidade se encontra nele, mas ela toma formas diferentes em cada homem. [...] O que é puramente natural se revela e se compreende na espécie: o homem é sempre indivíduo. Eis porque só ele pode cometer faltas". Segundo Weil, isso não é mais que a expressão negativa da "definição positiva do homem", que assim se formula na moral de Aristóteles, "o homem é o princípio de suas ações".[30]

De acordo com a moral de Aristóteles, "a ação transcende a biologia", de modo que a virtude, "a atitude verdadeiramente humana, não é um dom da natureza", mas é adquirida e subsiste no *habitus*, que produz a boa decisão. É verdade que a decisão e a ação ocorrem em meio a circunstâncias, que podem impedir a ação razoável, mas "elas não podem tornar infeliz". Para se realizar, o homem "deve ser educado para adquirir o *habitus*, essa virtude que não é mais que a realização das suas possiblidades de homem", de modo que "o problema da virtude e da felicidade se torna o da educação".[31] Segundo a antropologia de Aristóteles, "o homem é um animal que vive em

---

[29] Cf. Idem, L'anthropologie d'Aristote. *In*: *Essais et conférences*, tome I, Paris, Plon, 1970, p. 9-43, aqui p. 56.

[30] Ibidem, p.18 ss.

[31] Ibidem, p. 21.

sociedade", um ser que "não conhece apenas a comunidade puramente natural do macho e da fêmea", porque até "mesmo nessa comunidade, que é ainda animal, o fator humano aparece no fato de que as ações dos dois parceiros se distinguem. Mas é a cidade que é verdadeiramente natural ao homem; e a grandeza da justiça consiste em manter essa comunidade".[32]

Esses destaques da antropologia de Aristóteles – haveria muitos outros – são suficientes para mostrar que essa antropologia está subjacente e em concordância com concepção weiliana do ser humano como finito e razoável, como indivíduo moral que não pode ser pensado, porque não existe, fora da inserção em uma comunidade histórica com sua moral concreta.[33] Com efeito, para Weil "só existe moral quando o indivíduo aceita o que ele padece sempre, mas sem reconhecê-lo sempre, a saber, que vive numa comunidade, que é, mesmo biologicamente, membro dela ao serviço do todo e sustentado em sua existência por esse mesmo todo" (*Fm* 227).

Certamente uma análise mais demorada tornaria ainda mais evidente a apropriação crítica e criativa da filosofia moral de Aristóteles, não apenas no que diz respeito à virtude, mas também à concepção da vida boa, da perfeição moral e de um conceito de felicidade em contraste radical com os utilitaristas. Entre outras razões, é esse renovado interesse pelas éticas antigas, particularmente a de Aristóteles, que situa plenamente a *Filosofia moral* de Weil no centro das discussões contemporâneas, conforme sinalizava Julia Annas no início dos anos 1990.[34]

---

[32] Ibidem, p. 22.

[33] Segundo Weil, o grande equívoco de certas filosofias morais está no seu ponto de partida, na ideia de um indivíduo originalmente isolado, que supõe "o que ninguém encontrou e nem mesmo pode imaginar, um ser humano que não seja membro de uma comunidade: o homem o é a tal ponto que aquele que se separou de todo laço apenas se separou daquilo que o mantinha" (*Fm* 157).

[34] Cf. J. Annas, *The morality of happiness*. New York-Oxford: Oxford University Press, 1993, p. 4: "Na última década muita atenção tem sido dada a uma opção ainda não marcada em mapas anteriores – a da assim chamada ética

CONCLUINDO: QUAL ARISTÓTELES E QUAL KANT?

A maioria dos estudiosos da obra de Eric Weil está de acordo com a afirmação de que suas perspectivas são kantianas. Entretanto, segundo o já citado crítico Christophe Golfin, "compreendido em profundidade e confrontado com Aristóteles, o kantismo se carrega aqui de um peso de realidade que o transforma".[35]

Se, por um lado, não há dúvida de que as perspectivas de Weil sejam kantianas,[36] por outro, é preciso ter clareza sobre qual é o Kant de Weil. Ora, o Kant que é repensado por Weil[37] não é apenas o das duas primeiras *Críticas* ou o da *Fundamentação da metafísica dos costumes*. Para compreender adequadamente o kantismo de Weil é preciso compreender a sua compreensão da unidade da *Crítica da Judiciária*, "que é, ao mesmo tempo, o da unidade do sistema kantiano e da unidade do mundo, o problema do sentido da existência e da existência do sentido", como ele escreve no Prefácio de *Problemas kantianos*.[38]

---

das virtudes. Filósofos começaram a considerar seriamente a ideia de que a moralidade pode estar, de modo muito importante, relacionada com a visão que o agente tem de sua própria vida, com a felicidade e com a virtude. E, uma vez que estas noções são centrais nas teorias antigas, houve um crescimento de interesse sério pelas teorias éticas antigas, particularmente a de Aristóteles".

[35] Cf. C. Golfin, Op. cit., p. 443.

[36] Sobre o kantismo de Weil, cf. P. Canivez, "O kantismo de Eric Weil". *Argumentos. Revista de Filosofia,* Fortaleza, ano 6, n. 11, 2014, p. 9-28. A mais clara expressão da herança kantiana na *Filosofia moral* de Weil está formulada sinteticamente no enunciado 15 da *Filosofia moral*: "O dever constitui a única categoria fundamental da moral. É a partir dessa categoria que se desenvolvem os conceitos determinantes do conteúdo de todo sistema moral positivo" (*Fm* 109). Para Weil, não é surpreendente que a categoria fundamental da moral seja, historicamente, de formação tardia, porque "a consciência categorial segue sempre a atitude vivida" (*Fm* 113). Sobre isso ver o item "Atitudes puras e categorias", na Introdução da *Lógica da filosofia*, Op. cit., p. 105-09.

[37] Cf. M. Perine, "Eric Weil intérprete de Kant". *Eric Weil e a compreensão de nosso tempo,* Op. cit., p. 265-89.

[38] Cf. E. Weil. *Problemas kantianos*. Trad. L. P. Rouanet. São Paulo, É Realizações, 2012, p. 8.

Conforme afirmei em outro lugar, "o que distingue a terceira *Crítica* das duas anteriores é que a insistência sobre a finalidade moral não pretende descartar ou enfraquecer a importância da teleologia natural".[39] Em última análise, a pretensão de Kant na terceira *Crítica* é, segundo Weil, "fundar uma teleologia natural que possa tornar compreensíveis o mundo em sua totalidade e a existência do homem como ser ao mesmo tempo razoável e membro da natureza".[40] No que se refere à moral, o problema da terceira *Crítica* não é o da satisfação dos seres naturais e razoáveis, mas o da sua *existência*. Segundo Weil, na terceira *Crítica* "não se trata mais de felicidade; trata-se da possibilidade de se orientar no mundo: toda vontade concreta *pressupõe* um mundo sensato, na medida em que é – e ela o é em sua essência – vontade de ação sensata".[41]

É nessa compreensão compreensiva de Kant que se compreende em quê e por quê "o anão sobre os ombros do gigante vê mais longe do que o gigante".[42] É certo que o Kant da *Metafísica dos costumes* afirma que a felicidade pessoal, muito embora seja um fim aspirado por todos os homens pelo impulso de sua natureza, não pode ser visado como dever sem contradição, pois o que cada um quer, inevitavelmente, por si mesmo não pertence ao conceito de dever.[43] Entre-

---

[39] Cf. M. Perine, *Filosofia e violência,* Op. cit., p. 81. Na impossibilidade de desenvolver aqui essa questão, remeto ao capítulo II de *Filosofia e violência,* Op. cit., p. 57-112.

[40] Cf. E. Weil, *Problemas kantianos.* Trad. L. P. Rouanet. São Paulo, É Realizações, 2012, p. 81. Cf. G. Kirscher, *Figures de la violence et de la modernité.* Essais sur la philosophie d'Eric Weil. Lille, Presses Universitaires de Lille, 1992, p. 257-72 ("Eric Weil interprète de la *Critique de la judiciaire*")

[41] Cf. Idem, *Problemas kantianos,* Op. cit., p. 86.

[42] A meu ver, essa referência à sabedoria dos povos que aparece no final do Prefácio de *Problemas kantianos* (p. 10), tem caráter autobiográfico: "Eric Weil é o anão sobre os ombros de Kant [...]. Numa palavra, os *problemas kantianos* são *problemas weilianos*". Cf. *Filosofia e violência,* Op. cit., p. 59.

[43] Cf. E. Kant, *Métaphysique des mœurs. Introduction à la doctrine de la vertu,* IV, Trad. J. Masson et O. Masson, *Œuvres philosophiques III, Les Derniers Ecrits.* Paris, Gallimard, 1986, p. 665.

tanto, o "dever de ser feliz" do autor da *Filosofia moral* se identifica com a exigência kantiana de não desesperar da existência, pois essa "conserva um sentido e uma vida em conformidade com a regra universal é uma boa direção para a realização desse sentido. O dever de ser feliz é o dever de não se abandonar à tentação do desespero, de 'deixar-se levar', como se diz correntemente".[44]

Portanto, na compreensão compreensiva de Kant se dissipa o apenas aparente paradoxo da fórmula "dever de ser feliz". Basta saber que a felicidade como conceito da moral universal não pretende oferecer ao indivíduo a satisfação de seus desejos ou de suas necessidades. Com efeito, diz Weil:

> Enquanto indivíduo biológico, psíquico, social, histórico, o homem é ser finito e não se libertará dessa característica que o constitui e que constitui tudo o que vive. A moral, ao contrário, lhe promete que ele poderá ser feliz, quaisquer que sejam as circunstâncias, as privações, os sofrimentos, na medida e somente nessa medida em que ele *quiser* ser feliz de uma felicidade razoável, no respeito da sua dignidade de ser razoável (*Fm* 132).

Dizer que só o homem virtuoso é feliz ou, o que é o mesmo, que só o homem feliz é virtuoso não significa que a felicidade do indivíduo razoável seja um hábito, um estado ou possa tornar-se um estado, porque essa concepção seria fruto da "confusão entre satisfação e felicidade, [...] entre virtude-qualidade e virtude-felicidade" (*Fm* 262). A virtude-felicidade do homem moral "é a consciência da dignidade do próprio ser e das próprias decisões, de uma dignidade que, sempre de novo, deve dar provas dela mesma. [...] Não deixa de ser verdade – [...] – que o que existe no modo do dever existe, todavia, e existe como expressão da possibilidade fundamental do homem, que

44 Cf. M. Savadongo, L'idée de bonheur chez Kant et Weil, *Cahiers Eric Weil III. Interprétations de Kant*. Lille, Presses Universitaires de Lille, 1992, p. 173-83, aqui p. 178.

é a possibilidade de negar, pelo discurso e pela ação, todo dado, até mesmo o da sua própria natureza de indivíduo empírico" (*Fm* 134).

Resta-me ainda uma questão: afinal de contas, qual é o Aristóteles que confere ao kantismo de Weil "um peso de realidade que o transforma"? Certamente é o Aristóteles da tópica, que, para Weil, "é a técnica científica que permite examinar as teses propostas, prováveis ou plausíveis por sua posição na vida intelectual da comunidade, mas que precisamente com a ajuda desse exame podem receber a prova científica de sua verdade. A tópica não é uma lógica do verossímil, do plausível, da opinião: ela constitui uma técnica para extrair do discurso o verdadeiro discursivo, mais precisamente para eliminar dele o falso, a partir desses conhecimentos prévios sem os quais nenhuma ciência se concebe para Aristóteles".[45]

Ademais, é também o Aristóteles que parte das observações, que elabora uma teoria coerente, que compreende a estrutura dessa teoria e das realidades que a tornam possível, que faz o trabalho de filósofo, de lógico e de *metafísico*. Como fica evidente na análise weiliana da metafísica aristotélica: "Nenhum pensamento, com exceção talvez do de Kant, é menos dedutivo, ainda que a forma na qual os resultados são apresentados possa sê-lo – e o é muito raramente, sobretudo nos escritos que chamamos de *Metafísica*. Aristóteles não constrói a realidade; a necessidade para ele é hipotética, sob a hipótese da coerência do mundo e do discurso sobre ele".[46] Com efeito, para o Aristóteles da *Metafísica* "a realidade não é uma série desconexa de episódios, semelhante a uma tragédia de má qualidade".[47]

Portanto, o Aristóteles que carrega o kantismo de Weil de um peso de realidade que o transforma é o da metafísica, porque "é na

---

[45] Cf. E. Weil, La place de la logique dans la pensée aristotélicienne, Op. cit., p. 62 ss.

[46] Cf. Idem, La métaphysique aristotélicienne, *Essais et conférences*, tome I, Op. cit., p. 81-105, aqui p. 100.

[47] Cf. Aristóteles, *Metafísica* XIII, 3, 1090 b, 19-20.

metafísica de Aristóteles que se encontra a chave de sua antropologia. Os conceitos de potência e de ato regem a moral, como o fazem com a ontologia".[48] Em última análise, é o Aristóteles do sistema, porque "a filosofia de Aristóteles é um sistema: o mundo é cosmo, e o homem habita esse cosmo como ser consciente".[49]

Se, como sustenta Weil, "não se compreende Aristóteles a não ser compreendendo sua época", é igualmente verdade que, "se existe algum interesse na antropologia de Aristóteles, ele deve se encontrar no que não se explica por sua época".[50] Depois de ter aprendido com Weil que "somos platônicos sem mito e sem Deus, isto é, hegelianos, dado que aferramos esse nervo da história",[51] estou cada vez mais convencido de me reconhecer "maravilhosamente aristotélico". Com efeito, depois de afirmar que, olhando bem, "*on se retrouve merveilleusement aristotélicien*", Weil arremata:

> O mundo não é mais orgânico, o homem aí não tem mais lugar fixo; mas ele se orienta no mundo, que é tal que o homem aí pode se orientar. A subjetividade é a objetividade; falar de um objeto que não fosse *objeto para* seria um contrassenso. Como em Aristóteles, o indivíduo se torna um 'modo da substância' que é o intelecto, com a única diferença que esta substância não é mais separada, mas tudo – ou, pelo menos, deveria ser tudo se espírito, homem e mundo devem se tocar e se penetrar de modo diferente de um "acaso transcendental"[52].

---

[48] Cf. E. Weil, L'anthropologie d'Aristote, Op. cit., 39 ss. Sobre isso ver: M. Perine, "Ato e potência. implicações éticas de uma Doutrina Metafísica". *In*: *Quatro lições sobre a ética de Aristóteles*. São Paulo, Loyola, 206, p. 51-72.

[49] Cf. Idem, L'anthropologie d'Aristote, *op. cit.*, 40 s.

[50] Ibidem, p. 41.

[51] Sobre isso ver: M. Perine, "Platônicos sem mito e sem Deus". *In*: M. Perine e E. Costeski (Org.), *Violência, educação e globalização*, Op. cit., p. 287-306.

[52] Cf. E. Weil, *L'anthropologie d'Aristote*, Op. cit., 42.

Capítulo 15 | As ações humanas no tempo: hermenêutica e narrativa histórica em diálogo com Paul Ricœur

Lyndon de Araújo Santos[1]

Toda história é narrativa

Paul Ricœur.

A teoria da história constitui-se como reflexão fundamental na configuração do saber histórico e historiográfico. Por meio dela compreende-se o processo da construção deste saber no ocidente, desde as suas relações com a filosofia, com as ciências sociais e com o estabelecimento dos procedimentos tomados como pertencentes ao ofício do historiador. Este processo desdobrou-se no desenvolvimento de *escolas* ou movimentos, tendências, debates e enfrentamentos epistemológicos próprios de um saber que pretendeu firmar seu estatuto como *científico*. Estabeleceu-se, então, um campo de pluralidade interna de perspectivas, de *teorias*.

Entretanto, o seu domínio não se reduz à reprodução mecânica de um cardápio de correntes historiográficas e de seus paradigmas.[2]

[1] Universidade Federal do Maranhão (UFMA), Brasil.

[2] Aqui depara-se com uma sequência de "ismos", sob o risco de cairmos num *senso comum ilustrado* das teorias da história: Positivismo, Historicismo, Annales, História Social, Estruturalismo, Quantitativismo, Mentalidades, Marxismo, Nova História, Micro-História, História Cultural. A história absorveu

Antes objetiva aprender a pensar teoricamente a história, bem como aplicar à prática da pesquisa histórica pressupostos que instrumentalizam a construção da narrativa histórica com densidade teórica e acuidade metodológica. Portanto, a teoria da história pode ser tomada em algumas *perspectivas*, as quais reúnem ou agregam um percurso sempre inacabado marcado por variantes e possibilidades, intercruzado em si mesmo que relativiza as suas distinções didáticas.

A primeira diz respeito às relações entre história e filosofia que apontam para o momento fundador da disciplina histórica quando era reconhecida como um capítulo da filosofia (séculos XVIII-XIX).[3] Assim, há muito tenho insistido com os alunos da cadeira de teoria da história acerca da importância e do lugar da filosofia para os historiadores. Concebendo-se a história como a narrativa e o conhecimento do vivido humano numa outra/mesma temporalidade denominada *passado*, reconhece-se a inevitabilidade da proximidade e da indissociabilidade entre história e filosofia.

A historiografia enquanto conjunto de práticas, de procedimentos e de reflexões voltadas à produção de um conhecimento histórico em distintos regimes de temporalidade, carece de se apropriar dos enunciados e das reflexões oriundas do campo filosófico. A racionalidade

---

os instrumentais de análise das outras ciências sociais a fim de, ora impor-se como *a* ciência, ora para resguardar seu lugar nas disputas por espaço, ora para afirmar-se como saber distinto em diálogo com outras áreas do saber. O projeto dos Annales correspondeu à necessidade de a História dialogar com outros saberes reconhecendo que estes construíram instrumentais analíticos que ora "auxiliariam" a história, ora lhe dariam ferramentas para a sua própria produção. P. Burke, *A Revolução Francesa da historiografia: a Escola dos Annales*. Trad. Nilo Odália, São Paulo, Editora Unesp, 1991 e J. Aróstegui, *A Pesquisa histórica. Teoria e método*. Trad. Andréa Dore, Bauru, Edusc, 2006.

[3] Este surgimento esteve ideologicamente vinculado à construção do discurso das identidades nacionais e à afirmação das verdades factuais, amparadas sobre a base empírica da disciplina que eram os documentos oficiais. Por outro lado, a herança metafísica de alguma forma permaneceu paradoxalmente nos esquemas explicativos do positivismo e mesmo do marxismo. Ver J. Aróstegui, Op. cit., p. 107-14.

das ações e os sentidos destas num real possível, mediadas pela linguagem, exigem do historiador o contributo decisivo da filosofia.

O que intento fazer neste ensaio é situar esta relação nos limites e nos desdobramentos do saber histórico e historiográfico.

A história como saber instituído no caráter de *científico* originou-se do pensamento filosófico nos termos e nas condições da modernidade europeia ocidental. Forjada no contexto intelectual do século XIX, inicialmente a história como saber apropriou-se inicialmente dos pressupostos e dos métodos positivistas da pesquisa, dominados pela crença da verdade histórica determinada pelo método corretamente articulado e associado à imparcialidade e à neutralidade do historiador, isento dos juízos de valores de sua subjetividade.

Narrativa dos fatos objetivamente *descobertos* nos documentos escritos, à história impunha-se o papel de ser a ciência do passado tal como ele se deu. Apesar desta crença marcadamente ingênua, o historiador estava ciente de que seu ofício era *narrar* observando uma sequência coerente dos acontecimentos que, com transparência e clareza se apresentavam como *evidências* de um real conhecido. Valendo-se do método em sua aplicabilidade e eficácia, mediando a relação objetiva entre sujeito e objeto, o historiador aperfeiçoou regras e procedimentos que, de alguma forma, permanecem até hoje. Resultou, portanto, este projeto num estilo de narrativa factual, objetivante, *verdadeiro* e ciente de sua superioridade sobre os demais saberes.

É preciso ainda pontuar que esta conquista epistemológica em seus limites pela história-ciência, estava diretamente ligada à pretensão de tornar este saber, de fato, um conjunto de conhecimentos necessários para a *vida*. A história, assim, retomava a função de ser *mestra da vida* com suas lições e ensinamentos contidos num passado repleto de eventos de conteúdo moral e ético.

Sua cientificidade almejava superar o estilo cronista de outrora entendido como mitológico e a-histórico, mas recaiu na mesma heroicização de indivíduos portadores de destinos que a própria história lhes impôs em sua evolução e em seu progresso. A história permanecia cativa aos esquemas hegeliano e comtiano de interpretação e de subordinação do tempo histórico e dos acontecimentos às leis que determinavam a regularidade dos fenômenos sociais.

Entretanto, não foram poucas as *reações* a este projeto marcadamente cativo ao sentido da ciência oitocentista que, apesar de se compreender como não ligada à metafísica, reintroduziu esquemas metafísicos de interpretação da história e pretendia seguir de perto o primado dos padrões e dos estatutos das ciências naturais. Uma das reações a esta epistemologia foi dirigida ao estilo da narrativa factual, enfadonha, maçante, diletante e sem atrativos para o leitor, numa sequência de datas e fatos a serem memorizados e exaustivamente ligados numa linearidade que se concebia como discurso da verdade.

Desde então, de dentro do próprio desenvolvimento da disciplina emoldurada pela epistemologia positivista, a reflexão sobre os sentidos das ações na história como drama humano, do ofício próprio do historiador e da elaboração da narrativa histórica (interpretativa, compreensiva e explicativa), levaram os historiadores a atribuir outros postulados para o fazer historiográfico, com desdobramentos diretos na narrativa histórica.

Situa-se esta *reação* ao campo denominado de *historicismo*, embora seja identificado e confundido com a corrente denominada de escola metódica. O historicismo, de modo geral, fora legatário de pensadores (filósofos, teólogos, historiadores e *filósofos historicistas*) como Schleiermacher, Droysen, Dilthey, Nietzsche e outros. Não nos cabe nos limites deste ensaio explorar todas as relações estabelecidas pelos pensamentos destes autores.

Em seu conjunto, o historicismo criticou o positivismo refletindo, desde o século XIX, questões e pressupostos que seriam retomados mais tarde, como a hermenêutica compreensiva, a narratividade, a memória e a não neutralidade. Contudo, o historicismo esteve da mesma maneira que seu alvo de crítica cativo ao contexto do século XIX.

Exemplo desta operação foi o historiador alemão J. G. Droysen, para quem a história não era um capítulo da filosofia, antes procedia à distinção entre natureza e história, além de definir um lugar próprio da história ante as ciências naturais, a filosofia e a teologia:

> Desde que o historiador possa contar com o tipo de enfoque estritamente histórico que lhe é próprio, a par do que tem elaborado a filosofia, a teologia, as ciências naturais, etc., se põe a abordar este gênero difícil de problemas, ele deve de maneira clara reconhecer que o caminho especulativo se lhe torna absolutamente proibido e que ele deve antes partir, sobre o caráter empírico que é o seu campo, de uma base simples e segura que evolui no tempo e que a razão eleva ao estatuto de conhecimento.[4]

Em Droysen tem-se a antecipação de várias questões que seriam discutidas em nossos dias como a *presentificação* da história, a subjetividade do historiador, a narrativa histórica (não objetiva dos fatos a partir de um conjunto de documentos), o ofício do historiador, o lugar e o uso da memória (lembrança) e a hermenêutica como compreensão.[5]

Para Droysen, "só o que é humano aparece aos olhos dos homens" e "a soma desse crescente infatigável é o mundo ético". O mundo ético reúne e agrega tudo o que é humano em termos de ambiência, cultura, modos, costumes, hábitos, linguagem, valores e estilos de vida. Ao historiador cabe a ação reflexiva e crítica deste mundo ético, associando-a ao método (interpretativo, compreensivo e heurístico) e à narrativa como resultado do conjunto de sua operação. Ainda para

---

[4] Cf. J. G. Droysen, *Manual de teoria da história*. Trad. Sara Baldus e Julio Bentivoglio, Petrópolis, Vozes, 2009, p. 33.

[5] "Ele foi, por exemplo, um dos primeiros a recusar a redução da história a uma mera ciência de textos, a mera crítica de fontes, ou ainda como uma narração objetiva dos fatos a partir de um conjunto de documentos. Sua distinção em relação a Leopold von Ranke, neste sentido, é clara, o que desmistifica a existência de um pensamento homogêneo historicista para o século XIX ou para a Escola Histórica Alemã" Cf. Apresentação de Julio Bentivoglio, *In*: J. G. Droysen, Op. cit., p. 11.

este autor, "pensar historicamente é pensar teleologicamente", ou seja, a teleologia estaria implícita nas ações enquanto finalidades definidas pelas intencionalidades, pelos valores e pelos interesses. Não se trata, portanto, de uma teleologia antes e para além da história, mas inscrita nas ações humanas no tempo.[6]

O historicismo, refutando a filosofia da história, não renunciava, todavia, à reflexão filosófica em detrimento do método. Droysen, embora crítico ao factualismo, reafirmava a narrativa como produção final do historiador cioso da sua forma e do seu estilo.

Outra corrente reativa que marcou profundamente o campo historiográfico ocidental foi a do movimento dos Annales, também chamada de "escola dos Annales" ou até mesmo a "revolução francesa da historiografia".[7] Este movimento teve nas figuras de Marc Bloch, Lucien Febvre, Fernand Braudel, Jacques Le Goff, Georges Duby, dentre outros, um impacto decisivo no desenvolvimento tanto da historiografia como da cultura histórica ocidental. Saber que se propôs e que afirmou ser interdisciplinar, a história operou outra vez, um corte teórico e metodológico na sua relação com a filosofia, com o positivismo na história e com o próprio historicismo.

Na relação com a filosofia, e retomando a afirmação de Roger Chartier sobre os Annales, foi necessário e operacional *renunciar* a Hegel,[8] ou seja, renunciar às clássicas filosofias da história e à história da filosofia em seus universalismos, substancializações e teleologias. O autor se refere à "perturbação do historiador", à "distância aparentemente intransponível" entre a reflexão filosófica sobre a história e os debates historiográficos e ao "perpétuo mal estar dos historiadores perante uma história da filosofia que postula a liberdade absoluta da criação intelectual, totalmente desligada das suas condições

---

[6] Cf. Idem, Op. cit.

[7] Cf. P. Burke, Op. cit.

[8] Cf. R. Chartier, *A História cultural*: entre práticas e representações, 2. ed. Trad. Maria Manuela Galhardo. Lisboa, DIFEL, 2002, p. 73.

de possibilidade, e a existência autônoma das ideias, deslocadas dos contextos" onde são elaboradas e onde circulam".[9]

No entanto, encontram-se formuladas numerosas questões de natureza filosófica no seio da própria história, diz Chartier, mesmo que não estejam referenciadas à filosofia. Mas, "os historiadores romperam decididamente com um pensamento de totalidade",[10] operando mais um deslocamento do que uma refutação da história filosófica. Este deslocamento serviu efetivamente para a afirmação da prática histórica, que firmou-se como um projeto interdisciplinar com as ciências sociais, na sua identificação com o estruturalismo e na articulação das séries no tratamento do material histórico.[11] Foi um projeto que se afirmou como *ciência* ao lado de outras ciências sociais e humanas, incorporando seus métodos e pressupostos.

Na relação com o *positivismo* e o *historicismo* deu-se uma renovação da pesquisa histórica em termos de método, ampliando o conceito e o alcance das fontes históricas, rediscutindo o próprio ofício do historiador e projetando uma história totalizante a partir das estruturas (sociais, políticas, econômicas, religiosas, culturais e mentais), compreendidas em diferentes ritmos de duração na temporalidade.

O historiador abandonaria a narrativa e a factualidade de um passado que não mais existe, para a análise e a explicação de uma totalidade desde as preocupações e as questões do presente, não a partir de um a priori metafísico. Desloca-se dos documentos oficiais o estatuto de reservatório do passado a ser resgatado, para o uso mais crítico das fontes, ampliadas ao lugar de vestígio de uma outra temporalidade.

Na relação com o historicismo, os Annales procederam, por um lado, a uma associação generalizante com o positivismo e com a escola metódica, sem divisar as suas clivagens e distinções; por outro,

---

[9] Cf. Ibidem, pp. 69,70.

[10] Cf. Ibidem, p. 75.

[11] Cf. Ibidem, p. 76.

procederam a um *esquecimento* de historiadores que, de certa forma, antecederam seus próprios questionamentos e que avançaram em questões que não lidaram como a hermenêutica.

A partir das décadas de 1970-1990 e sob a influência de *filósofos historicistas* como Michel Foucault e Paul Ricœur, o campo da história refez a sua relação com a filosofia.[12] Isto porque trouxeram reflexões outrora não percebidas e mesmo respostas ante à ameaça de diluição de seu estatuto de *ciência*, oriundas do chamado *giro linguístico*, que reduziu a narrativa histórica à dimensão do ficcional.[13]

Valendo-se da filosofia da linguagem, estes filósofos historicistas, sobretudo Ricœur, *socorreram* a história e os historiadores quanto à redefinição das fronteiras de um saber que redescobriu, na narrativa das ações humanas no tempo, o sentido primeiro e último de seu *métier*.

Contudo, este debate aconteceu dentro de um cenário, em primeiro lugar, da hegemonia e do esgotamento do paradigma estruturalista e da reação-cooptação braudeliana, do peso da história explicativa refém das análises seriais e quantitativas e da rejeição à narrativa. Um debate sobre as temporalidades já estava colocado com os três tempos ou as durações em Braudel, configurando uma inflexão original acerca das temporalidades na história (regimes de temporalidades).

Em segundo, o cenário do surgimento das análises culturalistas com os estudos culturais de Stewart Hall, da descrição densa de

---

[12] "A centralidade da Hermenêutica em seu pensamento, seu posicionamento frente à singularidade das Ciências Humanas por oposição às Ciências da Natureza, e sua nova releitura do caráter narrativo da história, apelando nesse caso para uma ressignificação da noção de 'evento narrativo', situam-no na fileira dos filósofos historicistas. Além de ter marcado posição contra o historicismo de alguns historiadores dos *Annales* ligados à História Estrutural, Ricœur também rechaça a postura de certos autores da historiografia pós-moderna, tais como Hayden White (1973), que buscam aproximar ou mesmo confundir história e ficção". J. D'A. Barros, *Teoria da história*, Petrópolis, Vozes, 2011, p. 108, nota 67, vol. I.

[13] Cf. J. Aróstegui, Op. cit., p. 182-185.

Clifford Geertz e de marxistas de E. P. Thompson, refletindo o cenário da descolonização africana e a emergências dos movimentos de minorias com as suas próprias narrativas identitárias e militantes.

Em terceiro, o debate se deu como resposta aos impactos de 1968, com o retorno do sujeito e da sua ação "imprevisível" no tempo e no espaço, constituindo acontecimentos e eventos que questionaram as estruturas quase imóveis da história, a partir da liberdade, da inventividade e da criatividade no cotidiano,[14] em reação aos determinismos estruturais.

Em quarto lugar, o retorno à narrativa retomou a tradição historicista, sem a sua ingenuidade epistemológica, e, nela, a retomada da narrativa, da história como relato e do instrumental hermenêutico que desembocou para dentro do pensamento histórico (Schleiermacher, Droysen, Dilthey, Heidegger, Paul Ricœur). Deu-se, portanto, a *incursão* dos filósofos historicistas (Foucault, Ricœur, Koselleck) e linguistas (Gadamer) no debate historiográfico.

Paralelamente, o campo historiográfico ocidental vivenciou a ampliação de problematizações relativas ao sentido da história, a construção da narrativa histórica, a complexidade da noção de documento e da operação historiográfica, a redução da escala de análise do histórico-social ao individual.

Ricœur, um destes *filósofos historicistas*, foi decisivo para a recente historiografia, cuja reflexão foi considerada revolucionária para o nosso campo.[15] Ricœur faz uma crítica à *historiografia de língua francesa* como um dos universos discursivos que exibiram

> [...] tradicionalmente uma total desconfiança para com a filosofia, que costuma identificar a filosofia da história ao estilo hegeliano, ela mesma confundida por comodidade com as especulações de Spengler ou de Toynbee. [...] Sua força está em outro lugar: na estrita adesão ao

[14] Como os heróis ordinários de M. de Certeau, *A invenção do cotidiano: 1. Artes de fazer*. Trad. Ephraim Ferreira Alves, Petrópolis, Vozes, 1994.

[15] Cf. F. Dosse, *A história à prova do tempo*: *da história em migalhas ao resgate do sentido*, São Paulo, Editora Unesp, 2001, p. 71.

ofício do historiador. O que a escola francesa oferece de melhor é uma metodologia de homens do campo. Por isso, *dá o que pensar ao filósofo, tanto mais que não lhe toma nada emprestado.*[16]

Para Ricœur, na elegante crítica que faz, os *Annales* têm em comum com o *positivismo lógico*, junto com o repúdio à filosofia da história, o repúdio ao caráter narrativo da história, chamado por ele de o *eclipse da narrativa*, onde se opera o deslocamento do objeto da história do indivíduo para o fato social total.[17] A crítica à categoria de narrativa equivale à crítica ao conceito de *acontecimento*, tomado como pedra de toque desta discussão, para além da evidência enganosa do senso comum.

O acontecimento contém uma "tripla pressuposição ontológica[:] ter-sido absoluto, [ter-sido uma] ação humana absolutamente passada e [ter – sido] alteridade absoluta", a qual corresponde a uma "tripla pressuposição epistemológica", situada nas oposições entre a 1. A *singularidade não repetível* do acontecimento à universalidade da lei; 2. A *contingência prática* e a necessidade lógica ou física; e 3. A *alteridade* e o modelo construído.[18] Com base nestes pressupostos, Ricœur avalia a historiografia francesa em sua crítica ao acontecimento e ao indivíduo.

Antes de tudo, diferente de autores como Raymond Aron (filósofo) e Henri Marrou (historiador filósofo), os Annales estiveram totalmente alheios à problemática da *compreensão*, antes detiveram-se à reflexão sobre o seu ofício enquanto artesãos. A partir dos escritos fundantes de Marc Bloch com a noção de *testemunho dos documentos* e de Fernand Braudel com a noção de *longa duração* e seus escalonamentos, a tradição dos Annales empreendeu uma frente de

[16] Cf. P. Ricœur, *Tempo e narrativa: a intriga e a narrativa histórica*. Trad. Claudia Berlinger, São Paulo, Editora WMF Martins Fontes, 2010, vol. 1, p. 157-58 (grifo meu).

[17] Cf. Ibidem, p.158.

[18] Cf. Ibidem, p. 160.

oposição à história factual e à história narrativa, reduzidas à categoria da história política. "Assim chegamos a uma decomposição da história em planos escalonados. Ou, se quisermos, à distinção, no tempo da história, de um tempo geográfico, de um tempo social, de um tempo individual. Ou se preferimos ainda, à decomposição do homem num cortejo de personagens."[19]

Os acontecimentos e as ações dos indivíduos que os produzem foram *destruídos* ou *contestados*, dando lugar ao fato social total, "com forte ênfase nas condições econômicas e sociais". São dois os tipos de contestação: "a do primado do indivíduo como átomo último da investigação histórica e a do primado do acontecimento, no sentido pontual da palavra, como átomo último da mudança social".[20]

Assim, os heróis da história seriam sempre coletivos (grupos, categorias e classes sociais, cidade e campo, burgueses e artesãos, camponeses e trabalhadores) e a história se tornaria uma *geo-história*, sujeita aos tempos lentos das civilizações, da economia, das instituições e das mentalidades.[21] Abandonando o acontecimento e o indivíduo, os Annales deixam a narrativa para uma análise da totalidade, das estruturas, das representações e das ideologias.

Ricœur avança ainda na sua crítica aos Annales inserindo outro conceito diretamente ligado ao acontecimento, ao indivíduo e à narrativa que é o do *tempo histórico* segundo os historiadores, embora não como uma categoria central para eles. O filósofo, diz, não pode deixar de se interessar pelo tempo,[22] ao analisar as obras dos

---

[19] Cf. F. Braudel, *Escritos sobre a história*, Trad. J. Guinsburg e Tereza Cristina Silveira da Mota, São Paulo, Perspectiva, 2005, p. 15.

[20] Cf. P. Ricœur, *Tempo e narrativa I*, Op. cit., p. 170.

[21] Outras modalidades de história foram produzidas a partir deste paradigma: história estrutural, história quantitativa, história econômica, história serial, história demográfica, história das mentalidades, história antropológica ou antropologia histórica.

[22] Cf. P. Ricœur, *Tempo e narrativa I*, Op. cit., p. 180.

historiadores Jacques Le Goff (*Por uma outra Idade Média*), Georges Duby e Philippe Ariès (*O homem diante da morte*). Representação, ideologia e estrutura são noções que determinaram os sentidos do tempo para os homens do passado, desde uma história antropológica ou das mentalidades, que passava ao largo da cronologia e da narração.

Discorrendo sobre a relevância da relação entre *tempo* e *narrativa* na história, Ricœur atualizou um debate nodal, central para a história e para a historiografia, pois, retomou uma questão de fundo para a teoria da história que foi discutir o próprio sentido da história, sua cientificidade e o ofício do historiador. Percorreu a *história* da história no ocidente, desde os gregos até a configuração de uma disciplina no *oitocentos* e durante o século XX, e definiu a relação entre *tempo* e *narrativa* inscrita no próprio modo como fazemos história: a operação historiográfica em si com os seus procedimentos e a construção da narrativa histórica resultante destas operações.

Estabeleceu a relação entre o tempo vivido e a narração, entre experiência e a consciência, assegurando o retorno do vivido, da sensibilidade e da ação humana. A história reencontra a sua utilidade à vida, ensinando a viver, sendo mais do que uma "mestra da vida".

Neste percurso do debate se coloca a reconhecida centralidade da obra de Paul Ricœur (*Tempo e Narrativa*, 1983 a 1985), onde retoma a consciência da narratividade histórica colocando entre colchetes o determinismo. A narrativa traz em seu cerne as escolhas dos personagens que a habitam e que entretecem junto com o seu enredo. As decisões são tomadas dentro da própria história e não fora dela ou em algum ponto exterior (teleologias). A história seria o estudo da *ação*. Ricœur

> [...] demonstra que o discurso histórico pertence à classe das narrativas: por conta disso, ele se situa numa relação de proximidade particular com a ficção [...]. Se a história é narrativa, nem por isso ela é qualquer tipo de narrativa. [...]. Ele mantém a tensão interna à escrita histórica, que partilha com a ficção as mesmas figuras retóricas, mas

> que se pretende também e sobretudo um discurso de verdade, de representação de um real, de um passado referente.[23]

A história é um gênero (narrativo) específico e o trabalho do historiador tem como base essencial a integração entre experiência (vivido) e a lógica expressa através da construção da *intriga*. "O tempo torna-se 'humano' precisamente quando é organizado à maneira de uma narrativa', e a narrativa extrai o seu sentido exatamente da possibilidade de 'retratar os aspectos da experiência temporal' [...]. Temporalidade e narratividade reforçam-se reciprocamente".[24]

CONSIDERAÇÕES FINAIS

Sobretudo, o que a obra de Paul Ricœur representou para a historiografia em termos teóricos e metodológicos, registra-se como síntese de sua personalidade e obra a sua erudição, paciência e modéstia, bem como o caráter inacabado de uma operação. Como firmou François Dosse, "privilegiando mediações imperfeitas, Paul Ricœur propõe a longa trilha hermenêutica como caminho indispensável da compreensão histórica".[25] Temos, então, a proposta de uma via mais paciente e mais modesta de uma "hermenêutica da compreensão histórica".[26]

A partir disto, elencamos algumas prerrogativas e operações do historiador/narrador ou os procedimentos do historiador na configuração da narrativa histórica.

---

[23] F. Dosse, *A história*. Trad. Maria Elena Ortiz Assumpção. Bauru, Edusc, 2003, p. 189.

[24] Cf. J. A. Barros, *Teoria da história*. Petrópolis, Vozes, vol. IV, 2011, p. 6.

[25] Cf. F. Dosse, *A história à prova do tempo: da história em migalhas ao resgate do sentido*, São Paulo, Editora Unesp, 2001, p. 72.

[26] Cf. F. Dosse, *A história*, Op. cit.

- A constituição de uma *trama* e de *episódios* relacionados a um *enredo* mais amplo resultando numa *totalidade significativa*. Esta trama parte de *materiais* configurados na própria língua ou na *linguagem* (carregada de possibilidades narrativas, rede conceitual, "configurações pré-narrativas da ação").
- A constituição de uma história ou de histórias entrelaçadas de ações e de significados.
- A redefinição de conceitos afins com o de *evento* (tudo o que produz mudança no interior de uma narrativa).
- A seleção de *eventos* e *decisão* em que ordem eles ficarão em relação aos outros eventos.
- A escolha de estilos de narrativa.
- A criação de conexões e significados entre os eventos (mudanças qualitativas), a partir de conectores, tais como calendário, gerações, vestígios, etc.
- A operação de deslocamentos no tempo (para frente, ultrapassando um certo horizonte de expectativas; para trás, explorando um determinado campo de experiências).
- O estabelecimento de uma referência ao *vivido* pela narrativa e depois retornar a ele: a narrativa é uma reflexão do vivido sobre si mesmo, através das mediações do historiador.

As ações humanas acontecem a partir de vetores, de forças, de conflitos, de interesses e de tramas urdidas num *real* que se *re*apresenta em mediações simbólicas. São as *representações* sociais elaboradas pelos sujeitos ou agentes, reproduzidas em distintas formas, sendo uma delas a linguagem que constitui o real e se constitui por este real, na relação entre tempo e narrativa, segundo Paul Ricœur. As dimensões da cultura e do poder mobilizam, portanto, representações que criam ou inventam organizações, instituições, costumes, códigos, sociabilidades, crenças e tradições.

Capítulo 16 | Fé e política segundo Eric Weil

Evanildo Costeski[1]

INTRODUÇÃO

Iniciaremos esta reflexão sobre "Fé e política segundo Eric Weil", comentando dois artigos: "A secularização da ação e do pensamento político na Época Moderna" [*La sécularisation de l'action et de la pensée politiques a l'époque moderne*], publicado originariamente em alemão na revista *Marxismus-Studien* em 1962 e "Cristianismo e política" (*Christianisme et politique*), publicado na revista *Critique* em 1953. Ambos foram editados e publicados posteriormente em *Essais et conférences II*, em 1970. Chama a atenção o fato de a disposição dos textos em *Ensaios e Conferências II*, escolhida pelo próprio Weil, trazer o artigo sobre "Secularização e ação política" antes de "Cristianismo e política", não obstante a diferença de quase dez anos do primeiro para com o segundo. Parece que Weil está a indicar com isso que uma compreensão correta da fé cristã depende de uma compreensão prévia da ideia de secularização.

RELIGIÃO E MARXISMO

O ponto de partida para Weil tratar do secularismo nos anos de 1960 não poderia ser outro que o marxismo, visto que "é o

[1] Universidade Federal do Ceará (UFC), Brasil.

marxismo, sob a forma do comunismo, que fez da luta contra a religião um programa e se esforça sistematicamente de fazer desaparecer a religião por meio da educação e da propaganda".[2] Entretanto, observa Weil, ao contrário do que normalmente se pensa, a questão religiosa não é fundamental para Marx: "mesmo em seus primeiros textos [...] o problema *político* da religião não aparece".[3] Segundo Weil, a interpretação ideológica da religião é feita por Feuerbach, por Ruge e seus seguidores, não por Marx. Os marxistas, nesse ponto, não foram fieis a Marx. Diferentemente do mestre, preferiram retornar a Feuerbach e à crítica ideológica da religião. "[...] as escolas marxistas não permanecerem fiéis ao ensinamento do mestre: enquanto elas combatem ativamente a religião, o problema foi superado, aos olhos de Marx, desde o início de sua reflexão pessoal".[4] Portanto, a religião não é para Marx, segundo Weil, uma "ideologia" falsa, que deve ser destruída em si mesma. É verdade que "o ensinamento do cristianismo é objetivamente falso [...], mas é precisamente por esta razão que ele é verdadeiro no sentido hegeliano do termo, na medida em que revela a essência do mundo presente".[5] Mais precisamente, o cristianismo é verdadeiro ao revelar a contradição do mundo, o fato de o homem se encontrar alienado e não se reconhecer historicamente como livre. Consequentemente, a religião só poderá ser considerada falsa quando o mundo se tornar verdadeiro. "Para o homem satisfeito e reconciliado consigo mesmo, a religião é desprovida de sentido."[6] Por isso, se a religião continua a existir, é porque as contradições sociais ainda não foram resolvidas. Desse modo, ao

---

[2] Cf. E. Weil, "La sécularisation de l'action et de la pensée politiques à l'époque moderne". *In*: *Essais et conférences II*, Paris, Vrin, 1991, p. 22.

[3] Ibidem, p. 23.

[4] Ibidem, p. 23

[5] Ibidem, p. 25.

[6] Ibidem, p. 26.

contrário do que pensava Feuerbach, a religião continua a ser importante para se criticar o mundo, para se mostrar as contradições históricas ainda vigentes.

A crítica à religião é crítica do "vale de lágrimas", crítica da ilusão. É ópio do povo, "não é veneno nem vício";[7] é apenas um meio de consolação e alívio. Por isso, deve-se transformar a crítica à ilusão religiosa em crítica real: "é a filosofia 'ao serviço da história' que deve transformar a crítica do céu em crítica da terra, a crítica da religião em crítica do direito, a crítica da teologia em crítica da política".[8] Mas como fica a religião em si? Ela é totalmente reduzida à história, à política? Segundo esse princípio, a religião só poderá ser suprimida se ela for realizada, se o mundo for santificado ou se tornar sagrado. A referência aqui não é Feuerbach, mas Hegel, considerado, por Marx, como o último filósofo. Mas o que Hegel disse exatamente a respeito da relação entre Religião e Política?

Em primeiro lugar, lembra Weil, deve-se notar que Hegel não criou um sistema ateu nem quis criá-lo. Ele afirma que é cristão luterano e que a sua filosofia é cristã, ou melhor, que ela completou o cristianismo. Nesse aspecto, ele não é um simples cristão crente: "O conteúdo da filosofia e do cristianismo são idênticos, mas as duas formas desses conteúdos idênticos se diferem", observa Weil.[9] No caso do cristianismo, a "forma" do conteúdo religioso está no sentimento e na representação, enquanto que para a filosofia a "forma" está do pensamento e, no caso da política, no Estado: é o Estado que é o divino na terra, que possui a forma objetiva do Espírito. A religião é assim apenas uma convicção subjetiva, incapaz de fundar a verdade. A referência aqui é o parágrafo 270 da *Filosofia do Direito*

---

[7] Ibidem, p. 27.

[8] Ibidem, p. 27. Sobre isso, ver também K. Marx, *Crítica da filosofia do direito de Hegel*. São Paulo, Boitempo Editorial, 2005, p. 146.

[9] Cf. Idem, *La sécularisation de l'action et de la pensée politiques à l'époque moderne*, Op. cit., p. 28-29.

de Hegel.[10] Contudo, alerta Weil, seria um grave erro concluir a partir desse texto que o Estado possui um direito absoluto sobre a religião. “A fé não é eliminada nem é para eliminar.” Enquanto interior, ela não é submetida às leis do Estado. “A religião é privada: a liberdade interior do indivíduo é inatingível enquanto permanece no âmbito da interioridade.”[11] É verdade que o Estado é o lugar da universalidade, por isso, tem direito de intervir quando a fé se exterioriza de forma violenta. Mas isso não lhe dá o direito de eliminar a fé ou a Igreja. O Estado é superior, não porque ele é contra a fé ou contra a Igreja, mas porque deve realizá-la objetivamente.

Essa visão hegeliana não é plenamente aceita por Marx. Para Marx, “o cristianismo não é a *forma* (aristotélica) do mundo moderno; ele é o sonho deste mundo, um sonho inevitável, ao qual não basta desmascará-lo como simples sonho, como queria Feuerbach”.[12] Todavia, em um ponto, Marx permanece de acordo com Hegel: “o princípio cristão do valor infinito do indivíduo é o fundamento de todo pensamento e de toda ação moderna; mas esse princípio não é realizado, como Hegel, segundo Marx, afirmou; ele deve ainda ser realizado. *De jure*, [por direito] o cristianismo é supérfluo; *de facto*, ele deve ser tornado supérfluo, para que *possa* desaparecer”.[13]

No entanto, as previsões do jovem Marx não se realizaram. Nem o Estado nem a religião desapareceram. Com isso, os socialistas e os marxistas compreenderam que a luta principal deveria ser travada agora no campo ideológico. As religiões se tornaram, ao contrário do que pensava Marx, inimigas “ideológicas” do marxismo. Embora Marx defendesse que as mudanças sociais deveriam tornar

---

[10] Cf. G. W. F. Hegel, *Lineamenti di filosofia del diritto*. Tradução italiana de Vincenzo Cicero (edição bilíngue alemão-italiano). Milão, Rusconi, 1996, p. 438-59.

[11] Cf. E. Weil, *La sécularisation de l'action et de la pensée politiques à l'époque moderne*, Op. cit., p. 31.

[12] Ibidem, p. 38-39.

[13] Ibidem, p. 39.

automaticamente supérflua a religião, os seus sucessores retornaram a Feuerbach e passaram a defender a luta contra a religião como condição necessária para as revoluções sociais.[14] Para Marx, ao contrário do que pensavam e pensam ainda muitos marxistas, "não existe nenhum conflito entre fé e política", inclusive para uma política que se pretende secular e ateia. Longe de ser uma contradição e um impedimento para as religiões, "o ateísmo, no domínio da política, é condição necessária e suficiente para a liberdade da fé".[15] Para Weil, esse foi o grande mérito de Marx em relação às religiões. Marx percebeu que, mesmo para um ateu, na medida em que ele se compreende, a ação política deve permanecer limitada às condições materiais necessárias para o indivíduo poder livremente procurar e determinar o sentido de sua existência – o qual, vale dizer, "encontra-se fora do domínio político".[16] O homem deve realizar a liberdade nas condições, porém, precisamente porque ele procura ser livre nas condições, sua liberdade não pode ser determinada apenas pelas condições materiais. Ele é absolutamente livre, inclusive para permanecer alienado: "o homem é livre de pensar a realidade, da mesma forma que ele é livre de não pensá-la, de se alienar e de exprimir não o pensamento real, mas seu interesse puramente material, na medida em que participa das vantagens de uma forma particular de sociedade".[17]

CRISTIANISMO E POLÍTICA

A fé religiosa trata dos fins últimos, dos valores morais, do sentido da existência, enquanto o Estado permanece no campo do cálculo

---

[14] Ibidem, p. 39-40.

[15] Ibidem, p. 43.

[16] Ibidem, p. 44.

[17] Cf. Idem, Marx et la liberté. *In*: *Critique*, 8, 1946, p. 68-75.

e da técnica. Sendo assim, poderíamos perguntar: se a fé é voltada para os valores últimos e para o sentido da existência humana, pode de certo modo orientar a política? Como o crente pode agir sobre o mundo político a partir de suas convicções pessoais? Qual deve ser realmente a relação da fé com a política? A fé pode determinar uma política, uma *boa* política? Mas a política pode ser influenciada e determinada por algo que não pertence essencialmente à política? Existe um fim para a política que não pertence à política? A política necessita realmente de uma orientação externa? O cristianismo poderia assumir essa função? Poderíamos estabelecer um fim à política a partir da fé cristã? Mas será que a política depende intrinsecamente da fé cristã, como pensam muitos políticos cristãos?[18]

Uma questão é clara: o problema da fé e da política interessa tantos aos cristãos quanto aos agnósticos ou pós-cristãos. Para os primeiros, o motivo é teológico; para os segundos, inclusive para Eric Weil, o motivo é histórico, visto que foi justamente o cristianismo que produziu uma sociedade secularizada e, em certa medida, ateia. Do ponto de vista cristão e teológico, a referência primeira é Santo Agostinho. Como se sabe, para Santo Agostinho, o Reino de Deus e o reino terrestre estão inextricavelmente misturados e ninguém pode dizer quem é cidadão de um e quem é de outro. É verdade que a Igreja é do lado de Deus e que o Estado é, na medida em que não se submete à verdade anunciada pela Igreja, do lado das trevas. Mas nem todos os membros da Igreja visível são os eleitos de Deus e aquele que hoje persegue os santos poderá amanhã se converter em um novo Paulo.[19]

Na verdade, nota Weil, apesar de as relações entre o Estado e a Igreja não serem claras em Agostinho, a distinção entre as duas ordens é evidente: uma, técnica, deste mundo terrestre, com seu bem e

[18] Cf. Idem, "Christianisme et politique". *In*: *Essais et conférences II*, Paris, Vrin, 1991, p. 48-51.

[19] Ibidem, p. 51.

seu mal relativos, e a outra do reino celeste e dos valores absolutos, mas que existe também na terra, misturada com o primeira até o fim dos tempos. Nesse ínterim, enquanto o fim não chega, há necessidade de um Estado. O cristão deseja que esse Estado seja bom e trabalhará para esse fim, mas obviamente a fé não depende do Estado. Além do Estado, há a verdadeira sociedade, composta por todos que têm fé e amam a Deus acima de tudo. A Igreja, tal como ela aparece no tempo, sem ser perfeita, é a única instituição capaz de representar no tempo aquilo que só pode ser perfeito fora do tempo.[20]

Weil discorda claramente dessa interpretação de Santo Agostinho, defendida por Étienne Gilson em seu livro *Les métamorphoses de la cité de Dieu*, publicado em 1952.[21] Se a referência para o cristão for Santo Agostinho, deve-se ser mais fiel a ele que os próprios defensores do agostinismo político. A Igreja visa a unidade dos cristãos, mas não deve ter como objetivo a unidade terrestre, que é na verdade uma falsa unidade. Desse modo, de acordo com a leitura de Weil de Santo Agostinho, a Igreja deve respeitar a autonomia técnica do Estado diante da mensagem evangélica e da fé cristã. Por mais estranho que pareça, essa posição laica da fé foi fortalecida pela própria Inquisição. Diz Weil: "é uma observação profunda, o fato de que foi precisamente a inquisição – pelo fato de ter tratado o Estado como puro instrumento para seus fins próprios, reconhecendo, com isso, implicitamente, a natureza técnica do Estado –, que contribuiu, de maneira decisiva, para a laicização da vida política".[22] Doravante, a Igreja se ocupará cada vez mais apenas da moral dos seus fiéis,

---

[20] Ibidem, p. 52.

[21] Cf. E. Gilson, *Les métamorphoses de la cité de Dieu*. Paris, Vrin, 2005.

[22] Cf. E. Weil, *La sécularisation de l'action et de la pensée politiques à l'époque moderne*, Op. cit., p. 42. Weil cita como referência a obra "History of the Rise and Influence of the Spirit of Rationalism". *In*: W. E. H. Lecky, *Europe*,, publicada em 1873, cf. E. Weil, *La sécularisation de l'action et de la pensée politiques à l'époque moderne*, Op. cit., nota 22, p. 42.

trabalhando, preferencialmente, com o âmbito privado, sem se preocupar diretamente com a organização do Estado. Todas as formas de Estado são, para Igreja, toleradas, desde que respeitem a liberdade de fé de seus cidadãos.

No entanto, a maior parte dos teólogos e dos políticos cristãos continua achando ainda que a fé deve *informar* a vida dos homens e das comunidades. E isso é para Weil curioso! É como se a ambiguidade agostiniana desaparecesse para os cristãos e a ação política se tornasse mais importante que a própria relação pessoal com Deus.[23] Em sua análise, Weil prefere manter a tensão essencial existente entre as duas escalas de valores: "É preciso dar a César isso que é de César, e a Deus isso que é de Deus", todavia, "a dificuldade é de saber isso que pertence a Deus e isso que é de César".[24] Se, de um lado, o Estado possuir uma autonomia total, ele se torna inevitavelmente totalitário; se, de outro, a Igreja for absoluta, ela fere de morte o próprio princípio fundamental do cristianismo, a saber: a liberdade de consciência e a livre adesão à fé.[25]

Uma verdade, no entanto, prevalece: o mundo que se impõe na modernidade é o de César, dos filhos de Caim. Mesmo a civilização europeia, que se tornou global, não é essencialmente cristã: "os melhores discípulos dos Europeus foram os japoneses", lembra Weil.[26] Diante disso, pode-se perguntar: Que resta para Deus nesse mundo que César domina e que deverá mesmo dominar, se quisermos manter as conquistas da técnica moderna? Esta não conhece outro compromisso a não ser o da eficácia: ou seremos eficazes ou cessaremos de ser. Na medida em que a Igreja quiser realmente agir sobre o mundo, ela terá necessidade dos serviços do diabo que domina a organização,

[23] Cf. E. Weil, Christianisme et politique, Op. cit., p. 63-64.

[24] Ibidem, p. 64.

[25] Ibidem, p. 64-65.

[26] Ibidem, p. 66.

a ciência e a técnica, moralmente e teologicamente neutras, quer dizer, a-morais e ateias. Quem comanda a técnica é o técnico, e o técnico não conhece a diferença entre o bem e o mal, conclui Weil.[27]

A fé deve levar em conta o processo de secularização e de laicização efetivado no ocidente pelo próprio cristianismo. O que se busca hoje é a liberdade de consciência. Isso significa, em princípio, direito de reunião, de discussão, de debates, sem ser tutelado pelo Estado e/ou pela Igreja. Segundo Weil, nós retornamos assim a Santo Agostinho e à origem do mundo moderno, fundamentado essencialmente na categoria da discussão e no respeito à consciência individual, a isso que o mundo tem de razoável. Desse modo, o Estado neutro, técnico e secularizado, não seria absolutamente um perigo para o cristão, mas a condição para a vivência da fé.[28] Weil encontra essa posição na filosofia kantiana. Mesmo sendo o "único filósofo do cristianismo em toda a filosofia moderna",[29] Kant não era cristão no sentido de uma Igreja estabelecida, visto que o seu pensamento é o do "cristianismo secularizado". Com efeito, a influência de Kant no mundo moderno não se deve aos dogmas cristãos, mas ao seu pensamento secularizado: "não secularizadas, não racionalizadas, as noções cristãs não teriam tido a mesma influência".[30]

O cristão secularizado mantém ainda, internamente, em sua consciência, as duas escalas de valores, porém, objetivamente, ele busca agora a unidade. A tensão continua, mas esta não se encontra mais nas relações Igreja e Estado, fé e política, mistério transcendental e técnica administrativa. O cristão secularizado não quer mais escolher entre Deus e César. Para ele, o conflito não está mais na comunidade, na história política, objetivamente falando, mas no próprio indivíduo.

---

[27] Ibidem, p. 66-67.

[28] Ibidem, p. 70-71.

[29] Ibidem, p. 73.

[30] Ibidem, p. 73,

É certo que a razão deve reger a comunidade, mas *deve* fazer de tal forma que a intimidade do indivíduo, a sua consciência pessoal, não seja instrumentalizada pelo Estado ou pela Igreja. O Estado tem direito de exigir lealdade dos seus cidadãos; o mesmo pode ser dito da Igreja, em relação aos seus fiéis. Mas tanto o Estado quanto a Igreja têm que respeitar as convicções dos indivíduos razoáveis. A liberdade de consciência é a condição *sine qua non* para um mundo cristão e razoável.

Mas seria esse mundo secularizado ainda cristão? Não, pelo menos não no sentido em que foi estabelecido pela cristandade e ainda o é para muitas Igrejas atuais. Na realidade, se se entende o mundo cristão como um mundo razoável, deve-se admitir que a exigência de um mundo segundo a razão, fundamentado na consciência livre dos indivíduos, não é originalmente cristã. Nasceu com Sócrates quatro séculos antes do cristianismo, porém, deve-se confessar, tornou-se uma realidade e um valor "sagrado" para a cultura ocidental com o próprio cristianismo.[31]

Mas dizer que a secularização foi possível graças ao cristianismo, não significa dizer que todo o cristianismo deva se secularizar. O cristianismo não é um meio, um instrumento para o Estado e a técnica moderna. Ele é uma religião transcendente, no sentido ontológico do termo. Ele é *diferente* do mundo. O cristão *está* no mundo, mas não *é* do mundo, e isso deveria ser óbvio para próprio o cristão. Uma religião transcendente e espiritual pode até colaborar com o mundo, mas não tem nada a ver o sucesso da ONU ou com o crescimento econômico de determinado Estado. Este deve *tecnicamente* encontrar os melhores meios para governar e encontrar o sucesso econômico e a paz social. O cristão pode até colaborar com isso, mas, em princípio, essa deveria ser uma preocupação de todos os homens razoáveis, independentemente de sua fé. Pelo fato de ser uma religião transcendental, o cristianismo se encontra fora da política e, portanto, não serve

---

[31] Ibidem, p. 75.

à política. Diz Weil: "A fé não é desse mundo e, enquanto *fé*, ela não é universalizável, porque depende, segundo os próprios princípios do cristianismo, de um ato livre da graça".[32] Isso mostra que Weil não está preocupado com o conteúdo, com os dogmas e com os discursos objetivos da fé [*fides quae*]. Para ele, só é importante a *fides qua*, isto é, a fé imediata e subjetiva do crente.

FÉ SUBJETIVA E AÇÃO POLÍTICA

É verdade que o crente não está totalmente de acordo com essa posição. Para ele, a fé não é um puro sentimento subjetivo; ela implica também uma adesão aos artigos da fé, aos dogmas e ao discurso teológico. Contudo, a fé pura, tal como é apresentada por Weil na categoria Deus da *Lógica da filosofia*, não possui nenhum discurso positivo. Para se tornar concreta, ela precisa da ajuda das retomadas de outros discursos, como, por exemplo, da categoria Certeza. É o que acontece, por exemplo, com o Deus bíblico: quando Deus passa a ser entendido objetivamente através da linguagem bíblica, o sentimento da fé deixa de ser puro e se transforma em religião.[33] Mas a fé pura recusa essa falsificação, essa hipostatização em um Ser separado, em uma pessoa transcendente, em um conteúdo exterior. É verdade que a fé tem sempre a liberdade de aderir a um discurso ou a um Ser exterior, porém, ela não pode fazer isso sem falsificar a sua essência originária.

Em princípio, deve-se evitar fazer "ontologia sob o título de teologia".[34] Deus não é um ser separado. Tal como disse Feuerbach,

---

[32] Ibidem, p. 77.

[33] Cf. H. Bouillard, "Transcendance et Dieu de la foi". *In*: *Vérité du christianisme*. Paris, Desclée de Brouwer, 1989, p. 325.

[34] Cf. E. Weil, *Lógica da filosofia*. Tradução portuguesa de L. C. de Malimpensa. São Paulo, É Realizações, 2012, p. 137.

ele é a própria essência do homem. A diferença é que, para Weil, Deus ou o infinito não é simplesmente uma ilusão onde o homem alienou a sua essência. Weil conserva a ideia de infinito produzida pela fé, afirmando que o homem finito só se compreende a partir do infinito.[35] Mas que infinito seria esse? Seguramente esse infinito não se identifica imediatamente com o Deus da revelação cristã nem com o Deus dos filósofos. Deus deixa de ser aqui um ser pessoal, para se tornar um ser anônimo, uma ideia de liberdade e de Sentido, uma "flecha de sentido", como afirma Ricœur ou, ainda, como prefere o teólogo jesuíta Henri Bouillard, citando o próprio Weil, "o eterno presente no tempo e na história".[36]

A eternidade da presença, diz Weil, "não é uma ideia inventada: ela está no fundo e no ponto de consumação de todo discurso humano".[37] Essa é a maneira como ele compreende a transcendência do Ser metafísico-ontológico tradicional, esse sobresser indescritível, indizível, mas capaz de fundar toda descrição, todo discurso e todo ser.[38] É dessa forma que o infinito pode se apresentar para o homem finito, através da atitude da fé. Trata-se aqui de um infinito formal, de uma Presença, de um Sentido, ainda ausente, porém desejado, como um fim a ser alcançado pelo discurso e pela ação moral e política.

A atitude da fé conduz justamente a esse Sentido, a essa Presença ausente e, ao mesmo tempo, presente em toda ação humana. Sabemos que a atitude da fé na *Lógica da filosofia* se exprime de forma pura na categoria Deus. Porém, o Deus da *Lógica da filosofia* não se identifica imediatamente com o Deus cristão. O nome Deus indica, sobretudo, uma experiência de Sentido, expressa por meio de um desejo de amor

---

35 Cf. H. Bouillard, "Philosophie et religion dans l'Œuvre d'Eric Weil". *In*: *Vérité du christianisme*. Paris, Desclée de Brouwer, 1989, p. 255.

36 Ibidem, p. 309-10.

37 Cf. E. Weil, *Lógica da filosofia*, Op. cit., p. 113.

38 Ibidem, p. 16.

vivenciado pelas religiões monoteístas e que, enquanto sentimento, é do mesmo modo presente em todos os indivíduos, independentemente de sua experiência religiosa.

Todos os indivíduos têm, sem exceção, uma fé natural e imediata, uma *fides qua*, a qual, entendida como uma pura intenção ou como uma pura visada natural do sujeito, uma *fidelidade à própria fidelidade*,[39] pode ser perfeitamente entendida como uma "fé da razão" aberta a um Sentido formal e infinito. De fato, como expressa Jean-Luc Nancy, ao contrário do que diz a tradição teológica, é a *fides qua creditur* que compreende a *fides quae creditur*: "é o ato que atualiza o sentido".[40]

Para Nancy, a fé não é uma atitude, mas uma categoria, mais precisamente, uma categoria que é fidelidade a si mesma, à sua capacidade de abraçar a tudo e a tudo compreender. É verdade que, nesse aspecto, ela é bem próxima da categoria Sentido da *Lógica da filosofia*. Todavia, para Weil, a fé não é somente uma categoria, mas também uma atitude. É verdade que, enquanto atitude pura, a fé é igualmente formal. Entretanto, diferentemente da categoria Sentido, a atitude da fé conduz a uma decisão que, em princípio, não é apenas uma decisão intelectual, mas uma decisão direcionada a uma ação concreta, mais precisamente, a uma decisão em favor da razão contra a violência. Trata-se aqui de uma fé pura da razão moral. Weil deixa isso mais claro no artigo "Será preciso falar de novamente da moral?", publicado em 1976. A fé da razão moral pertenceria "à metalinguagem da moral" que, enquanto tal, conduziria a um "fundamento axiomático"

[39] Cf. J-L. Nancy, *La déclosion*. (Déconstruction du christianisme, 1). Paris, Galilée, 2005, p. 223. A tradução de fé (*pístis*) por "fidelidade" foi alvitrada primeiramente por K. Barth, no início de sua *Carta aos romanos*. Nesse caso, a fé como *fidelidade à fidelidade* indica a fidelidade da *pístis* humana *à pístis* divina, cf. K. Barth, *A Carta aos romanos*. Tradução portuguesa de Uwe Wegner. São Leopoldo, Sinodal, 2016, p. 79-85.

[40] Cf. J-L. Nancy, *La Déclosion*, Op. cit., p. 222.

de toda ação moral, o qual, evidentemente, não poderá ser demonstrado pela própria razão.[41]

Desse modo, pode-se dizer que toda decisão filosófica em favor de um discurso moral e coerente, em oposição à violência, depende de um ato livre, incompreensível, que pode muito bem ser compreendido como um ato de fé.[42] O mesmo pode ser dito a respeito de outras atitudes humanas. O *belief* anglo-saxão exprime perfeitamente isso. Existe uma crença ou fé que precede e envolve todas as decisões teóricas.[43] Todos os indivíduos expressam um ato de fé, ao tomarem uma decisão importante na vida. Isso vale outrossim para as decisões científicas e políticas.

Mas será que esta fé pura e formal pode inspirar uma determinada opção política? Sim, pode, desde que continue como *fides qua*. A ação política e moral deve ser obra do homem individual, que deve agir como cidadão, não como partidário de uma religião. Se a fé se tornar objetiva, uma *fides quae*, o indivíduo crente agirá a partir de uma doutrina bíblica ou de uma religião histórica e, por isso, a sua ação se tornará violenta, sem capacidade de decidir livremente, segundo a sua consciência individual. Teremos, nesse caso, uma institucionalização violenta da consciência, na medida em que um conteúdo objetivo se sobreporá necessariamente à liberdade pessoal do crente.

CONSIDERAÇÕES FINAIS

Deve-se evitar a instrumentalização religiosa da política e do Estado. Não existe uma economia cristã, uma sociologia cristã e, em

---

[41] Cf. E. Weil, "Faudra-t-il de nouveau parler de morale?". *In*: *Philosophie et réalité*. Derniers essais et conférences, Paris, Beauchesne, 1982, nota 2, p. 276.

[42] Cf. E. Costeski, *Atitude, violência e Estado mundial democrático. Sobre a filosofia de Eric Weil*. São Leopoldo, Unisinos; Fortaleza, UFC, 2009, p. 200-03.

[43] Cf. H. Bouillard, *Transcendance et Dieu de la foi*, Op. cit., p. 344.

sentido estreito, uma política cristã, da mesma forma que não existe uma medicina cristã ou uma matemática cristã. A ação política deve seguir princípios meramente técnicos, independentemente de princípios evangélicos. Se o cristão quiser agir na política, ele deve respeitar a autonomia do Estado e aceitar as regras do jogo político.

A política não é essencial para o cristão. Ele não precisa da política para ser salvo. Se o cristão quiser agir na política, será apenas para criar condições para que a salvação possa ser oferecida a todos. Mas a política em si não é a Salvação! E isso está perfeitamente de acordo com a filosofia. A *teoria* e o Sentido são superiores à política. Platão se decepcionou com a política de Atenas; Hegel, que admirou o Estado prussiano, passou, também, a criticá-lo, no final de sua vida, conforme demonstrou Weil em sua obra *Hegel e o Estado*, de 1950.[44]

Apesar de viver em um mundo secularizado, o cristão, como todo indivíduo, mantém ainda uma dupla escala de valores para orientar a sua vida. Nem tudo pode ser reduzido à técnica e ao cálculo econômico. Não cabe ao Estado e às Igrejas institucionais imporem dogmaticamente decisões que vão contra a consciência dos indivíduos. O Estado pode exigir obediência às leis estabelecidas, mas não pode impedir a discussão, não pode impedir que as leis e os princípios que as regem não sejam criticados. As minorias devem igualmente ser ouvidas, sejam religiosas ou ateias. O único impedimento é a prática da violência. Não se devem tolerar grupos que não praticam a tolerância, que pregam a violência.[45]

A política deve visar à paz, deve educar para a prática da paz. Este é o fim último da política. Ora, é justamente nesse ponto que o cristianismo e as demais religiões podem e devem colaborar. A política *boa* é aquela que busca a paz. Como disse recentemente o Papa

[44] Cf. E. Weil, *Hegel e o Estado. Cinco conferências seguidas de Marx e a filosofia do direito*. São Paulo, É Realizações, 2012.

[45] Cf. Idem, *Christianisme et politique,* Op. cit., p. 78.

Francisco: "nenhuma guerra é justa: a única coisa justa é a paz".[46] Os cristãos podem e devem trabalhar para que a política seja cada vez mais justa e voltada ao estabelecimento da paz. Mas, como já foi salientado, se quiserem agir com eficácia, deverão aceitar os meios técnicos disponíveis. É verdade que isso pode ser um tanto tedioso e burocrático. As mudanças nas estruturas políticas são lentas. Mas é justamente nesse momento que a fé vem ao socorro do cristão. É a fé subjetiva [*fides qua*], voltada ao ideal de paz, que sustenta o cristão na política, animando-o, fazendo-o não perder as esperanças. Todavia, ele não pode nunca esquecer que as armas utilizadas para o combate político não pertencem ao discurso da fé. Elas pertencem ao inimigo.[47]

---

[46] Cf. Papa Francisco, *Politique et société. Rencontre avec Dominique Wolton*, Paris, Éditions de l'Observatoire, 2017, p. 58.

[47] Cf. E. Weil, "Religion et politique". *In*: *Cahiers Eric Weil IV*. Lille, Presses Universitaires de Lille, 1993, p. 113.

Capítulo 17 | Filosofia e "literatura" em Eric Weil

Henrique Borralho[1]

"Desde sempre e ainda hoje – e creio que assim será sempre – o maior encanto da poesia reside no seu poder de instaurar uma realidade própria a ela, de iluminar um mundo que sem ela não existiria."[2]

"Poesia-prosa constituem, portanto, o tecido de nossa vida. Hölderlin afirmava: "o homem habita a terra poeticamente". Acredito ser necessário dizer que o homem a habita, simultaneamente, poética e prosaicamente. Se não houvesse prosa, não haveria poesia, do mesmo modo que a poesia só poderia evidenciar-se em relação ao prosaísmo. Em nossas vidas, convivemos com essa dupla existência, essa dupla polaridade."[3]

A terminologia "literatura" no título deste capitulo de livro não é incorreta, vide que a literatura compõe, dentre outras coisas, o enredo poético, mas é imprecisa, vez que, segundo Foucault, só se pode compreender a noção de literatura como a percebemos hodiernamente a partir do século XVIII, quando os contornos da literância assumiu tal configuração, a saber, do sistema literário envolvendo os seus signos. Para Foucault:

---

[1] Universidade Estadual do Maranhão (UEMA), Brasil.

[2] J. Torrano, "O mundo como função das Musas". *In*: Hesiodo. *Teogonia*. Estudo e Trad. de Jaa Torrano. Biblioteca Pólen. 3. ed. São Paulo, Iluminuras, 1995, p. 15.

[3] 635 E. Morin. *Amor, poesia, sabedoria.* Rio de Janeiro, Bertrand Brasil, 2001, p. 36.

> Poder-se-ia talvez dizer, para resumir que a obra de linguagem, na época clássica, não era realmente literatura [....] Parece-me possível dizer que, na época clássica, de todo modo, antes do final do século XVIII, toda obra de linguagem existia em função de uma determinada linguagem muda e primitiva, que a obra seria encarregada de restituir. Essa linguagem muda era, de certo modo, o fundo inicial, o fundo absoluto sobre o qual toda obra vinha, em seguida, se destacar e se alojar. Essa linguagem muda, linguagem anterior às linguagens, era a palavra de Deus, dos antigos, a verdade/o modelo, a Bíblia.[4]

O termo mais correto seria *Filosofia e poesia* em Eric Weil, notadamente os apontamentos da obra, dentro da categoria Sentido. O uso literatura foi uma "licença poética" para as possibilidades da relação entre as duas áreas, sobretudo por conta dos enlaces e embates que se tem travado desde Platão.

Exponho nessas páginas uma livre interpretação da categoria Sentido aplicado à noção de poesia, por entender que tal uso dá força e substância aos propósitos utilizados dentro da uma teoria literária baseada, por exemplo, na escritora argentina Josefina Ludmer e os conceitos de imaginação pública e narratário.

> Hoje concebo a crítica como uma forma de ativismo cultural e preciso definir o presente para poder atuar. Uso alguns instrumentos conceituais; um deles é o que chamo de imaginação pública, que me permite ler sem as categorias de autor e de obra, fora das divisões entre privado, individual e social. A imaginação pública seria tudo o que circula em forma de imagens e discursos e uma força e um trabalho coletivos que fabricam a

[4] Foucault em *Ditos e escritos* (1999) e também em *Linguagem e literatura* (2000) afirma que não havia literatura na antiguidade, notadamente entre os gregos e latinos, e a apropriação dos que eles faziam enquanto literatura é uma construção moderna, já que para Foucault o nascimento da literatura tal como a concebemos está relacionado à ideia de loucura, da morte de Deus, da própria modernidade. M. Foucault, *Linguagem e literatura*. *In*: R. Machado, *Foucault, a filosofia e a literatura*. Rio de Janeiro, JZE, 2000, p. 137-74. M. Foucault, *Ditos e escritos I. Problematização do sujeito: psicologia, psiquiatria e psicanálise*. Rio de Janeiro, Forense Universitária, 1999.

realidade. Posso imaginá-la também como um território real virtual sem foras, como uma rede que tecemos e nos envolve, nos penetra e constitui. A literatura seria um dos infinitos fios da imaginação pública.[5]

Sentido utilizado por Weil ganha ainda mais força quando relacionado à poesia, sobretudo porque é sabido que para ele, genealogia, ser, hermenêutica não encerram as categorias e que as mesmas devem ser compreendidas dentro da lógica (do Logus do discurso).

Ademais, há um sentido para o uso proposital deste título "literatura" e não poesia, mesmo quando o mais correto seria o contrário. É que a provocação chama a atenção pelo fato de que Eric Weil em, dentro da categoria Sentido não ter usado literatura, e sim, poesia. Sendo assim, ao utilizar a terminologia literatura reforço o recorte, a possibilidade de leitura, o viés que defendo, qual seja: há uma força no sentido do sentido dado à poesia que Eric Weil, suponho eu, queria conotar. Tal suposição parte da premissa de que Eric Weil toma a noção de poesia nos mesmos moldes que Sócrates, notadamente nas obras *Fedro*, *Fédon* e *Íon*, antes da cisão entre poesia e filosofia e distintamente do sentido de *poiesis* de Aristóteles, na obra *Poética*[6].

Para reforçar meu argumento, recorro mais uma vez a Foucault. "Se, portanto, tivéssemos de caracterizar o que é literatura, teríamos a figura negativa de transgressão e do interdito, simbolizado por Sade, a figura da repetição continua, a imagem do homem que desce ao túmulo com o crucifixo na mão, desse homem que só escreveu do além-túmulo, a figura da morte simbolizada por Chateubriand e finalmente, a figura do simulacro."[7]

---

[5] J. Ludmer, "O que vem depois. Uma periodização literária". *In*: *Teoria literária e suas fronteiras*. A. Pucheu; F. Trocoli; S. Branco, Rio de Janeiro, Azougue Ed., 2014, p. 93.

[6] Aristóteles. *Poética*. Tradução, textos adicionais e notas de Edson Bini. São Paulo, Edipro, 2013

[7] M. Foucault, "Linguagem e literatura". *In*: R. Machado, *Foucault, a filosofia e a literatura*. Rio de Janeiro, JZE, 2000, p. 149.

Ou seja, a compreensão de uma literatura que até o século XVIII não era transgressão, não havia elementos de categorização de sua própria historicidade, estava relacionada à erudição, biblioteca.

Sendo assim, há uma segunda derivação inclinativa: poesia antes da literatura, poesia e não poiesis no sentido aristotélico. Poiesis em Aristóteles deriva de produção da poética, mimesis, já hierarquizada, crivada, segmentada, tal como pode ser vista na classificação de poesia em que os diálogos socráticos (escritos por Platão) não considerados enquanto tais (se distanciando de Heráclito ou dos aforismos de Nietzsche, tomados hoje como poesia); na hierarquização e divisão dos gêneros, concebendo a comédia enquanto gênero inferior e exaltando os caracteres da tragédia (narrativa, caráter, elocução, pensamento, espetáculo visual e poesia lírica).

Neste aspecto, a poesia já está dissipada, fendida, metrificada, distintamente do sentido socrático-platônico nas obras citadas[8]. Sócrates, via Platão nas três obras (*Fedro*, *Fédon* e *Íon*) e mais detidamente em

---

[8] Não é meu proposito neste texto apresentar a problemática da periodização da escrita do *Fedro*, se na mocidade, juventude ou velhice de Platão, muito menos contrapor a divergência existente na concepção platônica sobre a poesia, divergente, por exemplo, na *República* e em *Fedro*, visto que na primeira a posição de Platão em relação à poesia é bastante deletéria. Em relação a isso, afirma Carlos Alberto Nunes no prefácio a tradução da obra *Fedro*:

Neste ponto se apresenta a grande reviravolta do filosofo no julgamento da Poesia. Com o passar dos anos e a análise cada vez mais profunda desses problemas, Platão teria adquirido consciência de que na formulação de seus mitos ele não se deixava guiar apenas pela razão, com o encadeamento seco de seus silogismos, mas que cooperava decisivamente nesse processo de criação um elemento irracional de que ele não se daria conta no começo, e que o conduzia com segurança incrível na exposição de suas ideias. Não foi o entendimento de que lhe patenteou o mito da caverna e tantos outros da mesma procedência, todos eles da maior utilidade para a exposição final de seus problemas. Como também não teria lhe escapado naquela análise de si mesma que os seus escritos eram imitações tão aceitáveis como os que ele rejeitara no julgamento da República, simulacros, no final de contas, como todas as criações do teatro, e mais do que tudo, influenciado por esse mesmo gênero de poesia. Platão, *Diálogos de Platão: Fedro, o Primeiro Alcebíades*. Trad.

Fedro explana na sua conversa com seu amigo Fedro o sentido do amor. Segundo Sócrates:

> Assentemos desde já o que seja o amor e sua virtude peculiar, para, sem perdermos de vista a nossa definição e a percorrendo quantas vezes for preciso, decidirmos se o amor é prejudicial ou benéfico[9] todo mundo está de acordo em que o amor é um desejo, por outro lado, sabemos que as pessoas que não amam também desejam o belo. Qual o critério então, para distinguirmos entre o indivíduo que ama e o que não ama? Convém saber, por conseguinte, que em todos nós há dois princípios que governam e dirigem, e os quais seguimos para onde quer que nos conduzam: um é o inato desejo dos prazeres; o outro, a ideia adquirida de que é preciso procurar o bem[10].

No texto *O fim do Canto Órfico*[11] exploro essa relação ao afirmar:

> Para Sócrates o que distingue o amante do não amante é que para o primeiro irrompe o desejo inato pelo prazer, para o segundo, a decisão de seguir o que é o melhor. Neste diálogo, o filósofo grego ao versar sobre o amor e em seguida sobre a influência das musas, advoga a existência de um lugar, mundo sensível, que os poetas terrenos não podem alcançar. Tal lugar é alcançado pela alma. A presença do dáimon (deus menor, mediador ou gênio)[12] acompanhando Sócrates indica que a poesia é um fora, no sentido proposto

---

Carlos Alberto Nunes. Belém, Universidade Federal do Pará, 1975, (Nunes, 1975, p. 19, secção VII).

[9] Platão, *Fedro,* 237 d.

[10] Ibidem, 237 d-e.

[11] J. H. de P. Borralho, "O fim do canto órfico para a literatura: a fragmentação e a separação entre as musas". *In*: *Literatura, filosofia, história e outras linguagens*. São Luís, Editora UEMA; Café e Lápis. 2016 a, p, 19-20.

[12] Gênios. "Tudo tem dono e tudo tem seu gênio tutelar. As pessoas em seu natalício ofereciam sacrifícios ao seu gênio tutelar: vinho, flores e incenso. Há gênios bons e maus. Os gênios bons são representados com a figura de um belo rapaz, coroado de flores ou de espigas de trigo; o gênio mau, por um velho de longa barba, de cabelos curtos e portando um mocho, ave considerada, pelos gregos, de mau agouro", cf. M. Pugliesi, *Mitologia greco-romana. Arquétipos dos deuses e heróis*. São Paulo, Madras, 2003, p. 166.

por Goethe em *O Fausto* quanto às relações esotéricas e exotéricas na composição de uma obra, a saber, no processo de ligação entre o desejo (amor, por exemplo), enquanto busca de algo que, já sabendo por intuir a existência de um mundo sensível, sente vontade de reencontrá-lo, ou reeditá-lo no plano imanente. No entanto, a ideia de um fora sendo uma Musa, Ninfa, não é tão tranquilo assim, pois, quer enquanto invenção humana no processo de reconexão com o mundo sensível, quer como mediação, as Musas exerceriam o papel de "lembrar" homens e mulheres que a vida não se encerra no plano da matéria, logo, as artes, as letras, se ocupariam da função, ainda que sopradas pelas Musas inspiradoras. Assim sendo, as Musas tanto podem ser um fora, exotéricas em relação aos homens e mulheres, quanto suas criações num processo contínuo de reconexão ou conexão com o mundo sensível, e para tal função, a poesia e as artes seriam como asas.

O que seria esse fora? Eu mesmo afirmo em outra passagem:

> O fora enquanto lugar seria a morada dos deuses, um espaço diferente daquele habitados por homens e mulheres. Os deuses seriam extemporâneos aos homens e mulheres, mas não desligados destes, pois, quer enquanto invenções humanas, quer com suas existências ulteriores, não podem ter significados em si mesmos desvinculados de um referente que lhes atribua sentido, por isso "enviaram as musas" para soprarem nos ouvidos dos mortais a existência de um plano sensível acima e dístico do terreno e que, a partir das artes, letras, seria possível a reentrância.[13]

No entanto, o fora não representa uma relação extemporânea, exógena às pessoas, se assim fosse, homens e mulheres seriam meros receptáculos de informações, seres inertes, passivos à espera de algo que não teriam capacidades de conotar, perceber, transmutar. Esse não é o sentido proposto por Sócrates quando afirma que os poetas "de baixo" jamais atingiram os céus, levando a poesia através

---

[13] J. H. de P. Borralho, "O fim do canto órfico para a literatura: a fragmentação e a separação entre as musas". *In*: Op. cit., p. 20.

das musas[14] de fazê-los lembrar de um lugar que um dia estiveram. O fora é mediação, atravessamento, afecção, reminiscência, não porque as pessoas não sejam capazes de alcançar, e sim, porque esqueceram.

O fora só faz sentido quando permeado e mediado pelos poetas para atingir as pessoas. Só existe sentido do fora porque perderam a capacidade de se perceberem por dentro. O fora é o dentro visto pelo ângulo das mediações das Musas. As Musas são extensões das necessidades dos poetas de ouvirem as cigarras,[15] de ouvirem o canto belo para além do ruído da vida malsã, de exercitarem a memória ante avalanche das palavras predicadas pelo discurso, pela retórica, pela capacidade de convencer pelo argumento.

Para J. A. A. Torrano, um dos tradutores da *Teogonia*, de Hesíodo para o português, numa longa e esclarecedora digressão sobre a poesia arcaica, o papel dela, a relação entre mito e verdade, o significado das Musas, dentre outras coisas, nos esclarece:

---

[14] As musas, filhas de Júpiter e de Memória (Mnemósine), têm lugar assegurado nos festins e concertos dos deuses. Todas são jovens, belas e, segundo Hesíodo, são nove: Clio, Euterpe, Tália, Melpômene, Terpsícore, Éroto, Polímnia, Urânia, Calíope conforme M. Pugliesi, Op. cit., p. 92-93. Para Jaa Torrano sobre o significado das Musas: "Elas têm grande e divino o monte Hélicon". O verbo grego ékhousin ["tem"] conserva a dupla acepção de (ter--ocupar-habitar) e a de ter-manter-suster. Como as Deusas o tem por habitação, elas o mantem na grandeza e sacralidade em que ela se mostra. É pela presença dela que ele, o Hélicon, se dá em sua presença imponente e sagrada. Mantendo o Hélicon como sua habitação, elas o mantem como uma hierofania – como mantem no encanto do canto o poder de presentificar o que sem elas é ausente, cf.: Hesiodo. *Teogonia*. Estudo e Trad. de Jaa Torrano. Biblioteca Pólen. 3. ed. São Paulo, Iluminuras, 1995 (Torrano, in Hesiodo, 1995, Parte III: Musa e ser).

[15] "Se acreditarmos em Sócrates, no *Fedro* de Platão, a cigarra nasceu do homem que, ao conhecer as Musas, pôs-se a cantar como elas até perder a necessidade de sobreviver. Mito transparente, retomado por E. Quinet, que designa o inseto como o "patriarca do canto", mas como esse canto de vida, associado à alegria/adorável/da paz/solar, comparável ao canto do poeta, como única vitória possível sobre a morte", conforme B. Snell, *A cultura grega e as origens do pensamento europeu.* São Paulo, Perspectiva, 2002, p. 125.

> As mentiras símeis aos fatos opõem-se, portanto, às revelações – como a força da simulação ocultadora se opõe à da presença manifesta – e são, no entanto, uma só e mesma força. Para bem compreendermos o sentido dos versos 27-28 de Teogonia, em que as Musas indicam que saber constituem, devemos evitar a contraposição de verdade e mentira e ainda mais evitar entender verdade e mentira como adequação (ou não) do intelecto à coisa ou como a confirmação (ou não) que a verificação empírica traz ao que a palavra afirma. As revelações que as Musas, se querem, sabem dar a ouvir são des-velações, o retirar-se seres e fatos do reino noturno (i.e., me-ôntico) do Esquecimento e fundá-los como manifestação e Presença.[16]

Mais à frente, conclui:

> O que passa despercebido, o que está oculto, o não presente, é o que resvalou já no reino do Esquecimento e do Não Ser. O que se mostra à luz, o que brilha ao ser nomeado, o não ausente, é o que Memória recolhe na força da belíssima voz que são as Musas. No entanto, Memória gerou as Musas também como esquecimento ("para olvívio de males e pausa de aflições", v. 55) e, força numinosa que são, as Musas tornam o ser-nome presente ou impõem-lhe a ausência, manifestam o ser-mesmo como lúcida presença ou o encobrem com o véu da similitude, presentificam os Deuses configuradores da Vida e nomeiam a Noite negra. O próprio ser das Musas geradas e nascidas da Memória as constitui como força de esquecimento e de memória, com o poder entre presença e ausência, entre a luz da nomeação e a noite do oblívio. Porque as Musas são o Canto e o Canto é a Presença como a numinosa força da parusia: este é o reino da Memória, Deusa de antiguidade venerável, que surge da proximidade das Origens Mundificantes, nascida do Céu e da Terra.

Sócrates menciona a presença do dáimon[17] (deus menor, gênio/mediador) acompanhando-o, no mesmo sentido que Weil toma a

---

[16] Hesiodo. *Teogonia*. Estudo e Trad. de Jaa Torrano. Biblioteca Pólen. 3. ed. São Paulo, Iluminuras, 1995 (Torrano. *In*: Hesiodo, 1995, Parte III: Musa e ser).

[17] Significa genericamente divindade ou deus, mas referindo-se a um deus menor, sem nome, nunca a um deus pré-olímpico ou olímpico, ou mesmo a uma divindade não olímpica nomeada, como Pan, Dionísio e tantas outras. Mais

força da poesia (tradição, fé, transcendência) – um fora nos moldes como no XIX Goethe apresenta *O Fausto*, um outro, sobretudo porque para Eric Weil se o poeta faz discurso, não faz poesia.

Para Sócrates a partir de Platão: "A virtude natural das asas consiste em levar o que é pesado para as alturas onde habita a geração dos deuses, sendo ela, de tudo o que se relaciona com o corpo, o que em mais alto grau participa do divino. Ora, o divino é belo, sábio, bom e tudo mais do gênero, pois é isso o que alimenta e faz crescer as asas da alma; ao passo que o feio, o mal e tudo mais que se opõe àquelas qualidades a fazem murchar e perecer".[18]

Sob esse aspecto, utilizando Eric Weil como preposto, há uma profunda associação entre poesia e filosofia enquanto linguagem e sentido. A associação não está em como se diz, mas como se diz. Como já mencionado: os aforismos de Heráclito, Nietzsche e as alegorias de Walter Benjamin são uma clara demonstração desta profunda relação. Para Weil,

> É a partir desse ponto que a linguagem se revela: ele é o plano do sentido no qual tudo aparece, o discurso e o outro, a razão e a violência, o dado e a liberdade. A linguagem está além de tudo que é: ela é

estritamente significa uma raça de seres espirituais mais ou menos intermediária entre os deuses e os seres humanos, mas sempre com atributos divinos. A palavra dáimon também denota especificamente a divindade menor (gênio) tutelar de uma cidade ou de cada indivíduo humano (como o célebre dáimon de Sócrates), no que se aproxima da concepção religiosa e ocultista não helênica de Santo Anjo Guardião, ou mesmo do conceito psicológico de consciência, como o sinal espiritual que nos norteia. Enfim, por extensão, esse termo designa igualmente, de modo restrito e específico, a alma do morto, daí a sombra ou espirito (espectro) que se pode evocar. Que se esclareça que em nenhuma dessas acepções são atribuíveis ao dáimon propriedades ou características de uma criatura voltada necessariamente e absolutamente para o bem ou para o mal dentro do padrão maniqueísta, o que torna a palavra demônio, a despeito de sua semelhança morfológica e etimológica, uma tradução inteiramente inconveniente. (Conforme Basini. *In*: Platão, *Fedro*. Trad., apresentação e notas de Edson Bini. São Paulo, Edipro, 2012, p. 41.

[18] Ibidem, 246 d-e.

> espontaneidade, criação, ela é essencialmente aquilo que não é (ser no sentido de qualquer categoria da reflexão), de Deus até a personalidade, porque ela é antes de tudo aquilo que revela. Em suma, o homem é poeta antes de ser filosofo, e depois de tê-lo sido.[19]

Weil toma a mesma acepção socrática de poesia criticando a ideia de belo texto, arte como *techné*, e sim, enquanto aporia, não passagem, de *aporos*; uma quase intransposição do pensamento, uma barreira, por isso mesmo, uma necessidade de superação. Ora, para referendar minha hipótese de que Weil toma poesia no sentido socrático e não utilizando o termo literatura advém do conceito de Versura[20] do filósofo italiano Giorgio Agamben.

> A versura é o momento exato em que ela própria, enquanto disjunção, dá passagem e nascimento à articulação necessária dos versos Assim, a versura do enjambement, fazendo a palavra retornar à sua origem criadora, manifesta a ideia do verso e, não menos, a ideia de linguagem: confundindo-se com ela, o poema, como um de seus lugares privilegiados, se fende em duas movimentações vazadas, a mostrar as duas forças intrínsecas a ele e a ela.[21]

Para Agamben a única coisa que a prosa não pode imitar o poema é exatamente a Versura do *Enjambement*, na condição em que poema e prosa se distinguem, nela, e somente nela. Por isso mesmo o uso

---

[19] E. Weil, *Lógica da filosofia*, Trad. de Lara Christina de Malimpensa. São Paulo, É Realizações, 2012, p. 594.

[20] Versura é o termo latino que designa o lugar em que o arado dá a volta ao fim do campo. Existe um paralelismo com alguns sistemas de escrita antigos, nos quais as linhas correm alternadamente da esquerda para a direita e da direita para a esquerda, como acontecia na escrita grega antiga, na hiita ou também na escrita rúnica. Esse tipo de escrita é geralmente designado de escrita bustrofédica (do bustrophedos: o modo de virar os bois), G. Agamben, *Ideia da prosa*. Trad., prefácio e notas de João Barrento. Belo Horizonte, Autêntica Editora, 2012, p. 30.

[21] A. Pucheu, *Giorgio Agamben: poesia, filosofia, crítica*. Rio de Janeiro, Beco do Azougue, 2010, p. 76.

weiliano de poesia, ainda que dependa da linguagem, se aproxima do sentido socrático mesmo antes do surgimento da escrita e da própria crítica do filósofo grego da extrema dependência que os homens passariam a ter deste código, ou seja, a grafia, portanto, também de uma separação entre filosofia e poesia, ainda que para muitos, a filosofia quando surge já em si uma cisão.

Segundo Benedito Nunes em *Hermenêutica e poesia*:

> a separação completa dos territórios terá sido, segundo Macherey, um evento histórico no final do século XVIII, quando o termo literatura começou a ser utilizado em sua significação moderna ou, como diria Michel Foucault, quando a literatura ascende como literatura, concomitantemente à descoberta da linguagem como algo essencial ou substancial. No momento em que Goethe usa a expressão "poesia universal" para referendar Schlegel, estaria começando o confronto que as constitui como essencialidades autônomas, envolvidas no campo que define uma e outra e fixa seus limites, é uma produção histórica.[22]

Giorgio Agamben esclarece e perscruta as sendas do processo de criação artística entre a relação que envolve a poética e sua imbricada conjunção com a filosofia, sem olvidar de como a crítica no mundo ocidental construiu seu arcabouço a partir da linguagem, do texto como elemento semântico e sintagmático de explicação do mundo, à medida que a razão instrumental ora recorria à poesia, ora se distanciava dela, enquanto mecanismo compungido de expiação do sentimento de descoberta do cosmos.

Essa é uma das razões pelas quais o pensamento filosófico e teórico do século XIX caracterizou-se pela invenção de uma escrita poético-teórica, ou seja, o processo de designação de uma linguagem responsável até pela própria criação dos sentidos, dando conta de uma explicação causal das coisas. Giorgio Agamben denuncia a separação ocidental entre filosofia e poesia.

---

[22] B. Nunes, *Hermenêutica. O pensamento poético*. Org. Maria José Campos. Belo Horizonte, UFMG, 2011, p. 16-17.

O que no princípio nasceu imbricado com os gregos, aos poucos se deslindava para uma ruptura da qual a poesia cada vez mais ficava resguardada não como mecanismo de elucidação do não revelado, mas como manifestação isolada de seus criadores, os poetas, como se suas conjunções expostas sob forma poética não contivessem em si um processo de exposição, até mesmo da linguagem. Para tanto, a crítica pode ser poesia e a poesia, crítica, porque a suposta dicotomização entre ambas dificulta a compreensão de como a crítica nasce a partir da poesia, instrumentalizando sua interpretação, assim como a crítica ao desvendar as filigranas da poesia, é, em sua essência, também poesia, estabelecendo intermediação, paralelismo, imbricação.

> Uma expressão que talvez denote tal inflexão é a mesma que os gregos utilizaram para designar o ato necessário e cadente de filosofar: aporia. A, do grego, não; poros, passagem. Não passagem. Quando o pensamento encontra uma barreira, ele procura uma fenda. Assim também o é a literatura, quando uma forma de expressão esbarra na intransposição entre o sentido e o revelado, a literatura vai em busca de novos caminhos. Não perde o fio do labirinto, amplia-o, fazendo do mundo um grande jardim em novas roseiras, novos jasmins, novos lótus apareceram na trilha no mesmo instante que os fazedores literários abrem caminhos. É o que Josefina Ludmer cognominou de narratário, ou seja, a vontade de ser do que não se sabe enquanto tal, se saberá depois que encapsulado pela ressignificação do significante ganhando corporeidade na comunicação com as pessoas, já não sendo a mesma coisa de sua intenção inicial quando procurou o significante. À medida em que é relido pelo significante também repensa sua própria condição existente, pois ainda que exista, necessita da intermediação entre o que deseja ser comunicado, transmitido e como será relido. O narratário, ou a forma como os textos ganham vida própria para além da intenção dos autores, é aporia, quer dizer, na ausência de passagem e da vontade de se estabelecer e estar entre os seres comunicantes, encontra passagem, a linguagem ou as diversas formas de linguagens. Por isso tanta disputa em torno do que vem a ser literatura contemporaneamente, cada qual advogando a autoridade sobre este aspecto conceitual, estabelecendo

balizas, princípios, regras, conceitos, discursos autorizados demarcando áreas, epistemologias, marcas. Mas até a isso ela escapa; às determinações, aos institutos, ainda que ande de mãos dadas porque também precisa de tais determinações dos institutos e das instituições[23].

Segundo Sócrates na assertiva de Platão, criticando exatamente esse processo que culminaria na separação entre filosofia e poesia a posteriori:

> Engenhosíssimo Teute, uma coisa é inventar as artes, e a outra, muito diferente, discorrer sobre a utilidade ou desvantagem para quem delas tiver de fazer uso. Tal é o teu caso, como pai da escrita: dada a feição que lhe dedicas, atribui-lhes a ação exatamente oposta a que lhe é própria, pois é bastante idônea para levar o esquecimento à alma de quem aprende, pelo fato de não obrigá-lo ao exercício da memória.[24]
>
> Confiante na escrita, será por meios externos, com ajuda de caracteres estranhos, não no seu próprio íntimo e graças a ele mesmo, que passarão a despertar suas reminiscências. Não descobriste o remédio para a memória, mas apenas para a lembrança. O que ofereces aos que estudam, é simples aparência do saber, não sábios de verdade.[25]

Em que medida filosofia e poesia se aproximam e se distanciam para Weil? Na ideia do sentido. Para ele: “Todas as categorias, desde que o homem se busca, visavam apenas a isso; mas é somente na ação que o homem sabe estar no caminho. Anteriormente, ele buscava sua salvação, sua realidade, sua personalidade, sua obra, seu ser. Agora, ele sabe que em tudo ele não buscava (ou perdia as esperanças de alcançar) a realidade de sua liberdade”.[26]

---

[23] J. H de P. Borralho, “O (IN) atual em literatura”. *In*: J. M. Santos Silva e S. M. Pantoja Dos Santos, (orgs.). *Literatura em diálogo: memória, cultura e subjetividade*. São Luís, Editora da Uema, 2016 b, p. 136-37.

[24] Platão, *Fedro*, 275 a.

[25] Ibidem, 275 a.

[26] E. Weil, *Lógica da filosofia*, Op. cit., p. 583.

Categoria é um esquema, a filosofia que as utiliza "é apenas uma das possibilidades, tanto nas formas mais primitivas, como nas formas mais completas. Na medida quem é coerência, ela não se compreendeu como possibilidade".[27] Neste aspecto, penso eu, filosofia se distancia da poesia.

Se Weil não propõe uma metafísica, nem uma lógica, mas uma lógica do discurso, como aproximar as ideias de poesia entre ele e Sócrates, se o filósofo grego recorre ao deus egípcio Teute (Thot em algumas traduções) para criticar a perda da memória? É que para Sócrates o código da escrita tornava-se uma lógica, mas não necessariamente e inteiramente vinculada ao Logus, e a poesia transitava entre o Logus, o sensível, a potência, as possibilidades do sentir. Neste aspecto, poesia para Weil e para Sócrates falam da mesma coisa.

Para ilustrar, cito o próprio Weil: "Ora, a poesia tratada na obra não é das rimas, das medidas, do verbo bem escolhido, bem posicionado. Ela não é essa arte, porque lidamos com algo incomparavelmente mais antigo que qualquer distinção entre arte e vida, arte e a verdade e todas as oposições que preenchem as acusações de seus críticos".[28]

Weil se reporta a poesia enquanto espontaneidade, a qual arte na sua origem da própria arte e seu outro se desprende do outro, pois que o sentido da criação espontânea é criador de linguagem, crivada de sentido.

Para ele, "nada é mais natural, portanto, do que o lugar verdadeiramente extraordinário que a humanidade sempre atribui aos poetas",[29] posto que para ele, a poesia, como já frisei é fé, tradição, sagrado, fronteira, profano da própria poesia que revela, melhor, que é revelação.

Comparemos esta citação acima de Weil com o que diz nos diz Platão acerca de Sócrates na obra *Íon*. Pergunta de Sócrates para Íon:

---

[27] Ibidem, p. 587.

[28] Ibidem, p. 594-95

[29] Ibidem, p. 595.

se um rapsodo é um intérprete, que capacidade ele tem de discernir em que medida Homero é maior que outros se os temas dos poetas é a guerra, dentre outras coisas?[30] Criação poética para Sócrates não está ligado a um saber específico, mas a um dom divino. Portanto, poesia não era arte, era dom.[31]

Que propriedade possui o rapsodo para julgar ou boa ou má poesia segundo Sócrates? A capacidade de "julgar" uma boa ou má poesia não é critério de criticidade de composição poética, e sim, uma condição divina, tal como o poeta enseja quando compõe um poema.[32] A capacidade de gostar desta ou daquela obra não tem a ver com crítica, mas com apelo emocional. A tríade da composição divina é: o poeta, o rapsodo, o público, que possui os mesmos sentimentos do rapsodo e do poeta.[33]

Para Íon, a capacidade de julgar algo como melhor ou pior vem do especialista, no caso do critério de escolha de um poema de Homero sobre as bigas, quem definiria a melhor; um médico ou um cocheiro? Para Íon, um cocheiro por ser conhecedor de uma biga.[34]

Ao contrário para Sócrates, ciências podem ser diferentes e dadas a conhecer coisas diferentes porque possuindo um mesmo método podem se aplicar a diferentes conhecimentos, estabelecendo o mesmo critério.[35]

Para Weil, o discurso revela, mas não é revelação. O discurso prosaico não se engana quando designa como revelação do discurso, objeto do discurso, e nem o próprio discurso. "A com todas as suas categorias e, sobretudo, com um número impressionante de retomada

---

[30] Platão, *Íon*, 531 c.

[31] Ibidem, 533 d.

[32] Ibidem, 534 b.

[33] Ibidem, 534 c-e.

[34] Ibidem, 537 c.

[35] Ibidem, 540 a.

que indicam, todas elas a mesma coisa que se trata do que existe a um só tempo de mais familiar e de mais incompreensível",[36] afinal, a poesia é o próprio homem, ao passo que a filosofia é um discurso sobre.

Sendo assim, poesia e filosofia seriam coisas distintas? Sim e não, porque mesmo a poesia sendo o homem, é o fora, por que nela se olha para si e se vê fora de si, arrebatada. O poeta não sabe, tal como a filosofia, porque se fala é porque não sabe, se procura, é porque não é. A poesia procura, mas não sabe nem o quê, nem como.

Segundo Weil, a poesia é a representação, mas a presença indistinta que se opõe, ou antes, porque ela não conhece a oposição, é radicalmente distinta de qualquer coisa.

O próprio Weil afirma:[37]

> Quando a filosofia se volta para a poesia (a religião – não a teologia ou o dogma! – é poesia nesse sentido fundamental) o que ela é levada a fazer, ao fim de seu percurso -, ela se torna herdeira da forma vazia do sentido. Mas o valor dessa herança é imenso, e seria loucura rejeitá-la, sob o pretexto de que somente a presença imediata tem valor. Os poetas, é verdade, não pedem ao discurso que encontram no sentimento. Mas a filosofia não conflita com eles nem é depreciada por eles: aceita-os como são, porque neles ela descobre sua origem. Ela está no mundo da história e sabe que esse mundo é seu lugar: ela nasce com ele, com ele terminará. Mas ela e ele nasceram de uma espontaneidade que anterior a todo dilaceramento e a toda diferença entre mundo e sujeito. Ela é a ciência do sentido: o discurso que apreende o que constitui seu fundamento; nela, e graças à sua categoria formal, o discurso se liga à poesia, e o homem do não mais e do ainda-não reencontra, da presença, a ideia.

Na poesia a filosofia descobre sua origem. Na poesia o discurso descobre a ideia. A filosofia como ciência do sentido, é a história da reconquista da espontaneidade, posso acrescentar, da unidade indistinta em que poesia e filos eram a mesma coisa.

---

[36] E. Weil, *Lógica da filosofia*, Op. cit., p. 595.

[37] Ibidem, p. 597.

Capítulo 18 | Michel Foucault, Jacques Rancière, Les révoltes logiques e o "'Beijo Lamourette' da vasta indignação de todas as perseguições políticas do mundo"

Patrice Vermeren[1]

1

De que maneira minha geração e aquela que a precede leram Michel Foucault, na França, e singularmente aqueles que formavam o coletivo da revista *As Revoltas Lógicas*, cadernos *do Centro de Pesquisas sobre as Ideologias da Revolta*, entre 1975 e 1981, de que eu mesmo participava com Jean Borreil, Geneviève Fraisse, Jacques Rancière e alguns outros: Stéphane Douailler, Pierre Saint-Germain, Michel Souletie, Patrick Vauday, aos quais logo se reuniram Serge Cosseron, Christiane Dufrancatel, Arlette Farge, Philippe Hoyau, Daniel Lindenberg, Danielle Rancière, Patrick Cingolani?

Se vejo o que, hoje, é dito a este respeito na Wikipedia, por exemplo, leio: "Impulsionada por Jacques Rancière, dentre outros, a revista *As Revoltas Lógicas* rompe com o pensamento de Louis Althusser e se volta em direção àquele de Michel Foucault". É feita uma correspondência com um artigo de Vincent Chimbalhac, de 2013 (*Revue*

[1] Professeur Émérite de l'Université Paris 8, França.

des Revues, nº. 45): "Coletivo na junção do militante e da pesquisa, *As Revoltas Lógicas* nasce na sequência do maio de 68, notadamente em torno de Jacques Rancière. A revista se inscreve no contraponto desta época de recuperação dos ideais de maio de 68. Atenta às lógicas da revolta e a seu intempestivo, ela questiona tanto os grandes relatos militantes quanto a história científica do movimento operário".

A partir de Nietzsche e de Françoise Proust, ser intempestivo pode significar duas coisas. Ou pensar e agir não contra, mas ao inverso de seu tempo, ou tomar seu tempo de traz para frente, por seu reverso: quando o olhar, o pensamento, a ação se voltam para o presente, com a finalidade de apreendê-lo, não lhe são contemporâneos – o que confirma a inatualidade do presente[2]. É isto que Walter Benjamin traduziria, segundo Françoise Proust, por futuro, sendo simultaneamente aquilo que convoca o passado e aquilo que o passado convoca, não sendo o intempestivo nem uma tarefa, nem uma obrigação, mas uma propriedade do tempo presente. A questão se torna, então, aquela dos efeitos que produz o intempestivo e das potências inéditas de resistência que ele pode liberar.

O coletivo que funda a revista *As Revoltas Lógicas* surge do encontro de Jean Borreil e de Jacques Rancière, que lecionavam conjuntamente na *Universidade de Vincennes*. Geneviève Fraisse se associou a ele, assim como alguns outros de nós que trabalharam com a filosofia, juntamente a Jean Borreil, desde antes de1968.

No ano de 1974, havíamos participado da preparação das emissões Sartre – "*Sartre no século* (Sartre não como indivíduo singular, mas como subjetividade abstrata)" –, um projeto abortado de filmar para a televisão outra história da França que o próprio Sartre teria reconhecido/desconhecido, preparada por uma quarentena de militantes de extrema esquerda, de que formávamos o subgrupo "Revoltas

---

[2] F. Proust, *Nouvelles considérations intempestives. Futur Antérieur*. Paris, L'Harmattan, n. 28, 1995.

operárias". Tendo-nos visto mimeografar os textos que escrevíamos para submeter a uma discussão mais ampla, os editores *Solin* nos ofereceram lhes dar a forma de uma revista.

Nós tínhamos publicado também um manifesto do *Centro de Pesquisas Sobre As Ideologias da Revolta* em outra revista de jovens professores de Filosofia e de História de perfil contestador, *O doutrinal de sapiência*. Neste texto, está escrito que o CRIR se vincula explicitamente à Cátedra de *História dos sistemas de pensamento* do *Collège de France* dirigida por Michel Foucault.[3]

Mais tarde, Rancière escreverá que, nesta época, ele próprio tivera inúmeras ocasiões de cruzar com Foucault política e teoricamente e que nosso grupo tinha a reputação de ser mais ou menos associado ao seminário Foucault do *Collège de France*, mesmo se, de fato, ele fosse completamente autônomo. Ele escreve: "Sim, Foucault foi importante para mim, porque, com ele, subitamente se deixava por completo a filosofia dos livros de filosofia, a instituição filosófica".[4] E acrescenta que, com *Vigiar e punir* e *História da loucura*, compreendeu melhor que "nos ocupamos do pensamento lá onde ele está em atividade; ele (Foucault) o vê nas técnicas de poder, eu (Rancière) pretendia vê-lo também operando nas práticas que resistem ao poder, nas práticas polêmicas, nas lutas". Neste caso, trata-se da ideia de que os prisioneiros têm uma fala, um saber sobre a prisão, sobre as teorias da prisão e, portanto, que a ciência não vem do exterior, que todos podem ter uma produção teórica. E Rancière diz que, na época, se se sentia próximo de Foucault era "por causa desta relação de proximidade entre militância e trabalho teórico e, ao mesmo tempo, exterior a todo pensamento que aplicasse uma teoria a uma prática". Conservar-se-á

---

[3] J. Borreil et al. "Le centre de recherches sur les idéologies de la Révolte" (définition des objectifs et projets de recherches pour l'année 1975). *Le doctrinal de Sapience*, Paris, n. 1, inverno de 1975. Disponível em: em http://decasia.org/doctrinal.html.

[4] J. Rancière, *La méthode de l'égalité*. Paris, Bayard, 2012, p. 71.

esta dupla razão de um sentimento de camaradagem entre Rancière e Foucault: a relação ativismo/pensamento, mas sob a condição de que a ação não fosse a aplicação de uma teoria.

Politicamente, como situar *As Revoltas Lógicas*? Não se pode pensar nestes anos sem localizá-los novamente no após maio de 68, cujo movimento, recordou Rancière, não era a insurreição de uma juventude desejosa de terminar com um velho mundo que a impedia de usufruir dos bens de consumo oferecidos pelo capitalismo, mas um momento de esperança revolucionária com palavras de ordem anticapitalistas e antiestatais.

Em seguida, houve a evolução e o arrefecimento do movimento maoísta. Após a dinâmica que é conduzida pelo combate sob o emblema do mote "isto não é senão um começo, continuemos o combate", até nos anos 1973, há um refluxo e a dissolução da Esquerda proletária (1974-1975). A restauração dos velhos partidos caminha de mãos dadas com a política de União da Esquerda e o retorno do althusserianismo, sem prejuízo da análise de Deleuze-Guattari sobre a ruptura com o modelo militante de esquerda identificado com aquele do pai.

O nascimento de *As Revoltas Lógicas* corresponde também à Revolução dos Cravos, em Portugal, e à luta de Lip.[5] Esta última é muito importante, pois, para o coletivo de *As Revoltas Lógicas*, significa a existência de uma tradição operária autônoma, extrínseca à organização de partidos, que pode ser pensada em relação às associações operárias do século XIX e ao sindicalismo revolucionário.

As questões se tornam aquelas das contradições entre a exigência de um ativismo de esquerda, cuja ideia reguladora é a de mudar o mundo, e o fato de que o poder militante veicula e reproduz o poder

[5] O "caso Lip", como é conhecido, ou "*affaire Lip*", no original, em francês, consiste numa série de eventos que envolve a greve de operários de uma fábrica de relógios em Besaçon, Leste da França. Iniciada no começo dos anos 1970, a série de eventos que envolvem o "caso Lip" seguiu até o ano de 1976. Deve-se sublinhar que a produção foi reiniciada, em meio à greve, sob gestão dos próprios trabalhadores. (N. T.)

masculino e paternal, que é particularmente o alvo das feministas. A causa das falhas e das perversões da tradição socialista e revolucionária não é mais, portanto, buscada do lado de uma tese ou de uma autoridade, mas na realidade das formas de opressão, de resistência, de combate e de organização. Os operários de Lip recolocam sua usina em funcionamento, produzem, mostram sua capacidade de dirigir coletivamente a produção: contra toda a tradição marxista de separação entre luta política e econômica.

Para o autor[6] de *A palavra operária*, três livros são significativos deste período: *Os de Paris em 1848*, de Rémi Gossez; *Os operários em greve*, de Michelle Perrot; *O making of da classe operária inglesa*, de Edward P. Thompson; e há três tarefas a cumprir: 1) reencontrar as condições concretas de elaboração de uma tradição propriamente operária; 2) analisar as formas deste encontro problemático com as teorias sociais, dos socialismos utópicos ao marxismo; 3) atualizar os problemas internos desta tradição, suas contradições, seus limites[7]. Rancière ocupava-se, mormente, da fala operária; outros, como Jean Borreil, dos camponeses e das minorias nacionais; ou como Geneviève Fraisse, das mulheres; Stéphane Douailler e eu, do trabalho infantil e das colônias penitenciárias. Mas todos iam aos arquivos.

O prospecto de *As Revoltas Lógicas* insiste sobre a questão: que memória teremos? Não será aquela dos mestres, nem aquela dos historiadores da longa duração, nem aquela dos organizados da esquerda, nem aquela dos desencantados da esquerda. *As Revoltas Lógicas* pretendia simplesmente ouvir, novamente, o que a história social mostrou, restituiu, em seus debates e em suas apostas, o pensamento vindo de baixo, a distância entre as genealogias oficiais da subversão – por exemplo, "A história do movimento operário" – e suas formas de elaboração, de circulação, de reapropriação, de ressurgimento, a disparidade

[6] Jacques Rancière. (N. T.)

[7] J. Rancière e A. Faure, *La parole ouvrière*. Paris, 1018, 1976. Reedição Paris, La Fabrique, 2007.

das formas da revolta, seus caráteres contraditórios, seus fenômenos internos de micropoderes, seu inesperado – isto é, a simples ideia de que a luta de classes não deixa de existir por não estar conforme àquilo que se aprende na escola (do Estado, do Partido ou do grupelho) – e esta outra distância, igualmente simples, que a rejeição da metafísica dos proletários não obriga a se lançar no desejo ou na Religião.[8]

O título da revista vinha de um poema de Rimbaud: "Nós massacraremos as revoltas lógicas". Frase posta na boca de um grupo de soldados, prosopopeia de conscritos engajados em nome da democracia, numa expedição colonial que fustigava a "filosofia feroz" do colonialismo que, por sua vez, pretende difundir as luzes do Ocidente em nome da democracia.[9]

Em 1981, numa entrevista concedida a *O Asno*, ele se expressava assim:

> O título, certamente, apresenta problemas, a julgar somente pelo número de pessoas que o transformam em "Pesquisas lógicas"! O que ele indica não é uma tese sobre a história, um objeto ou um método, mas uma relação transversal ao "movimento social" e às ideologias da razão na história. Havia seguramente elementos 'claros' nestas duas palavras: tratava-se, inicialmente, de uma fidelidade emblemática, senão teórica, à afirmação "temos razão de nos revoltar". Não admitíamos mais as razões do título que foram enunciadas, mas recusávamos os discursos de sujeição inevitável. Tratava-se também de considerar a irrupção do âmbito da revolta, uma vontade de reconhecê-la extrinsecamente aos eventos reconhecidos como tais, dar outra dimensão ao lado 'epidérmico" que lhe é atribuído.

---

[8] Prospecto de *Les Révoltes Logiques,* Paris, novembro de 1975.

[9] A. Rimbaud, "Democracia". *In*: *Iluminações* (1873-1875): "A bandeira segue, na paisagem imunda, e nosso dialeto abafa o tambor. Nos centros, alimentamos a mais cínica prostituição. Massacraremos as revoltas lógicas. Nos países acres e inundados! – a serviço das mais monstruosas explorações industriais ou militares. A rever, aqui, não importa onde. Conscritos de boa vontade, teremos a filosofia feroz; ignorantes para a ciência, matreiro pelo conforto; a indolência pelo mundo que segue. É a verdadeira marcha. Avante, siga!".

> Estas duas palavras nos indicavam, sob a grande história, toda uma rede de discursos, lógicas e trajetórias, geralmente dobrados nas inércias da vida cotidiana e na história das mentalidades: pode ser a lógica dos discursos mantidos ao longo dos momentos de ruptura, suas articulações e suas contradições; são também as revoltas como caminhos quase-involuntários, trilhas, em algumas situações, feitas de elementos heterogêneos. Na realidade, fomos levados a insistir mais sobre a *lógica* que sobre a *revolta*: muitos de nossos personagens raramente figuram como revoltados ou participam de um episódio destes em sua trajetória. Há algo de redutor na noção de revolta que percebemos notadamente por meio dos discursos vizinhos sobre as "estratégias de poderes". Trajetórias populares que encontram o poder, suas lógicas e seus momentos de ruptura; eles não guardaram senão esta noção de "resistência" que as qualifica como respostas a estímulos. Se se retoma a frase de Rimbaud, "nós massacraremos as revoltas lógicas", pode-se dizer que se interessam pelo "nós massacraremos", por esta razão dos massacradores que não dá senão na cova uma razão aos massacrados. Não pretendemos fazer isto, nem tampouco desempenhar o papel da voz dos oprimidos; o que nos interessa é nos manter em relação intermediária, deixar se desdobrar e se entrecruzar as três ordens de razões.[10]

Rancière voltou ao tema de *As Revoltas Lógicas* em 2010 para dizer que

> [...] Era uma atividade militante de um gênero particular, independente em relação a qualquer grupo, a qualquer prática política coletiva [...], era uma prática de intervenção numa situação político-ideológica global. Ela não servia a uma linha definida e não pretendia criar uma. Buscava contribuir ao que se poderia chamar de um fronte de resistência a todas as ideologias desmobilizadoras e reacionárias, de início sob as roupagens de esquerda.[11]

---

[10] "A contra-história". *In*: *Révoltes Logiques*. Entrevista publicada na revista O *Asno*, n. 1, 1981.

[11] J. Rancière, Déconstruire la logique inégalitaire. Entretien avec Pierre-Vincent Cresceri et Stéphane Gatti. *Et tant pis pour ceux qui sont fatigués*. Paris, Amsterdam, 2009.

E ele acrescenta: tratava-se de conduzir uma reflexão retrospectiva sobre a herança de maio de 1968, lutar contra toda forma de liquidação teórica, ideológica e política. Contra aqueles que (por exemplo, o Cerfi,[12] editor da revista *Recherches*) constituíam um pensamento do poder omnisciente e todo-poderoso, e contra os discursos de Foucault sobre a positividade do poder, produzindo mais do que reprimia.

"Fui próximo de Foucault, num certo momento [acrescenta Rancière], mas é verdade que me distanciei de um discurso que o evocava a propósito das tecnologias de poder e da maneira com que elas nos deixam sem poder."

Sobre este ponto do débito de Rancière com relação a Foucault, possuímos diversos juízos retrospectivos do próprio Rancière, por exemplo, em 2003.

"Se há, dentre os pensadores da época, um ao qual fui muito próximo num dado momento, este é, antes de tudo, Foucault. E há algo do esforço arqueológico de Foucault que permaneceu em mim: a vontade de pensar as condições de possibilidade desta ou daquela forma de enunciado ou de constituição de objeto."[13]

Tem-se, também este testemunho de 2012: ele diz que deve a Sartre a distância em relação a todas as explicações psicológicas e sociológicas, a Althusser uma certa retomada do questionamento da ideia de história, e a Foucault *uma atitude que consiste em se perguntar não mais o que se precisaria pensar, mas o que faria com que algo fosse pensável, que certo enunciado fosse formulável*. Eis duas coisas: 1) a ideia de que o elemento interessante é o pensamento em obra nas práticas, o pensamento que participa da paisagem daquilo que é; 2) uma disjunção teoria/prática, a ideia de que as articulações não são

---

[12] *Centre d'études, de recherches et de formation institutionnelles* (*Centro de estudos, de pesquisas e de formação institucionais*), grupo que funcionou em torno de Félix Guattari entre 1967 e 1987, dedicado fundamentalmente a estudar as ditas ciências humanas. (N. T.)

[13] Ibidem, p. 353.

feitas ao modo de uma teoria aplicável, de um saber sobre a sociedade que vai se transformar em ação sobre ela, mas muito mais sob a configuração de encontro entre formas de discursos e práticas que se elaboram em lugares diferentes.[14]

2

Explicitamente, o débito de Rancière com Foucault, tal qual é reivindicado hoje, permaneceria numa certa maneira de dar atenção ao pensamento em operação nas práticas, às condições de possibilidade de formulação dos enunciados em suas relações com as práticas, à recusa de toda problemática que desconectava teorias e práticas e que faria da prática uma aplicação da teoria e do saber um guia para a ação e, enfim, numa distância tomada em relação a uma leitura de Foucault que conservaria, de suas análises, a ideia de uma onipotência das tecnologias de poder, contra a ideia de que nos deixariam sem poder.

Pode-se também tentar reconhecer uma dívida mais implícita, singularmente n'*A lição de Althusser*, texto de Rancière publicado numa época em que nosso grupo de trabalho já existia, mas antes da fundação de *As Revoltas Lógicas* (*A Palavra Operária* data de 1975; *A lição de Althusser*, de 1974). Retomo, aqui, as análises sutis de Thomas Bolmain.[15]

Rancière havia sido um discípulo de Althusser, descobrira Marx com ele, o havia acompanhado na crítica dos estudantes comunistas,

---

[14] J. Rancière, *La méthode de l'égalité*. Entretiens avec Laurent Jeanpierre et Dork Zabunyan. Paris, Bayard, 2012, p. 90.

[15] T. Bolmain, De la critique du "procès sans sujet" au concept de subjectivation politique. Note sur le foucaldisme de Jacques Rancière. *Dissensus*. Liège: Université de Liège, n. 3, fevereiro de 2010. Disponível em: https://popups.uliege.be/2031-4981/index.php?id=696. (N. T.)

em 1964-65, por seu protesto que era realizado sem consciência da ciência marxista e da necessidade de fazer um desvio em relação a ela para o bem do movimento revolucionário das massas. Havia participado do seminário coletivo *Ler "O capital"*. Em seguida, houve maio de 1968, em que as palavras de ordem antiautoritárias dos estudantes haviam provocado um abalo radical, com bandeiras vermelhas sobre as usinas e operários na rua.

Após 1968, houve a experiência de Vincennes, com um curso sobre *A ideologia alemã*, de Marx, e é então que a ideologia lhe aparecia como o ponto nodal do problema, qual seja a ideia de que as massas burguesas, pequeno burguesas e operárias estariam grudadas na ideologia e de que seria esta consciência ideológica falsa, esta consciência invertida do sistema que provocaria sua adesão a ele, e que fariam suas vítimas.

Quatro anos mais tarde será este curso sobre *A ideologia alemã* que dará a matéria d'*A lição de Althusser*, que Rancière redigiu e publicou na conjuntura de uma renovação do althusserianismo e de uma tentativa, de sua parte, de integrar as conquistas de maio de 1968. O núcleo da posição althusseriana é a ideia de que a causa da dominação e da sujeição é a ignorância da ciência. A tese conexa a esta primeira é de que a dominação funciona sempre pela dissimulação. Daí são legitimados os cientistas, supondo-se que lhes seja permitido salvar a humanidade da cegueira.

Como Rancière usa Foucault para criticar a teoria althusseriana da ideologia, concebida como sistema de representações que sujeitam os indivíduos à ordem dominante, a saber, uma forma de discurso que supõe que a dominação funciona sob condição de uma dissimulação que faz ignorar suas leis àqueles que ela própria sujeita, apresentando a eles a realidade ao inverso? Rancière parte da *Resposta a John Lewis*, porque Althusser põe em cena seja o marxismo mais ignorante e mais caricatural que ele pôde encontrar (se não existisse, teria sido preciso inventá-lo; Miller retomará mais tarde este modelo de encenação utilizando o personagem de Daniel Lindenberg), seja o pretenso marxismo humanista que declara que o homem faz a história. Althusser lhe dá uma lição de marxismo e demonstra que não é o homem que faz a história, mas as massas, e que o enunciado segundo o qual os homens são sujeitos da história – que tem um valor progressista no momento da Revolução Francesa, quando a ideologia feudal pretendia que fosse Deus que fizesse a história – é, doravante, uma tese conservadora e reacionária. Ao mesmo tempo, é preciso dizer que são os homens empíricos, como massas e classe explorada, que são sujeitos na história, mas não são sujeitos desta história. São sujeitos na história, isto é, são tornados agentes históricos por mais que tenham sido sujeitados. Mas não são sujeitos da história: a história é um processo sem sujeito, ela não tem, no sentido filosófico do termo, um sujeito, mas um autor, qual seja a luta das massas.

É aqui que Rancière se serve de Foucault. Pode-se reivindicar o anti-humanismo de duas maneiras: 1) ou para liquidar a herança kantiana; 2) ou para questionar o lugar do humanismo nas lutas políticas. Para Rancière, o problema não é se desvencilhar do sujeito, mas da natureza humana para, então, alcançar as lutas empíricas, fora de toda teoria da educação. Retomo, aqui, palavra a palavra a argumentação de Thomas Bolmain.

1) Para Rancière, não é verdade que a ideologia burguesa, como o pretende Althusser, encontra em Kant seu filósofo mais puro, ao afirmar que o homem é o sujeito da história. Com efeito, Kant não declara que o homem faz a história, mesmo se encontra na história os sinais do progresso do espírito humano. Althusser projeta indevidamente sobre Kant um conceito de história que não existe ainda em sua época. Ao escrever isto, Rancière se refere implicitamente a Foucault, que estabelece, em *As palavras e as coisas*, que Kant, se está justamente no limiar da modernidade, não pode saber que, em 1800, a história se tornará o incontornável de nosso pensamento, e o homem um objeto soberano. O conceito de homem de Kant, segundo

Rancière leitor de Foucault, se reporta não a uma teoria da história, mas à questão antropológica que funda as três questões críticas.

2) De outra parte, e como mostrou apropriadamente Thomas Bolmain, Rancière se distancia de Foucault, afirmando que a questão antropológica kantiana não é exatamente o sinal do pensamento humano, senão aquele da natureza humana, que define o pensamento clássico, pois, para Rancière, o homem não é propriamente o sujeito conquistador do humanismo, mas aquele do panóptico, desta figura arquitetural de uma anatomia do poder em que o homem é cuidadosamente fabricado, como o mostrará adequadamente *Vigiar e punir*.

3) Rancière leitor de Foucault lendo Kant e indo além de Foucault. Mais ainda, o alvo das críticas de Rancière é o gesto althusseriano de traçar linhas de demarcação entre ortodoxia e desvio, em nome de uma teoria preestabelecida. E para invalidar este gesto althusseriano, Rancière se funda sobre um gesto foucaultiano: aquele que busca articular prática e discurso, mostrar como o discurso se comunica com a prática. Aquilo que Bolmain enuncia do seguinte modo: a analítica do poder foucaultiana traça um caminho paralelo à tentativa rancieriana de tornar a análise histórica do discurso porosa à política.

4) Enfim, está claro que o uso do conceito de subjetivação indica uma direção comum, mesmo se Rancière relaciona, indissoluvelmente, a subjetivação ao problema da igualdade ou da verificação da igualdade sob a condição da consideração da política, enquanto, para Foucault, a subjetivação está ligada ao problema da verdade. Se o sujeito desaparece pela subjetivação, como fazer a articulação da igualdade e da verdade não permanecer um enigma? É a questão de Žižek . Bolmain mostra que o único a articular verdade e igualdade é Badiou, que, por sua vez, censura Rancière por não formular a questão da organização revolucionária, isto é, a especificidade empírica do processo de subjetivação e da temporalidade. No fim das contas, a questão se torna aquela da democracia, sob o duplo emblema da comunidade dos iguais e da coragem da verdade.

Para terminar o paralelo Foucault/Rancière tal como o teoriza Bolmain, permanecendo no âmbito do conceito de subjetivação, notemos que, deste último haveria, então, quatro sentidos, em Rancière: 1) um sentido discursivo: ela é multiplicação de evento de fala (como intensificação dos litígios e materialização do erro – *desacuerdo*); 2) um sentido igualitário: ela se apoia sobre a busca pela prova da igualdade; 3) um sentido corporal ou material: ela implica um trabalho de desidentificação que perturba radicalmente a distribuição dos corpos e das existências; 4) um sentido ontológico: ela obriga a transformação da cartografia da experiência pela emergência das cenas polêmicas.

Voltemos *Às Revoltas Lógicas*. Em 1977, o grupo propõe oito questões a Michel Foucault. Ele não responderá senão a quatro delas.[16] A primeira é assim formulada: "Não há uma inversão que faz da crítica do enclausuramento a palavra mestra dos neoliberalismos e dos populismos?". Foucault responde que receia certo uso da aproximação *gulag*/enclausuramento, que afirmaria que todos temos o nosso *gulag*: nas nossas portas, nas nossas cidades, nos nossos hospitais, nas nossas prisões, nas nossas cabeças.

"Abraçamos, numa vasta indignação, num grande "abraço Lamourette", todas as perseguições políticas do mundo, e permite-se, assim, ao Partido Comunista Francês que participe de um encontro em que o dissidente soviético Leonid Plioutch deve falar."[17]

Ele propõe distinguir a instituição *gulag*, que concerne a uma arqueologia, e a questão do *gulag* que é política. Sobre este último ponto ele dá quatro indicações: 1) recusar mostrar como a teoria de Marx e de Lênin foi traída, para mostrar o que permitiu e continua a

[16] M. Foucault, "Pouvoirs et stratégies. Entretien avec Michel Foucault". *Les Révoltes Logiques*, Paris, n. 4, inverno de 1977, p. 87-97. Retomado em M. Foucault, *Dits et écrits* II, 1976-1988. Paris, Quarto/Gallimard, 2001, p. 418-28.

[17] Ibidem, p. 418. Sublinhe-se que a expressão usada por Foucault, nesta entrevista, é "*soupir Lamourette*", isto é, "suspiro Lamourette"! e não a original "*baiser Lamourette*". (N. T.)

justificar o *gulag* e aceitar sua intolerável verdade; 2) recusar localizar a interrogação unicamente no nível das causas: o *gulag* não é uma simples doença de que se deveria cuidar. Trata-se de uma questão positiva: a que serve o *gulag*? Em que ele é um operador econômico--político num Estado socialista?; 3) não colocar "socialismo" entre aspas, isto é, abrir os olhos para o que permite resistir ao socialismo *in loco*; 4) recusar a dissolução universalista na "enunciação" de todos os enclausuramentos possíveis.

"O *gulag* não é uma questão que se deve propor uniformemente a toda sociedade, qualquer que seja. Ela deve ser proposta especificamente a toda sociedade socialista, na medida em que nenhuma dentre elas, desde 1917, alcançou de fato o funcionamento sem um sistema mais ou menos desenvolvido de *gulag*."[18]

As três outras questões remetiam: 1) à análise das técnicas do poder no modo como se opunham aos discursos sobre o "amor" (do mestre) ou ao "desejo" (das massas para o fascismo), portanto, em referência particular à psicanálise (Pierre Legendre) e às teorias de Deleuze e de Guattari; 2) à relação de duplicidade que poderia haver entre a anatomia política e o marxismo; 3) à possibilidade de escapar do reformismo.

Tenho a lembrança das sessões de discussão sobre a formulação das questões de *As Revoltas Lógicas* a Foucault, sobre as respostas (e as não respostas) deste último, e sobre a relação com uma conjuntura que finalmente Jacques e Danielle Rancière iam analisar em *A lenda dos filósofos,*[19] em que os "novos filósofos" se constituíam como novo poder social dos intelectuais, na legitimidade adquirida na luta

---

[18] Idem, "Pouvoirs et stratégies". Entretien avec Michel Foucault. *Les Révoltes Logiques*, Paris, n. 4, inverno de 1977, p. 87-97. Retomado em M. Foucault, *Dits et écrits* II, 1976-1988. Paris, Quarto/Gallimard, 2001, p. 420.

[19] D. Rancière e J. Rancière, "La légende des philosophes" *Les Révoltes Logiques*, Paris, número especial "Les Lauriers de Mai", 1979. Retomado em J. Rancière, *Les scènes du peuple*. Lyon, Horlieu, 2003.

militante, e instalavam, na interseção da palavra universitária e da palavra política, do aparelho de Estado e do mercado, formas de poder da *pub-intelligentsia* que fazia do pensamento livre um atributo de sua profissão, enquanto o pensamento livre é o produto de todas as rupturas que dilaceram a ordem opressiva (Rancière, *Le nouvel observateur*, 1977).

A segunda conclusão virá mais tarde e será aquela dos dois textos que Rancière consagra à celebração do vigésimo aniversário da morte de Foucault, em 2004, no jornal *A Folha de S. Paulo* e em *Libération* (*O filósofo sem porta-voz*, retomado em *Momentos políticos*, p. 156), onde trata da complexa herança de Michel Foucault, constatando as apropriações contraditórias daqueles que fazem dele inspiração do movimento *queer* e daqueles que o tomam como reflexão que invalida as políticas identitárias das minorias sexuais a título da denúncia da "repressão sexual" e do casamento gay, como daqueles que se valem dele como crítica da sociedade de controle, em oposição a um François Ewald, que se inspira nele para teorizar uma moral do risco e a luta do patronado contra o sistema da seguridade social.

Rancière mostra também o que podem ter de ilegítimo todos aqueles que fazem de Foucault o inspirador de uma nova política ou de uma nova ética: 1) Michael Hardt ou Toni Negri, que preconizam, a título da biopolítica, o movimento das multidões contra o Império; 2) Giorgio Agamben, que assimila o "poder da vida" a um regime de estado de exceção generalizado para todas as democracias e para todos os totalitarismos, fazendo da modernidade um vasto campo de concentração; 3) outros, ainda, que fazem de Foucault o fundador de uma nova ética do indivíduo ou do sujeito. Ora, Foucault, para Rancière como para *As Revoltas Lógicas*, de maneira inteiramente oposta a alguém que produziria um saber para formular as regras de uma ação, é este filósofo que, após 1968, põe em causa todas as formas de saber e desorganiza as relações entre saberes positivos, consciência filosófica e ação.

"Entre o conhecimento e a ação, a filosofia não funda nenhuma dedução. Ela somente abre um intervalo em que nos é possível fazer vacilar os referenciais e as certezas sobre as quais se apoiam as dominações", escreve Rancière em *Libération*. Tema que retoma em *A Folha de São Paulo*: "não há pensamento de Foucault que funde uma política ou uma ética novas, mas livros que agem na medida mesma em que não dizem o que devemos fazer."

Traduzido do francês por Alessandro Francisco.

PARTE III

DOCUMENTOS

Capítulo 19 | Filosofia e história no pensamento de Eric Weil

Judikael Castelo Branco[1]

INTRODUÇÃO – METAFILOSOFIA E HISTÓRIA NO PENSAMENTO WEILIANO

A filosofia de Eric Weil se apresenta como uma estrutura sistemática cuja interpretação dos componentes não se concebe facilmente. Com o título "Filosofia e história no pensamento de Eric Weil", proponho uma leitura abrangente do sistema weiliano visando à sua compreensão através de um elemento que atravessa o conjunto dos seus textos: a história. Minha hipótese fundamental é a de que se encontra na obra de Weil uma "filosofia da história" subjacente que, mesmo não constituindo uma "filosofia particular", pode ser tomada como princípio hermenêutico para a interpretação do seu pensamento. Portanto, está entre os propósitos desta tese mostrar a originalidade da filosofia weiliana no que concerne ao pensamento da história na filosofia, para tanto, analiso a estruturação filosófica dos conceitos a meu ver fundamentais à compreensão da hipótese que proponho.

De acordo com o que foi enunciado, meu esforço poderia carecer de originalidade porquanto outros intérpretes, e isso desde a década de 1950, apontam para uma filosofia da história no pensamento

[1] Universidade Federal do Tocantins (UFT), Brasil

weiliano.[2] Porém, a meu ver, o tema ainda não encontrou o aprofundamento devido entre os que se dispuseram a pensá-lo – de cujos trabalhos sou devedor. Com certeza, os limites das abordagens anteriores não são devidos à falta de perspicácia dos intérpretes, antes, à forma como normalmente foi posta a questão da relação entre a filosofia e a história, ou como um tema tangente na obra de Weil ou como sinal do seu "hegelianismo".[3]

Espero mostrar que, em Weil, a questão da história é tomada numa perspectiva filosófica, ao mesmo tempo, original e fundamental. *Original* porque seu ponto de vista se distancia igualmente tanto dos filósofos que pensam a história conforme o modelo hegeliano, como dos que enveredam no pensamento sobre a historicidade do ser, segundo uma inspiração heideggeriana; seguramente as duas principais imagens da filosofia da história do século passado.[4] Dito de

---

[2] Sobre a relação entre filosofia e história em Weil, cf. F. Valentini, *La filosofia francesa contemporanea*. Milano, Feltrineli, 1958, p. 301-43; P. F. Taboni, Eric Weil. "Storia della filosofia e filosofia della storia". *In*: P. Salvucci (org.), *Tra idealismo e marxismo*. Urbino, Montefeltro, 1981, p. 329-446; Taboni, P. F. *Libertà e cittadinanza*. Saggi su Eric Weil. Napoli, La città del sole, 1997, 225-65; G. Almaleh, "Philosophie et histoire de la philosophie dans la 'Logique de la philosophie'". *Archives de philosophie* 33, 1970, p. 439-70; J-M. Buée, "L'identité de la philosophie et de l'histoire dans la *Logique de la philosophie*". *In*: *Actualité d'Eric Weil*. Actes du Colloque International, Chantilly, 21-22 mai 1982. Paris: Beauchesne, 1984, p. 71-82; Roth, M. *Knowing and History*. Appropriations of Hegel in Twentieth-Century France. Ithaca – London, Cornell University Press, 1988, p. 179-183; P. Canivez, P. "La théorie weilienne de l'histoire". *Cahiers de philosophie de l'Université de Caen* 30, 1996, p. 389-413.

[3] Como é o caso de Francesco Valentini (1958, p. 301-342) que intitula justamente "Storicismo: Eric Weil" o capítulo dedicado ao nosso autor, capítulo que se abre com a afirmação de haver, em Weil, um "retorno a Hegel".

[4] Cf. L. Garotti, *Heidegger contra Hegel. E altri saggi di storiografia filosofica*. Urbino, Argalà, 1965, p. 263-333. As últimas páginas do livro de Loris Ricci Garotti compreendem os sugestivos artigos "Leggendo Heidegger che legge Hegel" e "Heidegger *contra* Hegel?", que dá título à obra, nos quais a autora não declina da questão do "Anti-historicismo heideggeriano" (p. 330). No

outra forma, o filósofo se distancia da perspectiva segundo a qual a história revela progressivamente seu sentido enquanto caminha para o seu fim, na qual a tarefa da filosofia não é outra senão compreender esse sentido e do mesmo modo, de qualquer interpretação de uma história completamente desprovida de sentido, concentrando-se exclusivamente na questão da historicidade ou da finitude do *Dasein*. Com efeito, para Eric Weil, uma e outra visão se equivocam porquanto tomam sempre a pergunta pela história como uma interrogação justificada de antemão. Antes, deve interessar à filosofia a pergunta subjacente a todo tipo de pensamento sobre a história: por que, afinal, o homem se interessa pelo seu passado? Portanto, por trás de toda filosofia da história se põe sempre uma questão fundamentalmente antropológica, isto é, interessa saber se o perguntar pelo passado é constitutivo do homem enquanto tal. Portanto, a pergunta que o pensamento pela história deve responder, finalmente, é aquela posta explicitamente por Kant: "o que é o homem?" A resposta volta à questão da relação da filosofia e da história, pois o homem preocupado com o passado é também aquele que deseja compreender o seu presente, embora, diferentemente do filósofo, nem sempre capaz de compreender o seu desejo de compreender. Ao propor esse tipo de questionamento, Weil assume um lugar no debate acerca das condições de possibilidade do conhecimento histórico, ao lado, por exemplo, de Dilthey e de Rickert; tema do segundo capítulo da tese. É nesse sentido que a sua perspectiva de uma filosofia da história é também *fundamental*, pois seu pensamento não pode ser compreendido sem referência a uma reflexão filosófica sobre a história e, mais especificamente, sobre o homem que se interessa por ela.

---

nosso caso, ao falarmos de "modelo heideggeriano" não afirmamos a existência de uma filosofia da história em Heidegger, o que certamente nos colocaria num problema seríssimo de interpretação, mas justamente pela identificação do homem com o tempo (p. 307), Heidegger se coloca numa posição antípoda a do mestre de Berlim. É isso que desejamos reforçar aqui para entender que Weil, por sua vez, não se adequa em nenhum desses dois extremos.

Essas primeiras observações, absolutamente necessárias, ressentem a própria insuficiência. Nisso, concordo com Alexis Philonenko quando afirma que "a interpretação de uma filosofia deve se basear numa determinação exata e precisa do problema fundamental que o filósofo se esforçou para resolver"; em seguida, que "um problema só pode ser capital na elaboração de uma filosofia se estiver expressado de forma clara e distinta ao longo de sua elaboração", e por último, que "se um problema é nitidamente colocado ao início da construção de uma filosofia e compreendido de tal maneira que torna possível definir o momento final da elaboração do sistema, pode-se considerá-lo como o seu problema capital e até exclusivo, pois é em função dele que se põem todas as questões". Fica assim posto o risco de desviar a atenção da filosofia weiliana do seu problema de fato: a violência. Na minha interpretação não quero afastar o leitor da intenção do principal autor, de fato, é a questão da violência que permite compreender aquela da história, assim como todas as demais questões colocadas na filosofia weiliana.[5]

Dizer que "o problema de fundo de toda a filosofia de Weil é o problema da violência e de sua relação com o discurso",[6] de um lado,

[5] Todos os intérpretes de Weil devem obrigatoriamente tocar o tema da violência em algum momento ou de algum modo específico na própria análise. No entanto, podemos recordar, além das grandes e completas apresentações do pensamento weiliano de M. Perine, *Filosofia e violência. Sentido e intenção da filosofia de Eric Weil*. São Paulo, Loyola, 1987; G. Kirscher, *Eric Weil ou la raisonde la philosophie*. Villeneuve d'Ascq: Presses Universitaires du Septentrion, 1999 e P. Canivez, *Weil*. Paris, Les belles lettres, 1999, enviamos o leitor também a L. Bernardo, "Reasons of Violence. Violence of Reason: an Interpretation Based on Eric Weil's core Paradox". *In*: D. P. Aurélio e J. Proença (orgs.), *Terrorism: Politics, Religion, Literature*. Cambridge, 2011, p. 35-67.

[6] Marcelo Perine (Op. cit., p. 135-36) acertadamente sublinha o fato de que a relação entre filosofia e violência constitui o pano de fundo no qual se pode colher o "sentido e a intenção" do seu pensamento e faz ainda com que a sua filosofia possa ser descrita como "uma imensa, quase angustiada, meditação sobre essa dualidade constitutiva da existência humana".

equivale a inseri-lo entre os filósofos que, no século passado, se dispuseram a pensar a questão – em diferentes perspectivas – como, recordando exemplos bem conhecidos, Georges Sorel, Jean-Paul Sartre, Hannah Arendt e Michel Foucault.[7] De outro lado, em Weil, o tema é tomado sob um ângulo original e complexo que o distingue dos seus pares e acentua os problemas da sua interpretação. Com efeito, se o "segredo da filosofia" é o fim da violência, o seu pensamento não é uma filosofia da "não violência", mas a reflexão que compreende filosofia *e* violência num quadro complexo que abre espaço, entre outras coisas, a equívocos interpretativos, *exempli gratia*, a leitura de Jean-Marie Muller.[8]

A complexidade da obra de Eric Weil se reflete ainda nos testemunhos de alguns dos seus primeiros interlocutores, seja nos juízos positivos de Raymond Aron[9] e na recensão de Paul Ricœur sobre a *Philosophie politique*, seja naqueles negativos que aparecem em algumas passagens do epistolário entre Alexandre Kojève e Leo Strauss.[10]

---

[7] Sobre a violência na filosofia recente, cf. G. Strummiello, *Il Logos Violato*. La Violenza nella Filosofia. Bari, Dedalo, 2001.

[8] Cf. J.-M. Muller, *O princípio da não violência*. São Paulo, Palas Athena, 2007, p. 171-96.

[9] "Eu tive a chance de ter por amigos, na minha juventude, três homens dos quais não podia dissimular para mim mesmo a superioridade: Jean-Paul Sartre, Eric Weil, Alexandre Kojève. [...] Eric Weil [...] possuía uma cultura excepcional, quase sem lacunas. Discuti muitas vezes com ele sobre acontecimentos mais do que sobre filosofia. Mas, quando nossas conversas chegavam à filosofia, eu sentia quase fisicamente uma força intelectual superior à minha, a capacidade de ir além, à profundidade, de erguer um sistema. Já naquele tempo ele conhecia os grandes filósofos mais do eu" (R. Aron, *Mémoires*. Paris, Julliard, 1983, p. 731).

[10] Em junho de 1946, Kojève escreve a Strauss: "Gostaria de ter a oportunidade de discutir com você. Bem como com Klein. Aqui não tenho ninguém. Weil é muito inteligente, mas lhe falta algo. Não sei o que é". E um ano depois volta a mencioná-lo; desta vez confessando a impressão causada pela leitura da *Lógica da filosofia*: "Weil terminou seu grande livro. Muito impressionante. Além de muito 'Hegel-Marxista' e certamente influenciado por meu curso.

Proponho-me a investigar sistematicamente a obra que causou essas diferentes reações, isto é, a assumir a tarefa que exige tanto a apresentação dos problemas inerentes ao projeto – neste caso – de uma filosofia da história, bem como a determinação do fio condutor que aponta para a sua unidade interna e para a sua articulação com as outras partes da obra. Para tanto, a cada novo passo o texto retoma a hipótese de que a reflexão sobre a história é uma chave hermenêutica legítima da obra weiliana. Uma primeira justificativa dessa escolha tem um caráter tão-somente histórico-expositivo, a partir do elenco, apresentado cronologicamente, dos textos weilianos que abordam as questões próprias da filosofia da história. Este expediente obriga a reconstrução do itinerário que tem início em "De l'intérêt que l'on prend à l'histoire", de 1935, e se encerra em "What is a Breakthrough in History?" e "Valeur et dignité du récit historiographique", de 1975 e 1977, respectivamente. Dito de outra forma, se estende sobre todo o arco da produção de Weil desde o seu primeiro artigo publicado em francês até o ano do seu falecimento.

Esse primeiro esforço, em parte, evidencia outros limites das precedentes interpretações da filosofia da história de Eric Weil, dados também pela falta de uma leitura sistemática tanto do conjunto dos textos, quanto da sua relação com o sistema da filosofia articulado na *Lógica da filosofia*. Seguramente, a filosofia weiliana exige uma interpretação sistemática que tome justamente a ideia de sistema como *pedra de toque* da validade de qualquer tentativa de apresentá-la.

Mas ele termina *à la* Schelling: poesia – filosofia, e sabedoria como silêncio. Finalmente terminei de lê-lo. Arrependo-me de não tê-lo escrito eu mesmo". A Strauss, no entanto, chama atenção o comentário sobre o que "falta em Weil". De fato, em 1948, ele envia a Kojève estas palavras: "Tive que reler suas duas últimas cartas – contendo, entre outras coisas, seu julgamento sobre Weil. Posso apenas repeti-lo: raramente vejo um ser humano tão vazio. Você diz: falta-lhe algo – Eu digo: falta-lhe substância, não passa de um tagarela inútil" (L. Strauss, *On Tyranny*. Including the Strauss-Kojève correspondence. Chicago. University Chicago Press, 2000, p. 234-39).

A dificuldade da leitura que proponho reside, acima de tudo, no esforço em vista da superação da tendência de recortar o *corpus* weiliano em vista da indicação dos *loci* em que a questão aparece. Busco, antes, reconstruir a unidade entre o núcleo da obra de Weil, constituído por *Lógica da filosofia*, *Filosofia política*, e *Filosofia moral*, e textos interessados em questões de naturezas bem diferentes. No que concerne especificamente ao objeto da pesquisa, defendo a existência de uma unidade intrínseca nas teses fundamentais da filosofia da história que possui um lugar assegurado no sistema, lugar legítimo *ab ovo* por princípio.

Para essa investigação, tomo a obra weiliana concentrando-me sobre a história na sua dimensão lógico-filosófica sem prescindir daquela histórico-política. Trata-se, portanto, de uma perspectiva lógico-argumentativa que ambiciona uma interpretação abrangente, capaz de compreender uma filosofia que pretende articular, no seu bojo, dialética e filosofia crítica.[11] Dito isso, minha exposição se divide claramente em duas partes: a primeira (que compreende os três primeiros capítulos da tese) procura ser uma leitura abrangente da obra weiliana que tenta, justamente, refletir sobre os elementos essenciais da compreensão da relação entre filosofia e história no seu pensamento; a segunda (constituída pelo último capítulo) propõe acompanhar Eric Weil no exercício do filósofo que se "interessa pela história", concretamente através da leitura de "L'influence de la Révolution française sur la pensée européenne", no qual retoma a repercussão da Revolução francesa na Grã-Bretanha e na Alemanha, preocupado sempre com as suas "repercussões duráveis".[12]

---

[11] Cf. G. Meloni, "Dialettica e filosofia critica: l'incontro di due prospettive filosofiche nella logica della filosofia di Eric Weil". *Segni e comprensione* 42 (2001), p. 74-84.

[12] Sobre as opções de Weil nesse texto, ele explica:

> Nós nos limitaremos ao estudo da influência da Revolução nos dois países, a Grã-Bretanha e a Alemanha. Com certeza, seria muito

O ponto de partida é a abordagem da "metafilosofia"[13] no pensamento weiliano a partir da consideração do que chamo a sua *inspiração* kantiana. Aqui, tomo como hipótese hermenêutica fundamental o retorno à afirmação do kantismo de Weil, um tipo de kantismo possível apenas como a retomada de Kant feita por quem leu e compreendeu Hegel. Dito de forma mais clara, parte-se da definição da filosofia como ato humano próprio de quem escolheu, livremente, compreender a realidade. Há, portanto, um duplo distintivo da filosofia. Antes de tudo, ela se funda sobre a liberdade, e todo argumento em sua defesa é, ele mesmo, posterior à escolha livre pelo discurso sensato. Em segundo lugar, decorrente do que se acabou de dizer, à filosofia não se opõe simplesmente outro discurso, mas, e é justamente isso que escapa à filosofia hegeliana, trata-se da refutação do discurso, isto é, da absoluta negação do discurso absolutamente coerente. A filosofia, no

interessante analisar o movimento de ideias desencadeadas, por exemplo, na Itália ou na Espanha, na própria Rússia, ou mesmo, para ultrapassar os limites de nosso continente, nos jovens Estados Unidos da América ou nas colônias americanas da Espanha ou de Portugal. Mas não apenas este tema seria vasto demais; teria para nós o inconveniente de nos distrair do que nos parece essencial, a saber, o estudo das reações que elas mesmas mantiveram importantes até agora. De fato, nós nos limitaremos às repercussões e às reações positivas – se se quiser tomar, conosco, a palavra positiva num sentido preciso no qual ele não designa exclusivamente, ou mesmo preferencialmente, os que louvam e defendem os acontecimentos da Revolução, mas os que, considerando esses acontecimentos, querem tirar conclusões e não se satisfazem, seja com o elogio, seja com a condenação. Estes últimos ainda, os adversários da Revolução, mas adversários que querem compreender o que combatem, muitas vezes trouxeram, apesar de si mesmos, uma contribuição à solução dos problemas que, pela Revolução, foram colocados a todas as sociedades, a todos os Estados, a todas as nações" (E. Weil, *Essai sur la nature, l'histoire et la politique*. Lille, Presses Universitaires du Septentrion, 1999, p. 116-17).

[13] Cf. G. Strummiello, "Filosofia e metafilosofia in Eric Weil". *In*: E. Weil, *Violenza e libertà. Scritti di morale e politica*. Milano, Mimesis, 2006, p. 101-19.

entanto, não se dá de uma forma indeterminada, sem contornos precisos, mas como busca de sentido, com o rigor de uma atividade *eminentemente* científica e comunicável, e, acima de tudo, *essencialmente* histórica.

Um segundo passo aprofunda as conclusões do primeiro, inserindo o nome de Eric Weil na esteira dos filósofos que pensam a história. Como já disse, ao contrário de outros intérpretes, e correntemente com o que se estabeleceu no primeiro capítulo, abordo a filosofia weiliana da história a partir de sua *inspiração* kantiana, o que implica associá-lo à tradição de uma "crítica da razão histórica", entendida como a crítica das condições de possibilidade da pergunta pela história que se enraíza em Dilthey e se prolonga até Weber e Aron. Porém, porquanto nos ocupa compreender a originalidade do ponto de vista weiliano, devemos estabelecer não apenas a sua distância de uma filosofia da história, de perfil hegeliano ou heideggeriano, mas se deve também elucidar a sua relação com Weber e Marx. De um lado, então, trata-se ainda da *inspiração* kantiana, porquanto se toma como ponto de partida a determinação de uma "crítica da razão histórica". No entanto, se as filosofias de Dilthey e de Rickert são, até certo ponto, sintetizadas na epistemologia de Weber, a compreensão da originalidade de Weil, por outro lado, nos leva ao confronto da perspectiva weberiana com aquela propriamente marxiana, pois, só esse procedimento nos ajuda ainda a entender a passagem do discurso da categoria da *Ação* na *Lógica* à análise weberiana da sociedade moderna na *Filosofia política*. Trata-se, precisamente, da mudança subjacente à opção de Weil pelo Estado como eixo do seu pensamento político, enquanto, para Marx, o centro se põe na realização de uma sociedade na qual o Estado se faz supérfluo. A coerência desse tema específico com o conjunto dos argumentos desenvolvidos na minha tese repousa sobre o fato de que o pensamento sobre a história se identifica *essencialmente* com as questões do terreno político.

A HISTÓRIA NA "ODISSEIA" CATEGORIAL DA *LÓGICA DA FILOSOFIA*

Em terceiro lugar, a minha análise leva em conta a passagem necessária das condições gerais dos discursos sobre a compreensão do sentido da história ao sistema das categorias discursivas. Dito de outro modo, sigo a sucessão categorial da *Lógica da filosofia* de *Deus* à *Sabedoria*. A primeira exigência é discernir as razões que obstaculizam um discurso histórico nas categorias antigas, isto é, por que da categoria *Verdade* ao *Eu* não há espaço para o interesse pelo passado. Essas mesmas razões ficarão explicitadas quando *Deus*, "a mais moderna das categorias antigas, a mais antiga das modernas",[14] apresentar as condições necessárias e suficientes para os discursos nos quais o homem procura compreender – *tomar ao mesmo tempo*, na linguagem weiliana – o mundo e seu sentido. Assim, em *Deus*, é a história do homem decaído no pecado que busca a reconciliação e que a vive, na retomada da *Discussão*, o diálogo com o mundo – na teodiceia –, e o diálogo consigo – na oração. A categoria de *Deus* supera a cisão interior d'*O Eu* pela divisão *objetivada* entre o homem e Deus, lança as bases do desenvolvimento da subjetividade segundo a concepção judaica e cristã.

A *Condição* é a superação da primeira forma desse diálogo, ou seja, a impossibilidade da teodiceia, e, por estar desprovido do absoluto, o mundo se torna autorreferente e a história se resume ao relato do progresso do conhecimento dos fenômenos abordáveis pelos métodos de observação, conforme o padrão epistemológico das ciências modernas da natureza. Em poucas palavras, trata-se da história do conhecimento científico do mundo. Por seu turno, a *Consciência* se põe como caminho alternativo, que deixa as condições relativas do mundo às ciências e pensa a história do progresso humano no

---

[14] Cf. E. Weil, *Logique de la philosophie*, p. 188.

conhecimento das condições absolutas da liberdade do eu, isto é, vai na direção daquele segundo registo dialógico da retomada da *Discussão* em *Deus*. Desta forma, já não se trata de lidar com a divisão no interior do homem, mas do hiato que se coloca entre ele e o mundo. Se este último, na categoria da *Condição* se resume aos fenômenos abordáveis pelos métodos das ciências da natureza, entende-se agora a superação do abismo pela neutralidade de um dos polos. É o que faz a categoria da *Inteligência* pelo ideal do desinteresse científico. A história seria, na sua verdade, o conhecimento objetivo e desinteressado dos fatos, uma forma ideal de historiografia segundo o modelo científico da neutralidade axiológica de Max Weber, por exemplo. É, em última instância, a categoria que pensa a história a partir da exigência de tomá-la como ciência e o homem já não se interessa pelo passado em vista de uma reconciliação com Deus, com o mundo ou consigo mesmo, mas movido tão-somente pela dinâmica própria à "ciência desinteressada".

Noutro viés, a saída do hiato se dá pela neutralização do polo objetivo e pela radicalização do interesse subjetivo na categoria da *Personalidade*. A história, a "genealogia" (nietzschiana) das fontes morais e espirituais da civilização, é agora tomada como a matéria-prima para a criação do sujeito, entendida no duplo sentido que se nos oferece aqui, ou seja, a criação na qual o sujeito é o agente e ao mesmo tempo a criação, isto é, sujeito e objeto da sua criação. O que conta agora é a "vontade de potência", está-se na condição antípoda da *Inteligência*. O "tipo-ideal", expressão de Weber reconhecida por Weil, é certamente o homem nietzschiano, superado, por sua vez, pelo *Absoluto* hegeliano, quando a ordem lógica inverte a cronológica. É em Hegel, de fato, que o sentido da história está dado e todo acontecimento alcança o seu significado de forma proléptica, ou seja, um sentido compreendido a partir de uma fim conhecido de antemão. É deste modo que o discurso absolutamente coerente abrange ou compreende a todos os discursos parciais na própria coerência.

Em última instância, a superação das radicalizações operadas pela *Inteligência* e pela *Personalidade* ocorre na reviravolta da categoria do *Absoluto*. A superação do hiato entre os polos objetivo e subjetivo se dá na supressão das suas contradições. No *Absoluto*, os opostos estão reconciliados e a história é, ela mesma, o teatro no qual se desenrola o drama do progresso da liberdade e da razão, da liberdade que é razão e da razão que é liberdade. Agora, o seu sentido já está prolepticamente revelado e todos os momentos são partes de um todo já antecipadamente presente enquanto meta. A história conhece o seu fim, mesmo que ainda não o experimente na sua completude. Temos, assim, uma primeira conclusão da "odisseia" categorial da *Lógica*.

Segundo Eric Weil, e é esse um dos seus maiores méritos, a filosofia hegeliana não pode compreender o desafio que a história do século XX impõe ao pensamento: a possibilidade da "violência pura". De um lado, só o discurso absoluto pôde dar a justa medida desta mesma violência, pois, só depois da articulação de um discurso absolutamente coerente, a violência pôde também se mostrar como recusa igualmente absoluta. De outro lado, já não se trata, como já afirmei, da superação de um discurso parcialmente coerente por outro igualmente limitado, mas da refutação absoluta de toda coerência. Mais uma vez, a história se torna matéria-prima para a criação, mas aqui não se trata de material para a "vontade de potência" do espírito nietzschiano, antes, do próprio movimento de criação do mundo cuja linguagem volta a ser a do mito. Hegelianamente, Eric Weil exerce de forma plena a tarefa do filósofo, pois apreende o próprio tempo pelo pensamento, dando estatuto filosófico à desrazão na categoria da *Obra*. Igualmente importante é que, ao "compreendê-la", continua reconhecendo-a exatamente na sua forma de absoluta rejeição do discurso absolutamente coerente. Em outros termos, ela não se torna menos violenta depois de compreendida.

A categoria que supera a "criação" do sentido na linguagem da *Obra* é o discurso do *Finito*, discurso no qual a violência mais uma vez se põe como alternativa à coerência, mas agora pensada na perspectiva de quem a sofre. Aqui, a história é desprovida de qualquer sentido e a existência de quem foi "lançado no mundo" se passa no "desespero", na "angústia", no "sentimento trágico do mundo", na "náusea", no "absurdo" ou ainda na "vida para a morte". Somente a *Ação* pode de novo reconciliar o homem com a história. As categorias concretas findam, portanto, com o retorno a Karl Marx, cuja filosofia se coloca como saída do círculo da violência através da construção de um mundo e de uma história sensatos, ou seja, nos quais a vida humana possa ter sentido, o homem possa viver razoavelmente. A história é, então, a reconstrução das raízes das condições concretas do presente em vista da construção de condições melhores no futuro e a tarefa do filósofo é desempenhar o papel do educador em vista do *Sentido* e da *Sabedoria*.

É a "superação" das categorias concretas pelas categoriais formais, pelas condições de possibilidades da compreensão, mais uma vez, de tomar ao mesmo tempo as contradições presentes, que tornam possível a "odisseia" categorial da *Lógica*. Dito de outro modo, o lógico pode, por causa da categoria do *Sentido*, tomar no mesmo enlace todas as distintas formas de perceber a realidade e de explicá-la discursivamente. Por sua vez, a *Sabedoria* toma ao mesmo tempo o discurso e a vida. É a unidade finalmente vislumbrada ao fim do percurso, e mais uma vez a filosofia pode ser compreendida não como doutrina, mas, é fundamental para Weil, como ato livre de quem deseja compreender o mundo e viver de acordo com o sentido compreendido.

Desta forma, a filosofia weiliana continua absolutamente coerente com o projeto moderno de uma forma determinada de hegemonia da razão. Porém, porquanto opta pela razoabilidade em vez de uma forma instrumental de racionalidade, Weil propõe a "hegemonia de uma razão humilde", isto é, de uma reflexão que reconhece seus limites. De um lado, o limite exterior, porque a violência continuará quer como realidade quer como possibilidade. De outro lado, porém, há o limite também para aquele que optou pela razão razoável, pois deve não apenas ser capaz de justificar incessantemente sua escolha através de uma ação sensata, quanto também de reconhecer que esta mesma escolha, fundamental em sua vida, não é jamais rematada, mas sempre precária, porque a violência é uma possibilidade real também para o filósofo.

Como último passo, proponho a retomada da tarefa apenas anunciada como a recuperação, em Weil, da função do filósofo, a partir da leitura weiliana de um dos eventos fundantes do mundo moderno. Mais precisamente, volto a atenção à análise de Weil da influência da Revolução francesa sobre o pensamento europeu, a partir de um texto que traz justamente e esse título, escrito provavelmente no mesmo período de *Hegel et l'État*. Se Weil se mantém fiel ao que pensara em 1935, a possibilidade de retornar à Revolução Francesa só é real se, de algum modo, ela continuar presente na situação do homem que se dispõe a pensar o seu passado.

CONSIDERAÇÕES FINAIS

Tendo como núcleo temático a relação da filosofia com a violência, todo arcabouço da obra weiliana é lida, antes e fundamentalmente, como uma metafilosofia, ou uma filosofia que se volta às condições de possibilidade da sua própria empreitada, quer dizer, a busca de compreender as várias contradições presentes na realidade. A minha primeira conclusão se orienta, então, na direção de uma nova compreensão da filosofia, isto é, na inserção do nome de Eric Weil entre os pensadores que se ocuparam com o tema da justificação da filosofia depois de Kant e sobretudo depois de Hegel. No seu caso em particular, trata-se de compreender a proposta de um kantismo--pós-hegeliano, porquanto busca, ao mesmo tempo, se manter fiel ao esforço sistemático do espírito hegeliano e à inspiração kantiana que reconhece na liberdade do homem o fundamento sobre o qual a própria filosofia repousa. A filosofia se dá, finalmente, como o *ato* próprio do homem que escolhe compreender o seu mundo num discurso coerente.

Para Weil, no entanto, essa compreensão da natureza e da tarefa da filosofia deve ser enriquecida pelo confronto com o modelo epistemológico das ciências naturais, ou seja, com modelo hegemônico de conhecimento na modernidade. Nesse confronto, fica patente que a filosofia não pode absolutamente ser vista como uma ciência, mas, com precisão, como uma "atividade eminentemente científica"[15], atividade que, sem dispor de um objeto específico, é capaz de pensar as condições de possibilidade do próprio conhecimento das ciências naturais, enquanto tematiza os fundamentos que estas pressupõem.

Essa atividade é ao mesmo tempo eminentemente comunicável, e nisso Weil nos remete ao tema tradicional da filosofia para a educação.[16] Preocupação constante na tradição filosófica ocidental desde o nascimento da filosofia, com Sócrates, Platão e Aristóteles, até o presente, passando por Agostinho, Kant e Hegel, só para citar alguns grandes nomes. No caso de Weil, porém, o caráter comunicável da filosofia é apenas eminentemente presente porquanto não se pode garantir de antemão que o homem se deixe convencer pela razão. Está aqui um aspecto essencial da filosofia pós-hegeliana de Weil: a violência é sempre uma possibilidade e a razão, uma opção.

No entanto, se eminentemente científica e comunicável, a filosofia é *essencialmente* histórica. Isso implica tomar a história como elemento constitutivo da filosofia. De um lado, como um *ato*, a filosofia se coloca sempre dentro de um determinado contexto histórico, vale dizer, o filósofo pensa inescapavelmente a partir de seu tempo.

---

[15] Cf. Idem, "La philosophie est-elle scientifique?" *Archives de philosophie* 33, 1970, p. 353-69.

[16] Cf. Idem, *Educazione e istruzione: scienze e discipline umanistiche oggi.* [A cura di P. F. Taboni]. Milano, Guerini e Associati, 1992.

De outro, a história constitui a filosofia porquanto essa mesma tem uma história. Nesse sentido, ela é igualmente tema para o historiador e para o filósofo, tendo, cada um, a sua própria perspectiva. De fato, enquanto o primeiro estende simplesmente segundo uma ordem cronológica a sequência dos nomes indispensáveis ao conhecimento dos diferentes períodos da história do pensamento ocidental, o segundo interpreta essa história segundo níveis diversos, desde uma leitura meramente biográfica até uma interpretação sistemática, na qual a história da filosofia se torna, ela mesma, objeto do pensamento filosófico. É o esforço que, com extrema originalidade, Weil empreende na *Lógica da filosofia*.[17]

Se a forma de pensar o real se transforma à medida em que se transformam as atitudes, ou seja, o modo com que os homens buscam e pensam a própria satisfação, contentamento e felicidade, também são reviradas as formas de pensar o significado do seu passado. Ora, como vimos, a história, constitutiva da concepção moderna da realidade como um todo, surge no discurso da categoria de *Deus* e acompanha a "odisseia" categorial até aquela da *Ação*, na qual o pensamento já não se conforma em justificar a realidade, mas busca torná-la justa. Em cada categoria, o passado e a pergunta pelo seu sentido ganha uma nova configuração, cujo pano de fundo se revela somente na categoria formal do *Sentido*. Finalmente, é possível "compreender" "coerentemente" – permitam-me a redundância – as diversas contradições presentes em todos os discursos particulares. Assim, o *Sentido*, como categoria formal, compreende todos os discursos, inclusive os muitos sentidos concretos que cada categoria dá à história.

Subindo aos ombros de Hegel e de Kant, Eric Weil assume uma nova perspectiva para pensar a história. Desenvolve uma análise em relação às limitações dos vários discursos, à medida em que todos são

[17] Cf. meu artigo "Retomada e sentido: a base da relação entrefilosofia e história da filosofia na *Logique de la philosophie* de Eric Weil". *In*: *Cultura*, vol. 31, 2013, p. 123-35.

ao mesmo tempo irredutíveis e superados. É perspicaz ao compreender que é o entendimento das atitudes e das categorias nas quais os muitos discursos se formam, que finalmente é possível se perguntar pelo homem que os formula. Desse modo, mais uma vez, a pergunta pela história é fundamentalmente a pergunta pelo ser que mostra o interesse pelo seu passado.

A filosofia de Weil pode ser lida a partir da sua preocupação pela história, é essa a nossa tese e a demostramos. O conjunto da sua obra, que interpretamos seguindo o modelo de Gilbert Kirscher dos círculos concêntricos, comprova justamente que o interesse de Weil se volta aos eventos e aos autores que conformaram, isto é, que deram forma à nossa cultura de sorte que se pode tranquilamente afirmar que Weil é ele mesmo o homem do artigo de 1935 quando afirma que se volta ao passado para compreender a própria situação. É desta forma que tem pleno sentido além do seu interesse por Aristóteles, Kant e por Hegel, aquele pela Renascença italiana, assim como o que subjaz às suas reflexões sobre Rousseau, Maquiavel, Hobbes, Heráclito, Clemente Brentano, Nietzsche, Schopenhauer, Pierre Bayle, Heinrich von Kleist, Thomas Mann e Heidegger. Do mesmo modo, o seu interesse pelos momentos e pelos conceitos fundantes da civilização ocidental, a saber, as origens do nacionalismo, a questão do problema do Estado mundial, a guerra e a política segundo Clausewitz, a responsabilidade política, a propaganda e a massificação social, a Ilustração como traço do pensamento europeu, o conceito do Direito Natural, o contrato social e a liberdade dos indivíduos, a evolução das ideias durante a Reforma alemã, o movimento filosófico francês durante o reinado de Luís XV, a filosofia romântica alemã e seus artigos sobre a educação. Essa lista praticamente reproduz alguns títulos presentes nos volumes de *Essais et conférences* e de *Philosophie et réalité*, o mesmo se confirma pelas muitas recensões sobre livros de ciência histórica ou mais especificamente sobre eventos históricos publicados com regularidade na revista *Critique*. Interessa-nos sobremodo porque reforçam a tese fundamental de que o interesse do filósofo pela história se distingue do olhar do historiador porquanto parte necessariamente do desejo de compreender as contradições do presente.

A questão definitiva é indicar as repercussões do interesse da história como elemento constitutivo do filosofar, em Weil, para a leitura do seu sistema. É aquilo que desde a introdução temos sublinhado na relação da questão da história como chave de interpretação ao conjunto da obra weiliana. Esse tema permite a nosso ver e como ficou iluminado por essa tese, uma nova compreensão da filosofia de Weil como uma recolocação da crítica depois do quadro formado não apenas pela filosofia hegeliana, mas, podemos dizer, sobretudo, pela recusa dessa mesma filosofia pela linguagem da violência pura. Weil enfrenta com coerência ímpar o desafio de uma filosofia fundada sobre a liberdade sem se confundir com a arbitrariedade, pois a liberdade, como dizemos já nessas últimas considerações, é, hegelianamente, entendida como realização da razão (razoável), consciente agora da possibilidade real de sua recusa. O segredo da filosofia se revelou e isso não podia se dar senão no terreno da história, o filósofo quer o fim da violência porque somente assim uma realidade sensata pode ser vivida, só então haverá espaço para a sabedoria.

Capítulo 20 | Sagrado, sentido e sabedoria: uma trilha no pensamento de Eric Weil

Daniel da Fonseca Lins Júnior[1]

> Os homens foram e são filósofos, e serão filósofos, tanto tempo quanto eles ponham a questão do sentido de sua vida e de seu mundo.
> (*Eric Weil*, 1982, p. 22)

INTRODUÇÃO

Sagrado, Sentido e Sabedoria são termos que perpassam a obra de Eric Weil como características que a definem e, portanto, a diferenciam.

Sagrado é um termo rico em significações, principalmente religiosas e míticas, mas também axiológicas e sociológicas. Nosso percurso pela obra de Eric Weil tratará de seu conhecimento da complexidade do conceito e de como ele fez usos determinados, ora como elemento de composição na articulação da reflexão de um problema, enquanto parte de um referencial teórico, ora enquanto elemento de decisão.

Qual a estratégia weiliana, ou melhor, qual o uso do termo sagrado para a decisão?

Primeiro, ao denominar sagrada a referência utilizada como horizonte para a comunidade agir, Weil não acentua a transcendência religiosa ou teológica, ou a inferência institucional, religiosa ou não,

[1] Centro Universitário Jorge Amado (Unijorge), Brasil.

mas a importância do que é valor para a comunidade a ponto desse valor ser *sagrado* para ela, sagrado porque vale a pena sacrificar-se por ele, já que ele dá identidade e sentido à mesma comunidade, sagrado porque esse conjunto de referência permite à comunidade o encaminhamento de seus conflitos e permite a continuação da própria comunidade na história. Os valores de uma comunidade situam-se no mais íntimo e reservado dela mesma, como seu coração simbólico, sua referência última, seu horizonte de sentido.

Segundo, o termo sagrado revela uma dinamicidade para compreender que o horizonte axiológico não é um bloco estável e absoluto, mas histórico. Ora, o homem não tem seu horizonte axiológico dado de uma vez por todas, permanecendo inalterável, mas é o resultado de um processo, como uma conquista. O horizonte de referência de valor de toda comunidade humana se conquista no próprio solo da história, entre perdas e vitórias, constituindo o discurso que não só diz o que a comunidade deve fazer para permanecer da melhor forma, alcançando a vida boa, mas também dizendo quem é a comunidade. O sagrado é a referência de valor, mas também é de identidade e aqui as duas esferas se comunicam uma vez que o é elemento axiológico é definido pela comunidade concomitante à definição de identidade da própria comunidade. Assim, não só os valores são constitutivos de uma comunidade, como também a tradição, ou a história de conquista e aquisição desses valores.

Weil nem absolutiza uma época ou mesmo uma teoria, mas expõe um processo de mudança ou a transformação do conteúdo do conceito de sagrado, que se dá num campo na antiguidade, no mundo medieval e no início da modernidade e passa, paulatinamente, a se centrar no trabalho, com a sociedade moderna, principalmente com as profundas transformações das revoluções científica e industrial.

Essa mudança pela qual passa o conceito não é, no entanto, total. Mas significou uma transformação que alterou também o sentido da expressão comunidade, marcada pela proximidade e por um reconhecimento de sentido comum, para o termo sociedade, caracterizada pela eficácia. Dizemos que a transformação não significou uma alteração total porque a mesma sociedade em que o mecanismo social é tão intenso, ou seja, no contexto que tomou como sagrada a luta contra a natureza, o trabalho é, também, o mesmo em que há o sagrado da comunidade, marcado pelas relações de proximidade e afeto, como conjunto de referências de valor. Assim, a nova sacralidade da eficácia, do trabalho na sociedade contemporânea convive com as tradicionais referências morais.

O conceito de sagrado assume nos textos de Eric Weil esse elemento que se posiciona no momento da decisão para a comunidade. Ele foi apresentado no momento em que Weil recorre ao conceito no texto, principalmente para expor uma situação de conflito. Assim, podemos verificar na *Introdução* à *Lógica da filosofia* e a mesma situação pode ser verificada nos demais textos, seja na *Filosofia política*, ou na *Filosofia moral*, seja nos textos de ensaios e conferências ou nos demais artigos em que o sagrado vem à tona. A questão é que há um sentido definido como também um lugar definido na exposição do conceito do sagrado. O sentido do sagrado é que ele assume todo o horizonte de valor que permite uma comunidade decidir, modernamente, o sagrado assume o mecanismo de eficácia que caracteriza a sociedade contemporânea. Não houve a mudança de uma sagrado pelo outro, mas os dois se relacionam e criam redes de interações nos mais variados campos da política, moral e da teoria.

O sagrado surge em momento de conflito, quando faz-se necessário decidir.

Não é apenas o conteúdo do sagrado que é importante para a compreensão weiliana, mas também o lugar que ocupa o sagrado, ou seja, o sagrado surge no texto de Weil quando há o conflito, quando é preciso ter referências para decidir. Essa dinâmica se repete em seu texto da *Filosofia política*, uma vez que o sagrado só é tratado no segundo momento do texto, a saber, na sociedade, como também se dá na *Introdução* à *Lógica da filosofia*, quando o sagrado é amplamente discutido no segundo momento do texto, ou seja, na *Reflexão da filosofia*, quando se torna problemático pensar a *Lógica da comunidade*.

ENSAIOS, CONFERÊNCIAS E FILOSOFIA POLÍTICA

Os mais variados textos de Eric Weil, sejam nas obras maiores como a *Filosofia política*, a *Filosofia moral* ou a *Lógica da filosofia* mostram a permanência do sentido e do lugar do sagrado. O mesmo ocorre nos textos menores que, embora tratem de questões localizadas, não significam que separam ou desconectem os problemas tratados das grandes questões desenvolvidas nas obras maiores, pelo contrário, os problemas apresentados nos ensaios, artigos e conferências permanecem fiéis à dinâmica dos grandes textos, como atualizações, se podemos dizer assim, ou explicitação mais detalhada do que foi exposto em linhas maiores.

Ora, é pertinente notar que no volume *Essais et conférences, tome 1, Philosophie*, por se trata de textos ligados à exposição de doutrinas filosóficas de pensadores como Aristóteles, ou do Estoicismo, de Hegel, não há menção ao termo sagrado. Mas, assim que a discussão se desloca para a questão do Direito natural, eis a expressão do "[...] sagrado concreto [...]"[2], significando "[...] um mundo no qual o homem teria sentido humano".[3] Ocorre de forma semelhante no texto *La science et la civilisation moderne ou le sens de l'insensé*, com a diferença de que nesse texto não há menção ao termo sagrado, mas o mesmo papel de sentido e lugar e assumido pelo conceito de valor.

---

[2] E. Weil, *Essais et conférences, t. 1: philosophie*. Paris: Librairie Philosophie J. Vrin, 1991, p. 190.

[3] Ibidem.

O conceito de sagrado mostrou-se como uma trilha heurística no percurso dos textos de Weil porque permite compreender sua intenção fundamental ao longo das mais variadas reflexões que o filósofo elabora. Há de se notar que o conceito de sagrado sempre foi assinalado pelos comentadores da obra de Weil. Essa sinalização, no entanto, não adentrou em sua significação própria ao longo dos textos, nem no valor de seu lugar na construção da reflexão como elemento de decisão.

No volume de *Essais et conférences*, tome 2 *Politique*, a situação difere do primeiro volume, já que nesse os problemas estão mais centrados em questões que envolvem conceitos de comunidade, tradição, política, massas e indivíduos ou ainda o estado e a violência. Nesse volume o uso do conceito de sagrado é constante, permanecendo os mesmos elementos que já citamos sobre o conceito. O mesmo ocorre em *Philosophie et réalité. Derniers essais et conférences* e ainda em *Philosophie et réalité II*.

Há uma permanência do sentido do conceito de sagrado, mas uma permanência dinâmica e com essa expressão queremos dizer que o sagrado assume nuances de acordo com o contexto, o que mostra uma certa plasticidade, mas permanece fiel em sua função de levar a comunidade a decidir em momentos de crise. Ora, a crise da comunidade se acentua, segundo Weil não apenas com os seus conflitos, mas principalmente quando há uma crise no interior do sagrado. A modernidade trouxe para o mais íntimo do sagrado não um exercício de sua plasticidade, mas uma crise ao propor um novo sagrado para a comunidade, ao lado do tradicional. A existência desse novo sagrado não apenas mudou as feições da vida comunitária para sua existencial enquanto sociedade, mas, principalmente, colocou outros critérios para agir. A crise do sagrado se dá nesse conflito de critérios uma vez que os que constituíam a comunidade permanece e os novos da sociedade se instauram e se espraiam.

Desde as suas publicações, tanto a *Filosofia política* [4], quanto a *Filosofia moral*[5], receberam diversos comentários. O texto da política teve sua publicação em 1956, já a moral, em 1961. São duas obras complexas e expõem tanto a Ação, como a Consciência mas, mais do que isso, são duas obras inseparáveis seja pelo seu lugar e importância no sistema, seja porque as temáticas – moral e política – são inseparáveis,

---

[4] P. Ricœur, *Leituras 1: em torno ao político*. São Paulo, Loyola, 1995, p. 39-58; M. Perine, "A não violência: o desafio da ação razoável segundo Eric Weil". *In*: *Síntese Revista de Filosofia*, Belo Horizonte, vol. 16, n. 45, p. 89-94, jan./abr. 1989, p. 89-94; M. Perine, "Política, poder e violência: à margem de Platão, Aristóteles, Hannah Arendt e Eric Weil". *In*: *Hypnos*, São Paulo, vol. 5, n. 6, p. 35-45, 2000, 83-139. 2004, p. 83-139; C. Golfin, "La *philosophie politique* d'Eric Weil". *In*: *Revue thomiste*, 1958, p. 499-514; S. Decloux, *La philosophie politique d'Eric Weil*. Nouvelle Revue Theologique. 1964, p. 157-75; E. Doumit, "État et société modernes dans la philosophie politique". *In*: *Archives de philosophie*. 33, 1970, p. 511-26; D. Dubarle, "Totalisation terrestre et devenir humain". *In*: *Archives de philosophie*. 33, 1970, p. 527-54; F. Châtelet et. al., *As concepções políticas do século XX*. Rio de Janeiro, Jorge Zahar Editor, 1983, p. 464-78; J.-W. Lapierre, "Quintessences du politique". *Esprit*, 1968, p. 200-28; P. Valadier, "Société moderne et état dans la philosophie politique d'Eric Weil"/ *Projet* 72, 1973, p. 175-87; J. Roy, "La '*Philosophie politique*' d'Eric Weil". *In*: G. Leroux et. al., *Philosophies de la cité*. Montréal, Paris, Tournai, 1974, p. 523-89; P. Hasser, "La philosophie politique de M. Eric Weil". *Revue française di science politique*, 8, 1958, p. 423-31; S. de S. Camargo, "Moral e cidadania: uma reflexão sobre a *Filosofia política* de Eric Weil". *Revista Omnia Lumina*, São Paulo, vol. 1, n. 2, p. 76-106, jul./dez. 2010, p. 107-21; E. Costeski, "O estado mundial em Eric Weil". *Temas & Matizes*, Cascavel, vol. 3, n. 6, p. 5-10, jul./dez. 2004, p. 5-9.

[5] F. Guibal, "La felicidad de la excelencia abandonada: a partir da filosofia moral de Eric Weil". *Areté*, San Miguel, vol. 11, n. 1-2, p. 453-81, 1999; P. Valadier, *Elogio da consciência*. Lisboa, Instituto Piaget, 1996, p. 182-85; R. Spaemann, "Morale et violence". *Archives de philosophie*, [s.l.], vol. 41, n. 2, p. 177-200, 1978; J. Catesson, "A propos de la philosophie morale d'Eric Weil". *Revue de metáphysique et morale*, 1962, p. 362-375; L. Bernardo, *Linguagem e discurso: uma hipótese hermenêutica sobre a filosofia de Eric Weil*. Lisboa: Imprensa Nacional – Casa da Moeda, 2003, p. 3-40; C. Golfin, "Chronique de philosophie morale". *Revue thomiste*, 1963, p. 432-53; G. Kirscher, "La philosophie morale d'Eric Weil et la fondation de la loi morale". *Archives de Philosophie* 56, 1993, p. 29-51.

seja porque essa indissociabilidade dos temas garante que Weil não faça uma descrição da realidade, no caso da política, ou uma ciência, mas uma filosofia política. Ora, para Weil, o fim da moral é político, ou seja, "[...] criar um mundo onde a questão do sentido tenha um sentido para todo indivíduo"[6] e a política tem na moral seu critério fundante.

A *Filosofia política* apresenta um Prefácio, uma Introdução e quatro capítulos: 1. A moral; 2. A sociedade. A) O mecanismo social, B) O indivíduo e a sociedade; 3. O Estado. A) O Estado considerado como forma, B) O indivíduo e a sociedade; 4. Os Estados, a sociedade, o indivíduo.

Observando a apresentação do texto nessa forma sumária, como na leitura dos primeiros parágrafos da obra, percebemos alguns elementos de influência no texto weiliano.

A própria estrutura apresentada em três termos – Moral, Sociedade e Estado – demonstra a herança hegeliana, pelo menos no sentido da forma. Na definição de política, *politikê pragmateía*, mostra a herança aristotélica e, já no primeiro capítulo, ao apresentar a moral, a herança kantiana se mostra[7]. Há, de certa forma, um entrelaçamento desses autores, ou melhor, um diálogo vivo com esses autores e com a herança, embora outros entrem no diálogo do pensador. Weil não é apenas um conhecedor e comentador de Aristóteles, Kant e Hegel; é um filósofo sistemático e, finalmente, um observador advertido dos problemas políticos modernos[8]. Pensemos na obra em três grandes momentos a saber, o momento fundante da Moral; o segundo, a Sociedade e, finalmente, o terceiro, o Estado.

---

[6] P. Canivez, *Eric Weil (1904-1977) ou la question du sens.* Paris, Ellipses, 1998, p. 23.

[7] "Weil retoma o impulso teórico de Aristóteles e de Hegel: a política não diz respeito apenas ao 'viver juntos', mas também de 'viver bem', a vida virtuosa e feliz: a efetuação concreta da liberdade razoável e na história se realiza pela ação." (J. Roy, Op. cit., p. 254)

[8] P. Hasser, Op. cit., p. 423.

Como nossa preocupação diz respeito à compreensão do sentido que Weil dá ao conceito do sagrado, e depois do percurso realizado pelos mais diversos artigos nos volumes de *Ensaios e Conferências*, podemos antever o lugar do conceito em sua *Filosofia política*, a saber, o sagrado como elemento de decisão, terá seu lugar na particularidade da sociedade.

Antes, no entanto, precisamos percorrer as ideias que antecedem o momento particular para, na constituição do conceito, uma vez que esses elementos, sendo apresentados, dão a dimensão, o lugar e o sentido do sagrado como elemento de decisão.

Weil é um pensador sistemático, de um modo aberto de sistematização, e aberto porque se caracteriza pela escolha e pela compreensão como busca, compreensão da filosofia em relação ao seu outro – a violência, e inclusive com relação à possibilidade de não se escolher compreender. Essa sistematicidade está na vontade de articular, não como encadeamento necessário das categorias, mas como o discurso é aberto à predicação do real. Ora, já no *Prefácio*, ele escreve:

> [...] tudo o que é tratado isoladamente, a não ser que o declare expressamente, é considerado questão de ciência. [...] O que pretendemos oferecer aqui não são conhecimentos técnicos, mas uma compreensão do campo no qual se põem as questões que visam a um determinado saber e a um determinado saber-fazer, uma compreensão da política na sua totalidade e na sua unidade estruturada, como compreensão da ação humana na história.[9]

Não se trata de ciência política, ou de um discurso de ciência social, trata, antes, de uma filosofia política e, portanto, "parte de um sistema".[10] A preocupação de Weil é esclarecer o *status* próprio de uma filosofia política no contexto contemporâneo.

---

[9] E. Weil, *Filosofia política*. Trad. Marcelo Perine. São Paulo, Loyola, 2011, p. 12.

[10] Ibidem.

Esse esclarecimento parte da moral e o faz porque é nesse campo que "[...] o sentido da política pode ser posto [...]",[11] mas não só o sentido da política, como também o sentido de toda ação humana, ou seja, o texto de *Filosofia política* não é uma descrição, mas uma compreensão crítica da realidade e também de critérios para avaliar essa mesma realidade.

A *Introdução* é composta de sete partes, perfazendo um arco que vai da definição de política como *politikḗ pragmateía* até a situação própria da política no plano do universal e de sua exigência para que o indivíduo pense nesse plano.[12] A política é "[...] a ciência filosófica da ação razoável [...]",[13] distingue-se da moral, já que essa pensa o acordo razoável do sujeito consigo, enquanto ela pensa a ação razoável e universal sobre o gênero humano (idem), não se reduz às ciências sociais[14] e é parte da filosofia. Temos então, logo na *Introdução*, três grandes temas, a saber, a filosofia política pensada por Weil não é original, mas tem sua raiz no pensamento antigo, notadamente em Aristóteles, tendo como preocupação a "[...] consideração da vida em comum dos homens segundo as estruturas essenciais dessa vida"[15]. A concepção é da filosofia política enquanto "[...] ciência filosófica [...]", significa que ela "[...] explicita o que está contido na categoria filosófica".[16]

O segundo tema trata da diferença entre a filosofia política e a moral e sua diferença também com as ciências sociais. Weil quer definir pela diferença para excluir aproximações impróprias e confusões indesejadas.

A filosofia política diz respeito à ação universal, ela visa "à totalidade do gênero humano". A moral, por sua vez, visa uma ação

---

[11] Ibidem, p. 13.

[12] Ibidem, p. 7.

[13] Ibidem, p. 18.

[14] Ibidem, p. 19.

[15] Ibidem, p. 17.

[16] Ibidem.

razoável, mas no tocante ao indivíduo sobre si mesmo. Como se mostra esse universal? – Weil explica: "por isso mesmo que ela se mostra universal: mesmo a ação mais egoísta – se consciente de seus fins, e não falamos aqui de "primitivos" – tem em vista a dominação *universal*".[17] A moral é "[...] ação razoável e universal do indivíduo sobre si mesmo [...]", enquanto a política é "[...] ação razoável e universal sobre o gênero humano".[18]

A segunda diferença diz respeito às ciências sociais. Ora, as "[...] ciências sociais apenas elaboram, sob forma de ciência empírica (auxiliar), certos conceitos da política",[19] seu trabalho é descritivo, porque cuida da "[...] análise dos dados políticos [...]".[20] Como se dá o envolvimento da filosofia política com as ciências sociais? Essas trabalham com dados, lidam com "[...] equilíbrio econômico, tensão social, comportamento dos grupos"[21] e, assim, explicitam a condição sobre a qual vai se fundar a ação razoável. A filosofia política, enfim, faz parte da filosofia e isso significa que ela, primeiro, é *histórica.*

Weil elabora um círculo: "[...] a história é política [...]" e "[...] a ação política também é histórica".[22] Sabe-se que os termos são ambíguos e, partindo dessa consciência, Weil esclarece: "[...] nas duas acepções desses termos, a política é histórica, e a história, política; mas a sua identidade não aparece da mesma maneira".[23]

A questão não é com relação à ação, mas à identidade. A discussão se põe nos seguintes termos: a ação histórica e política tem pressupostos, esses podem ser até inconscientes, tornam-se explícitos quando questões de escolha e de distinção do *essencial* e do *não essencial.*

---

[17] Ibidem, p. 18.

[18] Ibidem.

[19] Ibidem, p. 19.

[20] Ibidem, p. 20.

[21] Ibidem.

[22] Ibidem, p. 21.

[23] Ibidem.

No segundo sentido da filosofia política, como parte da filosofia, Weil deixa claro que ela é o desdobramento da categoria da filosofia e, assim, situa-se no "[...] plano do universal concreto da história [...]".[24] Essa tese é simples, mas incômoda. A política foi compreendida em várias perspectivas em sua história, seja do ponto de vista do "[...] indivíduo vivendo no Estado [...]",[25] seja do "[...] indivíduo como valor absoluto". Admiti-la como ação universal histórica significa "[...] não do ponto de vista do indivíduo que critica, certa ou erradamente, uma ação que ele pressupõe universal e histórica na sua própria crítica, sem, contudo, querer assumi-la nem sequer, no seu pensamento ou na sua imaginação. Noutros termos, a política só se compreende do ponto de vista de quem age, do ponto de vista do governo".[26]

Isso põe a moral na base da concepção política. Sem essa base, sem ser educado para pensar no universal, o indivíduo não compreende a política. Ora, "sem a consciência do problema moral, nem sequer se põe o problema filosófico da política".[27]

Já no primeiro capítulo, *A Moral*, Weil toma a moral como ação razoável do indivíduo sobre si mesmo, um "acordo" em que o indivíduo "[...] age sobre si mesmo para que nele coincidam a razão e a vontade empírica".[28]

Os temas já consagrados da filosofia – razão e liberdade – são tratados como idênticos e o sentido dessa posição é que a moral põe a liberdade como autodeterminação. "Ora, essa autodeterminação só se compreende como determinação da razão à razão".[29] O acordo con-

---

[24] Ibidem, p. 24.

[25] Ibidem.

[26] Ibidem, p. 25.

[27] Ibidem, p. 30.

[28] Ibidem, p. 33.

[29] Ibidem.

sigo, então, funciona no indivíduo como autodeterminação na medida em que esse age para que "[...] a razão prevaleça sobre a paixão".[30]

Aqui acontece um traço distintivo do ser moral: o universal da razão, autodeterminação, *informa* o particular. Essa informação do universal recebeu vários modos.

Segundo Weil, "[...] a moral afirma, pois, que todo homem tem em si tudo o que constitui a humanidade do homem. Na verdade, é assim que ela define o homem. O que ela deduz daí resume-se na afirmação de que nunca devo considerar um ser humano como objeto".[31]

A moral cria uma exigência de mundo humano ao recusar relações objetivas, ou de despersonalização. O acordo de autodeterminação exige que o outro seja respeitado enquanto partícipe do mundo humano e não da realidade das coisas. A moral estabelece essa distinção.

A ação moral é razão-liberdade. Essa ação se dá numa relação que caracteriza a moral de Weil: "[...] o homem é moral, porque imoral".[32] São as paixões que fazem com que a moral opere. "O mal é o fundamento do bem".[33] A moral age sobre a paixão do indivíduo, estabelecendo o mundo moral, vale dizer, humano.

Ocorre que a moral, ao agir sobre as paixões, estabelece regras. Essas regras, no entanto, negam o mal, as paixões. Essa negação do mal "[...] tira dele o bem".[34] Essa regra é negativa e também formal. Essa formalidade, que também é universal, precisa de concretude. Não basta a negação, é preciso fornecer um conteúdo ao indivíduo. Nesse momento, Weil pretende fazer a passagem do universal ao particular. O imperativo da razão em sua universalidade formal e sua passagem para informar o mundo concreto e particular. Qual o percurso adotado

---

[30] Ibidem, p. 34.

[31] Ibidem.

[32] Ibidem, p. 37.

[33] Ibidem.

[34] Ibidem, p. 39.

por Weil? Na verdade, ele adota um caminho duplo: a passagem se dá pelo Direito Natural[35] e pela Educação, que segundo o pensamento de P. Ricœur [36], "essa superação da moral formal, abstrata e negativa, em direção da comunidade e do Estado é marcada por dois conceitos de transição: as ideias de "direito natural" e de "educação"; o primeiro olha ainda para a moral abstrata, o segundo olha para a comunidade".

O direito natural em sua caracterização axiológica e principiológica nasce no terreno da moral. Sua formulação é que seres humanos, enquanto seres razoáveis, são iguais. O filósofo moral "considera-se igual a todos os homens, todos os homens iguais a si e entre si. A lei da comunidade é moralmente válida porquanto não entra em contradição com esse princípio".[37]

O direito natural então é "[...] a base de toda crítica do direito positivo [...]"[38], enquanto instância axiológica da comunidade. Essa base crítica do direito positivo não se dá, por exemplo, com uma tábua de normas, semelhante situação não é a do direito natural, mas com as "leis não escritas", remontando a uma expressão antiga presente na obra *Antígona*, de Sófocles[39], ou "a lei universal", segundo expressão de Aristóteles.[40]

---

[35] "Chama-se direito natural aquele ao qual o filósofo submete-se mesmo sem ser obrigado a isso pelo direito positivo: ele quer agir para contribuir para a realização do universal razoável, da razão universal" cf. E. Weil, *Filosofia política*, p. 42.

[36] Cf. P. Ricœur, *Leituras 1: em torno ao político*. São Paulo, Loyola, 1995, p. 41-42.

[37] E. Weil, *Filosofia política*, p. 43.

[38] Ibidem, p. 45.

[39] "Não foi, com certeza Zeus que as proclamou, nem a Justiça com trono entre os deuses mortos / as estabeleceu para os homens. Nem eu supunha que tuas ordens / tivessem o poder se superar / as leis não escritas, perenes, dos deuses, visto que é mortal" cf. Sófocles. *Antígona*. Trad. Donaldo Schüller. Porto Alegre, L&PM, 2014, p. 34.

[40] "Se a lei escrita depõe contra o nosso caso, devemos claramente apelar para a lei universal, e insistir em sua maior equidade e justiça", *Retórica*, 1375 a.

Em outros textos de Eric Weil sobre o direito natural, o tema do sagrado é recorrente, porque "[...] o conteúdo do direito natural depende, pois, das convicções dos costumes, das tradições da comunidade".[41] Esse conteúdo axiológico da comunidade vive enquanto valor, mas concretiza-se na educação, ou pelo menos, insere-se na comunidade, torna-se tradição. O fim dessa educação é a transformação do educando, ou "[...] é fazer do educando, o educador de si mesmo tanto quanto de todos os que têm necessidade de educação".[42]

A educação assim, age sobre a violência[43], sobre a paixão. Educar difere de instruir, porque enquanto esse diz respeito ao manejo de uma determinada quantidade de informações em vista de resoluções de problemas técnicos, a educação, por sua vez, trata do contínuo processo de conquistar a autonomia.[44]

> A tarefa da educação consiste em desenvolver no indivíduo a capacidade de compreender o que lhe diz respeito enquanto membro de uma comunidade (enquanto objetivamente "universalizado"), capacidade não só de fazer e dizer o que dele se exige, mas de compreender porque *isto* é exigido e se for o caso, por que aquilo efetivamente se exige não

---

Apud D. Ingram, *Filosofia do direito: conceitos-chave em filosofia*. São Paulo, Artemed, 2010, p. 28.

[41] E. Weil, *Filosofia política*, p. 47.

[42] Ibidem, p. 59.

[43] "A violência que o educador tem em vista não é a violência física que o homem sofre por parte de sua natureza exterior (enfermidade, fome, morte, etc.), nem a que os outros indivíduos lhe infligem (sofrimento, privações, morte violenta). É a violência que o homem, enquanto ser razoável, sofre por parte do seu ser empírico: o homem sofre de si mesmo [*passio, páthos, Leidenschaft*], e é dessa paixão que a paixão deve libertá-lo." Ibidem.

[44] "Não se pode negar o valor da instrução, mas é preciso notar que esse valor educativo da instrução não consiste na posse dos conhecimentos, mas em submeter o caráter à objetividade e universalidade do juízo. Todos esses conhecimentos são impensáveis para quem quer participar do trabalho social de maneira útil, a única exigência é aprender o método e é essa aptidão que torna o homem instruído". Cf. M. C. Soares, "O papel do filósofo como educador". *Kalagatos* Revista de Filosofia, Fortaleza, vol. 5, n. 9, 2008, p. 187.

> é exigível, seja por não se justificar tecnicamente, seja por mostrar-se injusto, sendo dirigido ao indivíduo isolado não a todo homem que desempenha o mesmo papel no universal concreto da comunidade (sendo, portanto, exigência violenta).[45]

O segundo capítulo da *Filosofia política* é *A Sociedade* e, para nossa pesquisa, seguindo a trilha do pensamento de Eric Weil, o ponto nuclear.

No "espírito hegeliano"[46] é o momento da particularidade, na dinâmica da reflexão da filosofia de Weil e o momento do conflito que a moral enfrenta na comunidade e na passagem do conceito de comunidade para o de sociedade.

Para uma exposição mais pedagógica do capítulo, no que toca ao sagrado, é preciso detalhar não apenas o conceito no capítulo, o par essencial – inessencial, mas também o contexto em que esses se aplicam, a saber, a comunidade e a sociedade, notadamente a sociedade moderna.

Tanto para Canivez,[47] como para Roy[48] os termos comunidade e sociedade na *Filosofia política* de Eric Weil são fortemente influenciados pela oposição já tornada clássica na sociologia alemã de Ferdinand Tönnies, *Gemeinschaft* e *Gesellschaft*.

Na *Filosofia política* a passagem da comunidade para a sociedade, ou da problemática da moral para a sociedade e seus mecanismos respectivos significa, também, a transformação do sagrado. Weil se utiliza por diversas vezes do termo *essencial* ou *inessencial*. O sagrado,

---

[45] E. Weil, *Filosofia política*, p. 67.

[46] L. Sichirollo, *Dialética*. Lisboa, Editorial Presença, 1980, p. 154-57.

[47] P. Canivez, *Eric Weil*, Op cit., p. 55.

[48] Segundo Roy (apud G. Leroux, Op. cit., p. 261) "é preciso acrescentar que sua política não se contenta de evocar livremente a oposição. Tornada clássica na sociologia alemã da *Gemeinschaft* e da *Gesellschaft*. A carga filosófica da comunidade tradicional (no sentido consagrado por Tönnies e Weber) não se volta somente contra a racionalidade insensata".

de forma geral, funciona como elemento de decisão no conjunto de elementos – valores, tradição, cultura, educação – que permite o discernimento e, principalmente, a decisão do que é *essencial* e que, por isso, permite da vida da comunidade enquanto comunidade, marcada pelas referências axiológicas, pela proximidade e afeto, daquilo que não é. Essencial aqui não significa exclusivo, mas o que é fundamental. Trata-se de reconhecer, para e pela comunidade, o que é essencial – eis o sagrado em sua visada prática. Afirmar o essencial, repetimos, diz respeito a reconhecer o que é fundamental, significa afirmá-lo como a questão a partir do qual as outras podem ser colocadas.

A mudança da moral comunitária à moral social, da comunidade à sociedade moderna, implica, entre outras coisas, a mudança do sagrado.

Nas palavras de Valadier:

> A sociedade moderna que se vê voluntariamente secularizada, se ordena toda inteira e se compreende, ela mesma a partir de um novo sagrado. Novo, porque nenhuma outra sociedade antes dela tinha tomado como foco organizador e dinâmico de toda a sua organização, o princípio da luta ativa e conquistador contra a natureza exterior. Sagrado, porque este valor se impõe [...] e se constitui o critério a partir do qual, nesta sociedade, se distingue o essencial do inessencial.[49]

Para compreender a sociedade, o filósofo precisa captar como ela se autocompreende, ou seja, a partir de seu elemento essencial. Segundo Weil, o elemento a partir do qual a sociedade se organiza é a "luta com a natureza exterior".[50]

Essa luta é variada e se diferencia em relação a outros animais, que também transformam o dado.

> O animal se adapta ao ambiente natural; o homem se relaciona com ele para transcendê-lo. [...] Se um esboço do possível pode ser encontrado

[49] P. Valadier, "Société moderne et État dans la philosophie politique d'Eric Weil". *Projet* 72, 1973, p. 177.

[50] E. Weil, *Filosofia política*, p. 74.

> no comportamento daqueles pássaros que usam gravetos para construir um ninho, ou dos macacos que usam galho para trazer para perto de si a banana, devemos observar que esse emprego instrumental das coisas não ultrapassa o ambiente, limitando-se a organizá-lo melhor para torná-lo funcional às próprias necessidades. O homem, em vez disso, quando constrói ferramentas, não o faz somente para melhor organizar seu ambiente, mas para preparar outros ambientes que lhe permitam ultrapassar o dado.[51]

A sociedade é a organização da luta. O homem se diferencia de outro modo, para além da organização dos animais, as palavras,[52] tornam o homem agente em seu modo próprio. Essa organização é tão íntima do próprio homem e de sua história, que desde os mais remotos tempos o homem mesmo se conhece como organizado para transformar o dado da realidade. Claro, os outros animais podem interferir na natureza, mas só o homem trabalha, em sentido estrito.

"Nesse sentido, o que caracteriza o homem não é, em primeiro lugar a capacidade de admirar (embora toda a cultura intelectual aí tenha a sua origem), mas de entediar-se e ser descontente: o dom do trabalho consciente deve-se a isso, e é daí que nasce o desejo de trabalhar racionalmente e satisfazer mais plenamente possível as necessidades, com o mínimo de esforço animal."[53]

A comunidade se organiza contra a violência, seja ela da natureza, seja no interior da própria sociedade, seja em confronto com outros. Ela pode desaparecer, abandonando suas convicções. Ela pode se decidir em permanecer, organizar-se de forma variada e com as devidas condições, mudar a técnica.

---

[51] U. Galimberti, *Rastros do sagrado*: *o cristianismo e a dessacralização do sagrado*. São Paulo, Paulus, 2006, p. 91.

[52] Pela palavra há "conservação e transmissão de um saber" como também serve de "transformação do discurso através do próprio discurso. E. Weil, *Filosofia política*, p. 74.

[53] Ibidem, p. 76.

Essa mudança insere na *Filosofia política* o tema do sagrado:

"Ela decide-se em função do que chamamos o seu *sagrado*, que é o conceito (que não existe necessariamente como conceito formal na sua consciência mas, por exemplo, sob a forma de tradição, regra de conduta, mito) do que lhe permite distinguir o *essencial* do *não essencial*, o *bem* do *mal*, e que não pode consequentemente, ser contestado porque qualquer contestação por ser o que é, situa-se do lado do mal.[54]

O trabalho organizado se dá no homem diante de seu descontentamento. Ele deseja mudar a realidade, partindo de seu tédio. Daí que a comunidade se organiza em função disso, da resolução do descontentamento do homem, que é um termo genérico, mas que possibilitou à humanidade mirar a teoria, a prática e a técnica em função disso.

O conceito que permite à comunidade decidir, segundo Weil, é o sagrado. A comunidade tem consciência do que lhe é sagrado, que é bem diferente de uma história do mesmo. Essa consciência faz com que o sagrado se torne vivo e, por sua dinâmica, ele não só vive na consciência da comunidade, mas também se transforma, atualizando-se.

Daí há a passagem da comunidade, na atualização e transformação, tendo em vista o descontentamento do homem e o dado da natureza, para a sociedade. O que torna nossa sociedade peculiar é justamente a relação que ela estabeleceu com o sagrado.

"Comparada às comunidades do passado, apresenta-se como comunidade que considera sagrado o que todas as outras consideravam contrário a ele. Pois a luta contra a natureza jamais foi sagrada, ao contrário, estava referida ao cotidiano, ao ordinário, ao profano, ao que não podia constituir o sentido da vida dos indivíduos e do grupo."[55]

A comunidade tradicional, que é uma redundância, considera sagrado o que lhe era transcendente, sem querer dizer com isso unicamente o elemento religioso, mas todo o conjunto de valores e de

---

[54] Ibidem, p. 79.

[55] Ibidem, p. 80.

referências que tanto permitiu a decisão no seio da comunidade, mas também constituiu o sentido da vida para os seus membros. Ora, a comunidade na história considerou esses elementos como seu sagrado, mas a sociedade surge quando o seu sagrado, elemento de decisão, perde o lugar da transcendência e se preenche do comum, cotidiano. O que não quer dizer destituído de importância.

Daí o trabalho como o sagrado da sociedade moderna.

> Veremos se o sentido da vida moderna consiste verdadeiramente nessa luta, mas é um fato que a estrutura da nossa sociedade e a sua organização (sua vontade de estrutura) só se compreendem a partir dessa afirmação própria da nossa sociedade, a partir da qual compreendem-se também as tentativas de reduzir o sagrado das outras sociedades a questões de eficácia que, estando no centro das suas preocupações, caracteriza a nossa sociedade.[56]

A sociedade moderna é o que é por causa da transformação do seu sagrado tradicional,[57] enquanto comunidade para a sociedade que priorizou a luta contra a natureza, o que não aconteceu em nenhuma outra época ou comunidade. Ela não decide em função de uma teoria, de um conjunto de valores, de um direito natural ou de uma moral tradicional, mas em função da eficácia, que é agora o seu sagrado.[58]

---

[56] Ibidem.

[57] "Para a sociedade moderna, a luta com a natureza é sagrada, é o valor a partir do qual (não sobre o qual) ela reflete e graças ao qual ela se orienta" (E. Weil, *Filosofia política*, p. 81).

[58] Há de se notar que com a sociedade moderna não só opera uma transformação do sagrado, mas também uma transformação da própria noção de natureza. "Galileu, Mersenne, Descartes, Pascal, Gassendi, Hobbes são obreiros de um novo conceito de natureza. Esta, mais do que um organismo, é predominantemente pensada à semelhança de uma máquina, desprovida de inteligência e de vida. Ela é um conjunto de peças que se estruturam e organizam segundo leis próprias. O objetivo do homem é conhecer a máquina do mundo; consegue-o conhecendo os seus elementos e o modo como interactuam" (M. L. R. Ferreira, *Diálogo e controvérsia na modernidade pré-critica*. Lisboa, Centro de Filosofia da Universidade de Lisboa. Braga, Tipografia Abreu, Souza & Braga, Ltda, 2005, p. 22).

Essa sociedade moderna será a primeira a se constituir em uma sociedade mundial. Não um império que se estende pelo globo, como na Antiguidade, não uma questão geográfica, mas uma lógica própria, um método, um modo de ser. A comunidade de trabalho se universalizou como nenhuma ideia na história e não só isso, ela se transformou num novo *ethos*, ela também, com isso, mudou a referência, o sagrado.

As palavras de Kirscher[59] expressam o problema da seguinte forma:

> Nosso mundo parece não mais querer, nem poder se medir a um absoluto imanente ou transcendente. Deixado a si mesmo, tornou instável em seu princípio por uma mudança incessante – revoluções técnicas ou revoluções nos costumes, produção e superprodução de artefatos em série, permuta generalizada, consumo e usura precipitados de bens e de valores, modificações aceleradas de todas as regras do jogo social, libertação triunfal ou transgressão vergonhosa de todos os tipos de limites, etc., nosso mundo aparece *essencialmente* em crise e só parece conhecer de constância aquela de um tornar-se outro, vivido e compreendido por sua vez como uma ameaça e um recurso.

Na sociedade moderna, há uma consciência radical da finitude, com a instabilidade e mudanças frequentes como seu princípio. A modernidade não cessa de colocar essa e outras questões a si mesma. De fato, a modernidade não deixa de pôr a si mesma em questão. Ocorre que esse questionamento não visa, na sociedade do trabalho, uma contemplação ou consideração do sentido, mas apenas o aumento da eficácia.

O "novo" sentido não se situa na transcendência, tal como a cultura pensou tradicionalmente, mas no íntimo de uma imanência técnica – a eficácia.

A sociedade moderna, embora não tenha tornado extinto o sagrado tradicional da comunidade, é "[...] calculista, materialista e mecanicista".[60]

---

[59] G. Kirscher, *Figures de la violence et de la modernité: essais sur la philosophie d'Eric Weil*. Lille, Presses Universitaires de Lille, 1992, p. 5.

[60] E. Weil, *Filosofia política*, p. 86-87.

No início do capítulo, Weil pôs como problema, a compreensão da sociedade na sua própria autocompreensão. Ela se situa na passagem do sagrado tradicional para o moderno, mas também na instalação do conflito. O filósofo busca a compreensão do fenômeno. As ciências sociais, já apontados na *Introdução*, buscam "descrever adequadamente" a sociedade. Há uma diferença no que se refere à dimensão valorativa, uma vez que a *Filosofia política* não apenas descreve, mas também avalia no sentido de prescrever.

A sociedade toma consciência de si pelas ciências sociais. Isso, segundo Weil, ocorre na sociedade moderna porque o elemento do cálculo do trabalho é analisado por uma ciência, que não admite outro critério que a *calculabilidade*.

"Só uma sociedade racionalista e mecanicista pode querer se compreender numa ciência, isto é, numa análise *calculista*, numa descrição que não admite outro critério além da *calculabilidade*, em vez de compreender num sistema de valores múltiplos coordenados ou a coordenar (uma moral, um *summum bonum* com os seus *bona* inferiores)."[61]

O conflito da sociedade não é compreendido quando se falta um rol de valores para avaliá-los. Pela ciência social, ele é descrito e o sujeito, perdendo as referências de julgamento, põe-se no seio do conflito, mas sem o instrumental para avaliá-lo.

"O mecanismo age sobre ele, e ele colabora para o bom funcionamento desse mecanismo. A única necessidade que se lhe apresenta é, como se diz, valorizar-se, tornar-se precioso aos outros. Se quer viver e participar das vantagens do trabalho social, deve fazer-se objeto utilizável nesse trabalho e para esse trabalho."[62]

Depois de todo o processo de transformação do sagrado, transformação que não é total, uma vez que a permanência dos traços da comunidade permite a crítica à sociedade, de como o trabalho universalizou, pela eficácia do cálculo, do material e do método, uma visão

---

[61] Ibidem, p. 88.

[62] Ibidem, p. 94.

de mundo que se apresenta ao sujeito como *segunda natureza*. Essa natureza age sobre ele, o indivíduo, com seus valores, mas como um mecanismo que cobra também uma transformação.

O homem de bem será valorizado, não pela referência moral, mas instrumental. O valor não é o da moral, mas o preço. Daí que valorizar-se é ser um bom instrumento, um objeto eficaz. A regra numa sociedade da eficácia é a competição.[63]

O sentido nessa sociedade, sentido compreendido como herança da tradição, ou sentido transformado, como tratado anteriormente, é que para personalizar-se, para ser pessoa, reconhecida no seu meio, o homem deve objetivar-se. O preço de ser *pessoa*, é tornar-se um *instrumento eficaz*.[64]

A lógica do novo sagrado se espraia e as diversas áreas do conhecimento assumem essa lógica. A eficácia é defendida e, mais do que isso, é assumida e implicada ao sujeito. O choque entre a herança de sentido, o horizonte de valores, o que é essencial para o sagrado tradicional e o novo horizonte do trabalho faz com que tenha lugar o "sentimento de injustiça social".[65]

---

[63] Ibidem, p. 95.

[64] Essa discussão não é recente, nem Weil é o único a tratá-la. Interessa-nos porque a ingerência da sociedade moderna com o seu sagrado sobre o indivíduo significa o aprofundamento e a ampliação desse sagrado. "O aparelho impõe as suas exigências econômicas e políticos de defesa e expansão sobre o tempo de trabalho e sobre o tempo livre, sobre a cultura material e intelectual. Dado o modo de organização da sua base tecnológica, a sociedade industrial contemporânea tende a ser totalitária. Porque "totalitária" é não só uma forma de coordenação da sociedade através do terror político, mas também uma forma de coordenação econômica-técnica que, sem recurso ao terror político, opera por meio de manipulação das necessidades através de interesses adquiridos" cf. H. Marcuse, O *Homem unidimensional: sobre a ideologia da sociedade industrial avançada*. Lisboa, Letra Viva, 2011, p. 23. Ver também J. Ladrière, *Vida social e destinação*. São Paulo, Convívio, 1979, p. 91-121; R. May, O *homem à procura de si mesmo*. Petrópolis, Vozes, 2012, p. 13-38; A. Sen, *Desenvolvimento como liberdade*. São Paulo, Companhia das Letras, 2010, p. 16-26.

[65] E. Weil, *Filosofia política*, p. 104.

O núcleo dessa injustiça é que a sociedade promete valor ao indivíduo, enquanto este participa da lógica do trabalho. No entanto, ela mesma não garante esse acesso aos bens produzidos pelo sujeito. Há uma margem, uma distância, ele não é totalmente incluído, nem todos são.

> O indivíduo sente que não tem acesso a todas as funções para as quais se crê apto, sente que está privado de certas oportunidades, sofre as consequências da exclusão desses postos por outros que, mais bem instalados graças às condições de sua situação histórica, os reservam para si sem qualquer justificação racional. A competição deveria ser o único procedimento, mecanicamente justo, a designar em cada carreira os candidatos mais qualificados.[66]

A segunda parte do capítulo – o indivíduo e a sociedade – aprofundará o sentimento de injustiça. Observamos que a mudança do sagrado está na raiz do sentimento, e no entanto, só os resquícios da moral da comunidade é que permite que o sujeito compreenda a sua situação como injusta.

Se antes o foco era a transformação do sagrado e como esse sagrado é vivido pelo indivíduo, agora, o foco é o próprio indivíduo em suas relações com o mecanismo do sagrado do trabalho. Assim, "[...] o indivíduo que, renunciando a qualquer outro sagrado, consagrar-se inteiramente ao trabalho social obterá, em igualdade de condições, uma porção maior de vantagens sociais".[67]

O novo sagrado exige consagração, entrega. Em outras palavras, a sociedade exige do indivíduo o que ele é, sua individualidade. Para que ele seja, é preciso que não seja, mas que faça o mais eficaz. Esse é o novo sagrado.

> A sociedade moderna define-se, como todas as sociedades da história, por seu *sagrado*, no sentido formal do termo: o que nela não é

---

[66] Ibidem, p. 105.

[67] Ibidem, p. 113.

> discutido, mas constitui o suporte de toda discussão. Para ela, o sagrado é o resultado mensurável obtido na luta contra a natureza. Daí deriva o princípio de eliminação de todo sagrado transcendente à sociedade e ao seu trabalho. A comunhão dos indivíduos com valores situados fora do plano da natureza e da luta com ela, a comunhão com um Eu universal e, pessoal, seja a Natureza, Deus, a Cidade, um Rei, tudo isso é negado do direito, mais exatamente, considerado *inútil* e contraditório com o valor social.[68]

Quanto à eliminação de toda referência transcendente, resta a utilidade que se tem no novo sagrado, uma vez que continua servindo de elemento de decisão para as questões comuns da vida comum. Ora, a sociedade erigiu um novo sagrado, resultado de um longo processo de história. Esse sagrado, como o antigo que persiste, torna-se critério. Ocorre, no entanto, que o sagrado da sociedade atual persiste com o sagrado da comunidade tradicional.

Essa utilidade que caracteriza o sagrado moderno criou seus mitos, como a neutralidade da técnica, ou que a técnica é apenas um instrumento entre outros e não uma forma de vida ou ainda que ela diz respeito ao aqui e agora. Mas, assumindo o lugar da transcendência, essa lógica tomou o lugar ocupado pela religião, substituindo o final, o *éschaton*. O conteúdo tradicional, progressivamente esvaziado da religião vai sendo, por outro lado, preenchido pela utilidade. O meio torna-se o próprio fim.

Nasceu não só um novo instrumento, nasceu um novo fim. Não um meio ou um projeto, mas um novo sentido. Apenas o termo sagrado comporta a polissemia do contexto e, se por um lado ele – o sagrado moderno – nos atrai e fascina; por outro, nós o tememos.

> Nasceu uma sociedade que não conhece nenhum sagrado no sentido tradicional, mais exatamente, só conhece um sagrado exclusivo de todo sagrado sobrevivente na consciência dos indivíduos, um sagrado que não oferece ao indivíduo enquanto tal um sentido para a sua vida.

---

[68] Ibidem, p. 117-18.

> A modernidade de nossa sociedade definida objetivamente como luta progressiva com a natureza exterior, exprime-se no plano da subjetividade como divisão do indivíduo entre o que ele é para si mesmo e o que ele faz ou possui, entre o que considera como seu valor e o que deve apresentar como valor para os outros, para a sociedade.[69]

INTRODUÇÃO À *LÓGICA DA FILOSOFIA*

Haveria algo como *um sagrado* para o filósofo? – foi a interrogação que motivou a volta e a frequentação aos textos de Eric Weil, não desenvolvendo o sagrado como o fizemos até então, em seu sentido prático de decisão, mas inquirindo se haveria para o pensador, para aquele que decidiu pela filosofia, algo semelhante àquilo que constitui o sagrado para a comunidade, a saber, se haveria na obra de Weil traços de identidade e de tarefa para o filósofo. Se Weil é herdeiro de um pensamento que concilia a prática e a teoria e se o sagrado é expressão do prático, qual seria o sagrado da teoria?

O sagrado está presente na *Introdução* à *Lógica da filosofia* de forma exaustiva. Mas, ao lado do termo sagrado há um outro termo de suma importância e que não nos passou despercebido porque nos introduziu no sagrado do Sentido e da Sabedoria. Trata-se do vocábulo *essencial*.

> A primeira vez que aparece, já na *Introdução*, diz: "Trata-se, para nós, do fato da multiplicidade dos discursos e de nada além disso. O homem constrói discursos coerentes, discursos que não contém contradição, que abarcam todo o essencial e o reduzem à unidade para, em seguida, deduzi-lo dessa unidade: ora, existem vários discursos. [...] Cada discurso é determinado pelo que, para ele, é o essencial, e o essencial é determinado pelo discurso".[70]

---

[69] Ibidem, p. 119.

[70] Idem, *Lógica da filosofia*. Trad. Lara Christina de Malimpensa. São Paulo, É Realizações, 2012, p. 56.

Na página seguinte, Weil continua dizendo que "o essencial para cada discurso é fixado pelo próprio discurso".[71] Ainda na *Introdução*, diz que "[...] todo discurso possui um sentido e, assim, participa do sentido".[72] Essas observações, tendo a questão do sagrado como fundo, levantaram a hipótese de uma relação entre o essencial como um "sagrado" para o filósofo, de forma que o que identifica e caracteriza o filósofo seria pensar o essencial, isto é, o Sentido.

O homem está entre o razoável e a violência – o mesmo vale para a comunidade. No caso dessa última, a escolha sempre é possível, e também precisa ser educada em vista de princípios que constituam, enfim, seu horizonte de referência. Como seria possível uma cidade em comum quando não se tem critérios comuns reconhecidos para se efetuar a decisão?

Sem princípios, não há discussão; na verdade, não se discute com quem nega esses princípios fundamentais, porque eles mesmos viabilizam a discussão.

> Não se deve discutir com quem nega os princípios, aquelas teses que, por serem evidentes para todo mundo, não requerem nem admitem discussão, mas constituem os elementos nos quais toda discussão se baseia; para dar um único exemplo, o diálogo não poderia ser travado com um parceiro que negasse o valor da contradição como critério decisivo, ou não admitisse que existe a possibilidade de contradição, ou ensinasse que toda afirmação do discurso é contraditória.[73]

Os princípios são essenciais no sentido de que os dados da realidade, o diálogo, a discussão sobre problemas da vida comum são postos em referência. Sempre há a possibilidade desses mesmos princípios serem negados. O que se dá é que não se pode abandonar a

---

[71] Ibidem, p. 57.

[72] Ibidem, p. 84.

[73] Ibidem, p. 39.

lógica, já que ela é garantia da orientação no discurso. O que se dá também é que a realidade conflituosa não segue prioritariamente as regras da lógica, da não contradição, sendo necessário, portanto, uma base de orientação na prática. Os princípios são fundamentais porque são o solo sobre o qual as decisões podem ser tomadas. A recusa a esses princípios equivaleria à recusa de se decidir.

Continuando com o problema, Weil explica:

> É indispensável que, ao menos no que tange a esse diálogo concreto, fatos sejam reconhecidos, dados, admitidos: assim como, na ausência de princípios, a decisão se tornaria impossível, o diálogo já não trataria de nada, ele não poderia começar se um e outro interlocutor não estipulassem que existe algo do que falar. Pode-se perguntar o que é a virtude, mas é preciso, então, estar de acordo quanto à existência da virtude; pode-se entrar em contradição quanto ao caráter sagrado deste ou daquele fenômeno, mas apenas quando os adversários estiveram de acordo quanto ao fato de que existe um sagrado.[74]

O princípio lógico não pode simplesmente ser abandonado, não pode, no entanto, reger toda a relação com o real, principalmente quando se está imersa em conflito. Há de se ponderar, com o princípio, uma saída. Weil a vê no diálogo.

Pela primeira vez o termo sagrado surge na *Lógica da filosofia*. Em duas páginas, em meio ao conflito que a comunidade vive no tocante às decisões que deve tomar para permanecer na história, surge o sagrado. Note-se que o homem está em uma situação de conflito dada à situação que o constitui, por assim dizer, a situação de sempre estar entre o razoável e a violência. De sempre ter ao seu lado a *possibilidade*. É preciso escolher e essa escolha é justificada em vista do sagrado, do conjunto de princípios reconhecidos.

Há de se notar dois elementos constitutivos do sagrado: por um lado, ele tem uma dimensão prática, isto é moral e política, e constitui

[74] Ibidem, p. 39-40.

o centro do que temos exposto até o presente sobre o sagrado. Na verdade, o desenvolvimento dessa temática tomou nosso percurso até o presente e constitui metade de nossa hipótese, a saber, o sagrado é constitutivo de uma dimensão prática porque seu núcleo é o horizonte de referência, aquilo que permite a comunidade decidir, como também constitui o núcleo da tradição moral de uma comunidade e mesmo suas referências de direito natural – instância julgadora do direito positivo e do ordenamento jurídico. O sagrado é a referência que possibilita a ação da comunidade. Há, além da dimensão ética do sagrado, moral e política, uma dimensão teórica. O sagrado é a referência da decisão, mas também é referência no que diz respeito ao conhecimento daquilo que se trata. É preciso estar de acordo para que haja virtude, mas é preciso um certo conhecimento do que vem a ser virtude. Não haveria virtude se fosse resultado de um problema lógico, como também não haveria se a lógica fosse descartada. Ora, tal conhecimento, assim como a prática, não diz respeito a um elemento estável e monolítico, dado que tanto um quanto outro são dinâmicos. Desenvolveremos o sagrado enquanto visada ao saber nos capítulos subsequentes da tese, ou seja, se em nossa trilha percorremos o sentido prático do sagrado, percorreremos o seu sentido teórico, a essencial mas íntima da *Lógica da filosofia*. Há de se levar em consideração que essa divisão tratada – sentido teórico, sentido prático – é apenas metodológica, uma vez que teoria e prática se unem e se relacionam intimamente.

Weil insiste nesse capítulo sobre o diálogo. "O diálogo sempre diz respeito, em última instância, à maneira como se deve viver",[75] ou ainda "[...] a comunidade só subsiste enquanto o diálogo for suficiente para resolver tudo do que pode dividir os homens".[76]

O diálogo aqui não representa o núcleo do sagrado, já o sabemos uma vez que não apenas a dimensão prática, mas também a teórica

[75] Ibidem, p. 41.

[76] Ibidem, p. 42.

faz o que é sagrado, mas diz respeito ao elemento de efetivação dele. O diálogo viabiliza por um lado a aplicação do que é comum – sem o qual não há diálogo – e, por outro lado permite a constante atualização do próprio sagrado, uma vez que ele é confrontado com posições que o põem em cheque.

Continuando sobre o diálogo, Weil diz:

> Poder-se-ia dizer, em linhas gerais, que esse diálogo se desenvolveu em todos os lugares onde se alcançou certa medida de igualdade entre os cidadãos, onde se formou uma comunidade de senhores na qual cada membro se sabe protegido da necessidade – e, consequentemente, da luta com a natureza – e deixa de ter (ou ainda tem) senhor, humano ou sobre-humano, ao qual todos devem obedecer: o diálogo se desenvolve numa comunidade de homens que se sabem, todos juntos, livres da necessidade imediata, isto é, em posse de técnica suficiente para suprir suas necessidades pelo emprego de intermediários – escravos, máquinas -, que fazem o trabalho físico exigido de tal modo que os *iguais*, os verdadeiros homens e refletir em paz sobre o que lhes parece bom realizar.[77]

O diálogo torna inadmissível a violência entre os homens e nisso está o seu traço mais fundamental. A razoabilidade é critério contra a violência e a permanência do diálogo, efetiva tanto a questão prática, quanto teórica, essa é a "marca do sagrado".[78]

---

[77] Ibidem, p. 42-43.

[78] Eis por que tudo que é essencial à vida da comunidade traz a marca do sagrado – ou, traduzindo em outra linguagem, pretende ao âmbito das coisas que não podem ser modificadas por uma decisão da comunidade e que, consequentemente, não podem ser submetidas a uma discussão. Mas esse âmbito não é claramente delimitado: o sagrado pode ser dessacralizado em parte, novos sacramentos podem ser introduzidos e instaurados. Para nós, isso é a expressão de uma mudança nas formas e nas condições de vida: quando a agricultura é sobrepujada pelo comércio marítimo, os deuses do mar se sobrepõem aos do solo e do subsolo; quando a reflexão do viajante ardiloso é indispensável à aquisição daquela riqueza que a partir de então constitui o homem de bem, a deusa empreendedora da inteligência se torna o árbitro que decide a luta entre as divindades antigas e as de uma época mais recente, rindo-se das potências que lhe são superiores por sua idade e sua força cega. A passagem, porém, é

SENTIDO E SABEDORIA: O ESSENCIAL DA FILOSOFIA

O decorrer da *Introdução* mostra como o essencial cumpre esses requisitos como uma espécie de sinônimo para o sagrado, mas agora no campo teórico. Assim como a comunidade decide pelo seu sagrado e busca mantê-lo, Weil questiona se aquele que decidiu pela filosofia tem também em conta a importância do sentido. Ele pergunta: "Será o discurso o essencial para ele?".[79]

Aquele que se decide pela filosofia tem diante de si, então, quase como uma necessidade, pensar a sua realidade para compreendê-la. Aqui surge a tríade fundamental da *Lógica da filosofia*, seus conceitos nucleares, a atitude, a categoria e a retomada.

Segundo Weil, "[...] o fato é que a atitude do homem nem sempre se expressa adequadamente no discurso do homem, se a palavra 'adequado' for empregada para designar o discurso elaborado de modo coerente em torno do que é *essencial* para o homem nessa atitude".[80] Ele volta a repetir o termo essencial diversas vezes no texto, conforme expomos no decorrer de nossa trilha, delimitando que o homem vive em determinada atitude e que a decisão de filosofar implica transpor o essencial de uma atitude para a coerência da categoria. E que essa categoria deve expressar o essencial de um mundo e quando esse mundo se transforma e surge um novo, faz-se necessário retomar, com linguagem antiga, o novo essencial que surge.

O termo essencial delineia-se como o núcleo mais íntimo do sagrado do filósofo. Ele acaba por preencher, em sua permanência em cada

---

imperceptível para quem vive e a efetua sem saber. Para ele, em instante algum a continuidade é rompida, e se ele sabe que o passado não é igual ao presente, ele só constata, no entanto, um enriquecimento ao qual não corresponde nenhuma perda. A comunidade perdura, pois os deuses perduram, e o número destes últimos aumentou, assim como aumentou a força da comunidade que permaneceu una e idêntica. Cf. E. Weil, *Lógica da filosofia*, p. 44.

[79] Ibidem, p. 86.

[80] Ibidem, p. 112.

categoria da *Lógica*, aquele traço tão weiliano de uma transcendência filosófica, a saber, a busca de um sentido para compreender o real. Transcendência porque ultrapassa o imediatamente dado, mas diferente da transcendência religiosa/teológica, a transcendência do sentido se dá na história.[81] Assim, por superar "[...] o imediato do nível da ciência objetiva e por conduzir uma reflexão sobre a moral, a ação, para além da própria moral e da própria ação, a filosofia transcende".[82]

Podemos então pensar o Sentido segundo a *Lógica da filosofia* numa dinâmica imano-transcendente, porque parte da exigência do concreto da realidade em busca de sua compreensão e volta ao mesmo real como possibilidade de orientação, de ação. Eis em breves linhas o essencial. A questão então se volta para a compreensão da expressão do essencial que se dá na *Lógica da filosofia* e tomamos aqui nas categorias de Sentido e Sabedoria.

Inquirir o sagrado para o filósofo resulta em descobrir o Sentido como a categoria que constitui a filosofia, uma vez que ela "[...] visa o sentido e é constituída por ele".[83] E o Sentido, enfim, é essa espontaneidade em compreender, em situar-se, por isso tratar da poesia do sentido como movimento dinâmico e espontâneo, porque sua plasticidade permite o rol de discursos. Por ser transcendente, trata a poesia de revelação? Não. Nem revelação religiosa, nem revelação significando um novo, inaudito.

Não é desse texto poético, místico, que trata Weil, como não também não é do sentido comum de poesia, da rima e métrica.

> A poesia não faz essas revelações. Por isso se fala sobre ela em termos curiosos, e que mudam de época para época: o coração aí se expressa, aí nasce um mundo, as nascentes aí jorram, a personalidade aí se

---

[81] H. Bouillard, "Transcendencia y Dios de la fe". *In*: A. Álvarez Bolado. *Fe cristiana y sociedad moderna 1*. Madrid, Ediciones S.M., 1984, p. 104-07.

[82] Ibidem, p. 105.

[83] E. Weil, *Lógica da filosofia*, p. 594.

> manifesta na verdade de sua essência, a liberdade aí aflora, o absoluto aí se mostra sob todas as formas de imagens, o Bem sob os aspectos do Belo – enumerar todas as expressões seria escrever uma das histórias da humanidade, e não das menores; analisá-la seria refazer, mas em uma aplicação, a lógica da filosofia com todas as suas categorias e, sobretudo, com um número impressionante de retomadas que indicam, todas elas, a mesma coisa: que se trata do que existe a um só tempo de mais familiar e de mais incompreensível.[84]

A poesia marca a inventividade do sentido. Mas não é inusitado, depois de percorrer a trilha da obra de Eric Weil, que ele diga que "[...] a poesia está ligada ao sagrado; mas que isso, ela é o lugar do sagrado".[85]

Ora, à primeira vista, estaria completo o movimento que teve início com o conceito do sagrado e transbordou para o sagrado do sentido. O filósofo tem o seu sagrado, na medida em que assume a decisão pela compreensão do essencial de cada discurso. O Sentido seria "a categoria das categorias, a compreensão criadora".[86] O fim do movimento estaria no Sentido se compreendemos que "a filosofia, como ciência do sentido"[87] e, à primeira vista, toda a trilha que percorrida teria chegado ao fim. Mas o percurso não sendo o de uma ciência do sentido, como também de uma história da compreensão desse, não fica no aspecto teórico, ou seja, pensar o Sentido como o término da *Lógica* significa incorrer em uma compreensão parcial e deficiente do pensamento do filósofo, de sua obra. Sentido e Sabedoria, enquanto categorias formais, não apresentam um conteúdo, um significado novo, mas exercem a função da reflexão formal da filosofia sobre si mesma e, assim, a reflexão seria parcial por olvidar a Sabedoria, a conciliação entre o pensar e o agir, a união entre a compreensão e a ação.

---

[84] Ibidem, p. 595.

[85] Ibidem.

[86] Ibidem, p. 596.

[87] Ibidem, p. 598.

Ocorre que o "à primeira vista" faz problema porque a conclusão no Sentido significaria, implicitamente, uma traição à intenção mais fundamental de toda a dinâmica não só da *Lógica da filosofia* como obra, ou como metodologia, como projeto, mas também ao conjunto da obra de Eric Weil em seu traço mais fundamental, àquilo que chamamos de sua herança, ou seja, a conclusão no Sentido equivaleria a uma sobreposição da teoria com relação à prática, do pensar com relação ao agir, da categoria com relação à ação. Todo o percurso teria levado o filósofo a uma decisão pelo pensar e, assim, não haveria o educador, mas apenas aquele que põe-se no real como espectador. A *Lógica* seria um trabalho da Inteligência e não do Sentido, uma vez que se seu dinamismo se concluísse na primeira categoria formal, esse Sentido já não seria o Sentido que acabamos de expor, mas unicamente um "olhar de constituição do mundo".[88]

É próprio do Sentido na *Lógica* não permanecer expectador do mundo, mas compreendê-lo para agir, nascendo assim a Sabedoria como categoria formal, como exigência natural, esperada, da herança que une o pensar e o agir. A escolha pela Sabedoria não é uma escolha fácil no contexto de origem da *Lógica*. Embora a palavra defina a filosofia, ela não é a expressão ou a busca, a representação da orientação dos filósofos no contexto dos anos 1950. Weil sabe disso, mas seu pensar não é a elaboração de uma crítica dos discursos, mas é uma crítica em busca de critérios.

O Sentido como categoria filosófica diz respeito ao mais íntimo da compreensão e, como tal, ele se volta para os discursos que tratam de ordenar ou organizar de alguma forma a relação com a realidade. Assim, inclusive a "[...] existência sem razão é um fato, e a filosofia, se quiser ser ela própria, deverá compreendê-la".[89]

Há diversas significações atribuídas ao sentido: ora pode ser tomado como o próprio significado de algo ou de uma expressão, ora

---

[88] Ibidem, p. 380.

[89] Ibidem, p. 587.

como finalidade, ou como uma estrutura que subjaz ao real ou como valor, pelo qual vale a pena resistir existencialmente diante das adversidades. Padrão ou padrões encontrados em meio à chuva meteórica de dados, ou o encontro de uma harmonia em meio aos ruídos da existência também são representações do sentido.

Weil busca compreender – essa é a questão do Sentido enquanto categoria, uma vez que as designações do sentido são, de uma forma ou outra, formas de discursos. A compreensão categórica se dá com relação às formas de discursos organizados historicamente. Ao dar lugar categórico às formas de discursos, Weil busca compreender o Sentido. Isso se dá também com o não senso, como também com a negação prática ou discursiva do Sentido.

A filosofia é a apreensão categórica dos discursos históricos. Daí a importância da linguagem quando a filosofia se volta à categoria do Sentido, porque ela não compreende apenas as categorias, mas compreende a si mesma como "[...] ciência do sentido".[90] A filosofia não compreende apenas os discursos, mas também a si mesma enquanto dinâmica de compreensão.

A Sabedoria surge na *Lógica da filosofia*, finalmente, para dar Sentido ao motor da atitude, da categoria e da retomada,[91] uma vez que ela une em seu conceito tanto a dimensão teórica, quanto prática.

Voltamos a repetir que Weil não é alheio à dificuldade do termo Sabedoria, mas essa dificuldade se torna oportunidade para explicitar o seu conceito. Entre as páginas 613 e 618, Weil aponta dez caracterizações da Sabedoria que, de mais fundamental, expõem a coincidência do formal e do concreto, da atitude e da categoria, do pensar e do agir. Uma unidade assim não é elevada à atmosfera religiosa, mítica ou transcendente; mas é plena da imano-transcendência que caracteriza o pensamento de Eric Weil.

---

[90] Ibidem, p. 597.

[91] Ibidem, p. 612.

Ora, ele diz, "[...] a sabedoria, formalmente falando, é possível a qualquer momento, em qualquer lugar, para qualquer um, contanto que o homem realize sua vida em conformidade com seu discurso, seu discurso em conformidade com a sua vida".[92] Essa realização não é uma atitude ou outra, categoria ou outra, conhecimento ou outro, uma vez que a Sabedoria "se sabe categoria", assim como "[...] se sabe atitude".[93]

A Sabedoria brota como coincidência entre o pensar e o agir nesse solo em que a filosofia é assim concebida como "[...] um discurso formalmente coerente no qual a tarefa principal é separar o essencial do que não é, para rejeita esse inessencial no reino das sombras, das ilusões".[94]

Essa coincidência entre o discurso e a situação, ou entre a *theoria* e a *praxis*, constitui a Sabedoria. Essa não é, entretanto, a "[...] abolição do discurso, mas sua realização na vida do sábio",[95] com a passagem do Sentido para a Sabedoria.

O sábio une o discurso e a ação. A figura do sábio é importante por se tratar, na concepção weiliana, de uma sabedoria agente e não de um sábio que se retira do mundo e o contempla ou de um expectador da realidade. Pelo contrário, Weil pensa o sábio como aquele que "[...] pode fazer da filosofia seu guia, se buscar o sentido em sua atitude",[96] enfim o homem do Sentido, é o mesmo "razoável", já que a razoabilidade diz respeito à conformação da vida ao discurso ou, em outras palavras, "[...] a sabedoria, é a presença concreta do discurso no homem que pensa e no qual a vida é informada pelo discurso".[97]

---

[92] Ibidem, p. 614.

[93] Ibidem, p. 618.

[94] E. Weil, *Philosophie et réalité*, p. 26.

[95] G. Kirscher, *Figures de la violence et de la modernité*, Op. cit., p. 195.

[96] E. Weil, *Lógica da filosofia*, Op. cit., p. 607.

[97] P. Canivez, "La sagesse et l'action". *In*: J. Quillien e G. Kirscher, *Cahiers Eric Weil V. Eric Weil: Philosophie et Sagesse*. Lille, Presses Universitaires du Septentrion, 1996, p. 141.

A marca do sábio é que ele pensa o que vive, vive o que pensa. O sábio busca realizar uma síntese e se põe entre o sagrado e o Sentido porque não vive fora do horizonte de sua comunidade, nem sem a interrogação do Sentido. Ou ainda, diante da universalidade do sagrado proposto pela tradição da comunidade, em sua formalidade, lida com o conflito particular do contexto, com todas as características de seu momento, para chegar a uma ação singular, expressão de si e de toda a riqueza simbólica que herdou.

A Sabedoria, então, se liga tanto ao sagrado, como ao Sentido. Essa relação é compreendida ao fim de uma trilha pelo pensamento de Eric Weil, que também pensa a filosofia como resultado de decisões em vista da compreensão, de modo que retomamos uma imagem utilizado no início, as decisões pela filosofia que marcam a história do pensamento, são também marcas no caminho de uma trilha feita, decisões, diferente de um trajeto perene, eterno, um trilho.

Sobre os autores

Adna Candido de Paula. Mestre e doutora em Teoria e História Literária, pela Universidade Estadual de Campinas (UNICAMP). Doutora em Ciência da Religião pela Universidade Federal de Juiz de Fora (UFJF). É professora de Filosofia no curso de Bacharelado em Ciências Humanas – Políticas Públicas, da Universidade Federal dos Vales do Jequitinhonha e Mucuri (UFVJM). É professora associada II da Faculdade Interdisciplinar em Humanidades, da UFVJM, e também é coordenadora do Núcleo de Pesquisa, Ensino e Extensão sobre Escravidão (MPICH-UFVJM).

Alessandro de Lima Francisco. Unifai e Cogeae, Pontifícia Universidade Católica de São Paulo (PUC-SP). Doutor em Filosofia em regime de Duplo Doutorado pela PUC-SP e pela Université Paris VIII, com Pós-Doutorado na École Normale Supérieure de Paris, é professor da Pós-Graduação da Coordenadoria Geral de Especialização, Aperfeiçoamento e Extensão (COGEAE) da PUC-SP e do Centro Universitário Assunção (UNIFAI). É também pesquisador associado ao Laboratoire d'Études et de Recherches sur les Logiques Contemporaines de la Philosophie (Université Paris VIII). É pesquisador no Institut Mémoires de l'Édition Contemporaine (IMEC), no Collège de France, nos Archives Nationales de France e na Bibliothèque Nationale de France.

Alessandro Rodrigues Pimenta. Universidade Federal do Tocantins (UFT). É professor Adjunto de Filosofia na UFT e coordenador do Mestrado Profissional em Filosofia na Universidade Federal do Paraná (UFPR/UFT). É membro da Red Iberoamericana de Educación en Territorios Rurales (RIBETER) e Red Temática de Investigación de Educación Rural (RIER). Possui Bacharelado (2001) e Mestrado (2003) em Filosofia pela Universidade Federal de Goiás (UFG) e Doutorado em Filosofia pela Universidade Gama Filho/RJ. É Pós-doutor em Filosofia pela Universidade Federal do Rio de Janeiro (UFRJ). Suas pesquisas e publicações se voltam ao racionalismo do séc. XVII, à hermenêutica, à desconstrução, ao ensino de filosofia e aos fundamentos filosóficos da educação do campo. É coordenador Institucional da Escola da Terra na UFT e membro da Escola da Terra da UFG-CAT e da UFU.

Claudio Reichert do Nascimento. Universidade Federal do Oeste da Bahia (UFOB). Possui graduação em Filosofia, Licenciatura Plena (2007), mestrado em Filosofia pela Universidade Federal de Santa Maria (UFSM) (2009) e doutorado em Filosofia pela Universidade Federal de Santa Catarina (UFSC) (2014), com período sanduíche na École des Hautes Études en Sciences Sociales (EHESS – Paris) e no *Fonds Ricœur*. Atuando principalmente nos seguintes temas: Fenomenologia e hermenêutica; Filosofia da história e narratividade; Identidade pessoal e narração de si; Filosofia e Ensino. Atualmente é professor Adjunto da UFOB.

Daniel da Fonseca Lins Jr. Possui graduação pela Faculdade de Filosofia da Companhia de Jesus (2004), mestrado em Filosofia (2006) e doutorado em Filosofia pela UFC (2017). Atualmente é professor do Seminário Adventista Latino-Americano de Teologia, do Centro Universitário Jorge Amado e do Centro Universitário Ruy Barbosa. Tem experiência na área de Filosofia, com ênfase em História da Filosofia, atuando principalmente nos seguintes temas: filosofia do direito, ação; lógica da filosofia; Eric Weil, filosofia da religião, ética e filosofia política.

Evanildo Costeski. UFC. Possui graduação em Filosofia pela Universidade do Sagrado Coração, mestrado (1997) e doutorado (2004) em Filosofia pela Pontifícia Universidade Gregoriana. Pós-doutorado no Centro de História e Cultura da Universidade Nova de Lisboa (2012). Professor Associado III da Universidade Federal do Ceará. Membro correspondente externo do Instituto Eric Weil (IEW) da Université Charles de Gaulle (Lille 3). Professor do Curso de Mestrado e Doutorado em Filosofia da UFC e do Mestrado Profissional em Filosofia (PROF-FILO). Tem experiência na área de Filosofia, atuando principalmente nos seguintes temas: Ensino de Filosofia, Filosofia Brasileira, Kierkegaard, Eric Weil, Violência, Religião e Relações Internacionais.

Francisco Valdério. UEMA. Doutor (2016) e mestre (2010) em Filosofia pela PUC/SP. Professor Adjunto II na Uema. Coordenador do GT "Eric Weil e a compreensão do nosso tempo" vinculado a Associação Nacional de Pós-Graduação em Filosofia (ANPOF). Fundador do Curso de Licenciatura em Filosofia da Uema. Desenvolve suas atividades na área de Ética, Filosofia política, Hermenêutica e História da Filosofia.

Henrique Borralho. Uema. Possui graduação em História pela UFMA, mestrado em História pela Unesp-Assis-SP, doutorado em História pela UFF e pós-doutorado em Teoria Literária pela UFRJ. É coordenador do Núcleo de Pesquisa em Historiografias e Linguagens, membro da Associazione Brasilianiste italiana Jacarandá, das Universidade de Genova, Milão e Brescia. Professor adjunto IV, professor permanente do Programa de Pós-Graduação em História, Ensino e

Narrativas, e do Programa em Letras da Uema. Tem experiência na área de História e Literatura, Teoria da História, Teoria Literária, atuando principalmente nos seguintes temas: literatura e história, literatura e filosofia, literatura africana de língua portuguesa.

Jorge Dávila. Universidad de los Andes (ULA). Diploma Terceiro Ciclo em Ciências Sociais pela École des Hautes Études en Sciences Sociales, Paris, 1984. Principais posições acadêmicas: professor ordinário de Dedicação Exclusiva. Instrutor (1979), assistente (1984); agregado (1992); associado (1995); titular (2000). Membro do Consejo del Centro de Investigaciones en Sistemología Interpretativa de la Universidad de Los Andes (CSI), Mérida, Venezuela, 1999; coordenador do Programa de Pós-Graduação em Sistemologia Interpretativa (1996); chefe do Departamento de Sistemologia Interpretativa (1996); investigador visitante do Centre Michel Foucault, Paris (1995-1996); professor visitante do Centre for Systems Studies University of Hull, Inglaterra (1995); coordenador do Programa de Pós-Graduação em Gestão e Planificação Sistêmico-Interpretativa em Organizações, ULA (1988-1990). Algumas distinções: membro do Conselho Editorial da Revista Sistemas (1982-1989); membro do Conselho Diretor da Unidade de Assessoria, Projetos e Inovação Tecnológica, ULA (1984-1988).

Judikael Castelo Branco. UFT. Professor do curso de Licenciatura em Filosofia e do Programa de Mestrado Profissional em Filosofia. Doutor em Filosofia pela UFC e pela Université Charles de Gaulle (Lille 3), com tese sobre a relação entre Filosofia e História no pensamento de Eric Weil (2017), mestre em Filosofia pela UFC (2011), com dissertação sobre a *Filosofia política* de Weil, bacharel em Teologia pela Faculdade Católica de Fortaleza (FCF). Atualmente desenvolve pesquisas nas áreas de Ética e Filosofia política, com especial interesse pelo pensamento de Eric Weil, Hannah Arendt e Charles Taylor.

Luís Manuel A. V. Bernardo. Universidade Nova de Lisboa (UNL). Doutor em Filosofia. Professor Associado, com Agregação, de Nomeação Definitiva, do Departamento de Filosofia da Faculdade de Ciências Sociais e Humanas da Universidade Nova de Lisboa. Após ter sido investigador e subdiretor do Centro de História da Cultura é, atualmente, investigador e subdiretor do Centro de Humanidades (CHAM), com o pelouro das edições. Desenvolve a sua investigação na linha de Pensamento Moderno e Contemporâneo sobre temas que cruzam a Filosofia da Cultura (incluindo a Filosofia da Educação e a Filosofia em Portugal) e a Filosofia do Conhecimento e da Linguagem (na vertente da Hermenêutica).

Lyndon de Araujo Santos. UFMA. Possui graduação em História, licenciatura pela Universidade Estadual Paulista (UNESP) (1992), mestrado em Ciências da Religião pela Universidade Metodista de São Paulo (UMESP) (1995) e doutorado em História pela Unesp (2005). Pós-doutorado pelo Programa de Pós-Graduação em História da Universidade Federal Fluminense (UFF) (2014). Professor associado III do Depto. de História (UFMA). Tem experiência nas áreas de História e Ciências Sociais, com ênfase nos estudos do campo religioso brasileiro, atuando principalmente nos seguintes temas: história das religiões e religiosidades, história cultural e teoria da história.

Marcelo Perine. PUC/SP. Licenciado em Filosofia (1974) e em Teologia (1980), mestre (1982) e doutor (1986) em Filosofia pela Pontifícia Universidade Gregoriana de Roma. Professor Associado da PUC-SP. É membro do Conselho Científico do Institut Eric Weil da Université de Lille (França). Atua na área de Filosofia, com ênfase em História da Filosofia antiga, Ética, Filosofia política e Filosofia da religião.

Maria da Penha Villela-Petit. Centre National de la Recherche Scientifique (CRNS). Pesquisadora emérita CNRS, dos

Archives Husserl de Paris e do Institut Catholique de Paris. Seus trabalhos de pesquisa se concentram principalmente nos temas de fenomenologia e estética.

Marly Carvalho Soares. Universidade Estadual do Ceará (UECE). Possui graduação em Filosofia pela Faculdade de Filosofia de Fortaleza (1978), graduação em Pedagogia pela UECE (1982) com especialização em Administração Escolar, graduação em Teologia pelo Instituto de Ciências Religiosas (1979), mestrado em Filosofia pela Universidade Federal de Minas Gerais (UFMG) (1987) e doutorado em Filosofia pela Pontifícia Universidade Gregoriana. Roma (1993) e Pós-Doutorado na PUC-SP. Professora titular da UECE. Área de atuação: Ética, Filosofia política, Filosofia do Direito, História da Filosofia Moderna e Contemporânea.

Patrice Canivez. Université de Lille 3 – Institut Eric Weil. Formado pela Université de Lille 3 em 1976; Licenciatura (1978), Mestrado em Filosofia (1979). Agregação em Filosofia (1981). Doutorado em Filosofia (1991). É professor de Filosofia moral e política. Diretor do Institut Eric Weil e diretor do departamento de filosofia da Universidade Lille 3. Habilitação como diretor de Pesquisa (1998). Professor agregado da École Normal de Metz (1981-1982) e Arras (1982-1990), depois em IUFM Nord/Pas-de-Calais (1990-1992). Diretor do Institut Eric Weil da Universidade de Lille 3 desde 2012. Membro da Sociedade Francesa de Filosofia. Cavaleiro da Ordem de Acadêmicos Palms (2006).

Patrice Vermeren. Université Paris 8 Vincennes-Saint-Denis. Professor e diretor do Departamento de Filosofia. Professor honorário da Universidad de Chile e da Universidad Nacional de Cuyo. Doutor honoris causa da Universidad de Buenos Aires. Diretor executivo do Centro Franco Argentino de Altos Estudios de la Universidad de

Buenos Aires. Membro fundador do Colégio Internacional de Filosofia y de Ciencias Sociales y Humanas de la Unesco.

Rita de Cássia Oliveira. UFMA. Possui Graduação em Filosofia pela UFMA (1993), Mestrado em Filosofia pela UNICAMP (2003) e Doutorado em Filosofia pela PUC-SP (2009). Atualmente é Professora Associada I da UFMA. Tem experiência na área de Filosofia, com ênfase em Filosofia Francesa Contemporânea, atuando principalmente nos seguintes temas: hermenêutica, literatura, memória, tempo, história, metáfora, educação e ensino.

Sequoya Yiaueki. Université Lille 3 – Pesquisador do Institut Eric Weil. Doutor em Filosofia (2020) pelo EDSHS da Université Lille-Nord-de-France. Mestre em Filosofia (2015) com a dissertação *Parcours: éthique, politique et société* pela Université de Lille *III*. Bacherel em Filosofia (2011) pelo Hunter College (CUNY). Cofundador e membro do Comitê Organizacional para o projeto *"Synzetein: chercher ensemble"*.

Wandeíson Silva de Miranda. Universidade Federal do Maranhão (UFMA), campus São Bernardo. Possui graduação em Filosofia pela UFMA (2005). É mestre em Filosofia Contemporânea, na área de Estética, pela UFRJ (2008); possui título de doutor (2013) pela mesma universidade com pesquisa na área de Filosofia Contemporânea, com ênfase em Ética. Tem experiência em ensino e pesquisa na área de metafísica, estética, ética e filosofia contemporânea.

Neste estudo crítico e conciso, Merquior examina o trabalho de Foucault sobre a loucura, a sexualidade e o poder, oferecendo uma avaliação provocadora do filósofo francês como um paladino do "niilismo de cátedra". Merquior traz uma espantosa amplitude de erudição, à medida que explora a obra foucaultiana por meio de insights de diversas campos do conhecimento, nos quais se incluem a filosofia, a sociologia e a história.